臺灣皇漢醫道復活運動

陳昭宏——著

國史館 Academia Historica

國家圖書館出版品預行編目(CIP)資料

日治時期臺灣皇漢醫道復活運動 / 陳昭宏著. -- 初版. --
臺北市：政大出版社, 國史館, 2017.12
面；　公分
ISBN　978-986-95436-6-8（平裝）

1.中醫史　2.日據時期

413.0933　　106022659

The Movement of the Revival of "Koukann Idou (Sino-Japanese Medical Treatment)" in Taiwan during the Japanese Colonial Period

日治時期臺灣皇漢醫道復活運動

著　者｜陳昭宏 CHEN, JHAO-HONG

發 行 人　周行一、吳密察
出 版 者　政大出版社、國史館
執行編輯　朱星芸
地　　址　11605臺北市文山區指南路二段64號
電　　話　886-2-29393091#80626
傳　　真　886-2-29387546
網　　址　http://nccupress.nccu.edu.tw

經　　銷　元照出版公司
地　　址　10047臺北市中正區館前路18號5樓
網　　址　http://www.angle.com.tw
電　　話　886-2-23756688
傳　　真　886-2-23318496
郵撥帳號　19246890
戶　　名　元照出版有限公司

法律顧問　黃旭田律師
電　　話　886-2-23913808

封面設計　萬亞雰
排　　版　弘道實業有限公司
印　　製　祥新印刷股份有限公司
初版一刷　2017年12月
定　　價　380元
I S B N　9789869543668
G P N　1010602277

政府出版品展售處
• 國家書店松江門市：104臺北市松江路209號1樓
電話：886-2-25180207
• 五南文化廣場臺中總店：400臺中市中山路6號
電話：886-4-22260330

本書獲國史館國史研究獎勵出版

目次

圖次

表次

陳序

治學與為人，當如是也

日治時期臺灣的政治社會運動，頗不乏臺灣人與日本人互相尋求合作者。本書所探討的臺灣皇漢醫道復活運動，即是在臺灣同化會、臺灣議會設置請願運動、臺灣地方自治聯盟……等追求新觀念、新思潮的政治運動之外，意欲恢復雙方同樣固有之舊文化、舊傳統的社會運動，是以甚具歷史意義與研究價值。

本書作者陳君昭宏，為私立天主教輔仁大學歷史學系學士、國立政治大學臺灣史研究所碩士。昭宏君於輔大求學期間，即受教於我，也曾在本人研究室擔任助理多年。他自大學時期，即開朗、勤奮、踏實、正直（除了偶發的迷糊之外），是位值得信賴的好青年。

昭宏君之可資稱道者，尚不止此。臺灣皇漢醫道復活運動的機關刊物，自是研究該運動最重要的史料；惟現存於臺灣圖書館者，頗有缺漏。為了撰寫碩士論文，昭宏君除了盡力蒐羅之外，甚且不惜成本以重金購買，俾能窺其全豹；而其所入手的該機關刊物，即頗有臺灣圖書館所未庋藏者。身為治史之人，其拾遺補闕之功，即已無法抹滅。

不僅如此，昭宏君為了研究此一日治時期的課題，顯然必須大量閱讀相關日文史料，因而不畏艱難，認真學習日語，以期能確實掌握史料內容。此原為治學者的本分，但於今日臺灣的歷史學界，卻未必是常態。放眼學界，甚且有不通日語、而可為日治時期臺灣醫學史領域的「大師」者，四處招搖撞騙；反觀昭宏君之按部就班、腳踏實地，可見其治學謹嚴的態度。

由於昭宏君治學時，秉持規規矩矩、孜孜矻矻的原則，並且將此一原則，充分運用在他的碩士論文寫作中，是以論文口試時，深獲口試委員的讚賞；畢業後，也以本論文獲得多種獎項，諸如：專為政大臺史所畢業生所設、由紀念石田浩教授台灣研究獎助會所頒發的「2015 紀念石田浩教授台灣研究獎」；或是財團法人新台灣和平基金會的「第二屆台灣研究博碩士論文獎」；以及國立臺灣圖書館 105 年度的「臺灣學博碩士論文研究獎助」。至於其論文榮獲國史館 105 年度「國史研究獎勵出版」，而由國史館與政大出版社共同出版，以饗國人，既可謂實至名歸，亦深感與有榮焉。

順帶一提，由於昭宏君的研究，我因而得知平生無緣謀面、而當年曾與臺灣民眾黨人過從甚密的外祖父林廷容，亦曾經在殖民統治下，與臺灣皇漢醫道復活運動有過些許的因緣；此不啻是由於本人悉心指導昭宏君撰寫碩士論文的關係，所得到的一點小小回報。研究臺灣史的趣味、及其何等貼近吾人的生命，由此可見一斑。

如今昭宏君的碩士論文出版在即，請序於我，身為他的指導教授，自然樂意向學界鄭重推薦本書。原本，學位論文出版為專書時，作者敦請原指導教授撰寫序文，理所當然，不足為奇；但「行所當行」在現下這個昏濁的世間，卻幾乎已成為空谷足音。由於我在學界中，往往坦率直指「國王根本沒穿衣服」，甚至時時對學閥、學棍大力吹哨；對此種情形了然於胸的昭宏君，卻不會因此顧慮可能被我所拖累、甚至遭受池魚之殃，而逡巡躊躇、有所避忌。這種未受污染的赤子之心，若與那些毫無道德勇氣的袖手旁觀者相較，尤其顯得彌足珍貴。

最後，謹以曾經積極參與臺灣皇漢醫道復活運動、卻在戰後二二八事件的風暴中遭當局帶走而永遠失蹤的王添灯，在《臺灣皇漢醫界》〈卷頭辭〉所寫下的幾句話，做為本序文的結語：

眞理は永久に滅びず（真理永遠不滅）

眞理は千古不磨である。千古不磨であるが故に眞理である。

（真理是千古不滅的。而正因為千古不滅，所以是真理。）

「追求真相」為從事歷史研究時，千古不滅的真理。是故，衷心願以上述諸語，立為座右，並與昭宏君共勉之。

謹為序。

私立天主教輔仁大學歷史學系教授

陳君愷

二〇一七年神無月序於貫日樓

金序

陳昭宏君在國立政治大學臺灣史研究所攻讀碩士期間，因為我的研究室就在臺史所辦公室對面，基於地利之便，我們有機會常打照面。後來，他有意投入陳君愷教授門下，從事臺灣醫療史的研究，我們也有過幾回討論，雖然我對他要做的題目十足外行，通常好奇、提問和請教的時候也比較多。2015 年夏天，他在君愷老師的指導下完成，也順利通過了學位論文〈日治時期臺灣皇漢醫道復活運動〉。如今，這部論文經過改寫，行將出版，昭宏君很大方，讓我有機會先睹為快，瞭解他的努力成果。我讀過之後，很覺受益，這裡便就自己的體會做點簡單的分享。

臺灣的「皇漢醫道復活運動」指的是 1920 年代末到 1930 年代後半間，由臺灣的漢醫、漢藥種商，和漢醫支持者針對臺灣總督府自廿世紀初起推動的一連串醫療政策，聯繫臺灣、日本和中國的同好，所發起的社會、政治與文化運動。運動的主要目的或訴求在確保漢醫執業的合法地位、宣示漢醫學的正當性，以及在當時臺灣整體社會經濟條件下漢醫藥所能提供的適切服務。

對於這個運動為什麼在 1920 年代末到 1930 年代後半由盛而衰的歷史，昭宏君不僅勤奮地蒐集了大量的資料，也做了大量的分析，有關的深入說明，讀者可以隨時按查原書，無需我再多所著墨、打攪了大家閱讀、探索的興味。我只想提醒，昭宏君在處理這一主要由醫界人士參與的運動歷史時，所注意的問題面相，既不僅限於醫療，也不侷促於臺灣。透過這場訴求「皇漢醫道復活」的運動，昭宏君的這部著作引導，或說是要求我們去思考，一項社會運動的成敗，可能涉及這個社會中哪些社會、文化、政治和經濟因素間的角力？臺灣作為東亞和世界的一個成員，它的歷史除了反映內部成員間的互動，還可能反映哪些國際環境的變遷？可以這麼說，這個運動的起止雖然只在臺灣經歷了十年左右的時光，但作為人類不斷處在新舊交錯中的普遍經驗的一個縮影，它為我們提供了一面彌足珍貴的鏡子。

昭宏君現在國外深造，除了祝福他早日學成歸國，也期待不久的將來，可以看到他更多的知識勞動成果。

國立政治大學歷史學系副教授
金仕起
2017 年 11 月 13 日台北

自序

還記得我就讀於輔大歷史系時選修陳君愷老師的「臺灣科學史」，其中有一講的主題「殖民地科學與臺灣社會」，指定閱讀文獻之一為陳老師的專刊《日治時期臺灣醫生社會地位之研究》，該書的第四章第四節「漢醫的肆應與變動」，這是我與「日治時期臺灣皇漢醫道復活運動」初次相見。

進入研究所之後，和大家一樣面臨找題目、找老師。原先，我是計畫運用在政大台史所的師資優勢，研究戰後政治史，當然我個人也是對政治史感興趣。但因為家庭背景的關係，我始終沒有忘懷「日治時期」與「醫療史」。政大台史所雖以戰後臺灣史研究見長，但所上的研究風氣非常自由，老師們也很鼓勵並樂見我們學生研究各個時代與主題，甚至不排斥校外指導。於是，我決定順著自己內心的聲音，而朝向以日治時期臺灣醫療史研究為畢業論文題目。後來在某次與陳君愷老師的談話中，他表示「日治時期臺灣皇漢醫道復活運動」尚待深入探討；我自己也開始進行研究回顧，閱讀相關著作後，發現這個主題確實乏人問津，且深具歷史意義，值得進一步研究。由於大學時期必修「史學方法」，當時我即是在陳君愷老師的班級；爾後也選修老師的「臺灣科學史」、「宋史」課程，甚至旁聽過其他課程，如「中國通史」、「西洋軍事史」、「臺灣通史」。因此，我對老師的教學方式和治學方法有一定的認識，也相當佩服老師學識淵博、辯才無礙、觀點迥異且史料紮實，也有大量的社會關懷與社會參與。加上這個主題原本就是源自於老師研究的一部分，所以決定請陳君愷老師擔任我的論文指導教授。

每當別人聽到我的論文題目時，他們總是一頭霧水，待我說明之後，他們會顯露出一副覺得很有意思的表情，也通常認為這個題目是醫療史領域。由於我的研究主題不為眾人所知，醫療史學者也很少觸及，所以我一路走來，有些孤獨。但這也促使我不單單從「醫療」的角度切入，而是嘗試搭配各式專題，例如政治史、經濟史、思想史、社會文化史，並以「大歷史」的視野，例如從前近代過渡到近代、或是傳統與現代的對話和交融。重要的是，從臺灣主體出發。

自求學以來，我深知自己資質駑鈍，亦非快思速筆，但仍刻苦學習、努力研究，期許能為學術界，乃至於人類知識做出一點微薄的貢獻。因此，在史料解讀、字句敘述，甚至連標準符號都考慮再三。至於引用與註腳就更不用說了，包括書目資訊也是謹慎處理。（在此說明：本書所引用的書訊格式，原先是以該書版權頁怎麼寫就怎麼寫，但出版社同仁向我建議應統一格式，於是改之。）所以，我很難接受碩士論文哪能有什麼貢獻的說法。而今能完成一本超過十萬字的碩士論文，並出版為學術專書，恐怕也不是國中時期厭惡撰寫作文、甚至連在聯絡簿上書寫一百字短文都深覺吃盡苦頭的我所能想像到的。

一本碩士論文的完成，乃至於能出版成書，首先要感謝政大台史所，使我浸淫在自由學風與豐富課程之中；同時，也要感謝輔大歷史系的栽培，引導我進入歷史學領域。感謝國立臺灣圖書館、中央研究院近代史研究所與臺灣史研究所、漢珍數位圖書公司、大鐸資訊股份有限公司、得泓資訊有限公司等單位，建置電子資料庫，且大多附有史料的掃描圖檔，嘉惠許多文史研究者。感謝素昧平生的李先生將《皇漢醫界》一系列刊物轉賣於我，雖然只是正常的買賣交易，但對我而言，意義非凡。這批刊物雜誌深具史料價值，且尚有許多研究的餘地，希望有朝一日能洽談可信任的文史單位，合作建置資料庫，將史料數位化，以惠大眾。感謝學圈內的每一位友人，特別是摯友培舜、宗穎、佑禎，我們彼此鼓勵、討論、聊天，以及舉辦「史學史與史學理論」、「科學史與科學哲學」等讀書會，與同好們經歷一段探尋知識的美好時光。感謝學圈外友人們，在我困頓、煩悶之時，用歡笑化解我的負面情緒，特別是「冰友」們，讓我陶醉在結合力與美的花式溜冰。感謝毓涵協助翻譯英文書名及書籍簡介。感謝宜旻、宗穎協助校稿，尤其是宜旻主動表示願意幫忙，有她專業的協助，不僅提升校對品質，也直接督促我的工作進度。當然，本書內容如有任何缺失，文責當為本人所負。感謝堪稱為我輩奇葩的政龍學長，時常不吝協助，並刺激我思考。感謝論文口試委員薛化元老師、李力庸老師，於口試時對我的肯定與建議，尤其提供醫療面向以外的思考。感謝金仕起老師，這幾年來對於我的課業與生活常表關懷之意，我非為自家歷史系的學生，但老師仍視如己出，又於百忙之中特地為拙著撰寫序文，使我十分感激且備感榮幸。此外，本人碩士論文先後榮獲：紀念石田浩教授台灣研究獎助會「2015 紀念石田浩教授台灣研究獎」、財團法人新台灣和平基金會「第二屆台灣研究博碩士論文獎」、國史館 105 年度「國史研究獎勵出版」、以及國立臺灣圖書館 105 年度「臺灣學博碩士論文研究獎助」，特此致謝。也要感謝「國史研究獎勵出版」二位審查人提供寶貴的修改意見。感謝出版單位的幫忙，尤其是國史館張世瑛先生與政大出版社朱星芸小姐。

感謝我的指導教授陳君愷老師。在眾學長姐中，我是最為才疏學淺的一位，但老師不計資質與出身，循循善誘、因材施教，並加以雕琢，也讓我盡情發揮。在指導的過程中，不斷地提示我、為我解惑；如果沒有老師專業且悉心指導，就沒有我論文的完成。每每向老師請益、談話或拜讀大作時，常常讓我有「仰之彌高，鑽之彌堅；瞻之在前，忽焉在後」之感；如果我是荒野中的螢火之光，那老師應該是星空中的皓月之明。而且老師詼諧風趣，並非某人口中「可怕的」，不過就是要求我們學生做到基本的規矩與功夫罷了。我雖不才，也該試著展翅高飛，親自看看這個世界是什麼樣子，即使遍體麟傷、毫無世俗所認定的成就，也甘之若飴。未來無論從事何職業、研究何主題，只求認真努力、問心無愧，並把握追求真相的原則。

最後，感謝生我、養我的父母，雖然人生苦短。很抱歉我一直沒有成為父母心目中和這個社會所期待的好兒子，我的想法、行動也常常和父母的期望背道而馳，讓他們擔心與煩惱，但仍然選擇默默支持。或許，取得碩士學位、乃至於將碩士論文出版為學術專書，可以當作是我對父母長年養育和栽培之恩的一點點回報吧，也能讓經歷日本時代、嫻熟漢文與日文且當年十分欣慰我考上大學、而今已逝世的祖父（我相信他會是本書最忠實的讀者），再次感到驕傲吧。

陳昭宏

2017 年 12 月 17 日

序於遙遠的、不相信眼淚的 1326

第一章 緒論

一、研究背景與動機

人類的歷史中，「文化」是生存過程中所創造出來之生活方式的總和，這些生活經驗轉化成符號後，得以傳遞、存續，並進一步地發展成一種制度或思想，而為後代人所認識與遵循。醫學的出現一直是伴隨著特定的文化發展而來。因此，醫療體系是總體文化的組成部分[1]。

在古希臘時期，由希波克拉底學派所發展出的醫學理論——體液論，經過歷代醫者的充實與解釋，使它成為了西方醫學傳統的基礎，主導西方醫學甚久。自 16 世紀起，解剖學和生理學獲得發展，形成所謂現代醫學，或稱為醫學科學、生物醫學，以體液論為主的傳統醫學不斷地遭到挑戰，而逐漸瓦解[2]。隨著歐洲殖民主義的興起，現代醫學傳播

---

1 參喬治・福斯特（George M. Foster）、芭芭拉・加勒廷・安德森（Barbara Gallatin Anderson）著，陳華、黃新美譯，楊翎校閱，《醫學人類學》（臺北：桂冠圖書股份有限公司，1998 年 4 月初版二刷），頁 57-59；葉永文，《醫療與文化》（臺北：洪業文化事業有限公司，2009 年 8 月初版一刷），頁 7-11、27-28。

2 參羅伊・波特（Roy Porter）主編，張大慶等人譯，《劍橋插圖醫學史》（臺北：如果出版社、大雁文化事業股份有限公司，2008 年 1 月初版），頁 46-53、128-153；克爾・瓦丁頓（Keir Waddington）著，李尚仁譯，《歐洲醫療五百年 卷二：醫學與分化》（臺北：左岸文化事業有限公司，2014 年 8 月初版），頁 5-42、179-213；張大慶，《醫學史十五講》（北京：北京大學出版社，2007 年 9 月第 1 版第 1 次印刷），頁 37-52、89-138；區結成，《當中醫遇上西醫——歷史與省思》（香港：三聯書店有限公司，2004 年 2 月香港第一版第一次印刷），頁 22-31。

至世界各地。事實上，各個地域或部落大多有其醫療體系，成為相對於現代醫學概念的「傳統醫學」。例如，美索不達米亞和埃及醫學、阿育吠陀、阿拉伯伊斯蘭醫學、拉丁美洲土著醫學[3]。有論者指出，當時歐洲的醫者認為，除了現代醫學以外，其他的醫療體系都是原始、落後的。因此，歐洲人便嘗試在「新領地」建立西方醫學體系。然而，對於具有自身傳統醫學的地區或國家而言，則產生了巨大衝擊[4]。

至19世紀，西方勢力進入清帝國，亦有不少教會人士前來宣教，而其傳教方式常伴隨著現代醫學。當時的知識分子面對外來文化，由自傲轉為反省，特別是在軍事與外交上的一連串挫敗之後，開始批評傳統、讚揚西方。民國以來，受到五四運動的影響，對於傳統醫學的檢討與革新之聲，大有人在[5]。1929年，國民政府陸續發布許多限制中醫登記與取締中醫的法令，此舉引起醫藥團體的不滿，並由上海地區的醫藥團體首先發難，聯合各地抗爭力量，要求中央政府撤銷限制案，形成「中醫抗爭運動」[6]。

同樣在東亞，日本自明治維新以後，大量接受西方制度、文化與器物，訂定以西方醫學體系為主的政策，同時也打壓原有的漢方醫學。於是，各地各派的漢醫界人士紛紛組織社團，進而聯合結社，呼籲政府重

---

3 參遠藤次郎、中村輝子、マリア・サキム，《癒す力をさぐる　東の医学と西の医学》（東京：農山漁村文化協会，2006年4月1日），頁8-10；羅伊・波特（Roy Porter）主編，張大慶等人譯，《劍橋插圖醫學史》，頁44-46、54-58；洛伊斯・瑪格納（Lois N. Magner）著，劉學禮主譯，《醫學史》（第二版）（上海：上海人民出版社，2009年6月第1版第1次印刷），頁21-41、44-55、152-166、234-255。

4 見張大慶，《醫學史十五講》，頁228-229。

5 參區結成，《當中醫遇上西醫——歷史與省思》，頁64-101；海天、易肖煒，《中醫劫——百年中醫存廢之爭》（北京：中國友誼出版公司，2008年1月第1版第1次印刷），頁73-120；祖述憲編著，《哲人評中醫——中國近現代學者論中醫》（臺北：三民書局股份有限公司，2012年9月初版一刷），頁49-136。

6 參魏嘉弘，〈國民政府與中醫國醫化（一九二九－一九三七）〉（桃園：國立中央大學歷史研究所碩士論文，1998年5月），頁4-137；劉理想，《中醫存廢之爭》（北京：中國中醫藥出版社，2007年4月第1版第1次印刷），頁90-102。

視漢醫，並以向帝國議會請願的政治參與方式，來達到漢醫合法化的目的，史稱「漢方醫學存續運動」，或稱「漢洋醫學鬥爭史」（詳見第二章第二節）。

1910 年 8 月，日本帝國以《日韓合併條約》將朝鮮納入版圖，大韓帝國滅亡，朝鮮總督府成為日本在朝鮮的最高統治機關。1913 年 11 月，朝鮮總督府以府令第一〇二號發布〈醫生規則〉，將原有的漢醫稱做「醫生」，與受西方式醫學教育或合格通過醫師試驗的「醫師」有所分別，並規定：在本規則發布以前，20 歲以上的朝鮮人，且有兩年以上的醫業經驗者，可授予醫生永久免許證。到了 1919 年，總督府改訂〈醫生規則〉，在其附則說明，執業三年以上的朝鮮人醫生，經認可後，可得到五年以內的醫生臨時免許證。然而，就朝鮮總督府的統計數字來看，朝鮮的醫生人數確實減少。於是，以張基茂、趙憲泳為首的親漢醫學者，於 1930 年代掀起了一場「東西醫學論爭」，或稱為「漢醫學復興運動」[7]。

至此，我們不禁想問，比朝鮮更早成為日本殖民地的臺灣呢？

1895 年，日本帝國依法領有臺灣，以臺灣總督府為其最高統治機關，並採取許多統治措施，衛生政策與建設即為其中之一。1901 年，臺灣總督府頒布〈臺灣醫生免許規則〉，決定以考試來核定漢醫資格，

7　參慎蒼健，〈覇道に抗する王道としての医学―一九三〇年代朝鮮における東西医学論争から―〉，《思想》，905 号（東京：岩波書店，1999 年 11 月），頁 65-92；樸元林、樸今哲，〈韓國 20 世紀 30 年代的洋漢醫學論爭〉，《延邊大學醫學學報》，第 23 卷第 3 期（吉林：延邊大學，2000 年 9 月），頁 229-234；松本武祝，〈植民地朝鮮における衛生・医療制度の改編と朝鮮人社会の反応〉，歷史学研究会編集，《歴史学研究》，第 834 号（東京：青木書店，2007 年 11 月），頁 5-15；SHIN Dongwon, "How Four Different Political Systems Have Shaped the Modernization of Traditional Korean Medicine between 1900 and 1960," *Historia Scientiarum*, 17:3 (2008), pp. 232-236; In-sok Yeo, "A History of Public Health in Korea," in Milton J. Lewis and Kerrie L. MacPherson, eds., *Public Health in Asia and the Pacific: Historical and Comparative Perspectives* (London: Routledge, 2008), pp. 77-81.

並規定漢醫只准在當地開業，須受公醫之監督，且此後不再開放許可。然而，對於「藥種商」仍予以檢定考試。因此，隨著時間的流逝，既有的臺灣漢醫逐漸老死凋零，造成了漢醫人數逐年銳減的現象。臺灣總督府便是採用這種自然淘汰策略來消滅臺灣本土的漢醫。在此情形之下，漢醫、漢藥種商們為了保存傳統中國醫術、增加法定漢醫，遂於 1920 年代末葉發起「臺灣皇漢醫道復活運動」[8]。

如此看來，就世界史而言，在進入近現代之時，傳統醫學理論逐漸被質疑、推翻，進而由醫學科學取代。19 世紀以後的東亞，傳統醫學亦不斷受到現代西方醫學的挑戰，造成整個東亞都不約而同地進行漢醫學的復興運動。值得我們思考的是，在過渡到近代之時，舊時代的人、事、物該如何自處？如何轉型？甚至如何借用近代的產物來重新包裝自己？[9]

有論者主張，臺灣擁有特殊且豐富的歷史、人文與自然，對於我們理解人類文明史，臺灣史研究是一個很好的支點[10]。另有人指出，現今的臺灣史研究中，多從探討國家政策與殖民地醫療的特性著手論述，講究菁英階層的醫療行為與西醫的防疫措施、疾病管控等項目，卻少有

---

8 參陳君愷，《日治時期臺灣醫生社會地位之研究》（國立臺灣師範大學歷史研究所專刊〔22〕，臺北：國立臺灣師範大學歷史研究所，1992 年 10 月初版），頁 112-115。關於總督府的漢醫政策，參丁崑健，〈日治時期漢醫政策初探——醫生資格檢定考試〉，《生活科學學報》，第 13 期（新北：國立空中大學生活科學系，2009 年 12 月），頁 83-110。

9 近年來，雷祥麟有新作探討民國時期以來的傳統中醫如何轉化成現代中醫。見 Sean Hsiang-lin Lei, *Neither Donkey nor Horse: Medicine in the Struggle over China's Modernity* (Chicago: The University of Chicago Press, 2014) 一書。

10 參陳君愷，〈臺灣——人類文明史上的加拉巴哥群島〉（2009 年 11 月 20 日於社團法人社區大學全國促進會、長榮大學哲學與宗教學系主辦「第一屆社區大學與台灣學的建構研討會」中宣讀）一文。後收錄於顧忠華等著，《根扎在地　台灣學的出發　彙編（輯一）》（臺北：社團法人社區大學全國促進會，2010 年 12 月初版）一書。

從多數人們使用的傳統醫療概念中去搜索臺灣醫療的另類生命力[11]。如果我們同意這樣的論述與視野的話，那麼便應該試著朝向臺灣傳統醫療史的研究，特別是由前近代轉型為近代的日治時期。有鑑於此，筆者認為，臺灣皇漢醫道復活運動無論對於理解臺灣醫療史、東亞傳統醫學的復興、乃至於西方傳統醫學的肆應，或以漢醫為主體的研究，皆是一個適當的起點。尤其，該運動起於 1920 年代末葉，當時是政治、社會與文化運動已然盛行的年代，在一片對抗殖民體制又致力於反對傳統、追求近代化的呼聲中，漢醫與藥種商又該如何回應？凡此總總，促使筆者著手進行此一課題的研究。

二、研究回顧

關於日治時期臺灣皇漢醫道復活運動的研究，就目前所見之實證研究中，以陳君愷《日治時期臺灣醫生社會地位之研究》一書為最早。該書第四章第四節為「漢醫的肆應與變動」，概要且重點敘述了日治時期臺灣皇漢醫道復活運動的發展。惟該主題並非陳氏一書的研究主軸，故留下許多可進一步探討的空間[12]。事實上，陳君愷早已提示出該議題的研究價值。他認為，從日治時期臺灣政治社會運動史研究而言，可由內、外兩個角度去釐清一些問題，特別是在內的方面，若「能夠透過對當時社會力的分析與庶民生活的重新理解，對於釐清當時臺灣人民的實

11　見皮國立，《臺灣日日新——當中藥碰上西藥》（臺北：台灣書房出版有限公司，2009 年 10 月二版一刷），頁 28。

12　例如莊勝全曾表示「在面對日本政府大舉建置現代醫療體系的同時，傳統醫者的因應之道目前僅有陳君愷提及」，並表示陳氏對於臺灣皇漢醫道復活運動「提供的是一個基本的結論與方向」，顯見莊氏深知此課題仍有待開發。見莊勝全，〈從「為中醫辯護」到「被西醫凌駕」——介紹三本討論中、西醫交會的新作〉，《新史學》，第十九卷第三期（臺北：新史學雜誌社，2008 年 9 月），頁 204。又如林佳潔自述對於中西醫頡抗問題，有從陳氏一書獲得啟發。見林佳潔，〈西醫與漢藥——台灣第一位醫學博士杜聰明（1893-1986）〉（臺北：國立台灣大學歷史學研究所碩士論文，2003 年 6 月），頁 6。

況，進而澄清運動的內涵，當有立竿見影之效」，而「皇漢醫道復活運動」即是一個值得研究的主題[13]。此外，陳君愷對於曾熱心參與該運動的王添灯，有相當細緻且深入的研究[14]。

若是從醫療史的角度來定位本書，那麼筆者應評述有關日治時期漢醫的研究。有論者指出，自 1990 年代起，日治時期臺灣醫療衛生史研究開始蓬勃發展[15]。然而，回顧 1990 年至 2002 年之間的研究成果，關於漢醫的主題幾乎是付之闕如。在 1990 年代以前，有杜聰明、李騰嶽等醫界人士、以及兼具醫師身分與史學碩士的陳勝崑之著作，略為提及臺灣漢醫的歷史發展。至於史學界，除了上述陳君愷著作以外，有陳志忠於 1998 年 6 月以〈清代臺灣中醫的發展〉為其碩士論文[16]；1999 年 5 月，朱德蘭撰有〈日治時期臺灣的中藥材貿易〉，探討日治時期臺灣與上海、香港、長崎之間的中藥材貿易活動[17]。

自 2003 年起，日治時期臺灣醫學史或醫療衛生史研究，以漢醫為主題的研究有所進展，投入研究者不僅有歷史學界，更有臺灣文學、社會學、醫學、法學、科技與社會（STS）以及地方文史工作者。以下，將以時間為序，簡述各相關研究的內容。

13　陳君愷，〈綜評三本有關日治時期臺灣政治社會運動的專著〉，《國立臺灣師範大學歷史學報》，第十八期（1990 年 6 月），頁 499。

14　陳君愷，〈穿透歷史的迷霧——王添灯的思想、立場及其評價問題〉，收錄於第六屆中華民國史專題討論會秘書處編，《20 世紀臺灣歷史與人物——第六屆中華民國史專題論文集》（臺北：國史館，2002 年 12 月初版），頁 1063-1106。另有協助編輯《王添灯紀念輯》一書。見張炎憲主編，《王添灯紀念輯》（臺北：吳三連臺灣史料基金會，2005 年 3 月再版），頁 48、202。

15　見梁瓈尹，〈日治時期臺灣公共衛生史研究回顧與展望〉，《史耘》，第十一期（臺北：國立臺灣師範大學歷史研究所，2005 年 12 月），頁 119。

16　陳志忠，〈清代臺灣中醫的發展〉（臺中：私立東海大學歷史學研究所碩士論文，1998 年 6 月 22 日）。

17　朱德蘭，〈日治時期臺灣的中藥材貿易〉，收錄於黃富三、翁佳音主編，《臺灣商業傳統論文集》（臺北：中央研究院臺灣史研究所籌備處，1999 年 5 月第一版），頁 233-267。

鄭惠珠於德國比勒費爾德大學的博士論文“Medizinischer Pluralismus und Professionalisierung-Entwicklung der Chinesischen Medizin in Taiwan”（中譯為〈多元醫療與專業化——台灣中醫的發展〉）以臺灣中醫的歷史為軸，探討傳統中醫在面臨現代西醫不斷擴張、甚至已主導醫療市場時，如何形成「專業」，並對中醫專業的發展提出檢討與建議[18]。

2004年，由林昭庚主編、中華民國中醫師公會全國聯合會出版《台灣中醫發展史》[19]一書，就其主題而言，深具代表性；只不過，該書著重在戰後自中國大陸而來的醫藥團體公會，卻少有提及日治時期漢醫學的發展。其史觀強調的是一種橫的移植而非縱的繼承。其次，曾服務於臺灣省政府、擁有美國針灸中醫師資格的邱登茂，在北京中醫藥大學的博士論文〈台灣中醫發展過程研究〉，該文從明鄭敘述到戰後兩岸醫學的交流[20]，雖有提起日治時期的中醫發展，但內容過於詳簡、分析不夠深入。李敏忠在成功大學臺灣文學研究所的碩士論文〈日治初期殖民現代性研究——以《臺灣日日新報》漢文報衛生論述（1898-1906）為主〉[21]，以《臺灣日日新報》做為核心史料，分析臺灣知識分子的殖民肆應論述，並進一步探討其論述背後的在地理性內涵。其中，第三章為漢醫的肆應作為，總督府面對漢醫所採取的醫療政策、以及漢醫的因應與發展。此外，張嘉鳳有一篇論文〈中西醫學的接觸與中西結合醫學的

---

18 參鄭惠珠，〈中醫專業的興起與變遷〉，收錄於成令方主編，《醫療與社會共舞》（臺北：群學出版有限公司，2008年2月一版一印），頁42-48。按：該文為其博士論文之摘要。另可見Huei-chu Cheng (鄭惠珠), *Medizinischer Pluralismus und Professionalisierung-Entwicklung der Chinesischen Medizin in Taiwan*. Ph. D. Dissertation an der Universitaet Bielefeld, 2003.

19 林昭庚主編，《台灣中醫發展史——中華民國中醫師公會全國聯合會沿革暨臺灣中醫發展沿革》（臺北：中華民國中醫師公會全國聯合會，2004年3月）。

20 邱登茂，〈台灣中醫發展過程研究〉（北京：北京中醫藥大學博士論文，2004年5月）。

21 李敏忠，〈日治初期殖民現代性研究——以《臺灣日日新報》漢文報衛生論述（1898-1906）為主〉（臺南：國立成功大學臺灣文學研究所碩士論文，2004年6月）。

發展〉[22]。該篇論文雖非實證研究，但部分內容提及日治時期臺灣漢醫存廢問題、臺灣皇漢醫道復活運動。

社會學背景的葉永文於2007年發表〈台灣日治時期的中醫發展與困境〉[23]，該文以醫政上的論述、謀略和權力等三面向，分別就當時具支配性的醫療觀念、政策佈局、以及中西醫療間的競逐關係進行檢視與分析。

皮國立的《臺灣日日新——當中藥碰上西藥》一書於2008年出版，後於隔年再版，他以《臺灣日日新報》中的藥物廣告圖像為史料，藉此說明時人身體觀、疾病認知、以及漢藥科學化的現象，並對於臺灣在1945年以前的醫政和醫療文化做出介紹，亦對日治時期漢醫發展有概括的描述[24]。蔡素貞的〈鼠疫與臺灣中西醫學的消長〉旨在說明日治初期的漢醫與日本人如何合作，並運用他們所慣用的漢方醫療來應付鼠疫；結論部分有稍微提及往後的臺灣皇漢醫道復活運動[25]。另有陳百齡〈李倬章與新竹醫生會〉一文[26]，說明在總督府的醫療政策下，「醫生」身分的認定與各地醫生會的成立，並以新竹醫生會為例，探討漢醫李倬章於新竹醫生會會長任內的作為。

22　張嘉鳳，〈中西醫學的接觸與中西結合醫學的發展〉，收錄於徐治平編，《科技與人文的對話初編》（臺北：國立台灣大學共同教育委員會，2004年3月初版），頁147-162。此外，另有一篇學位論文探討戰後臺灣中國醫藥學院成立後的中西醫結合之發展。見李岳峯，〈台灣近五十年中西醫結合之發展——1958-2008〉（桃園：長庚大學中醫學系傳統中醫學碩士班碩士論文，2011年1月）。

23　葉永文，〈台灣日治時期的中醫發展與困境〉，《臺灣中醫醫學雜誌》，第五卷第二期（臺北：中華民國中醫師公會全國聯合會，2007年3月），頁69-81。按：葉氏於後集結相關研究出版成書，見後文介紹。

24　皮國立，《臺灣日日新——當中藥碰上西藥》（臺北：台灣書房出版有限公司，2009年10月二版一刷）。

25　蔡素貞，〈鼠疫與臺灣中西醫學的消長〉，《臺北文獻》，直字第164期（臺北：臺北市文獻委員會，2008年6月25日），頁151-186。

26　陳百齡，〈李倬章與新竹醫生會〉，《竹塹文獻雜誌》，第42期（新竹：新竹市政府，2008年11月），頁98-110。

洪鈺彬在臺灣師範大學台灣文化及語言文學研究所的碩士論文〈台灣草藥師及其文化傳承〉以草藥師為中心，探討臺灣民間草藥的知識傳承之歷史背景及發展過程，以及民俗醫療與草藥的關係[27]。丁崑健先後發表兩篇以日治時期漢醫為主體的研究，分別為〈日治時期台灣醫生的困境〉[28]、〈日治時期漢醫政策初探——醫生資格檢定考試〉[29]，探討臺灣總督府醫療政策中的漢醫規範、漢醫的因應與作為、及其往後在發展上的困境。除此之外，近來年地方學研究蔚為風氣，「南瀛學」系統中的「南瀛文化研究系列」更是成果豐碩。當中，由國小教師謝明倖所著的《南瀛漢藥店誌》，以田野調查與實地訪談的方式，對臺南縣各鄉鎮漢藥店的歷史發展與現況做出簡介[30]；其第三章〈臺灣漢醫藥的發展〉簡述自明清至戰後臺灣漢醫藥的發展，亦提起東洋醫道會臺灣支部的活動。

張純芳於清華大學歷史研究所的碩士論文〈「內地人的恥辱」——日治時期臺灣傷寒之討論與防治〉[31]，探討日治時期臺灣各專家學者於各時段對於傷寒的討論與治療方法。其中，作者自《臺灣皇漢醫界》、《臺灣皇漢醫報》與《東西醫藥報》發現漢醫界亦有展開傷寒論爭，是少數使用這一系列雜誌為史料的研究。此外，劉士永的研究有觸及皇漢醫道復活運動，其焦點在於漢藥科學化的過程[32]。與此同時，雷祥麟的〈杜聰明的漢醫藥研究之謎——兼論創造價值的整合醫學研究〉，探討

27 洪鈺彬，〈台灣草藥師及其文化傳承〉（臺北：國立臺灣師範大學台灣文化及語言文學研究所碩士論文，2009 年 7 月）。

28 丁崑健，〈日治時期台灣醫生的困境〉，《環球科技人文學刊》，第十期（雲林：環球技術學院，2009 年 10 月），頁 45-62。

29 丁崑健，〈日治時期漢醫政策初探——醫生資格檢定考試〉，頁 83-110。

30 謝明倖，《南瀛漢藥店誌》（臺南：台南縣政府，2009 年 11 月初版）。

31 張純芳，〈「內地人的恥辱」——日治時期臺灣傷寒之討論與防治〉（新竹：國立清華大學歷史研究所碩士論文，2010 年 7 月）。

32 劉士永，〈醫學、商業與社會想像——日治臺灣的漢藥科學化與科學中藥〉，《科技、醫療與社會》，第十一期（高雄：國立科學工藝博物館，2010 年 10 月），頁 149-197。

杜聰明為何長期支持研究漢藥、分析杜氏的漢藥研究計畫，並提出創造傳統醫療價值的方式[33]。我們可以發現，《科技、醫療與社會》該期為「東亞傳統醫療、科學與現代社會」專輯，如專輯導言所示，該期以研究現代科技的視角（即「STS」）來審視東亞傳統醫療與現代社會的交引互動，並探究東亞傳統醫療在近現代史與當代社會中所扮演的角色。

吳秋儒出版《臺灣古早藥包》一書，於第一章第一節的第二條題名為「漢醫日漸凋零」，旨在敘述日治時期以來總督府對臺灣漢醫的規範及其後果；文中略有提起皇漢醫道復活運動[34]。同年度，另有漢藥發展史的新作：由台灣化學工程學會出版、高淑媛著述的《臺灣近代化學工業史（1860-1950）——技術與經驗的社會累積》，第三章為〈漢方改良到專業製藥——近代臺灣製藥史〉[35]，旨在探討日治時期到戰後初期製藥業的歷史發展脈絡。

林傳勝在臺灣大學法律學研究所的碩士論文〈台灣現代法制對傷科推拿傳統的規範態度〉旨在探討傳統醫學中的傷科推拿如何在臺灣建立與發展；其中，第三章〈日治時期的台灣傷科推拿發展〉，扣緊臺灣總督府的醫療政策演變，敘述傳統醫療的傷科推拿在面臨現代型醫療體系和法律制度的衝擊下如何轉型[36]，提供一個歷史背景的敘述與解釋。陳怡伶在臺灣大學臺灣文學研究所的碩士論文〈頡頏、協力與協商——日

33　雷祥麟，〈杜聰明的漢醫藥研究之謎——兼論創造價值的整合醫學研究〉，《科技、醫療與社會》，第十一期（高雄：國立科學工藝博物館，2010 年 10 月），頁 199-283。

34　見吳秋儒，《臺灣古早藥包》（臺北：博揚文化事業有限公司，2012 年 5 月初版一刷），頁 28-34。該書由其碩士論文出版，見吳秋儒，〈藥品宅急便——「寄藥包」之研究〉（臺北：淡江大學歷史學系碩士在職專班碩士論文，2011 年 6 月）。

35　高淑媛，〈漢方改良到專業製藥——近代臺灣製藥史〉，收錄於高淑媛著，《臺灣近代化學工業史（1860-1950）——技術與經驗的社會累積》（臺北：台灣化學工程學會，2012 年 10 月一版一刷），第三章，頁 69-93。

36　林傳勝，〈台灣現代法制對傷科推拿傳統的規範態度〉（臺北：國立臺灣大學法律學院法律學研究所碩士論文，2013 年 7 月），頁 41-70。

治初期漢醫傳統性、近代性、合法性的生成與交混〉，探究在總督府對於管理漢醫的醫療法令之外，行動者如何在不同的事件當中，構成不同的關係網絡；而網絡中各行動者的頡頏、協力與協商的互動，又如何重新定義漢醫[37]。另有《臺灣中醫發展史——醫政關係》出版[38]，係作者葉永文將歷年部分研究成果集結成書。本書以傳統政治社會學的研究途徑，將中醫發展史置放於「衝突—抵抗」的權力角度，並以醫政論述、醫政謀略和醫政權力等三種層面的理論方法，討論中西醫學之間的醫政關係。

鈴木哲造在國立臺灣師範大學的博士論文〈日治時期臺灣醫療法制之研究——以醫師之培育與結構為中心〉，主要焦點在於日治時期臺灣醫療法制的形成過程，並比較臺灣與日本國內醫療法制之異同[39]。該文雖非以漢醫為主體，但其史料紮實、論述合理，對於我們釐清日治時期醫療法制內容的演變，包括與漢醫相關的政策，有極為重要的幫助。

上述提及STS有關注傳統醫療史研究。更進一步，於2017年有《東亞醫療史——殖民、性別與現代性》一書的出版，乃中央研究院「衛生與東亞社會」計畫和STS研究等學者合著而成。正如書名，強調以「東亞」作為研究範疇，該書其中一篇主題為「醫學與東亞現代性」，介紹傳統醫學發展的特色，及其在當代社會的轉化，另有一主題為「殖民醫學與後殖民時代」[40]。此皆與本書所涉及的大時代背景有密切關係。如前所述，筆者同意近代東亞的視野，而擬以日治時期臺灣史為一個支點、皇漢醫道復活運動為一個起點，並期待與學界對話。

37　陳怡伶，〈頡頏、協力與協商——日治初期漢醫傳統性、近代性、合法性的生成與交混〉（臺北：國立臺灣大學臺灣文學研究所碩士論文，2013年7月）。

38　葉永文，《臺灣中醫發展史——醫政關係》（臺北：五南圖書出版股份有限公司，2013年9月初版一刷）。

39　鈴木哲造，〈日治時期臺灣醫療法制之研究——以醫師之培育與結構為中心〉（臺北：國立臺灣師範大學歷史學系博士論文，2014年6月）。

40　見劉士永、王文基主編，張哲嘉、祝平一等著，《東亞醫療史——殖民、性別與現代性》（臺北：聯經出版事業股份有限公司，2017年7月初版）一書。

總而言之，這些研究的主題包括漢醫人物、疾病討論與防治、漢藥科學化、醫療法制、醫政關係、以及整體發展史，若非無提及臺灣皇漢醫道復活運動，便是對該運動的敘述過少，或評價不免有以成敗論英雄之調，而忽略該運動的歷史意義。只不過，他們的研究主題或重心皆非在該運動本身，筆者自不能過於苛責與挑剔，而是藉此凸顯本書的價值，以及對本書的啟發與幫助。由此可見，學界對於該研究主題似乎略顯陌生，亦少有良好的實證研究出現。

值得注意的是，近來已有針對日治時期臺灣皇漢醫道復活運動的學術研究著作，其成果有二。第一，由林昭庚、陳光偉和周珮琪等三人合著的《日治時期（西元 1985-1945）の台灣中醫》這本書[41]，該書原為周珮琪於中國醫藥大學中醫學系的博士論文[42]，林昭庚為其指導教授，後於 2011 年 11 月由國立中國醫藥研究所出版，於 2012 年 12 月再版。作者於第五章第四節雖有論及「中醫復興運動」，但對於該運動的描繪並不深入。例如請願活動的發展過程、東洋醫道會臺灣支部如何思考這場「運動」、又出現了哪些論述與觀點、王添灯等相關人士如何扮演了重要角色等問題，作者皆未提及。該書在總體日治時期臺灣漢醫學史的描繪固然有其貢獻。然而，對於史料揀選與詮釋之合理性有待加強，值得商榷之論點與大小錯誤之處亦頗多，須謹慎閱讀。第二，2013 年賴郁君於中興大學歷史學系的博士論文〈日治時期的臺灣漢醫藥〉，旨在透過日治時期臺灣總督府漢醫藥政策的研究，以了解臺灣漢醫藥的發展過程及其面貌。其中，第五章〈日治後期漢醫藥的復興〉，作者分別

---

41 林昭庚、陳光偉、周珮琪，《日治時期（西元 1985-1945）の台灣中醫》（臺北：國立中國醫藥研究所，2012 年 12 月第二版第一刷）。

42 周珮琪，〈日治時期臺灣中醫研究〉（臺中：中國醫藥大學中醫學院中醫學系博士論文，2010 年 11 月）。在博士論文的基礎之上，又曾發表一篇論文。見周珮琪、林昭庚，〈日治時期臺灣中醫師專業證照考試及醫事制度之建立〉，《臺灣中醫醫學雜誌》，第 10 卷第 2 期（臺北：中華民國中醫師公會全國聯合會，2011 年 6 月），頁 9-24。按：此篇論文為其博士論文的第五章第一至三節。

從產業、學界、官方的作為等三方面，來探討他們如何影響漢醫藥復興[43]，令人具有啟發。

三、史料評析

眾所皆知，歷史學研究首重第一手史料。本書所使用的核心史料，有刊物《漢文皇漢醫界》、《臺灣皇漢醫界》、《臺灣皇漢醫報》、《東西醫藥報》。前兩者為主導「臺灣皇漢醫道復活運動」之東洋醫道會臺灣支部所發行的機關報；後兩者為接手該運動的臺灣漢醫藥研究室所發行。這些都是與「臺灣皇漢醫道復活運動」最為直接相關的史料。這一系列刊物於日治時期共有 110 號[44]，館藏於國立臺灣圖書館、國立臺灣大學圖書館，另有私人自藏。其中，由國立臺灣圖書館所建置的「日治時期期刊全文影像系統」有史料的電子文件掃描，可供線上閱覽或下載。由表 1-1 得知，結合圖書館館藏與私人自藏，整批刊物只缺第 12、13、26、107、109、110 號，可見本人目前的收藏掌握度頗高。

其次，必須輔以《臺灣民報》、《臺灣新民報》、《臺灣日日新報》等當時的新聞報導。尤其是《臺灣日日新報》，有不少是關於東洋醫道會臺灣支部活動的報導。這些資料對於運動過程的認識，有補充或互證之功用。

再者，為了釐清運動的性質，參與運動者之個人背景與經歷是必須深究的。此主題得利於當今網際網路與電子文件資料的盛行、以及相關文史研究單位的建置，而有人物誌與職員錄的電子資料庫，如：「臺灣人物誌（上中下合集 1895-1945）」、「近現代人物資訊整合系統」、「臺

---

43 賴郁君，〈日治時期的臺灣漢醫藥〉（臺中：國立中興大學歷史學系博士論文，2013 年）。

44 目前僅見於 108 號為止，但若由戰後蘇錦全發行《臺灣國醫藥報》來看，該刊第一號亦為「第一一一號」，此乃延續日治時期臺灣皇漢醫道復活運動刊物之期號，因而得知戰前刊有第 109 號、第 110 號。

灣總督府職員錄系統」；部分資料庫還附上原文掃描圖檔的網址連結，使我們得以窺見原始資料，以確認資料庫訊息的正確性。另一方面，國立臺灣圖書館尚有建置「日治時期圖書全文影像系統」，有數本人物誌的電子文件掃描，可供線上閱覽或下載。凡此種種，皆對我們在研究上產生莫大的幫助與便利。然而，若無原始史料之文件掃描檔案時，我們仍應翻閱紙本資料，此亦較合乎史學方法之以第一手史料為主之訓誡。

此外，也應適時使用臺灣總督府相關單位的文獻圖書或調查資料，如：臺灣總督官房調查課的年度統計書，可讓我們得知運動機關報的銷售情形。

表 1-1　史料館藏狀況一覽

刊名	國立臺灣圖書館	國立臺灣大學圖書館	私人自藏
漢文皇漢醫界	第 15 號（1930.1）－第 20 號（1930.6）。	無館藏。	第 1 號（1928.11）－第 11 號（1929.9）、第 14 號（1929.12）。
臺灣皇漢醫界	第 21 號（1930.7）－第 24 號（1930.10）、第 28 號（1931.2）－第 38 號（1931.12）、第 51 號（1933.1）。	無館藏。	第 25 號（1930.11）、第 27 號（1931.1）、第 31 號（1931.5）－第 50 號（1932.12）。
臺灣皇漢醫報	第 52 號（1933.3）－第 76 號（1935.3）。	第 59 號（1933.10）－第 76 號（1935.3）。	第 52 號（1933.3）－第 53 號（1933.4）、第 57 號（1933.8）、第 63 號（1934.2）、第 66 號（1934.5）、第 68 號（1934.7）、第 70 號（1934.9）、第 72 號（1934.11）、第 75 號（1935.2）。
東西醫藥報	第 77 號（1935.4）－第 106 號（1937.10）、第 108 號（1937.11）。	第 77 號（1935.4）－第 81 號（1935.8）、第 83 號（1935.10）－第 106 號（1937.10）、第 108 號（1937.11）。	第 108 號（1937.11）。

四、研究方法

本書為歷史學研究，以時序（sequence）與編年（chronicle）的書寫方式為主，同時亦有橫向的社會層面剖析。在解讀史料的過程中，謹記史料的性質，不斷的思考與界定問題，以呈現史事，做出較為合乎邏輯的論證[45]；亦適時將史料的訊息以圖表呈現，並使用基本的統計方法，再做進一步的分析。

以下，試就舉例說明。第一，某一事件有不同敘述的史料之時，原則上以最先、最近者為主，亦須考慮到史料為同源或異源、有意或無意、直接或間接；但有些狀況是同時無法證實和證偽，則將史料並列呈現。第二，在敘述事件的發展過程時，以史料所見為主，不過度推論。此一原則尤其展現在本書的第三章始末及其分期，故而會顯露其空白之處。第三，在人物資料方面，以運動機關報所提供之運動參與者的姓名與區域別為主，口述訪談、回憶錄或傳記等史料為次，若人物誌或職員錄所提供的訊息無法與主、次史料相吻合之時，則暫不採信。例如：從運動機關報得知，陳貫是大溪郡龍潭庄人、且為龍潭藥業組合長，然而，自人士鑑等資料尋得，「陳貫」是苗栗郡苑裡庄人，擔任許多地方要職，在地方上頗有名氣，但未見他有擔任藥業相關的職務。當兩筆說法無法吻合時，則不採用人士鑑相關資料。第四，筆者利用機關刊物上所刊登的付費廣告，以推算機關收入，然而，理論上少數廣告必須加以排除，視為非收費廣告。例如：有部分廣告係以編者、支部或本部的名

45　參杜維運，《史學方法論》（增訂新版）（臺北：三民書局股份有限公司，2005 年 3 月十六版），頁 67-139、167-192；梁啓超，《中國歷史研究法》，第五章，〈史料之蒐集與鑑別〉，收錄於梁啓超，《中國歷史研究法——正補編‧新史學合刊》（臺北：里仁書局，2000 年 8 月 29 日初版五刷），頁 111-148。

義刊行[46]，或是其牟利與發行所、發行者有關[47]，另有些應屬雜誌編者自主介紹[48]，或是文章作者於文末附加[49]。此外，由於各期的廣告費用不一，無明文公告或有闕漏者，則須個別以推論得知（詳見第四章第三節）。

此外，為使讀者對機關報的出版時間一目了然，茲將各期號的出版時間整理為附錄表 1-1，本書內容中不再標記其出版時間。而在史料的斷句與標點符號方面，筆者亦將自行句讀。

五、名詞定義與章節安排

關於研究範圍，本書的研究時間斷限以該運動的起訖年代為準，即 1928 年至 1937 年。關於名詞定義，筆者必須先說明何以不使用「中醫」一詞。事實上，臺灣在日治時期是有「中醫」這個詞彙的，但大多是指中國大陸的漢醫界[50]，且應未普及使用。即使現在的我們直覺知道，「漢醫」和「中醫」的知識體系來源相同，但它們卻是各自在不同

46 如：〈介紹漢藥研究錄〉，《漢文皇漢醫界》，第十四號，頁 33；廣告，《臺灣皇漢醫界》，第二十三號，和文欄，頁 6；廣告，《臺灣皇漢醫報》，第六十號，目錄頁；餘例尚多，不盡舉。

47 如：廣告，《漢文皇漢醫界》，第一卷第一號，封底；廣告，《臺灣皇漢醫界》，第二十一號，封底；廣告，「臺灣藥事法規」，《臺灣皇漢醫界》，第三十八號，無頁碼；廣告，「漢和處方學歌訣」，《臺灣皇漢醫報》，第六十二號，無頁碼；餘例尚多，不盡舉。

48 如：廣告，「漢藥研究錄」，《臺灣皇漢醫界》，第二十五號，漢文欄，頁 43；廣告，「介紹著名醫生藥舖」，《臺灣皇漢醫報》，第五十二號，無頁碼；餘例尚多，不盡舉。

49 如：〈浙江中醫專門學校招生廣告〉，《臺灣皇漢醫界》，第二十二號，漢文欄，頁 25。

50 例如〈浙江中醫專門學校招男女生〉廣告，《臺灣皇漢醫界》，第三十號，漢文欄，頁 36；〈醫界通訊：為統一團體名稱以便整理醫藥上中央國醫館書〉，《臺灣皇漢醫界》，第三十一號，漢文欄，頁 48；公亮，〈關於中醫檢定問題之討論〉，《東西醫藥報》，第七十七號，頁 12-15。只不過，提及中國大陸的漢醫學，「國醫」比「中醫」使用得更頻繁。

歷史脈絡下所發展而出的詞語。也就是說，當我們的研究對象是日治時期臺灣時，稱呼為「漢醫」或「醫生」，皆會比「中醫」來得準確，且符合歷史情境。因此，不使用「中醫」一詞[51]。然而，就本研究而言，「皇漢醫道」又比「漢醫」、「醫生」或「傳統醫學」來得恰當。所謂「傳統醫學」應是相對於現代醫學，以世界而言，如前所述，至少有美索不達米亞和埃及醫學、古希臘醫學、阿拉伯伊斯蘭醫學、阿育吠陀、拉丁美洲土著醫學等；以臺灣而言，原住民醫學與民俗療法皆可稱為傳統醫學。「皇漢」一詞，係指皇國與漢土，亦可指日本與中國，皇漢醫學則是自古代中國傳入、因應日本風土民情而發展的醫學，又可稱為漢方醫學[52]。有論者指出，「漢方」一詞的使用，至江戶時代前期為止，並不存在；18 世紀中葉，荷蘭將歐洲的傳統醫學帶入日本，時人稱為「蘭方」，為了有所區別，遂將自中國傳入的醫學稱為「漢方」、日本固有的醫學稱為「和方」[53]。而「皇漢」一詞的出現，似與明治時代所標榜的「皇學」（神皇之學）有關[54]，此亦為運動機關所用。至於「醫道」

51　有關「中醫」一詞，本人曾查閱於昭和 6 年至 7 年、由臺灣總督府所編纂和發行的《臺日大辭典》，發現有「漢醫」、「西醫」，也有「醫生」與「醫師」，甚至有「良醫」、「儒醫」、「世醫」與「時醫」，但就是沒有「中醫」一詞。可見該詞彙似乎不常為臺灣人所使用。見臺灣總督府，《臺日大辭典》（臺北：臺灣總督府，1931 年 3 月），上卷，頁 53、651、735、780、784；臺灣總督府，《臺日大辭典》（臺北：臺灣總督府，1932 年 3 月），下卷，頁 527、967、996。「中」字開頭的詞彙，見臺灣總督府，《臺日大辭典》，下卷，頁 159-160、164、291-293、303-309。

52　松村明編，《大辞林》（東京：株式会社三省堂，2006 年 10 月 27 日第三版），頁 576、838；秋庭隆編集，《日本大百科全書　6》（東京：小学館，1995 年 7 月 10 日二版第二刷），頁 295；秋庭隆編集，《日本大百科全書　8》（東京：小学館，1995 年 7 月 10 日二版第二刷），頁 602；国史大辞典編集委員会編集，《国史大辞典》（東京：株式会社吉川弘文館，1997 年 8 月 20 日第一版第六刷），第三卷，頁 930。

53　遠藤次郎、中村輝子、マリア・サキム，《癒す力をさぐる　東の医学と西の医学》，頁 10；秋庭隆編集，《日本大百科全書　6》，頁 295。

54　宮地正人、佐藤能丸、櫻井良樹編集，《明治時代史大辞典》（東京：株式会社吉川弘文館，2011 年 12 月 20 日第一版第一刷），第一卷，頁 885。

一詞，係指醫術之道[55]，或表示於日本律令時代、以醫學和醫術為內容的一門分科名稱[56]，意即，此為普通名詞、亦是專有名詞。因此，筆者採用「皇漢醫道」一詞，何況此一運動的成分有其日本因素。

最後，關於本書的章節安排，除了緒論與結論以外，第二章〈背景與淵源〉旨在解釋臺灣皇漢醫道復活運動產生的因素為何。第三章〈始末及其分期〉，以東洋醫道會臺灣支部與臺灣漢醫藥研究室的立場為主，敘述整個運動的來龍去脈，使我們對基本史實有所認識。在分期方面，分為四個時期：第一個是「萌芽期」，時間是 1928 年 2 月到 1930 年 3 月，蓋創立之初，一切事務皆為新有的，且尚處於嘗試階段，所以稱為「萌芽」；第二是「鼎盛期」，時間是 1930 年 4 月到 1930 年 8 月，南拜山的來臺，使漢醫藥界人士信心大增，他的巡迴演講，更在各地掀起一陣旋風，將該運動帶入高潮，因此可定義為「鼎盛」；第三是「頓挫期」，時間是 1930 年 8 月到 1933 年 1 月，在此期間，由於內部運作和外部的社會背景都出現不利於運動發展的因素，因而稱為「頓挫」；最後是「沉寂期」，時間是 1933 年 2 月到 1937 年 12 月，在這個時期，多為蘇錦全一人獨撐，且幾乎已經剩下醫理的研究與論述，沒有任何政治上的作為，因而稱為「沉寂」。第四章〈社會基礎與運作情形〉，依序分析參與者的身分背景、團體的組織架構、以及經費的來源。第五章〈指導原則與論述主軸〉，探究運動參與者的論述內容與取向，這些論述便是論者用來使該運動與漢醫藥療法合理化的方式之一。

55　松村明編，《大辭林》，頁 163。

56　国史大辞典編集委員会編集，《国史大辞典》（東京：株式会社吉川弘文館，1998 年 4 月 20 日第一版第九刷），第一卷，頁 695-696。

第二章
背景與淵源

第一節　漢醫在臺灣的發展與變遷

一、中國傳統醫學的傳入

中國自古代以來，即有醫方的記載，其基本理論包括陰陽五行、氣血津液、經絡、臟腑、病因等基礎，並貫穿在四診、八綱、氣血、病邪、外感熱病等辨症方法。這些基本理論與辨症方法主宰了中國傳統醫學的發展。特別是歷代醫家多奉古代經典為圭臬，過分尊重傳統，少有突破性的學說與發明、或翻轉古代經典的新理論出現。因此，論者指出，中國傳統醫學的特色，有其一貫而獨立的性格；在思想上，便呈現兩種現象，即尚古、保守[1]。

一般認為，傳統中國漢人醫療體系進入臺灣的時間，已無法確知。根據目前文獻記載：鄭氏統治時期，來臺避難的文人沈光文，寄居在目加溜灣社時，曾以醫藥治人；清代官修諸府縣志，載有沈佺期、徐恢纘、吳廷慶、翁同敏、邱孟瓊、卓夢采、鄭崇和、林璽、林宜生、李洊科、蔡光任等人，曾從事醫術治療行為[2]。可見中國傳統醫學傳入臺

1　參戴新民發行，《中醫學基礎》（臺北：啓業書局有限公司，1982 年 3 月三版），頁 13-15；陳勝崑，《醫學、心理與民俗》（臺北：健康世界雜誌社，1982 年 3 月初版），頁 112-115。

2　參陳勝崑，《醫學、心理與民俗》，頁 121；李騰嶽纂修，《臺灣省通志稿》（臺北：臺灣省文獻委員會，1952 年 3 月），卷三，政事志衛生篇，第一冊，頁 6、140。

灣，當與漢人來臺有關。

是故，當時臺灣漢人社會的醫療狀況，在醫理上，受到中國傳統醫學整體發展所影響，而有閩粵地區醫者治法和論述之風。有相關研究指出，陳念祖（字修園，福建長樂人，1736-1824）、陳夢雷（福建人，乾隆、雍正年間人）、陳復正（字飛霞，廣東羅浮人，1736-1795）、羅汝蘭（字芝園，廣東石城人，光緒年間人）等四人的立說著書，對於臺灣漢醫學在傳染病、兒科、婦科與內科的發展上，都有深刻的影響[3]。至於，臺灣本土醫者的醫書著述，我們可以蘆洲李氏家族第四世李震孝（名雲雷，號省庵，1875-1936；李樹華三子、李清水之孫）所手抄輯錄的醫藥驗方為代表，該書乃累積了李氏家族自清領中期起，三代從醫治病的經驗方劑，不僅記載許多民間流傳的藥方，更相當貼近當時臺北淡水河流域地區農村的常見疾病[4]。

至於清代臺灣本地醫者的身分認定，1870 年代來臺的傳教士馬偕在其著作《臺灣遙寄》（*From Far Formosa*）有如此描述：

> 此地並無公設之醫學校，能醫治病人的就是醫生。從老醫生學習的，或從藥書自學的，都可自設診所行醫。甚至患過病的人，試用過很多藥材，也許能開藥方給其他病人。藥房的店

另參莊永明，《台灣醫療史——以台大醫院為主軸》（臺北：遠流出版事業股份有限公司，2006 年 9 月 1 日再版二刷），頁 20-21。另參張子文、郭啓傳、林偉洲撰文，國家圖書館特藏組編輯，《臺灣歷史人物小傳——明清暨日據時期》（臺北：國家圖書館，2003 年 12 月初版），頁 175、187-188、189-190、202、296、373。

3　參陳志忠，〈清代臺灣中醫的發展〉，頁 18-27。

4　參卞鳳奎，〈李氏家族醫療對蘆洲地區的貢獻〉，《臺北文獻》，直字第一三九期（臺北：臺北市文獻委員會，2002 年 3 月 25 日），頁 215-226；中華綜合發展研究院應用史學研究所總編纂，《蘆洲市志》（臺北：臺北縣蘆洲市公所，2009 年 7 月），頁 416-423、737-738、756-757、759。按：李氏家族所藏的手抄方劑，業已出版，並合輯為《省庵集內外各科百症治術驗方》一書。見李雲雷輯，《省庵集內外各科百症治術驗方》，收錄於陳支平主編，《臺灣文獻匯刊》（北京：九州出版社、廈門：廈門大學出版社，2004 年 12 月初版一刷），第五輯：臺灣輿地資料專輯。

員，可賴自學及經驗而能夠開藥方給病人。在事業方面失敗的人，亦可搜購許多藥方而開始行醫。[5]

顯見清領時期的臺灣，官方並無針對民間醫者身分認定的規範政策，因而難以確知當時的醫者人數與品質。

直至日治初期，根據臺灣總督府對於醫者人數的調查，得知當時的醫者共有 1,070 人[6]，如表 2-1。這項調查的數據應與日本治臺前臺灣醫療人員數據差距不大，而具有一定的參考價值[7]。

表 2-1　臺灣本地醫者人數表（1897 年）

	洋醫	漢醫				合計
		良醫	儒醫	世醫	時醫	
臺北縣	5	-	-	-	194	199
臺中縣	5	6	33	-	229	273
新竹縣	1	5	11	77	69	163
臺南縣	9	14	40	20	83	166
鳳山縣	4	4	7	-	136	151
嘉義縣	-	-	-	-	38	38
宜蘭廳	-	-	-	-	62	62
澎湖島廳	-	-	-	-	17	17
臺東廳	-	-	-	-	1	1
總計	24	1,046				1,070

資料來源：臺灣總督府民政部文書課，《臺灣總督府民政事務成績提要　第三篇》，明治三十年度分。

5　喬治馬偕著，林耀南譯，《臺灣遙寄》（臺北：臺灣省文獻委員會，1959 年 3 月），頁 239；另參賴永祥，《教會史話（三）》（臺南：人光出版社，1995 年 8 月），頁 79。

6　臺灣總督府民政部文書課，《臺灣總督府民政事務成績提要　第三篇》，明治三十年度分（臺北：臺灣總督府民政部文書課，1900 年 11 月 21 日），頁 105-106；臺灣總督府民政部文書課，《臺灣總督府民政事務成績提要　第四篇》，明治三十一年度分（臺北：臺灣總督府民政部文書課，1901 年 10 月 28 日），頁 120。

7　見張秀蓉編註，邱鈺珊、徐廷瑋等譯，《日治臺灣醫療公衛五十年》（臺北：國立臺灣大學出版中心，2015 年 5 月修訂版），頁 388。

必須說明的是，臺灣總督府對於醫者人數調查，自有一套分類標準。他們將臺灣本地從事醫療工作者分為兩種，即漢醫與洋醫。所謂漢醫，又細分為四種類型：一是良醫，為廣博醫書、精通方脈者；二是儒醫，為從醫書學醫的儒者；三是世醫，為以祖先傳來的祖傳祕法醫病者；四是時醫，為稍微識字、跟從醫者學習治療法者。只不過，臺北縣、嘉義縣、宜蘭廳、澎湖島廳、臺東廳，這些地區的醫者難以分辨是何種類，臺中縣、鳳山縣則無法區別出世醫與時醫，因而一律歸為時醫[8]。至於洋醫，應指具有西方醫學知識者，大多是當時教會的醫療傳教士與接受醫療教育訓練的臺灣人信徒。然而，以清代臺灣中醫為研究主題的陳志忠，則將清代臺灣醫者的類型分為五種：一是有功名或與官府往來密切的儒醫，二是以行善與經營藥業為職業的商人型醫家，三是與墾殖事業有關的拓殖型儒醫，四是宗教性濃厚的醫家，五是受西方醫學影響的醫家[9]。無論是何種分類方法，除了接受西方醫學的洋醫以外，這些「漢醫」醫者，亦可視為「走街仔」。他們在學理上，強調整體觀念，雖然以漢醫經典為本，但臨床時往往與理論脫節；其所使用的藥物，方便取得是一大特點，而其療法可謂集民間之大成；此外，他們亦重視師徒之間的繼承關係[10]。

二、漢醫與原住民醫療、漢人民俗療法的融合

臺灣原住民亦有其醫療體系，大致上可分為「超自然療法」與「自

8　見臺灣總督府民政部文書課，《臺灣總督府民政事務成績提要　第三篇》，明治三十年度分，頁 105-106。另參張秀蓉編註，邱鈺珊、徐廷瑋等譯，《日治臺灣醫療公衛五十年》，頁 388。

9　見陳志忠，〈清代臺灣中醫的發展〉，頁 80。按：陳志忠有如此分法，並非建立在前述臺灣總督府調查醫者人數的資料基礎之上，而是從地方志書所耙梳出的醫者資料。見陳志忠，〈清代臺灣中醫的發展〉，頁 110-124。

10　參李文旭，〈《走街會心錄》與清初閩臺走街醫學〉，《中華醫史雜誌》，第 25 卷第 1 期（北京：中華醫學會，1995 年 1 月），頁 52-54。

然療法」[11]。在漢人和日人進入臺灣社會後，與原住民產生互動，其所帶來的醫理與用藥，便影響了原住民的傳統醫療行為。例如，有論者認為，泰雅族語中的「iju'」應是由閩南語的「藥」轉變而來；清代的廖富椿與吳沙二人活躍於番社與漢人之間，曾施藥使原住民脫離天花等疫疾，自然會影響原住民的醫療方式；日治時期，新竹廳樹杞林支廳 kalabai 人在治療瘧疾、牙痛或膝傷時，使用了一些草藥醫療；達悟族的熱敷和按摩法、泰雅族的燻蒸法、排灣族經驗性病源、以及平埔族的漢化醫學等，應是漢人與原住民接觸後，有意或無意間傳播[12]。日人治臺後，對於原住民亦有一套醫療政策[13]。然而，無論是漢人的醫療或是日人的西方醫學，某種程度上皆存有統治者的征服心態，在與原住民接觸時，覬覦其天然或人力資源，視原住民的生活與習俗為迷信、野蠻行為，甚至不自覺地將平地、文明地區的疾病傳播給原住民，然後以醫療介入，達到馴化的效果[14]。

另一方面，由於臺灣具海島性氣候，加上地理環境的影響，是故來臺漢人、歐美人士、以及日人的文獻敘述或調查記錄大多認為臺灣的衛生環境惡劣，而有「瘴癘之地」的稱呼。漢人順利抵臺後，仍須面臨

11　參許木柱，〈無形與有形——台灣原住民的兩大療法〉，收錄於經典雜誌編著，《臺灣醫療四百年》（臺北：經典雜誌，2006 年 5 月初版），第一篇「傳統醫療」，頁 20-25。

12　參陳志忠，〈清代臺灣中醫的發展〉，頁 32-44。

13　參羅任鎗，〈帝國邊陲的救贖？日治時期蕃地醫療政策研究〉（臺北：國立臺灣師範大學臺灣史研究所碩士論文，2010 年 2 月）。

14　相關論著與觀點，可參溫振華，〈天花在台灣土著社會傳播初探〉，收錄於《台灣史研究暨史蹟維護研討會論文集》（臺南：台南市政府，1990 年 6 月），頁 363-374；陳偉智，〈傳染病與吳沙「開蘭」——一個問題的提出〉，《宜蘭文獻雜誌》，第 3 期（宜蘭：宜蘭縣立文化中心，1993 年 5 月 1 日），頁 1-20；簡炯仁，〈「臺灣是瘴癘之地」——一個漢人的觀點〉，《臺灣風物》，第 46 卷第 4 期（臺北：臺灣風物雜誌社，1996 年 12 月），頁 21-52；范燕秋，〈疾病、邊緣族群與文明化的身體——以 1895-1945 宜蘭泰雅族為例〉，《臺灣史研究》，第五卷第一期（臺北：中央研究院臺灣史研究所籌備處，1999 年 11 月），頁 141-175。

當地疫病的侵襲。當時民間尚有接骨師治療外傷、青草生藥治療內科、寺廟藥籤、助產的「先生媽」、以及道士童乩以巫術從事治療行為[15]。尤其是這種以求神問卜的方式進行治療者，即所謂的「民俗醫療」。於是，來臺漢人強化原鄉的宗教信仰與祖先崇拜，以獲得心靈的慰藉。例如祭祀「王爺公」、「保生大帝」即是顯例[16]。事實上，自 16 世紀中葉一直到 19 世紀末葉，臺灣民眾在生病之時，通常會請童乩以禳除、祭禱、賜藥之法治病[17]。可見其為「信巫不信醫」之風，甚至是「巫醫」混雜的現象[18]。

三、西方醫學的來臨與三元醫療體系的形成

1860 年代開港通商以來，西方勢力進入臺灣，基督教信仰也隨之而來，並以長老教會為大宗。當時，教會以醫療做為宣教的一大手段，醫療幾乎伴隨著傳教而來，遂使現代西方醫學進入臺灣社會。這些醫療宣教師來臺以後，除了自身執行醫療之外，亦於當地招收助手或學生，教授西方醫學知識與技術，建立起一套訓練醫療人員的模式，以強化醫療宣教事工，而有「醫療傳教」或「傳道醫學」之稱[19]。然而，由於

---

15 見杜聰明，《中西醫學史略》（臺北：財團法人杜聰明博士獎學基金會，2011 年 4 月 30 日再版），頁 491-492。

16 參陳勝崑，《醫學、心理與民俗》，頁 225-238。另參張珣，《疾病與文化》（臺北：稻鄉出版社，1989 年 7 月初版），第六章，〈民俗醫生——童乩〉，頁 73-82、第七章，〈台灣民俗醫療研究〉，頁 83-99。

17 參林富士，〈醫者或病人——童乩在臺灣社會中的角色與形象〉，《中央研究院歷史語言研究所集刊》，第七十六本第三分（臺北：中央研究院歷史語言研究所，2005 年 9 月），頁 515-520。另參林富士，〈清代臺灣的巫覡與巫俗——以《臺灣文獻叢刊》為主要材料的初步探討〉，《新史學》，第十六卷第三期（臺北：新史學雜誌社，2005 年 9 月），頁 61-79。

18 參張加昇、蘇奕彰，〈日治時期前臺灣醫療發展之探討〉，《中醫藥雜誌》，第 25 卷特刊（臺中：中醫藥雜誌社、臺北：國立中國醫藥研究所，2014 年 12 月），頁 315-317。

19 參吳學明，《從依賴到自立——終戰前台灣南部基督長老教會研究》（臺南：人光

東、西方的文化與習俗不同，部分漢人對於西方醫術有所恐懼、甚至誤解，因而演變造成許多反教事件[20]。事實上，這背後即是不同文化脈絡、不同醫療體系所產生的文化衝突（cultural conflict）。

人類學者張珣曾針對臺灣北部農村地區的漢人醫療行為進行考察，發現其可分為三種醫療模式，即：神聖的、世俗的、西方的，或稱民俗醫、中醫、西醫，而提出「三元醫療體系」[21]。從臺灣醫學史的脈絡來看，現代西方醫學自 19 世紀中葉起進入臺灣[22]，於日治時期由國家權

出版社，2003 年 11 月初版），頁 120-158；蘇芳玉，〈清末洋人在臺醫療史——以長老教會、海關為中心〉（桃園：國立中央大學歷史研究所碩士論文，2002 年 6 月），第一章，〈清末長老教會在臺灣之醫療傳道史〉，頁 12-63；傅大為，〈馬偕的早期近代化——殖民帝國勢力下的傳道醫療、身體與性別〉，收錄於傅大為，《亞細亞的新身體——性別、醫療與近代台灣》（臺北：群學出版有限公司，2005 年 10 月一版 2 印），頁 37-80。另參經典雜誌編著，《臺灣醫療四百年》（臺北：經典雜誌，2006 年 5 月初版），第二篇「傳道醫學」，頁 50-89；許妝莊，〈從偕醫館到馬偕紀念醫院——殖民地近代化中的醫療傳教（1880-1919）〉（臺北：國立臺灣大學文學院歷史所碩士論文，2010 年 7 月）；張大偉，〈馬雅各醫生在台的傳教工作（1865-1871）〉（臺北：國立臺灣大學歷史學系碩士論文，2013 年 6 月），第三章，〈馬雅各的傳教方法〉，頁 54-67。

20 參蔡友蘭，〈十九世紀末西方醫療體系傳入臺灣遭遇之抵抗與衝突——從馬雅各教案事件談起〉（臺北：臺北醫學大學醫學研究所碩士論文，2001 年 7 月）；楊倍昌，《科學之美——生物科學史閱讀手記》（高雄：巨流圖書股份有限公司，2012 年 2 月初版一刷），頁 207-215。

21 參張珣，〈臺灣漢人的醫療體系與醫療行為——一個臺灣北部農村的醫學人類學研究〉，《中央研究院民族學研究所集刊》，第 56 期（臺北：中央研究院民族學研究所，1983 年秋季），頁 29-58（後收錄於張珣，《疾病與文化》，第八章，頁 101-147）。

22 誠然，17 世紀的荷西時代也有帶來西方醫學，但有論者認為：當時是以商業貿易為重，醫療只是附帶工作，且當時的醫療發展，嚴格來說，尚未達到現代西方醫學的水準，加上荷西在臺殖民時間過短，往後臺灣在清帝國的統治下，與西方醫學發展幾乎無來往，直至 19 世紀中葉為止。參陳順勝，〈日據前的西方醫療及其對台灣醫學之影響〉，《科技博物》，第六卷第四期（高雄：國立科學工藝博物館，2002 年 7 月），頁 59-86（後收錄於王玉豐主編，《科技、醫療與社會學術研討會論文集》，高雄：國立科學工藝博物館，2002 年 8 月初版）；另參張加昇、蘇奕彰，〈日治時期前臺灣醫療發展之探討〉，頁 311-312。

力主導而移植臺灣，並逐漸建立一套體系。因此，在原始醫學時代僅有一元醫療體系（即原住民醫療），瘴氣醫學時代轉為二元醫療體系（新增傳統中國醫學），自教會醫學時代起即為三元醫療體系[23]。

第二節　日本漢方醫學存續運動的興起

專攻日本醫療史的學者菅谷章認為，近代日本醫師制度確立的歷史即是皇漢醫對抗西洋醫的歷史[24]。此語可謂道破近代日本漢方醫學的發展大勢。日本漢方醫學存續運動是造就臺灣皇漢醫道復活運動的一個重要遠因。因此，在這一節中，我們將介紹西方醫學在近代日本的發展、以及漢方醫學存續運動。

一、近世漢方醫學在明治時代前的概況

一般認為，傳統中國醫學於 6 世紀傳入日本[25]，在交流與吸收中，形成一種中國醫學「日本化」的現象，對往後日本醫學發展產生極為深遠的影響。有論者將日本醫學史分為前後兩個階段，前期從上古至田代三喜（1465-1537，室町時代漢醫學家）歸日，後期則自田代三喜歸來到明治末年[26]。另有學者表示，田代三喜的貢獻在於：在日本始終模仿宋醫學，陷於沉滯不前、毫無進展之時，導入了金元李朱（李杲、朱丹

23　此處醫學時代之分期，參杜聰明，《中西醫學史略》，頁 487-505。

24　見菅谷章，《日本の病院》（東京：中央公論社，1981 年 1 月），頁 32；菅谷章，《日本醫療制度史》（東京：株式会社原書房，1978 年 11 月 30 日改訂增補第一刷），頁 38。

25　見廖育群，《遠眺皇漢醫學——認識日本傳統醫學》（臺北：東大圖書股份有限公司，2007 年 1 月初版一刷），頁 37。不過，醫學史學者陳勝崑以史書中記載三國時代蘇州人知聰攜帶明堂圖（即針灸經穴圖）至日本一事，做為中國醫學傳入日本之始。見陳勝崑，《中國傳統醫學史》（臺北：時報文化出版事業有限公司，1979 年 10 月 1 日初版），頁 203。

26　見大塚敬節，《東洋醫學史》（東京：山雅房，1941 年）一書。

溪）醫學的新風，成為醫學流派產生的契機，又改革宗教醫學，成為實證性醫學發展的端倪[27]，因而有「日本漢方醫學的源流」之稱[28]，可見田代三喜的重要性與歷史地位。不過，真正將此一學術潮流加以弘揚並形成學派者，則是其弟子曲直瀨道三（1507-1594）。道三曾治癒幕府將軍足利義輝，在京都頗有名氣，並於 1546 年開辦「啟迪院」，培養後進弟子，而有「道三流派」之稱[29]。

江戶時代，醫界出現研究與信奉張仲景《傷寒雜病論》的呼聲，他們認為該書所記載的「古方」才是醫道正軌，並對接受和使用金元明代醫學之方加以批評，從而形成流派的紛爭。因此，我們把以曲直瀨道三為代表、金元醫學思想為主的「道三流派」等醫者群體，稱為「後世派」；而將奉張仲景醫方為圭臬的醫家們，稱為「古方派」。此外，尚有折衷派、外科華岡、婦產科賀川、針灸、本草、考證學等[30]。

二、西洋醫術的傳入與發展

16 世紀中葉，天主教傳教士所帶來以外科為主的醫療方式，被稱為「南蠻流醫學」，或「南蠻流外科」，但這些僅是治法、技術，並非有系統的醫學理論和診療體系。到了 16 世紀末葉，豐臣秀吉禁止基督宗教的傳播，驅逐傳教士、懲罰教徒，各地的基督教醫療設施急速地衰微，南蠻流外科的發展亦受到影響。進入江戶時代以後，由於鎖國體制

27　語出矢數道明。見廖育群，《遠眺皇漢醫學——認識日本傳統醫學》，頁 53。

28　參中山清治，〈我国後世派医学の祖「田代三喜」—日本漢方医学の源流—〉，《東京有明医療大学雜誌》，第 2 卷（東京：東京有明医療大学，2010 年），頁 45-48。

29　參潘桂娟、樊正倫編著，《日本漢方醫學》（北京：中國中醫藥出版社，1994 年 3 月第 1 版第 1 次印刷），頁 37-39。

30　參潘桂娟、樊正倫編著，《日本漢方醫學》，頁 37-60；山田光胤，〈日本漢方医学の伝承と系譜〉，《日本東洋医学雜誌》，第 46 卷第 4 号，1996 年，頁 505-518；安井廣迪，〈日本漢方諸学派の流れ〉，《日東医誌》，第 58 卷第 2 号，2007 年，頁 177-202。

的實施，禁止葡萄牙人前來貿易，除了中國、荷蘭限於在長崎的貿易以外，斷絕了與其他外界的聯繫，荷蘭商館便成為傳播歐洲文化知識的管道。直至 18 世紀，幕府將軍德川吉宗下令解除了與天主教無關的書籍禁令，並通過與荷蘭商人的貿易活動，學習荷蘭語和歐洲自然科學、文化、制度、軍事等，即是所謂的「蘭學」。當時的自然科學以醫學、本草學、農學、天文學、地理學為主。然而，此時傳入的荷蘭醫學，僅限於醫書的翻譯、編纂，在臨床領域上並未有顯著進展。19 世紀上半葉，任職於荷蘭商館的荷蘭東印度公司醫官，不僅醫術優良，且教授臨床診療，成功培育出不少醫療人員。另一方面，當時在醫書的編譯上，也擴增到臨床各學科。由此可知，西醫教育的創辦、各科書籍編譯的刊行，促進了西方醫學在江戶時代後期的傳播與發展[31]。

1857 年 5 月，在江戶的蘭醫們成立「種痘館」，旨在定期聚會、研討蘭醫學。1858 年 7 月，江戶幕府將軍德川家定病危，遂召集蘭醫伊東玄朴、戶塚靜海出任仕醫，另選拔伊東玄朴、竹內玄同等 4 名蘭醫出任幕府醫官。隨後，幕府正式解除對西方醫學的禁令。1860 年，種痘館改為官辦，並更名為「種痘所」，又於隔年改名為「西洋醫學所」，設置教授並招收學生，此即為東京大學醫學部的前身。此外，經幕府批准，醫官松本良順於 1861 年在長崎成立「長崎養生所」，從事荷蘭醫學教育，後更名為「精得館」，即是長崎醫科大學的前身[32]。因此，有論者指出，江戶末期，做為官辦西醫教育機構，西洋醫學所與長崎精得館的建設，加速了西方醫學的壯大和發展[33]。

31　參潘桂娟、樊正倫編著，《日本漢方醫學》，頁 193-197；林明德，《日本近代史》（臺北：三民書局股份有限公司，2010 年 6 月修訂三版三刷），頁 40-41。

32　參厚生省五十年史編集委員会，《厚生省五十年史（記述篇）》（東京：財団法人厚生問題研究会，1988 年 5 月 31 日），頁 124-125；田口和美，〈東京大学医学部の歷史〉，收錄於前田久美江編著，《現代医療の原点を探る—百年前の雑誌「医談」から—》（京都：株式会社思文閣，2004 年 5 月 15 日），頁 169-174；菅谷章，《日本の病院》，頁 17-20。

33　見潘桂娟、樊正倫編著，《日本漢方醫學》，頁 197。

三、明治維新的醫事政策與制度

明治維新的三大方針為「富國強兵」、「殖產興業」、「文明開化」。其中的「文明開化」，狹義而言，是指科學文化教育事業的近代化與普及。而醫事衛生制度和組織的整備，皆與以上方針有關。因此，明治政府的醫事制度變革步驟有四，分別為：確定西方醫學為正統醫學、任用西醫掌管醫政機構、發展西方醫學教育、壓制與排擠漢醫[34]。

於是，明治政府建立之初，即發布〈西洋醫術許可之命令〉（西洋医術差許の御沙汰），明確表示採用西方醫術，展現對西方醫學積極扶植的態度。相對地，打壓漢醫的發展，例如廢止漢醫教育和學術研究機構——江戶醫學館[35]，並陸續迫使各地的漢醫學校、醫學館等停辦。

1869年，政府命令相良知安、岩佐純進行醫事調查。他們提議，應以德國醫學作為規範和準則，遂使政府於1871年正式採用德國式醫學。此後，紛紛實行招聘德國人醫師、制定醫學校通則等措施[36]。

1874年8月，公布〈醫制〉，並發布於東京、京都、大阪。〈醫制〉有其歷史意義，其中影響漢方醫最大者，在於它確立以西洋式醫學為基礎的醫學教育[37]。1876年1月，根據內務省達乙第五號，指示各府縣實施〈醫術開業試驗〉，試驗科目有理化、解剖、生理、病理、藥劑、內外科；此舉已造成漢醫界人士極大的不滿。往後，在1883年制定〈醫術開業試驗規則〉與〈醫師免許規則〉，繼而在1884年1月1日，實施

34　見潘桂娟、樊正倫編著，《日本漢方醫學》，頁202-206；另參厚生省五十年史編集委員会，《厚生省五十年史（記述篇）》，頁56-57。

35　關於江戶醫學館的簡介，可參多紀安叔，〈幕府医学館〉，收錄於前田久美江編著，《現代医療の原点を探る—百年前の雜誌「医談」から—》，頁190-192。

36　參管谷章，《日本の病院》，頁30-31；厚生省五十年史編集委員会，《厚生省五十年史（記述篇）》，頁125-126。

37　參島崎謙治，《日本の医療　制度と政策》（東京：財団法人東京大学出版会，2011年4月27日初版），頁32。

〈醫師免許規則〉[38]。這一連串的醫事法規，皆是在確立西方醫學成為國家醫療市場的正統地位。

四、漢醫救亡運動的展開

近代日本漢方存續運動可分為兩大時代，分別是明治時代與昭和時代。明治時代的漢方存續運動又可分為三個時期，分別是理論鬥爭時期、比較治療時期、請願運動時期[39]。

（一）理論鬥爭時期

如上所述，1875 年，政府提出醫術開業試驗實施的方針。由於醫術開業試驗的實施，規定試驗科目為物理學、化學、解剖學、生理學、病理學、藥劑學、內科外科，對於學習漢方醫學者而言，乃是不同的知識範疇，無疑是難以通過考試、無法成為合法的醫師，因而尋求變更試驗科目的可能。

理論鬥爭時期的焦點在於洋方七科（物理學、化學、解剖學、生理學、病理學、藥劑學、內科外科）。對此，以淺田宗伯為首的皇漢醫們發起了變更試驗科目、或於試驗科目導入漢方科目的行動。1875 年 9 月，漢方醫界「六賢人」淺田宗伯、岡田滄海、清川玄道、高島祐啓、桐淵道齋、河內全節齊聚一堂，共同商討出「漢方六科」，堅持漢方醫

38　菅谷章，《日本醫療制度史》，頁 42-44。

39　關於明治時代日本漢方存續運動的三個時期，目前以潘桂娟、樊正倫編著，《日本漢方醫學》（頁 207-282）一書最為詳盡。其次是：菅谷章，《日本醫療制度史》，頁 45-50；川上武，《現代日本医療史—開業医制の変遷—》（東京：株式会社勁草書房，2010 年 11 月 20 日オンデマンド版），頁 155-160；青柳精一，《近代医療のあけぼの—幕末・明治の医事制度—》（京都：株式会社思文閣，2011 年 6 月 10 日），頁 182-198；宗田一，《図說日本医療文化史》（京都：株式会社思文閣，1993 年 11 月 1 日再版），頁 417-422；小曽戸洋，《漢方の歴史—中国・日本の伝統医学—》（東京：株式会社大修館書店，2002 年 9 月 1 日第 2 刷），頁 176-177 等。以下內容，如無獨立引文或特殊必要，則不再引註。

學的學術體系，並提供政府相關單位做為漢方試驗科目的規定，以對抗洋方七科。這六科分別是開物變理、臟腑經絡、窮理盡性、眾病源機、藥性體用、脈病證治。

1879 年，內務省公布了修訂後的醫師考試規則，確認以洋方七科為考試科目。漢方醫界總結先前論述，進一步修改而提倡「漢方七科」，此七科分別是：究理、化學、解剖、生理、病理、藥性、治療。但依然沒有得到相關單位的採納。

（二）比較治療時期

1878 年 7 月，於東京設立腳氣診療醫院。腳氣病為東洋的風土病，於民間廣泛地流傳。在此醫院中，設有漢方醫術的診療方式，亦有西洋醫術的診療方式，漢方主要有遠田澄庵、今村了庵，洋方主要有佐佐木東洋、小林恒，使兩方分別治療腳氣病的患者，以此判定優劣，史稱「漢洋腳氣相撲」。然而，遠田澄庵以秘傳為理由而拒絕公開其診療內容，此舉遂對漢方醫的觀感造成不佳。

另一方面，在淺田宗伯的協商之下，漢方醫創設博濟醫院，成為漢方治療場域。同時，以此為模範，亦在日本各地紛紛建設漢醫醫院。

（三）請願運動時期

第一代第三個時期的漢方存續運動以政治活動為主，主要手段即是請願。我們若以主導請願運動的團體來觀察的話，可以分為兩個階段，即是溫知社階段與帝國醫會階段；前者始於溫知社成立的 1879 年 3 月、終於溫知社解散的 1887 年 1 月，後者始於帝國醫會創立的 1890 年、終於主要領導者淺井國幹逝世而帝國醫會解散的 1898 年[40]。一般也以此二團體的存廢起訖做為該時期之年代斷限。

事實上，自 1879 年 1 月至 1884 年底，漢醫界先後組織社團、創辦

40　見深川晨堂輯著，矢数道明解說，《漢洋医学闘争史　政治闘争篇》（復刻版，東京：医聖社，1981 年 3 月 21 日）一書。

醫院，並開展漢醫教育與學術活動[41]。隨著各地漢醫社團的成立，為了與西洋醫學抗衡、爭取漢方醫學的合法地位，聯合陣線實屬當務之急。

1. 溫知社

溫知社，成立於 1879 年 3 月，後於 1887 年 1 月解散。發起人為山田業廣、飯田隆安、高橋宗翰、山田高朗，另有數名重要支持者，如淺田宗伯、河內全節、清川玄道等人，並以月刊《溫知醫談》做為機關報。1881 年，溫知社召開自創設以來的第一回大會，出席者有 89 人，無法出席但有以委任者有 729 人。淺井國幹當選為溫知社的議長，並決議今後以「繼續請願」、「設立和漢醫學院」[42]為中心議題，向明治政府爭取漢醫的權益。

不久後，溫知社發起了以爭取漢醫教育合法權利為主要目的的第一場請願。1881 年 6 月 16 日，溫知社總理、幹事代表各府、縣，共有 729 位漢醫，向內務卿松方正義呈遞了請願書，要求政府批准成立「和漢共立醫學院」，並對其畢業生頒發行醫執照。只不過，此後近四個月，政府未就該次請願做出任何答覆。1883 年 4 月，溫知社針對漢醫存續、漢醫專科教育問題，向政府請願。結果，仍舊不了了之。

溫知社幾經挫敗，運動呈現停滯狀態，究其原因乃是代表人物相繼逝世，如清川玄道、森立之，以及會員未繳納會費而導致財政困難。1886 年 12 月，淺井國幹召集會員以討論往後的運作方式、解散與否等事宜，出席者僅有 27 人。於是，溫知社便於 1887 年 1 月解散。

2. 帝國醫會

創設於 1890 年，後於 1898 年解散。1890 年，部分漢方醫於帝國議會請願漢方存續、改正醫師試驗法案，於此同時，以淺井國幹為中心的帝國醫會，宣布成立。淺井國幹早在成立帝國醫會的前一年，即

41　為求方便理解，筆者依社團成立時間之先後，如附錄表 2-1 整理所示。

42　於 1883 年設置完成，後改稱為「東京溫知學校」。

1889 年 11 月 15 日的第一回帝國議會提出請願書草案，他總結主張漢方存續的主流意見。繼之，於 1891 年的第二回帝國議會中，各地漢方醫團體共 37 個單位，漢方醫人數有 1,984 位、一般民眾有 51,050 位署名，聯合請願。然而，同年末，議會以「審議未了」而散會。此外，香月怒鄉等人提出醫師免許規則改正法案，亦告失敗。

在當時的言論方面，西洋醫對於漢方醫十分不友善。1890 年，舉行第一回日本醫學會，會眾有 1,680 名，長與專齋、松本良順、長谷川泰分別演說，鼓吹西洋學說的優越性，並高調批評漢方醫學。事實上，就當時的國際政治情勢而言，由於日清戰爭，雙方兩國關係交惡，日本漢方醫乃源自中國，這對當時漢方醫的立場尷尬且不利。其次，就漢方團體內部而言，淺田宗伯於 1894 年逝世，對漢方團體與存續運動造成極大的傷害與挫折。

第三節　臺日漢醫所面臨的共同困境

「1895 年」對於臺灣與日本的漢醫有著特殊意義。前者於該年成為日本的領地，使漢醫即將邁入消亡的困境當中；後者於日本境內長年來進行漢方存續運動，在該年徹底被否定，而宣告失敗。

一、臺灣總督府對待漢醫的態度與政策

1894 年 7 月，日清甲午戰爭爆發，至翌年 3 月停戰，於 4 月簽訂《日清媾和條約》(或稱《馬關條約》)，其中同意將臺灣、澎湖及其附屬島嶼割讓給日本。該年 6 月 17 日，在臺北城內舉行始政典禮，宣告正式領有臺灣。對於漢醫而言，即將面臨前所未有的變局。

日人領有臺灣後，致力於建構衛生管理與行政系統，以改善臺灣衛生環境。其主要原因不外乎有：「征臺」之役的教訓、吸引日本移民、改善臺灣人體質以供其驅使、以臺灣為其發展南方醫學的試驗場。

以「征臺」之役的教訓為例，有研究指出：日軍於澎湖登陸後，士兵罹患霍亂而致死者有 1,247 人，患者死亡率高達 64.1%；其後，於臺灣本土各地征戰時，不時為霍亂、瘧疾、赤痢、傷寒、腸炎、腳氣等疾病所苦。據統計，戰死者僅有 164 人，負傷者 515 人；然而，患者共有 26,094 人，病死人數有 4,642 人，兩者總和超過當時日軍總人數的二分之一[43]。

臺灣總督府在建設醫療、衛生制度的同時，也面臨原有的本土醫者。為了確立在臺「醫師」的身分，臺灣總督府於 1896 年 5 月，以府令第六號公布〈臺灣醫業規則〉[44]。該法規共 14 條，內容包括醫師資格、停業處分、「醫業免許證」取得程序、各種申報與罰則等規定。只不過該法令未包含「醫生」的相關規定，使之在法制上的身分未明，遂暫時默許其醫療行為[45]。而後，如前所述，臺灣總督府進行全臺醫者人數的調查。此時，第四任臺灣總督兒玉源太郎已於 1898 年 2 月底就職，而新任的民政局長後藤新平也於隔月初抵臺履任[46]。

一般認為，後藤新平在近代日本醫政界與殖民地臺灣的統治上具有舉足輕重之角色，其最為人知的論點即是「國家衛生原理」概念、「生物學原則」。他曾表示，行政變革必須考量生物習性，採取漸進的方式，不可急遽變革；因此，「統治臺灣，首先需以科學方法調查當地之舊慣制度，採順應民情之措施」。於是，乃高舉舊慣調查事業[47]。此

43　見陳君愷，《日治時期臺灣醫生社會地位之研究》，頁 21-25。

44　見許錫慶編譯，《臺灣總督府公文類纂衛生史料彙編（明治二十九年四月至明治二十九年十二月）》（總督府檔案專題翻譯〔四〕衛生系列之一，南投：臺灣省文獻委員會，2000 年 1 月 31 日），頁 109-113；張秀蓉編註，邱鈺珊、徐廷瑋等譯，《日治臺灣醫療公衛五十年》，頁 321-322。

45　參鈴木哲造，〈日治時期臺灣醫療法制之研究——以醫師之培育與結構為中心〉，頁 65-71。

46　參黃昭堂著，黃英哲譯，《台灣總督府》（臺北：前衛出版社，2013 年 7 月二版一刷），頁 66 表 2。

47　見鄭政誠，《臺灣大調查——臨時臺灣舊慣調查會之研究》（臺北：博揚文化事業

外，有論者指出，從後藤往後在臺的演講中，得知他有「西醫 vs. 中醫＝文明 vs. 落後＝日本 vs. 清國」這樣的二元對立論述[48]。

後藤來臺之初，曾視察於 1897 年 4 月開課、由時為臺北醫院院長的山口秀高所主導的「醫學講習所」（即土人醫師養成所），並認為有必要進一步提升醫學教育[49]。事實上，在山口即將離日、前往臺灣之時，曾拜見後藤，後藤向他表示，「不管將來如何，能夠的話希望能先將簡易的醫學教給此地的土人」[50]；往後，在後藤擔任民政局長期間，對於醫學校的設立計畫，更是「熱心盡力促成」[51]，而臺灣總督府醫學校的首任校長即為山口秀高。可見，兩人關係十分友好，且立場相近。

1899 年 3 月，總督府以敕令第九十五號頒布〈臺灣總督府醫學

有限公司，2005 年 6 月初版一刷），頁 45-46；范燕秋，〈新醫學在臺灣的實踐（1898-1906）——從後藤新平《國家衛生原理》談起〉，《新史學》，第九卷第三期（臺北：新史學雜誌社，1998 年 9 月），頁 58（該文後收錄於李尚仁主編，《帝國與現代醫學》，臺北：聯經出版事業股份有限公司，2008 年 10 月初版，第一編第一章，頁 19-53）。另參張隆志，〈後藤新平——生物學政治與臺灣殖民現代性的構築（1989-1906）〉，收錄於第六屆中華民國史專題討論會秘書處編，《20 世紀臺灣歷史與人物——第六屆中華民國史專題論文集》（臺北：國史館，2002 年 12 月初版），頁 1235-1259；林呈蓉，〈國家衛生原理——台灣人醫療菁英的思考源流〉，《台灣史料研究》，第 25 號（臺北：財團法人吳三連台灣史料基金會，2005 年 7 月），頁 54-60（後收錄於林呈蓉，《近代國家的摸索與覺醒——日本與台灣文明開化的進程》，臺北：財團法人吳三連台灣史料基金會，2005 年 12 月，第 5 章，頁 165-209）；新村拓，〈後藤新平の衛生思想とその周縁〉，收錄於新村拓著，《健康の社会史　養生、衛生から健康增進へ》（東京：財団法人法政大学出版局，2006 年 12 月 15 日初版第 2 刷），第三章，頁 87-154。

48 見范燕秋，〈新醫學在臺灣的實踐（1898-1906）——從後藤新平《國家衛生原理》談起〉，頁 66。

49 見張子文、郭啓傳、林偉洲撰文，國家圖書館特藏組編輯，《臺灣歷史人物小傳——明清暨日據時期》，頁 17。

50 見山口秀高主講，韓良俊譯，〈台灣總督府醫學校成立之由來以及將來之企望〉，《台灣史料研究》，第 8 號（臺北：財團法人吳三連台灣史料基金會，1996 年 8 月），頁 49。

51 見山口秀高主講，韓良俊譯，〈台灣總督府醫學校成立之由來以及將來之企望〉，頁 50。

校官制〉；同年7月，以府令第三十九號公布〈臺灣總督府醫學校規則〉[52]。其創校說明中提及：

> 之所以要在臺灣創立醫學校，乃因臺灣現可稱為醫生從事診療者，僅修習支那傳統醫學，以草根木皮為唯一藥劑，醫療技術粗淺拙劣，不具日新月異之醫學素養，終究不堪勝任。故創建醫學校，主要挑選臺人中的優秀人才，將其培養成醫師，以促進本島醫業之發展。[53]

此外，山口秀高在1899年臺灣總督府醫學校開學典禮時的演講中，對於臺灣漢醫亦有一段評論，他表示：

> 本島所謂醫生……他們不僅不了解生理、病理為何，更低劣者甚至目不識丁，僅聽聞患者之敘述，便隨意給予草根、樹皮。更進一步說，他們與內地的漢方醫根本是天差地遠，比起後者更為低劣。勉強來說，他們相當於內地的賣藥郎中。今日內地的賣藥郎中是如何毒害世人，各位已十分了解，因此臺灣醫生的危險亦可想而知。[54]

可見其立場十分鄙視中國傳統醫學。然而，欲於短期內培育出足夠的醫師以取代長久以來在臺灣社會的傳統醫療體系，實屬不易，且擔心引起

52　見張秀蓉編註，邱鈺珊、徐廷瑋等譯，《日治臺灣醫療公衛五十年》，頁342-350。

53　按：本段史料之中文翻譯乃見鈴木哲造，〈日治時期臺灣醫療法制之研究——以醫師之培育與結構為中心〉，頁70。惟鈴木哲造將史料中的「支那」譯為「中國」，對此，為保留歷史語境，乃以「支那」表示。見〈台湾総督府医学校官制ヲ定メ　台湾総督府職員官等俸給令中ヲ改正ス〉，《公文類聚》，第23編，明治32年，第8卷（日本國立公文書館藏；請求番号：本館-2A-011-00・類00841100，件名番号：022）。

54　見張秀蓉編註，邱鈺珊、徐廷瑋等譯，《日治臺灣醫療公衛五十年》，頁428；另參山口秀高主講，韓良俊譯，〈台灣總督府醫學校成立之由來以及將來之企望〉，頁51。

已習慣漢醫治療方式的臺人反對，加上起初因臺灣傳統社會對「醫者」的觀感不佳，而有招生上的困難。因此，總督府仍未禁止本地醫者從事醫療相關業務，但也不承認其行醫，而是進一步思考如何處理這些「醫生」[55]。

於是，1901年7月，總督府公布府令第四十七號〈臺灣醫生免許規則〉[56]，條文如下：

第一條　醫生係指依此規則取得地方長官授予之證書，而於其管轄內從事醫師之業務者。

第二條　具有左列之資格者於申請醫生證書時，應檢附履歷書而向地方長官申請。

一、年滿二十歲以上的本島人。

二、於此規則以前已在本島從事醫生之業務者。

第三條　地方長官針對前條之申請者，認為適合從事醫師業務之時，應發放醫生證書。

第四條　毀損、遺失醫生證書，或變更姓名者，應向地方官廳申請補發或改寫。

第五條　取得醫生證書者於發放之際，應繳納手續費三圓。

第六條　請求補發醫生證書或更改者，應繳納手續費五十錢。

---

55 參鈴木哲造，〈日治時期臺灣醫療法制之研究——以醫師之培育與結構為中心〉，頁71-72；陳君愷，《日治時期臺灣醫生社會地位之研究》，第二章，〈醫生在傳統臺灣社會中的地位〉，頁7-19。

56 見作者不詳，《臺灣漢醫藥提要》（臺北：臺灣漢藥業組合，1937年9月5日），頁29-30；許錫慶編譯，《臺灣總督府公文類纂衛生史料彙編（明治三十年一月至明治三十四年十二月）》（總督府檔案專題翻譯〔十〕衛生系列之二，南投：臺灣省文獻委員會，2001年12月31日），頁236-239；張秀蓉編註，邱鈺珊、徐廷瑋等譯，《日治臺灣醫療公衛五十年》，頁330-331；莊永明，《台灣醫療史——以台大醫院為主軸》，頁177-178。關於法規從制定到送審、修改的會議討論過程，參鈴木哲造，〈日治時期臺灣醫療法制之研究——以醫師之培育與結構為中心〉，頁73-74。

第七條　醫生於其業務有相關犯罪或不正當行為之時，地方長官得停止或禁止其業務。

第八條　地方長官依據第七條執行禁止處分之時，應立即收回證書；受停止執業處分者，應於其證書之背後註明停止執業期間，以州、廳公印蓋章後交付本人。

第九條　醫生醫業事務須接受臺灣公醫的監督。

第十條　醫生取締相關規定，於取得臺灣總督之認可後，由地方長官訂定之。

附則

第十一條　依此規則申請醫生證書，以明治三十四年十二月三十一日為限。

從〈臺灣醫生免許規則〉中，我們至少可以看出：醫生證書的發放與對醫生施予停業處分的權限皆掌握在地方長官手上，可知醫生實際上是受地方廳管轄，且由公醫直接監督。此外，行醫區域亦僅限於申請證書的地方廳轄區之內，醫生若要移居至其他區域管轄時，須歸還證書，亦即無法再從事醫療工作；一旦歇業，也將無法再次取得證書。再者，各地方縣廳可制定管理醫生的取締規則，以規範醫生相關業務。例如：臺北縣於 1901 年 9 月以第十六號令發布〈臺灣醫生取締細則〉、桃園廳於 1905 年 4 月以第九號令公布〈臺灣醫生取締規則〉、宜蘭廳於 1910 年 12 月以第十號令公布〈臺灣醫生取締規則〉；只不過，以上各地方縣廳所頒發的規則，於 1921 年 9 月，由臺北州以第三號令公布新版〈醫生取締規則〉後，便廢止或失去效力[57]。

57　按：此段主要是比較醫生與醫師在法制上的差異，由此可見總督府將兩者置於不同的管理體系之下。參鈴木哲造，〈日治時期臺灣醫療法制之研究──以醫師之培育與結構為中心〉，頁 72-75；鈴木哲造，〈日本の台湾統治前期における医師社会の構造的特質〉，收錄於檜山幸夫編著，《帝国日本の展開と台湾》（東京：有限会社創泉堂，2011 年 4 月 23 日），頁 355。另參作者不詳，《臺灣漢醫藥提要》，頁

在〈臺灣醫生免許規則〉之下，1901 年底，各州廳陸續公告漢醫的檢定考試辦法。而後，據統計，當時報名考試的人共有 2,126 人。考試的結果：及格者有 1,097 人（錄取率 51.59%），未經考試即頒予許可證者有 650 人，考試不及格但予以許可證者有 156 人，合計共有 1,903 人[58]。後根據總督府的調查，1902 年 6 月各地方廳開業醫生之分布情形，如表 2-2 所示：

表 2-2　1902 年 6 月各地方廳醫生之分布情形

地方廳	醫生	地方廳	醫生
臺北	193	斗六	72
基隆	75	嘉義	125
宜蘭	84	鹽水港	100
深坑	23	臺南	160
桃仔園	(147)	蕃薯寮	8
新竹	249	鳳山	114
苗栗	108	阿猴	70
臺中	168	恆春	(5)
彰化	135	臺東	0
南投	24	澎湖	4

說明：括號中的數值係指醫生證書之發放數量。查本表所顯示的醫生總人數為 1,864 人，有異於前計之 1,903 人，疑為正式開業人數與取得證書人數之別。

資料來源：本書作者據鈴木哲造，〈日治時期臺灣醫療法制之研究——以醫師之培育與結構為中心〉，頁 77 改製而成。

29-37；林昭庚、陳光偉、周珮琪，《日治時期（西元 1895-1945）の臺灣中醫》，頁 56-58、294-301；丁崑健，〈日治時期台灣醫生的困境〉，頁 49-51。

58 參丁崑健，〈日治時期漢醫政策初探——醫生資格檢定考試〉，頁 95-100；丁崑健，〈日治時期台灣醫生的困境〉，頁 48-49；林昭庚、陳光偉、周珮琪，《日治時期（西元 1895-1945）の臺灣中醫》，頁 270-289；鈴木哲造，〈日治時期臺灣醫療法制之研究——以醫師之培育與結構為中心〉，頁 75-78。另見臺灣總督府民政部文書課，《臺灣總督府民政事務成績提要　第八篇》，明治三十五年分（臺北：臺灣總督府民政部文書課，1904 年 10 月），頁 100-102。

至於漢藥方面，總督府對於臺灣藥劑師、藥種商與製藥者之資格認定、藥物品質、日常生活用品中的藥劑成分之管控等醫藥政策，均有相關法令規定[59]。在販賣藥品的管理方面，1896 年總督府以府令第十號頒布「臺灣藥劑師、藥種商、製藥者取締規則」，並於 1900 年公布「臺灣藥品取締規則」，並飭由地方廳制定「臺灣藥劑師、藥種商、製藥者取締規則施行細則」，分別自行管理[60]。重要的是，藥種商仍持續有其試驗制度。

於是，長久以來，便形成一種特殊的現象，即漢醫人數年年減少[61]，藥種商人數基本上增加（見附錄圖 2-1 與附錄表 2-2）。因此，有論者認為，〈臺灣醫生免許規則〉的制訂與實施，即是透過權力宰制關係，刻意壓制傳統醫療、逐漸縮減漢醫數量、扶植「新醫學」（即西醫或現代醫學），使新醫學霸權得以形成，並確立臺灣漢醫成為從屬的、邊緣的地位，甚至使之滅絕[62]。

59　參梁瓈尹，《老藥品的故事》（臺北：台灣書房出版有限公司，2009 年 11 月二版一刷），頁 4-11；作者不詳，《臺灣漢醫藥提要》，頁 42-115。

60　見范佐勳總編輯，《臺灣藥學史》（臺北：財團法人鄭氏藥學文教基金會，2001 年 5 月 20 日），頁 16-18。

61　照理來說，總督府不再公布如何取得醫生免許的法規、亦不舉行檢定考試，長期以來，醫生（漢醫）人數當然只會逐年減少。然而，從許丙的口述歷史得知：1931 年 10 月，他與真崎臺灣軍司令官會面，見其頸部患瘍，乃介紹自己的佃農淡水高阿新，以中醫療法醫治，約於四日後痊癒。數日後，淡水郡警察署長因得知此事，賞識其醫術，特頒漢醫證書給高氏，自此可以公開行醫。許伯埏著，《許丙、許伯埏回想錄》（臺北：中央研究院近代史研究所，1996 年 9 月初版），頁 72-77。也就是說，漢醫人數在 1931 年增加 1 名。目前學界似乎尚未針對漢醫社群做出實證研究，我們也不知道這種「特例」到底有多少。在此只能暫時存而不論，有待將來進一步研究。

62　見范燕秋，〈新醫學在臺灣的實踐（1898-1906）——從後藤新平《國家衛生原理》談起〉，頁 51、70-71；林昭庚、陳光偉、周珮琪，《日治時期（西元 1895-1945）の臺灣中醫》，頁 59。

二、困境中求生存與發展的臺灣漢醫

在此政治環境之下，漢醫有其因應之道，而仍不斷地求生存與發展，我們至少可以從以下四個面向去探討。

（一）參加「醫生」檢定考試

1901 年底，各州廳陸續公告漢醫的檢定考試辦法，欲參加者需繳交履歷，將姓名、行醫時間等基本資料，呈報給地方廳或支廳，經過查證屬實，才可取得參加考試的資格。當時報名考試的人共有 2,126 人。應考人於考前接到通知，各州廳亦會公告應考名單、考試日期與時間、地點。就考試的內容而言，由公醫命題，分為內、外科兩種。內科題目大多偏重於當時臺灣本土常見疾病的成因、症狀和治療，以及醫學理論，例如何謂五臟、何謂傷寒等；外科題目則有蛇咬、眼科、齒科等，每一考區的題目並不一致。在應考人方面，程度參差不齊，或條理分明，或繳交白卷，甚至發生代考之舞弊行為。各地方考區視報名人數與報考需求而舉行第二回以上的檢定考試，其中以臺北廳的艋舺和大稻埕地區報名檢定考試的人數最多。此外，尚有考區舉行補考，如新竹廳[63]。

（二）投入防疫工作

臺灣總督府在統有臺灣之初，即發現有鼠疫的疫情。在防疫措施成效未彰、臺人亦不信任日人做法的情況下，臺籍士紳與商人延請漢醫加入救治，總督府亦期望能有效抑制疫情。由漢醫主治下的臺灣人患者，大多獲得正面效果。直至 1911 年，民眾仍相當倚賴漢醫的救治。漢醫

63　參丁崑健，〈日治時期漢醫政策初探——醫生資格檢定考試〉，頁 95-100；丁崑健，〈日治時期台灣醫生的困境〉，頁 48-49；林昭庚、陳光偉、周珮琪，《日治時期（西元 1895-1945）の臺灣中醫》，頁 270-289；鈴木哲造，〈日治時期臺灣醫療法制之研究——以醫師之培育與結構為中心〉，頁 75-78。

在這一連串的疫情中，積極參與防疫與救治，且確實發揮功效[64]。

（三）組織醫生會

由前述我們可以得知，有相關法令規定漢醫必須參與醫生會，並受當地公醫的監督。於是，自 1902 年起，在漢醫獲得官方認可的免許證以後，各地區的醫生會如雨後春筍般設立。當時的臺灣醫生總會設在臺北，其他地區則設立支會。根據總會章程，醫生會的宗旨在於「專研究醫業攸關事項」，促進醫藥知識的研究探討，會長和評議員原則上由會員推舉，各分會與會員應受臺北醫院和公醫的監督、指導[65]。各地的醫生會不僅扮演保存漢醫藥治法與學理研究的角色，更有成為地方社會改革運動先驅的功能[66]。

---

64 參林昭庚、陳光偉、周珮琪，《日治時期（西元 1895-1945）の臺灣中醫》，頁 31-43；李敏忠，〈日治初期殖民現代性研究——以《臺灣日日新報》漢文報衛生論述（1898-1906）為主〉，頁 61-65。另參范燕秋，〈日據前期臺灣之公共衛生——以防疫為中心之研究（1895-1920）〉（臺北：國立臺灣師範大學歷史研究所碩士論文，1994 年 6 月），頁 80-88；范燕秋，〈鼠疫與臺灣之公共衛生（1896-1917）〉，《國立中央圖書館臺灣分館館刊》，第一卷第三期（臺北：國立中央圖書館臺灣分館，1995 年 3 月 31 日），頁 59-84；張君豪，〈黑雲蔽日——日治時期朴子的鼠疫與公共建設〉，《臺灣風物》，第 51 卷第 3 期（臺北：臺灣風物雜誌社，2001 年 9 月 30 日），頁 13-72；蔡素貞，〈鼠疫與臺灣中西醫學的消長〉，頁 151-186；孫偉恩，〈日治前期臺灣主要防疫策略之統治意涵〉（臺南：國立臺南大學台灣文化研究所碩士論文，2010 年 6 月），頁 107-117。當時著名的漢醫，如黃玉階，其人其事，參吳文星，〈倡風氣之先的中醫——黃玉階（一八五〇－一九一八）〉，收錄於張炎憲、李筱峯、莊永明等著，《臺灣近代名人誌》，第一冊（臺北：自立晚報社文化出版部，1990 年 12 月第一版三刷），頁 45-55；李世偉，〈身是維摩不著花——黃玉階之宗教活動〉，《臺北文獻》，直字第 117 期（臺北：臺北市文獻委員會，1996 年 9 月），頁 157-176（後收錄於楊惠南、釋宏印編，《台灣佛教學術研討會論文集》，臺北：財團法人佛教青年文教基金會，1996 年 12 月，頁 97-115）；肖林榕、張永賢，〈行醫濟世移風易俗——臺灣漢醫第一人黃玉階〉，《北市中醫會刊》，第十五卷第一期（臺北：台北市中醫師公會，2009 年 3 月 31 日），頁 10-20。

65 〈醫會章程〉，《臺灣日日新報》，1902 年 2 月 19 日，3 版。

66 參陳百齡，〈李倬章與新竹醫生會〉，頁 98-110；李敏忠，〈日治初期殖民現代性研究——以《臺灣日日新報》漢文報衛生論述（1898-1906）為主〉，頁 65-66。

（四）黃金水與臺灣漢醫藥報社

1925 年，自稱擁有中華民國醫學博士學位的高雄州鳳山街人黃金水，有感於臺灣漢醫藥現況之衰退，因而力圖復興，遂偕同顏檥、張榮祿於同年 11 月 24 日，向有關單位登記組社；該社名為「臺灣漢醫藥報社」，以顏檥為社長、黃金水為次席兼編輯、張坤水為專務、王兆雄為記者，並於 1926 年 1 月發行報刊《臺灣漢醫藥報》，目的在於深化漢醫藥研究，以資學術或臨床參考[67]。

黃金水在創立「臺灣漢醫藥報社」及其刊物的會席中說明，創辦社團與刊物之目的在於喚醒臺灣島民研究漢醫藥、開拓臺灣人民南進福建等各地就業之路、提供臺灣藥種商受驗者準備之參考，並強調此雜誌為中華醫藥通信教授學校創設之後援機關[68]。只不過，《臺灣漢醫藥新報》的發行，或由於黃氏個人行為的影響[69]，或謂損失巨甚[70]，僅發行一年便停刊，臺灣漢醫藥報社亦等同解散。

三、日本漢醫界的挫敗與再崛起

1894 年 12 月，日本漢醫界以「醫師執照規則修改法律案」於議會再次提出請願。這項議案在以鹽田奧造為首之部分議員的支持與爭取

---

67 〈設立漢醫言論機關〉，《臺灣日日新報》，1925 年 11 月 28 日，夕刊 4 版；〈漢醫藥報出版〉，《臺灣日日新報》，1925 年 12 月 22 日，夕刊 4 版。

68 黃金水演講，張坤水筆記，〈本社之使命〉，《臺灣漢醫藥新報》，創刊號，1926 年，頁 1-2。轉引自林昭庚、陳光偉、周珮琪，《日治時期（西元 1895-1945）の臺灣中醫》，頁 196-197。

69 係指黃金水造假學歷。見〈怪しい中華醫學博士〉，《臺灣日日新報》，1926 年 6 月 14 日，3 版；〈所謂中華醫博士　將受臺中署取調〉，《臺灣日日新報》，1926 年 6 月 15 日，夕刊 4 版；〈僞醫中華博　查究續報〉，《臺灣日日新報》，1926 年 6 月 18 日，4 版；〈醫學博士なぞと　愚民を惑はし　貴重な人命を　輕々しく取扱つた男は　前科四犯の曲者〉，《臺灣日日新報》，1926 年 6 月 19 日，2 版；〈僞博士黃金水　乃前科四犯〉，《臺灣日日新報》，1926 年 6 月 19 日，4 版。

70 見林昭庚、陳光偉、周珮琪，《日治時期（西元 1895-1945）の臺灣中醫》，頁 197。

下，於第七議會第一讀會上得到多數的贊成而通過。然而，1895 年 2 月 6 日，該議案提交到第八次議會眾議院第三讀會，經投票後，贊成者 78 票、否定者 105 票，以 27 票的差距否決了該提案。這個結果重創整個漢醫復活的事業。同年 6 月，和漢醫總會宣布解散。該年以後，各種漢醫團體的刊物亦相繼停刊，亦無具有組織性的運動[71]。

日本漢醫界度過了一陣消沉後，到了昭和時期，掀起另一波漢方存續運動，筆者稱之為「第二代的漢方存續運動」。此時，有個人的提倡，亦有團體的成立與刊物的發行。在個人的提倡方面，有森道伯為存續漢醫誓死抗爭、中山忠直倡導重新認識漢方醫學、朝比奈泰彥倡導和漢藥研究的新方向、湯本求真撰成《皇漢醫學》、深川晨堂編纂《漢洋醫學鬥爭史》。在漢醫團體的成立方面，依成立時間之先後，如附錄表 2-3 整理所示。

昭和時期，漢醫界為了爭取漢方醫學的合法地位，曾先後發起數次請願運動。例如 1929 年 4 月，由東洋醫道會於第五十八次議會提出「設立國立皇漢醫學研究所」與「在東京大學開設漢方醫學講座」的請願；結果，在眾議院通過，但在參議院被否決。1934 年 2 月，由漢方一貫堂矢數格發起，向內務省提出「承認漢方專科名稱」的請願。1936 年 7 月，另由偕行學苑講師發起，向陸軍省與內務省提出「設置衛生省時採納和漢醫學」的請願。偕行學苑講師和幹事青山楚一，又於 1937 年 2 月，會同荒井金造、千倉武夫等人，提出「建立財團法人日本漢方醫學研究所」的請願。1939 年 3 月，東亞醫學協會發起「承認漢醫專科名稱」的請願。1940 年 11 月，由日本漢方醫學會與日本醫學研究會聯合發起，向厚生大臣提出「關於醫制改革方案中對漢醫及其療法做專門規定」的請願[72]。

71　參潘桂娟、樊正倫編著，《日本漢方醫學》，頁 281-285。
72　見潘桂娟、樊正倫編著，《日本漢方醫學》，頁 315。

四、南拜山與東洋醫道會

由附錄表 2-3 中可得知，東洋醫道會為第二代漢方存續運動的一個支流。1927 年 12 月，日本一群漢醫藥界人士於東京京橋對鶴館舉行「醫道會發起人會」，與會者共有 47 名。會中，漢醫學家南拜山發表演說，他有感於明治以來當局對於漢醫的刻意貶低，醫界漸以西洋醫法為主，加上明治初期漢醫救亡運動的失敗，使得皇漢醫與針灸醫逐漸沒落，因而呼籲東、西兩醫的平等地位，主張復興東洋醫學。這場會議有幾項重要的決議，包括決定會名為「東洋醫道會」、起草宣言文與會則、設立研究所與講習所、向議會提出費用申請、發行機關報等事宜[73]。

隔年（1928 年）1 月 29 日午後二時，東洋醫道會於東京芝公園明照會館舉行發會式，由南拜山擔任主席，決議事項並發行月刊《皇漢醫界》[74]。該會的宗旨為聯合漢方醫家、復興漢方醫學。因此，以東京的漢方醫家為核心，聘請朝野名士擔任顧問。其成員包括：木村博昭、湯本求真、新妻良輔、大塚敬節、矢數道明等人。當日決議事項如下：

---

73 〈東洋醫道會創立記事〉，《漢文皇漢醫界》，第一卷第一號，頁 4-6；〈東洋醫道會發起人會　南拜山博士之演說〉，《漢文皇漢醫界》，第一卷第一號，頁 8-9；〈東洋醫道會之沿革〉，《漢文皇漢醫界》，第五號，無頁碼；〈東洋醫道會勸誘有志者加入〉，《臺灣民報》，1928 年 6 月 24 日，頁 4。

74 〈東洋醫道會發會式〉，《漢文皇漢醫界》，第一卷第一號，頁 1；矢数道明，《明治 110 年漢方医学の変遷と将来・漢方略史年表》（東京：株式会社春陽堂書店，1979 年 12 月 5 日增補改訂版第 2 刷），頁 11；〈西洋醫學界　起運動漢法醫公認〉，《臺灣日日新報》，1928 年 1 月 31 日，4 版。關於《皇漢醫界》的創刊日期，據日本醫學博士暨醫史學者矢数道明研究指出，創刊日期為 1928 年 2 月 15 日，終刊日期為 1941 年 3 月，共發行一百三十八號；見矢数道明，〈明治以降の漢方関係諸雑誌一覧表〉，收錄於矢数道明，《明治 110 年漢方医学の変遷と将来・漢方略史年表》，頁 142-143。另可見〈編輯餘錄〉，《漢文皇漢醫界》，第一卷第一號，版權頁。又，上述矢数道明一書，應另參矢数道明，〈明治 110 年漢方略史年表　正誤表〉，收錄於矢数道明，《明治 117 年漢方医学の変遷と将来・漢方略史年表》，頁 40-41。

一、請願明治十七年一月十四日發布之布告第三十五號廢止之件。

二、請願國庫補助東洋醫術講習所之件。

三、請願侍醫採用皇漢醫鍼灸醫之件。[75]

上述決議即是該會的基本路線，甚至也影響了日後臺灣支部的發展方向。

關於南拜山其人其事。他是日本九州福岡縣人，自幼學習漢醫，因明治維新之初，日本刻意培植西醫、排斥漢醫，他便遠渡美國研究哲學；九年後獲哲學博士後，再赴英國進修二年。於 1901 年返日，以復興漢醫為己任[76]。

75 〈東洋醫道會發會式〉，《漢文皇漢醫界》，第一卷第一號，頁 1。

76 〈南拜山翁略歷〉，《漢文皇漢醫界》，第十八號，頁 1。

第三章
始末及其分期

1920 年代，身為殖民地的臺灣，從統治機構的角度來看，已進入文官總督時代（1919-1936）；就統治政策而言，也改為內地延長主義（即「同化主義」）；以臺灣人反抗運動的角度而言，則是非武裝抗日時期（1915-1937）。當時的臺灣人，尤其是新式知識分子和反殖民體制運動的參與者，經過大正民主期（1918-1932）的薰陶與日本近代教育的洗禮，已懂得運用近代化的遊戲規則向統治者爭取權益[1]。儘管參與皇漢醫道復活運動者及其人際網絡大多數仍是傳統社會式的[2]、非新式知識分子，然而在這樣的時代背景之下，「臺灣皇漢醫道復活運動」乃孕育而生。

第一節　萌芽期：成立支部與提出請願（1928.2-1930.3）

一、臺灣支部的產生與運作

東洋醫道會的創立與招募會員的消息傳至臺灣，臺北漢醫與漢藥種商「如得百萬生力軍之來援」，多數表示支持、贊同，並將於近日召集

1　見陳君愷，〈臺灣的近代化蛻變——日治時期的時代特色及其歷史意義〉，收錄於林麗月主編，《近代國家的應變與圖新》（臺北：唐山出版社，2006 年 11 月 3 日第一版第一次印刷），頁 339、344。另參黃昭堂著，黃英哲譯，《台灣總督府》，頁 115、157-158。

2　詳見第四章第一節的分析。

會議，討論是否獨立成為一會，或為其分會[3]。1928 年 2 月，臺北漢藥組合及其贊助員等臺灣漢醫藥界，決定組織團體、成為東洋醫道會的支部，為其代收會費[4]。他們以臺灣漢藥業組合長陳茂通為核心人物，宣傳東洋醫道、積極進行事務，並以臺北市永樂町三之一四的乾元藥行為申請處，公開招募會員，會費為一年 6 圓，鼓勵在臺之醫藥業者與有志者加入，共圖達到復興漢醫之目的[5]。

事實上，在陳茂通等人提倡恢復漢醫免許制度的同時，尚有另一爭取漢醫藥發展的呼聲，即是杜聰明在《臺灣民報》所發表的「漢醫醫院設立計畫」[6]。1928 年 7 月 1 日，杜聰明提出西醫與漢醫同時診察、使用漢藥等想法，並將與葉鍊金、陳茂通、西醫助手等人合作[7]。相關

---

3 〈組織東洋醫道會　發刊皇漢醫界雜誌　欲藉以振興漢法醫學〉，《臺灣日日新報》，1928 年 3 月 16 日，夕刊 4 版。

4 《漢文皇漢醫界》第二號，在提及支部設立經過之時，則說：「當支部之設置，雖自本年三月開始，初僅代理收送其會費而已。及將發刊本誌，……」見〈會報：東洋醫道會臺灣支部設立經過〉，《漢文皇漢醫界》，第二號，頁 24。然而，陳茂通曾於 1929 年 5 月 3 日的支部役員會上回憶說：「吾臺乃自去年二月上旬承置支部。」見〈會報：本會支部役員會　支部長報告請願經過詳況　議備歡迎南理事長之渡臺　對理事長請願盡瘁之慰勞〉，《漢文皇漢醫界》，第七號，頁 36。此外，在同號同頁，以醫道會支部會計係為名義所發布的會報所載：「蓋因當支部，設自昭和三年二月。」見〈會報：醫道會會計係通告會員諸君〉，《漢文皇漢醫界》，第七號，頁 36。因此，筆者認為，應是 2 月決定成為東洋醫道會的支部、招募會員等事宜，3 月開始運作並收取會費。

5 〈東洋醫道會　臺灣支部創立　會員募集中〉，《臺灣日日新報》，1928 年 3 月 30 日，夕刊 1 版。另參〈東洋醫道會勸誘有志者加入〉，《臺灣民報》，1928 年 6 月 24 日，頁 4。值得一提的是，在《臺灣民報》的這則報導中，稱陳茂通為「該會臺灣支部長」；然而事實上，直至 10 月，陳茂通才於支部臨時會中，由列席者正式推選為支部長。詳見後文。

6 關於杜聰明的漢醫藥研究與漢醫醫院計畫之研究，參林佳潔，〈西醫與漢藥——台灣第一位醫學博士杜聰明（1893-1986）〉；雷祥麟，〈杜聰明的漢醫藥研究之謎——兼論創造價值的整合醫學研究〉，頁 199-283；楊倍昌，〈杜聰明對漢醫學的科學想像與中醫體制化〉，收錄於楊倍昌，《科學之美——生物科學史閱讀手記》（高雄：巨流圖書股份有限公司，2012 年 2 月初版一刷），頁 239-283。

7 〈杜博士が漢醫醫院の設立計畫　林嵩壽及其他有志が一切の費用を寄附する〉，《臺灣民報》，1928 年 7 月 1 日，頁 12。

言論一出，還引來署名為「啓源」的批評與駁斥，兩人還因此在《臺灣民報》上展開論辯[8]。9 月 16 日，杜聰明自清本身並非皇漢醫道復活運動的贊助者[9]。在杜聰明表明立場之後，雙方遂踏上不同的路程，各自發展[10]，即杜聰明位居中央研究所，持續進行漢醫藥研究工作[11]。而陳茂通等人則以漢醫試驗制度的建立為目標，上通官紳名士、下達民間社會，尋求各方支持。

陳茂通身兼臺北漢藥業組合長，曾於該組合的臨時役員會中，公開宣傳、討論東洋醫道會臺灣支部之事。1928 年 9 月 21 日，藥業組合召開臨時役員會，出席者 8 名：陳茂通、林萬乞、葉鍊金、周儀塏、李金燦、李友寬、楊接枝、李炳福，他們共同協議漢方醫術開業試驗法制定請願書、醫道會南拜山理事長及前帝國大學教授白井理學博士將渡臺、皇漢醫界雜誌漢譯、鼓勵募集會員、各州郡要置委員若干名、支部要置相談役及幹事若干名等案；由陳茂通細述各案、逐條審查，在場者皆無異議，一致通過[12]。同年 11 月 20 日，以曾六瑞為編輯，發行雜誌《漢

8　關於啓源的回應，中文翻譯可見陳佳欣譯，岡本真希子校訂，〈啓源，杜博士「設立漢醫醫院計畫書」之讀後感〉，收錄於楊倍昌，《科學之美——生物科學史閱讀手記》（高雄：巨流圖書股份有限公司，2012 年 2 月初版一刷），頁 325-332。

9　〈漢醫學の研究方法に關する考察（三）〉，《臺灣民報》，1928 年 9 月 16 日，頁 12。

10　杜聰明亦曾言：「今日的漢醫學是處於應當研究與整理的時代，而不應當是宣傳與振興的時代。」據此，雷祥麟認為，在此意義上，「杜聰明雖然力主研究漢醫藥以實現其價值，但他的立場與中國的國醫運動及橫跨日、韓、臺及滿州的皇漢醫學運動所推動的振興傳統醫療的努力，仍有著重要的不同之處。」見雷祥麟，〈杜聰明的漢醫藥研究之謎——兼論創造價值的整合醫學研究〉，頁 239。本人亦持相同看法。

11　杜聰明曾於往後的 1931 年 5 月 16 日，偕同總督府衛生課的穴澤技師，與臺北醫生會長葉鍊金於更生醫院，討論漢方醫學學術，並參考中國與其他各地的狀況，該目的是計畫建設漢醫醫院與漢醫研究所。見〈雜報：當路調查漢醫〉，《臺灣皇漢醫界》，第三十二號，漢文欄，頁 50（同版權頁）。

12　〈會報：東洋醫道會臺灣支部設立經過〉，《漢文皇漢醫界》，第二號，頁 24。

文皇漢醫界》，東洋醫道會臺灣支部的言論機關於焉誕生[13]。

此外，支部派遣陳培雲至各州郡宣揚宗旨，據報：所到之處，受到各界諸君歡迎、款待，且成功吸取地方支持、創設分部。對此，支部在機關報《漢文皇漢醫界》雜誌上表示「深感厚情，謹此鳴謝」[14]。

繼 9 月底，陳茂通又於同年 12 月 1 日的臺北漢藥業組合總會中，公開為東洋醫道會臺灣支部招募會員。陳茂通表示，臺灣自隸屬日本帝國版圖以來，當局提倡西醫，於 1901 年頒布「臺灣醫生免許規則」，經過一次的檢定後，便不再開放漢醫免許，導致漢醫人數逐年減少。然而，他認為東西醫各有所長，應互相研究、截長補短。於是，有東洋醫道會臺灣支部的成立。他呼籲組合員「共贊斯舉」、「有入會之義務」，目標則是「以固該會基礎，期得達成其目的」[15]。至此，我們可以看出，在陳茂通運用人脈的穿針引線之下，臺北漢藥業組合和東洋醫道會臺灣支部遂成為如同姐妹會般，一同支持皇漢醫道復活運動、振興漢醫藥界。

二、請願運動的展開

自從臺北漢藥業組合在 12 月初的總會決議提倡漢醫復活、向帝國議會請願以來，陳茂通一方面連絡島內醫藥業者、州市街庄協議員與其他有志者，向他們發送請願書用紙，鼓勵其署名；該請願書將於年末

---

13 見《漢文皇漢醫界》，第一卷第一號，版權頁；〈漢文皇漢醫界　第一號出版〉，《臺灣日日新報》，1928 年 11 月 25 日，夕刊 4 版。

14 〈編輯餘錄〉，《漢文皇漢醫界》，第一卷第一號，版權頁。

15 〈雜報：臺北漢藥業組合總會概況〉，《漢文皇漢醫界》，第二號，頁 25；〈雜報：藥業組合總會席上　陳組合長講談　關于醫道會事〉，《漢文皇漢醫界》，第二號，頁 25-26；〈臺北漢藥組合　開催總會　席上提唱　漢醫復活〉，《臺灣日日新報》，1928 年 12 月 3 日，8 版。關於會議開始時間，另有二說：一是「下午二時起」，見〈臺北漢藥業總會　一日開於江山樓〉，《臺灣日日新報》，1928 年 11 月 30 日，4 版；二是「午後一時から……午後四時から懇親會を開く」，見〈臺北漢藥業組合　總會と懇親會〉，《臺灣日日新報》，1928 年 12 月 1 日，夕刊 1 版。

收齊，預計隔年初郵寄至東京[16]。綜觀本月的活動進展，漢醫藥界人士持續糾集志同道合者，調印請願書，並藉由結交士紳辜顯榮及其他有力者[17]，一同訪問統治當局，得其諒解，並說明漢醫檢定之必要；另外，要求設立漢醫講習所，或於醫專校內設置漢方醫術講座，期使漢醫藥得到科學的研究，而與西醫藥並行發展，如此亦可防止不具免許的醫生私自行醫[18]。

1928年末至1929年初，簽署與回寄請願書的狀況，成果頗佳。據臺灣支部表示：

> 全臺人士，莫不聲援。如府、州、廳、市、郡、街、庄各名譽職及有力者並報社、農、工、商諸界，均多欣然贊同。最難得者，西醫與內地人，亦有參加。[19]

由此可知，贊同請願者，除了漢醫藥界的人士以外，從一般民眾到帝國官員，多有之，甚至也不乏有西醫背景的醫者，即「不拘內臺人，不問西漢醫，均為默契贊同」[20]。

至於各地請願書署名寄來者的數目：臺北州520名、新竹州217名、臺中州250名、臺南州149名、高雄州91名，以及花蓮、臺東和澎湖共有23名，總計1,250名。以上請願書，由臺北漢藥業組合彙整為十八冊，於1929年1月2日郵寄給予本部。據聞，此次請願，貴

---

16 〈漢醫復活請願書　全島有志者調印中　春初擬提出議會〉，《臺灣日日新報》，1928年12月25日，夕刊4版；〈漢醫復活請願書　已由臺北漢藥業組合　郵致于貴眾兩議院〉，《臺灣日日新報》，1929年1月3日，8版。

17 事實上，陳茂通與辜顯榮在不久前已有合作的經驗。見〈臺北　總商會組織經過〉，《臺灣民報》，1927年11月27日，頁6。

18 〈漢醫開業試驗法　將提出制定請願書　臺灣漢藥種商雖逐年許可　漢醫不然有鑑札寥々無幾〉，《臺灣日日新報》，1928年12月21日，夕刊4版。

19 〈漢方醫術開業試驗法制定請願　得島內同志千二百五十名　經本月二日由當支部提出〉，《漢文皇漢醫界》，第三號，頁45。

20 〈雜報：至誠通天〉，《漢文皇漢醫界》，第四號，頁39。

族院議員和田彥次郎、赤池濃、中村純九郎、水野鍊太郎（前文部大臣）、後藤新平（前臺灣民政長官），眾議院議長元田肇與議員猪野毛利栄、中村啓次郎、櫻內辰郎、中西六三郎、床次竹二郎、長島隆二、頭山滿、大久保高明等人，皆表示十分贊成，將鼎力援助。此外，臺北漢藥業組合的重要幹部還連名致書給多位政界人物，尋求聲援，包括民政黨的中村圭次郎、神田正雄、政友會的川原茂輔、山下谷次、貴族院的江木翼、南弘（後為第十五任臺灣總督）、大津淳一郎[21]。

1929 年 1 月 25 日，東洋醫道會收到臺灣支部的請願書後，匯齊日本各地之全國請願書，以備一齊向帝國議會提出設立國立皇漢醫方研究所，並附上東洋醫道會宣言書、藥學博士朝比奈泰彥與東洋醫道會理事長南拜山之發會式演說筆記、湯本求眞所著的《皇漢醫學》全三卷、雜誌《皇漢醫界》與《漢文皇漢醫界》等書，提出委員為猪野毛利榮、大久保高明、湯本求眞、青山潔、大黑熊次郎、名和達夫、鈴木喜市、小

---

21 〈漢醫復活請願書　已由臺北漢藥業組合　郵致于貴眾兩議院〉，《臺灣日日新報》，1929 年 1 月 3 日，8 版；〈本島人有力者本議會へ　漢方醫術復活請願　二日請願書を貴眾兩院へ發送〉，《臺灣日日新報》，1929 年 1 月 5 日，2 版；〈東洋醫道會支部請願　漢醫法制定內容〉，《臺灣日日新報》，1929 年 1 月 7 日，8 版；〈漢醫復活請願　最近消息〉，《臺灣日日新報》，1929 年 2 月 17 日，夕刊 4 版；〈漢方醫術開業試驗法制定請願　得島內同志千二百五十名　經本月二日由當支部提出〉，《漢文皇漢醫界》，第三號，頁 44-45。按：《漢文皇漢醫界》表示後藤新平將支持漢醫請願，此點筆者存疑。關於連署人數，《漢文皇漢醫界》第三號稱「新竹州　二百十七名」、「臺南州　百四十九名」，而 1 月 3 日和 5 日的《臺灣日日新報》則謂「新竹州二三七名」、「臺南州一二九名」，兩者總數皆為 1,250 名；此處採用《漢文皇漢醫界》的說法，判斷依據在於雜誌編輯者代表支部本身，對於請願人數的數字掌握，應屬正確（但並非意指任何說法皆正確無誤，需個案處理），而報紙則多為轉述或傳抄，可能容易有誤。關於請願書的寄送日期與單位，1 月 3 日和 5 日的《臺灣日日新報》皆表示是於二日向貴眾兩議院寄出，但我們由《漢文皇漢醫界》第三號（頁 45）、1 月 7 日和 25 日的《臺灣日日新報》（25 日報紙篇名為〈東洋醫道會請願之　制定漢醫試驗續報　全國請願書廿五日彙齊〉，4 版）與前述主張於二日向貴眾兩議院寄出之說法（即上述 1 月 3 日和 5 日的《臺灣日日新報》）比對而知，應是於二日向本部寄出，再由本部匯集全國請願書一併呈交給貴眾兩議院，而非直接由支部寄至貴眾兩議院。

林宜園。支部對於此次請願案充滿信心，認為不僅有民眾支持，更有官員背書，因而「想當局必然洞察體諒，始可謂下情上達矣」[22]。

同年 2 月 7 日，南拜山以東洋醫道會理事長的身分，代表該會（本部）和臺灣支部，向貴、眾兩院及樞密院議員報告請願內容中關於漢醫試驗法的部分，以期請求贊同[23]。該月 18 日，眾議院分科會以臺灣漢方醫術開業試驗法制定之件為議題，在代議士神田正雄說明事由之後，隨即進入討論。議論之際，眾說紛紜、意見甚多，或提倡延期說、或提倡參考送付說、或提倡採擇說；最後，在代表政府立場的河原田陳述意見之後，此案決定延期[24]。至 2 月 25 日，因河原田出席貴族院預算總會，無法出席說明漢方醫術開業試驗法制定之事，遂將此案延至請願總會[25]。以上的決定，很快就藉由東京電報傳到臺灣，「民眾頗為悲戚」。不過，在 3 月 1 日的請願委員會議第五回中，又決議「參考送付」。這項消息使人們「頓改愁思」[26]。據說，由於當局感受到此事的重要，認

---

22 〈會報：請願漢醫復活續報　請願委員經推舉大久保高明氏　並外數氏現正提出於帝國議會〉，《漢文皇漢醫界》，第四號，頁 38-39；〈東洋醫道會請願之　制定漢醫試驗續報　全國請願書廿五日彙齊〉，《臺灣日日新報》，1929 年 1 月 25 日，4 版。關於請願內容全文，可見〈漢方醫術開業試驗法制定請願書〉，《漢文皇漢醫界》，第三號，頁 2-3；請願內容摘要，可見〈東洋醫道會支部請願　漢醫法制定內容〉，《臺灣日日新報》，1929 年 1 月 7 日，8 版。關於東洋醫道會向帝國議會提出設立國立皇漢醫方研究所的請願書，可見〈國立皇漢醫方研究所設立請願書〉，《漢文皇漢醫界》，第四號，頁 2-3。按：《漢文皇漢醫界》（第四號，頁 38）稱「小森宜園」，應有誤。此外，必須注意的是，以上關於請願情形的樂觀說法，乃是支部的立場；我們若從其中參與者的立場來看，似乎就沒有如此樂觀。例如，大甲吳秋炷便提及，事實上在這請願的千餘名人次當中，「各地漢醫藥界，嚮應者寥々無幾」，可見該請願並非為大多數醫藥業者所支持。見吳秋炷，〈漢藥組合之主要工作　標榜未明頗費群眾疑慮〉，《漢文皇漢醫界》，第十一號，頁 6。

23 〈漢醫復活請願　最近消息〉，《臺灣日日新報》，1929 年 2 月 17 日，夕刊 4 版。

24 〈漢醫開業試驗法案　河原田長官陳述意見　下院分科會決定延期〉，《臺灣日日新報》，1929 年 2 月 20 日，夕刊 4 版。

25 〈漢醫試驗　制定請願案　採否未決〉，《臺灣日日新報》，1929 年 2 月 27 日，夕刊 4 版。

26 〈緊急會報〉，《漢文皇漢醫界》，第五號，版權頁。另參〈漢醫復活請願　延期・

為不應隨意了事，於是再審議討論，而有「東洋固有之學術確有保存之必要」的說法，遂改為參考送付[27]。因此，最後的結果便是：決定採擇由東洋醫道會所提出的「國立皇漢醫學研究所設立請願案」，而由臺灣支部提出的「漢方醫術開業試驗法制定請願案」則是決定參考送付[28]。

在第一回請願運動過後，1929 年 5 月 3 日下午七時半，支部在乾元藥行樓上的事務所召開役員會，會議由支部長陳茂通主持，出席的有陳茂通、林萬乞、李金燦、黃仁根（代理）、黃耀崑、楊接枝、周儀塏、周鴻源、洪團飛、葉鍊金、李友寬、蔡婆、胡坤（代理）、王天柱（代理）、陳培雲等 15 人，因事缺席又無人代理的有蘇穀保、李炳福、王成渠等 3 人。會議一開始，由陳茂通簡述東洋醫道會和臺灣支部的關係、以及支部的成立過程與具體活動，強調這一切都是「多承役員諸君鼎力，並蒙社會各界人士援助」；而南拜山促進了日臺的聯繫與合作，其角色亦是功不可沒；此外，針對請願經過，陳茂通「乃從頭至尾重述一番」。其次，由於本部曾在 5 月 1 日來函表示，理事長南拜山將來臺調查漢醫現狀及其相關事務，遂使身為本部理事的白井光太郎、和田彥次郎來信說明，希望支部能募集資金，以向南拜山表達感謝、慰勞之

參考送付・採擇・三說　初雖決定延期　嗣以審議未了　乃改決定參考送付（俱依東京特電）〉,《漢文皇漢醫界》，第五號，頁 1。

27 〈漢醫試驗　制定請願案　參考送付〉,《臺灣日日新報》，1929 年 3 月 29 日，夕刊 4 版。

28 上述帝國議會的討論過程，參〈第五十六回帝國議會眾議院請願委員第一分科會議錄　第二回　昭和四年二月十八日〉、〈第五十六回帝國議會眾議院請願委員第二分科會議錄　第二回　昭和四年二月十八日〉、〈第五十六回帝國議會眾議院請願委員會議錄　第四回　昭和四年二月二十二日〉、〈第五十六回帝國議會眾議院請願委員第一分科會議錄　第三回　昭和四年二月二十五日〉、〈第五十六回帝國議會眾議院請願委員會議錄　第五回　昭和四年三月一日〉。另參〈於第五十六帝國議會　國立皇漢醫學研究所設立請願案（東京本部提出）決定採擇　漢方醫術開業試驗法制定請願案（臺灣支部提出）決定參考送付〉,《漢文皇漢醫界》，第六號，頁 1；矢数道明，《明治 110 年漢方医学の変遷と将来・漢方略史年表》，頁 11。

意；針對南拜山渡臺的資金，「諸役員均表贊成，卽座喜捐不尠」，便以臺灣支部役員一同的名義，先贈與南拜山100圓[29]。

至於南拜山在請願後的活動，自6月初以來，他先後到靜岡、愛知、滋賀、京都、大阪、奈良、兵庫等各地，進行巡迴演講，為醫道復興和請願運動而持續努力。因此，關於渡臺一事，須等到南拜山結束巡迴演講、回到東京後，才有確切的日期[30]。遽聞，南拜山的巡迴演講十分成功，不僅「深受各地人士格外贊同，得多大之好果」，且擬於大阪、靜岡等地，設置支部，甚至得到名古屋市有心人士的招聘，將於該市開設漢方專門醫院。凡此種種，對於東洋醫道復興運動而言，可說是「一大進展」[31]。

在支部方面，為了宣傳該會宗旨以求各界支持，於11月中，身為支部幹事的陳培雲代表支部在臺灣各地巡迴演講[32]。11月23日，至大甲郡，得到該地漢藥業組合的接待。11月25日，陳培雲獲得漢藥業組合的協助，於下午六時在清水鰲山閣大廣間舉行會議，演講一小時之久；結束後，展開歡迎宴會，參加者有沙鹿鄭添情、大甲李瀾㴻、清水陳森木等數十人[33]。

另一方面，為了聯合全島漢醫藥界人士，以順利達成請願、恢復漢醫檢定制度的目標，便開始進行著召開全島醫藥總會的計畫。事實上，早在1928年10月的臨時役員會中，已有人提議應召開總會，互相討論、研究各項議事，如此較為妥當。直到1929年末，陳茂通才表示

---

29 〈會報：本會支部役員會　支部長報告請願經過詳況　議備歡迎南理事長之渡臺　對理事長請願盡瘁之慰勞〉，《漢文皇漢醫界》，第七號，頁36。

30 〈會報：對內務省當局　本會南理事長　現尚繼續運動〉，《漢文皇漢醫界》，第八號，頁45；〈會報：理事長渡臺時期未定〉，《漢文皇漢醫界》，第八號，頁45；〈雜報〉，《漢文皇漢醫界》，第九號，頁50（同版權頁）。

31 〈編輯餘瀋〉，《漢文皇漢醫界》，第十號，頁45（同版權頁）。

32 〈編輯後記〉，《漢文皇漢醫界》，第十四號，頁38（同版權頁）。

33 〈東洋醫道會　巡廻講演　廿五日在清水〉，《臺灣日日新報》，1929年11月26日，夕刊4版。

「爰定來年舊曆新正舉行之，現正愼重細考立案中」[34]。到了 1930 年 1 月中旬時，原擬於 2 月 3 日在臺北稻江召開全島醫藥總會，然而，這樣的計畫，卻因南拜山忙於出入帝國議會，溝通、說服等事宜尚未處理妥當，又將與正在東京的臺灣總督石塚英藏進行懇談，故而決定延期全島醫藥總會[35]。

即便如此，全島醫藥總會的籌劃未曾中斷。在參加人數方面，根據《臺灣日日新報》報導，1930 年 1 月中旬時，「現全島通知欲出席者，已達百六十二人，尚陸續報名參加」，且預定邀請即將來臺的南拜山一同出席；直至 4 月初，報名參加全島醫藥總會的人數，已超過 400 名[36]。在請願方面，「漢方醫術繼續試驗法制定請願書」內容草案已於 1 月份完成，並敦請相關人士批閱[37]；隨後，刊登內容於《漢文皇漢醫界》第十六號[38]。這份請願書，屆時將於全島醫藥總會尋求與會人士的認同，然後再正式向總督府提出[39]。

至於南拜山渡臺之事，直至 1930 年 3 月中旬終於有較為明確的回覆。3 月 13 日，支部事務所接到東京本部南拜山的消息，表示正在準

---

34 〈雜報：全島醫藥總會先聲〉，《漢文皇漢醫界》，第十四號，頁 35。

35 〈雜報〉，《漢文皇漢醫界》，第十五號，頁 54（同版權頁）；〈雜報：全島醫藥總會々期未定〉，《漢文皇漢醫界》，第十六號，頁 53；〈全島醫藥總會　來月初將開於稻江　請願醫生再試〉，《臺灣日日新報》，1930 年 1 月 16 日，夕刊 4 版。

36 〈全島醫藥總會　來月初將開於稻江　請願醫生再試〉，《臺灣日日新報》，1930 年 1 月 16 日，夕刊 4 版；〈東洋醫道會理事長　來臺消息　總會出席早報告〉，《臺灣日日新報》，1930 年 4 月 5 日，4 版。

37 〈雜報〉，《漢文皇漢醫界》，第十五號，頁 54（同版權頁）。

38 請願書內容全文，見〈擬提出漢方醫術繼續試驗法制定請願書案〉，《漢文皇漢醫界》，第十六號，頁 1-4。其內容摘要，見〈東洋醫道會支部　籌開漢醫藥總會　請願醫生再試案〉，《臺灣日日新報》，1930 年 1 月 17 日，夕刊 4 版；〈東洋醫道會支部　籌開漢醫藥總會　請願醫生再試案〉，《臺灣日日新報》，1930 年 1 月 18 日，6 版。

39 〈雜報：全島醫藥總會々期未定〉，《漢文皇漢醫界》，第十六號，頁 53。另參〈全島醫藥總會　來月初將開於稻江　請願醫生再試〉，《臺灣日日新報》，1930 年 1 月 16 日，夕刊 4 版。

備渡臺的生活事宜，將於 4 月 10 日從東京出發至神戶搭乘大和丸，預計 14 日可抵達臺灣。而全島醫藥總會的日期，一如前所計畫，將待南拜山來臺後，再擇日舉行[40]。

第二節　鼎盛期：南拜山來臺與巡迴演講（1930.4-1930.8）

一、南拜山來臺後的活動

1930 年 4 月 13 日下午一時，南拜山所搭乘的大和丸，比起先前預計日期提早一天抵達臺灣，並於基隆靠岸；陳茂通以支部長的身分，偕同支部會員等數十人，迎接南拜山與松尾淵龍的到來[41]。南拜山此次來臺的目的有七：一、研究漢醫學傳來之史實；二、研究古今漢醫名人之事跡；三、開漢醫學研究大會；四、開漢醫生講習會；五、考查藥草藥木；六、考查民間治療法；七、普及日本道[42]。

40 〈雜報：南理事長渡臺期日　預定來四月十五日著臺〉，《漢文皇漢醫界》，第十七號，頁 48（同版權頁）；〈會報：南理事長與松尾秘書　海陸無事本月十三日著臺〉，《漢文皇漢醫界》，第十八號，頁 50；〈東洋醫道會理事長　來臺消息　總會出席早報告〉，《臺灣日日新報》，1930 年 4 月 5 日，4 版。

41 〈會報：南理事長與松尾秘書　海陸無事本月十三日著臺〉，《漢文皇漢醫界》，第十八號，頁 50。另參〈大和丸ニユース（十三日入港）　三千の漢藥商に　一人の漢法醫　もゐないのは不合理　南拜山氏談〉，《臺灣日日新報》，1930 年 4 月 14 日，2 版。

42 〈東洋醫道會　南理事長〉，《臺灣日日新報》，1930 年 4 月 16 日，夕刊 4 版。

圖片來源：《漢文皇漢醫界》，第十八號。

圖 3-1　歡迎南拜山來臺紀念寫真（1930.4.13）

圖片來源：《漢文皇漢醫界》，第十八號。

圖 3-2　南拜山像

南拜山來到臺灣後，隔天（4 月 14 日）一早起，接連數天，分別拜訪了總督石塚、警務局長石井保、臺北帝國大學總長（即校長）幣原坦、文教局長杉本良、醫學校校長堀內次雄、臺北醫院院長倉岡彥助、臺北州知事片山三郎等重要人士，「詳陳皇漢醫學之優點、必要復興理由」，並強調漢藥的實用價值[43]。其次，他也沒有忽略新聞媒體工作者的重要。4 月 22 日下午七時，在蓬萊閣以酒宴招待新聞雜誌執筆作文者十數名，並向他們闡明皇漢醫學研究要目，包括皇漢醫學的人生觀、脈診與腹診學、氣血學、病症學、藥品學（本草學）與調劑學等[44]。另外，他亦與工商實業團體合作，舉辦演講、宣傳理念。4 月 23 日下午七時，南拜山在臺北永樂座開講演會，以〈國民健康問題與皇漢醫學〉為題。這場演講是由臺北商業會主辦，並得到臺北米庫、臺灣米穀移出商、和洋雜貨卸商、織物商、漢藥業諸組合、茶商大稻埕兩公會、正米市場、交詢會、金同順崇神會、大稻埕青年團等團體的協辦[45]。

4 月 19 日下午八時，於支部事務所（即乾元藥行樓上）召開役員會。會議一開始，由理事長南拜山簡述討論事項，共有六項，分別是：一、關於醫生存續之決議；二、推薦臺灣支部顧問之件；三、關於支部會員增加之件；四、關於南理事長全島巡迴演講之件；五、大會開會日期決定之件；六、大會演講者選定之件。經過一陣討論後，以上六項的

---

43 〈會報：歷訪石塚總督石井警務局長　大學總長醫校長及他諸要路　開陳東洋醫學有復興之必要〉，《漢文皇漢醫界》，第十八號，頁 50。

44 〈南拜山氏　闡明漢醫〉，《臺灣日日新報》，1930 年 4 月 24 日，夕刊 4 版。

45 〈南拜山氏講演會　廿三日永樂座〉，《臺灣日日新報》，1930 年 4 月 22 日，夕刊 4 版。另參〈南拜山氏講演〉，《臺灣日日新報》，1930 年 4 月 24 日，夕刊 2 版；〈南拜山氏　闡明漢醫〉，《臺灣日日新報》，1930 年 4 月 24 日，夕刊 4 版；〈漢醫復興宣傳　藉南氏來臺之機開大會及講演會〉，《臺灣新民報》，1930 年 4 月 29 日，頁 5。惟〈南拜山氏講演〉該篇報導所稱演講題目為「皇漢醫學の國家的に存續すべき六大理由」，然由「全島醫藥大會」議程則可知此為當天預訂演講之題；而其全文內容，可見南拜山，〈皇漢醫方之國家的要存續六大理由〉，《漢文皇漢醫界》，第二十號，頁 3-6。

決議分別是：一、該會的宗旨是欲復興東洋醫道，全體會員皆認為，醫生存續實屬必要；二、決定必須推薦有力人士為顧問，但並沒有立即決定確切人物，而是組織「推薦顧問委員」，包括陳茂通、葉鍊金、蘇穀保、洪團飛、林萬乞、李金燦等六人，再由他們決定顧問為何人；三、會員是一個會的原動力，必須增加；四、基於尚有誤解或不知該會目的之人，南拜山的巡迴演講，實屬重要，將於大會結束後，隨即南下演講；五、大會日期訂於 5 月 4 日上午九時開始舉行發會式，午後進行演講，而後召開協議會，研討該會運作的方針；六、推舉葉鍊金、洪團飛二人為演講者[46]。該次會議最重要的議案，非全島醫藥大會之相關事宜莫屬。決議當天活動先後順序為：祭東西醫祖醫聖、各方祝賀、理事長敘禮、中午休憩用餐、演講大會、審議決行、懇親宴[47]。

二、舉行東洋醫道全島大會

1930 年 5 月 4 日，「全島醫藥大會」（亦稱為「東洋醫道全島大會」）終於展開。是日，按照預定時間上午九時開始，地點在臺北市日新町蓬萊閣，與會者共有六百多名，包括督、府、州、市等高官與各界名士有一百餘名，以及會員與一般參與者有五百餘人，包括辜顯榮、黃純青、黃欣等上流士紳。

---

46 〈會報：大會差定〉，《漢文皇漢醫界》，第十八號，頁 51-52。另參〈漢方醫大會を臺北で開く　南翁の來臺を機に〉，《臺灣日日新報》，1930 年 4 月 18 日，夕刊 2 版。

47 參〈會報：大會差定〉，《漢文皇漢醫界》，第十八號，頁 52；〈醫道會員擬祭神農　併開全島醫藥大會　五月四日在蓬萊閣〉，《臺灣日日新報》，1930 年 4 月 22 日，夕刊 4 版。

圖片來源：《漢文皇漢醫界》，第十九號。

圖 3-3　東洋醫道全島大會實況（1930.5.4）

大會由李金燦擔任司儀、臺灣神社宮司山口透擔任司祭者，執行祭祀大己貴命、少彥名命[48]、神農大帝、禧坡區蚋提斯（Hippocrates）等諸醫祖與醫聖。完成祭祀後，南拜山理事長、辜顯榮顧問、陳茂通支部長、石井府衛生課長（臺灣總督代理）、來賓代表顏雲年，依序鞠躬、述禮。其次，由松本淵龍宣讀東洋醫道會宣章、曾六瑞宣讀大會宣言，並有各界來賓的祝辭，依序是鉅鹿赫太郎、劉克明、許智貴、石井府衛生課長、下村州衛生課技師、渡邊市衛生課長、盧阿山、王得祿等人。會中，恒生堂漢醫葉鍊金演講〈漢方醫治療實驗談〉，並由王添灯擔任通譯[49]。

48　按：大己貴命、少彥名命是日本的開拓三神之二，另一位是「大國魂命」，祂們都是日本神話中代表國土經營的守護神。祭祀日本開拓神，筆者認為至少有兩個意義：第一是表示臺灣確實為日本的新領土，因為其實這三位開拓神是當時臺灣神社的重要祭神；第二是呼應了所謂「皇漢」的精神，也就是說，不僅有中國因素，更有日本因素。

49　〈東洋醫道全島大會記要〉，《漢文皇漢醫界》，第十九號，頁 1-2；〈漢醫藥大會宣傳漢醫復興〉，《臺灣新民報》，1930 年 5 月 10 日，頁 5。關於松本龍淵所宣讀

圖片來源：《漢文皇漢醫界》，第十九號。

圖 3-4　南拜山於大會之演講實況（1930.5.4）

順利結束「東洋醫道全島大會」後，南拜山預計於同月 28 日起，展開南下巡迴演講。在此空檔時間，南拜山已開始至郊外採取藥草、藥木或藥石，並針對臺灣的漢醫現況與藥業情形做一調查。此外，尚有三場宣傳演講，分別於新公園演講（赤誠會主辦）、南門公會堂演講（佛教曹洞宗主辦）、放送局演講（遞信部主辦）[50]。

在全臺巡迴講演中，原本只計畫西部地區，而東北部等其他地方則是後來追加。因此，筆者將之分為第一階段和第二階段。

之東洋醫道會宣章的內容，見東洋醫道會東京本部，〈本會之宣章〉，《漢文皇漢醫界》，第十九號，頁 3。關於曾六瑞所宣讀之大會宣言的內容，見東洋醫道會臺灣支部，〈大會之宣言〉，《漢文皇漢醫界》，第十九號，頁 4。

50 〈會報：本會南理事長　一面竭力鼓舞宣傳　一面盡心調查準備　決定來二十八日起下南巡迴講演〉，《漢文皇漢醫界》，第十九號，頁 48。

表 3-1　南拜山全臺巡迴演講行程一覽

日期	地點
5 月 28 日－ 5 月 29 日	桃園
5 月 29 日－ 5 月 31 日	新竹
6 月 1 日－ 6 月 3 日	臺中
6 月 4 日－ 6 月 5 日	嘉義
6 月 7 日－ 6 月 9 日	臺南
6 月 10 日－ 6 月 12 日	屏東
6 月 13 日－ 6 月 14 日	高雄
6 月 19 日－ 6 月 21 日	竹山
6 月 22 日－ 6 月 23 日	斗六
6 月 25 日－ 6 月 26 日	彰化
6 月 27 日	鹿港
7 月 2 日	臺中
7 月 4 日	清水
7 月 20 日－ 7 月 21 日	宜蘭
7 月 22 日－ 7 月 24 日	羅東
7 月下旬	礁溪
8 月 4 日	中和
8 月 9 日－ 8 月 10 日	基隆

資料來源：《漢文皇漢醫界》，第十九號、第二十號；《臺灣皇漢醫界》，第二十一號、第二十二號。

三、第一階段巡迴演講：西部地區

1930 年 5 月 28 日上午，南拜山等一行人抵達桃園車站，受到街長內田芳雄、助役簡長春、東洋醫道會臺灣支部顧問簡朗山等人的迎接。午後，由桃園藥業組合主辦、於該地學校講堂，舉行歡迎會；南拜山和葉鍊金分別於會中講述醫道要旨。下午八時，在同一地點舉辦演講會，由葉鍊金談漢醫藥為風土上有存在之必要、南拜山談漢醫之真價，活動至十一時才結束、閉會[51]。

51 〈會報：南理事長一行巡演消息　廣為宣揚本會宗旨　到處備受熱烈歡迎　正義所

29日下午四時四十二分抵達新竹車站，受到新竹漢藥業組合長鄭汝潛、醫生會長李倬章等人的迎接。隔日（30日）上午，前往新竹神社參拜；之後，訪問相關官紳數名。下午六時，於新竹公會堂舉行歡迎會，參加人數達兩百多名，有黃瀛豹、鄭汝潛、李倬章、鄭神寶等漢醫、藥業者及其相關人士或民眾。會中，南拜山演講漢醫之特長、有存續之必要；直到超過八時才結束、散會[52]。

圖片來源：《臺灣皇漢醫界》，第二十一號。

圖 3-5　南拜山於新竹巡迴演講之合影（1930.5.30）

結束在新竹的行程後，6月1日午後十二時三十六分抵達臺中車站，亦受到主辦單位一行人的歡迎，並先齊至臺中神社參拜。下午二時，於臺中公會堂舉辦演講會，遽聞聽眾有六百多名。會中，先後由陳好敕以「漢醫之特長」為題、林天定以「西漢醫學之比較的研究」為

在異口同音　咸贊漢醫當然復興〉，《漢文皇漢醫界》，第二十號，頁47。

52 〈會報：南理事長一行巡演消息　廣為宣揚本會宗旨　到處備受熱烈歡迎　正義所在異口同音　咸贊漢醫當然復興〉，《漢文皇漢醫界》，第二十號，頁47；〈地方通信：新竹〉，《臺灣民報》，1930年6月7日，頁6。

題、葉鍊金以「由臺灣風土上立論漢方醫有存在之必要」為題、以及南拜山以「漢方醫學之真價而論」為題，進行演講。關於演講內容提要，例如：陳好敕和林天定兩人，主要是比較西醫和漢醫的特長；葉鍊金列舉漢醫在面對惡性流行症時，所開出的有效驗方，用以說明其貢獻，並希望團結民眾、一起向當局陳情與請願，要求保存漢醫或創設漢醫學校；南拜山則以哲學的角度來論述入脈論、藥性論[53]。

圖片來源：《臺灣皇漢醫界》，第二十一號。

圖 3-6　南拜山於臺中巡迴演講之合影（1930.6.1）

6 月 3 日上午九時許，南拜山由林澄坡（臺中澄清醫院創辦人林澄清之兄）引介往霧峰拜訪林獻堂、林階堂等人[54]。我們不難理解，此行

---

53 〈會報：南理事長一行巡演消息　廣為宣揚本會宗旨　到處備受熱烈歡迎　正義所在異口同音　咸贊漢醫當然復興〉，《漢文皇漢醫界》，第二十號，頁 47-48。

54 〈會報：南理事長一行巡演消息　廣為宣揚本會宗旨　到處備受熱烈歡迎　正義所在異口同音　咸贊漢醫當然復興〉，《漢文皇漢醫界》，第二十號，頁 48；許雪姬、何義麟編輯，《灌園先生日記（三）一九三〇年》（臺北：中央研究院臺灣史研究所籌備處、中央研究院近代史研究所，2001 年 12 月），頁 183。按：《漢文皇漢醫界》作「林澄波」，應為「坡」之誤。此外，關於南拜山與林獻堂之會面日

是想尋求林獻堂的支持與援助。根據《漢文皇漢醫界》的報導記載，南拜山對林獻堂說：

> 余來中時，聞諸一般有志咸謂先生必反對漢醫，故今日特為受反對而來。果要反對者，請於座上公明正大詳述其理由，大反對而特反對之。否則，須極力援助之。若採模糊兩可之態度，固不足取。

對此，林獻堂回應：

> 余於漢醫學未曾表示何等反對。雖然欲余贊成，則不可無條件。換言之無條件盲目的贊成，余絕對不能為。

接著，南拜山猜測林獻堂所指的「條件」為「運動之方法」，於是簡述了皇漢醫道復活運動之進行方針，主要是：先喚起大眾對此事的關心，進而製造更多有利於漢醫的輿論；次為向總督府要求改革管理漢醫的法律，而實施漢醫試驗制度；另一方面，建設漢醫醫院、設置漢醫學校，並招募漢醫藥人才，從事研究；復為召開全島醫生大會。林獻堂認為此方針正確無誤，也肯定南拜山的辛勞付出，而以「余敢不勉盡微力乎」的態度來表示贊同，並贈予南拜山「木杖為引導之前驅」[55]。雙方討論皇漢醫道復活運動事宜約二時餘，而後診察林垂明病況。

相較於《漢文皇漢醫界》對雙方交談重點的逐字報導，林獻堂日記僅提及基本的時、人、事[56]，在細節或事項討論並無多加著墨，其記載

期，陳君愷已發現雙方史料記載的差異，即由〈會報〉之敘述可推定雙方於6月2日見面，然據林獻堂日記記載，則是6月3日。由於林獻堂日記乃逐日記載，相較於事後整理、月底發行的雜誌應更無誤，故從林獻堂日記。見陳君愷，〈穿透歷史的迷霧——王添灯的思想、立場及其評價問題〉，頁1079。筆者同意並從之。

55 〈會報：南理事長一行巡演消息　廣為宣揚本會宗旨　到處備受熱烈歡迎　正義所在異口同音　咸贊漢醫當然復興〉，《漢文皇漢醫界》，第二十號，頁48。

56 原文：「九時餘林澄坡、王添灯引東洋醫道會理事長南拜山來訪，談漢醫復興之必

重點與雜誌內容不一，林獻堂較為關心林垂明（林獻堂四弟林澄堂之長子）的「神經病」，並請南拜山給予診察，也紀錄了診查結果[57]。

而後7月初，南拜山由南返北，曾再次滯留於臺中，臺中的漢醫藥業者特別召開「漢醫復興運動促進懇談會」。7月2日下午七時，於興業信組樓上，與會者有市內醫生會、藥業組合、以及其他有志之士。南拜山在會議中，以賴貺為翻譯、報告皇漢醫道復興運動的經過情形與未來展望；之後，進入決議議案，並順利通過：募集東洋醫道會會員、向總督府評議會員要求其於評議會時動議漢醫復興之件[58]。

6月4日上午八時四十六分由臺中起程至嘉義。到達嘉義後，先至嘉義神社參拜，後拜訪當地官紳。下午三時，於碧霞樓旗亭舉行歡迎宴，有「二百餘名」參加；宴中，南拜山針對西漢醫的比較、漢醫的特色，進行發言，「頗博聽眾讚稱」；至五時半閉會。而後，接續進行另一場歡迎宴，有賴雨若、徐杰夫等人發表感想與期許。隔日（5日）上午九時，於嘉義公會堂召開「漢醫藥業者懇談會」。下午七時，在同地舉辦演講會；遽聞，當時的天氣並不理想，「時雖值降雨」，但聽眾仍十分踴躍；南拜山以「東洋醫道之長處與西洋醫道之短處」為題，進行演講[59]。

6月7日下午七時半，南拜山等人參加由臺南市漢藥業商團主辦、地點在市內鴛鴦閣樓上的歡迎宴。宴中，臺南藥郊顧問黃欣與南拜山兩

要，約二時間之久。」見許雪姬、何義麟編輯，《灌園先生日記（三）一九三〇年》，頁183。

57　此外，林獻堂亦於先前曾提及林垂明的病情。見許雪姬、鍾淑敏編輯，《灌園先生日記（二）一九二九年》（臺北：中央研究院臺灣史研究所籌備處、中央研究院近代史研究所，2001年12月），頁63。

58　〈會報：南理事長一行巡演續誌　所到之處均擧好果　足見漢醫不能滅亡　喚起民眾頓然覺醒　深願共起籌備振興〉，《臺灣皇漢醫界》，第二十一號，漢文欄，頁34-35。

59　〈會報：南理事長一行巡演消息　廣為宣揚本會宗旨　到處備受熱烈歡迎　正義所在異口同音　咸贊漢醫當然復興〉，《漢文皇漢醫界》，第二十號，頁48。

人於席上討論漢醫復興問題，彼此交換意見。8 日下午七時，於臺南公會堂舉辦演講會；該場由南拜山演講、王添灯翻譯，講述「漢方醫學之真價」，並詳細闡明東洋醫學的真理及其復興之要策；其次，葉鍊金由風土立論，講述漢方醫存在的必要。演講會至近十二時始結束。9 日下午七時，於臺南市本町三丁目的愛生堂喫茶部召開「會員協議會」，列席者約有 80 名，由南拜山擔任議長，分別討論會員募集、設置臺南分部、全島各地設置講演部、8 月中舉行醫生治療實驗發表會、發表「漢醫真相」並印刊單行書、設置漢醫醫院等案由，均照原案通過[60]。

6 月 10 日下午三時頃，南拜山一行人抵達屏東車站。隔日（11 日）下午七時，於日春樓旗亭舉行歡迎宴，約有兩百名人士參加，包括街長渡邊發藏等官紳。宴中，先由南拜山講述西漢醫之比較，次由陳培雲講述東洋醫道復興問題；宴會至九時許始散。12 日上午，由街協議員施宜引導南拜山一行人視察飛行聯隊、製糖會社與名勝古蹟。是日下午七時，於屏東圖書館舉辦演講會，分別由南拜山講述「漢方醫學之真價」、葉鍊金講述「漢方醫存在必要關於風土上而論」、以及韓壽山講述「漢醫藥之特長」。演講會至十一時始結束[61]。

6 月 13 日下午四時，南拜山一行人由屏東返回至高雄，車站已有主催代表者李國琳、黃莪、陳座、黃慶雲等人迎接。14 日下午四時，在高雄樓舉行歡迎宴；後於下午七時，在澎湖公會館舉辦演講會，聽眾包括州衛生課、高等課官吏等重要官紳，地方人士則有葉宗祺、陳啓貞、陳啓峰、陳光燦、陳文彬、董古錐以及新報記者等人。演講會由南拜山講述「五千年來東洋漢醫藥獨有特色之國粹」[62]。

---

60 〈會報：南理事長一行巡演消息　廣為宣揚本會宗旨　到處備受熱烈歡迎　正義所在異口同音　咸贊漢醫當然復興〉，《漢文皇漢醫界》，第二十號，頁 48-49。

61 〈會報：南理事長一行巡演消息　廣為宣揚本會宗旨　到處備受熱烈歡迎　正義所在異口同音　咸贊漢醫當然復興〉，《漢文皇漢醫界》，第二十號，頁 49。

62 〈會報：南理事長一行巡演消息　廣為宣揚本會宗旨　到處備受熱烈歡迎　正義所在異口同音　咸贊漢醫當然復興〉，《漢文皇漢醫界》，第二十號，頁 49。

圖片來源：《臺灣皇漢醫界》，第二十二號。

圖 3-7　南拜山於高雄巡迴演講之合影（1930.6.14）

結束了高雄之行後，南拜山等人再次來到嘉義，此行的目的乃是旅遊，以放鬆心情、休養精神。於是，隔日（15 日）便前往阿里山，直到 19 日上午才離開，隨即前往竹山。當天下午六時四十分抵達竹山，受到數十名人士的迎接，許多藥種商家亦表示歡迎。20 日下午三時，召開懇談會，出席者有 27 名，在南拜山一一詳細說明議案後，獲得在場人士一致贊成。21 日下午三時，於新舞臺樓上，舉行歡迎宴，共有七十餘名人士參加；下午六時結束宴會，接續舉辦演講會。演講內容分別由南拜山講述漢醫真價、葉鍊金講述醫藥因風土上有存在之必要、以及高年春講述漢醫藥之起源。遽聞，竹山此行，多有盛況，讓支部不禁讚嘆「其文化誠不遜於都市也」[63]。

---

63 〈會報：南理事長一行巡演續誌　所到之處均舉好果　足見漢醫不能滅亡　喚起民眾頓然覺醒　深願共起籌備振興〉，《臺灣皇漢醫界》，第二十一號，漢文欄，頁 33；另參〈地方通信：竹山　南拜山到竹山　歡迎會連講演會〉，《臺灣新民報》，1930 年 7 月 5 日，頁 6。

圖片來源：《臺灣皇漢醫界》，第二十二號。

圖 3-8　南拜山於竹山巡迴演講之合影（1930.6.22）

原定行程至竹山結束，在歸途中，又應斗六街漢藥業者張棹等人的邀約，南拜山一行人於 6 月 22 日下午四時二十二分抵達斗六車站。隔日（23 日）下午三時，於紀念公館舉行歡迎宴，共有八十餘名人士參加。下午七時，於同一地點舉辦演講會。由南拜山講述漢醫真價、葉鍊金講述漢方醫道存在之必要與風土論。該場演講將近十二時才結束、散會。結束斗六之行後，南拜山等人於 24 日下午前往臺中市，短期寄宿於臺中市曙町鍾聰敏住宅，約一星期[64]。

---

64 〈會報：南理事長一行巡演續誌　所到之處均舉好果　足見漢醫不能滅亡　喚起民眾頓然覺醒　深願共起籌備振興〉，《臺灣皇漢醫界》，第二十一號，漢文欄，頁 33-34。

圖片來源：《臺灣皇漢醫界》，第二十三號。

圖 3-9　南拜山於斗六巡迴演講之合影（1930.6.23）

6 月 25 日下午八時，由彰化的李崇禮、張宴臣、顏源發、陳鴻模、王墨、林九等人發起，邀請南拜山一行人至醉鄉旗亭；南拜山亦趁此機會，大肆宣傳漢醫復興之舉，其所獲得的迴響是：幾乎全場贊成漢醫試驗制度的請願運動。隔日（26 日）晚上，又受到街長與多名士紳的請宴[65]。

6 月 27 日上午十時，離開彰化，乘坐新高汽車至鹿港車站，已有漢醫藥業者與民眾等五十餘名人士等候迎接。是日正午，由杜友紹、方瑞卿、謝耀東、陳煥彩、許清源等人主導，舉行歡迎宴，與會來賓共有五十餘名。宴會至下午二時結束後，接續於公會堂舉辦演講會，南拜山以「臺民四百萬之漢方醫學」為題目、王乙金為翻譯，進行演講。此外，王添灯亦向聽眾報告目前巡迴演講的經過情形[66]。

---

65 〈會報：南理事長一行巡演續誌　所到之處均舉好果　足見漢醫不能滅亡　喚起民眾頓然覺醒　深願共起籌備振興〉，《臺灣皇漢醫界》，第二十一號，漢文欄，頁 34。

66 〈會報：南理事長一行巡演續誌　所到之處均舉好果　足見漢醫不能滅亡　喚起

結束西部地區的巡迴演講後，便召開役員會。7 月 14 日下午七時，於臺北市高義閣福客寓召開「役員會」，役員全部出席。首先，由南拜山「首尾細述」地向與會者報告至各地巡迴演講的狀況，即自 5 月 28 日起至 7 月 6 日的四十日之間，偕同葉鍊金、陳培雲、王添灯等人，於中南部的巡迴演講。其次，陳茂通發言，強調南拜山「不辭炎熱之苦，月餘晝夜奔走於各地」的辛勞，皆是為了推展皇漢醫道、復興漢醫地位之故。再次，進入討論議案的部分，決定是否舉辦「醫生大會」、以及請願書收件的截止日期。關於第一案，就支部的立場而言，應當是肯定的。然而，卻有其困難之處，因為「現在醫生概屬老輩」，出席率可能不高，且「開會期間僅按二日」，效果恐怕將大打折扣。甚至連討論開會的地點也莫衷一是，起初是「擬定於臺中」，隨後考量到新竹的醫生人數最多，因此「豫改新竹」；只是一旦地點在新竹，距離中南部地區遙遠，又擔心出席人數減少。最後，只能「再為熟考」。至於第二案，原訂期限是 7 月 15 日，但有鑑於各地方仍陸續寄來請願書，因而希望等到大致收齊、檢閱完備後，再彙集成冊；另外，尚須權衡提出請願案的委員[67]。

四、第二階段巡迴演講：北部、東北部地區

7 月 20 日上午，南拜山一行人由臺北車站出發至宜蘭[68]，進行「第二期」巡迴演講。

民眾頓然覺醒　深願共起籌備振興〉，《臺灣皇漢醫界》，第二十一號，漢文欄，頁 34。

67 〈會報：役員會　南理事長巡演報告　討論醫生大會　決議提出願書〉，《臺灣皇漢醫界》，第二十一號，漢文欄，頁 38。

68 〈會報：蘭陽中和基隆講演盛況　自西而東到處大受歡迎　男婦老幼莫不欣然贊成〉，《臺灣皇漢醫界》，第二十二號，漢文欄，頁 41。

圖片來源：《臺灣皇漢醫界》，第二十三號。

圖 3-10　南拜山於宜蘭巡迴演講之合影（1930.7）

圖片來源：《臺灣皇漢醫界》，第二十四號。

圖 3-11　南拜山於羅東巡迴演講之合影（1930.7.24）

7 月 22 日，南拜山一行人結束在宜蘭的公務事，於上午八時五分，由宜蘭出發至蘇澳旅遊，直到下午五時，返回至介於宜蘭與蘇澳之間的羅東[69]。

結束宜蘭、羅東之行後，南拜山和王添灯在歸途中，臨時到礁溪舉辦演講會，亦受到當地人士的熱誠歡迎[70]。8 月 5 日，南拜山一行人回到臺北。此外，受到基隆人士的邀約，於 8 月 9 日上午自臺北車站啟程，至基隆進行演講[71]。

圖片來源：《臺灣皇漢醫界》，第二十四號。

圖 3-12　南拜山於基隆巡迴演講之合影（1930.8）

---

69 〈會報：蘭陽中和基隆講演盛況　自西而東到處大受歡迎　男婦老幼莫不欣然贊成〉，《臺灣皇漢醫界》，第二十二號，漢文欄，頁 41-42。

70 〈會報：蘭陽中和基隆講演盛況　自西而東到處大受歡迎　男婦老幼莫不欣然贊成〉，《臺灣皇漢醫界》，第二十二號，漢文欄，頁 42。《臺灣皇漢醫界》對於礁溪之行的描述頗為簡略，乃是因為編輯者曾六瑞並無一同前往，以至於未能實錄所致。曾六瑞說他於 25 日「獨留在羅處理殘務」，而於「二十六日午後五時歸宅」。按：「羅」即為「羅東」。此應指：南拜山與王添灯先行離開羅東，並前往礁溪。

71 〈會報：蘭陽中和基隆講演盛況　自西而東到處大受歡迎　男婦老幼莫不欣然贊成〉，《臺灣皇漢醫界》，第二十二號，漢文欄，頁 42。

第三節　頓挫期：請願的再挫敗與運動的膠著（1930.8-1933.1）

一、再次請願的行前預備

南拜山一行人在結束全臺巡迴演講後，隨即拜會支部顧問辜顯榮與其他重要官紳，向其報告全島巡迴演講的狀況，並協商代表委員的委任與提出請願書的方式[72]。

另一方面，為了實踐在各地演講期間所議定的計畫，遂於同年（1930年）8月23日上午九時半，在臺北市江山樓召開「地方分部長會議」，或稱「臺灣支部第一回代表者會議」，由各地分部長參加，尚未有分部長的地區，則推派代表參加。當日前來參加會議者有：嘉義的黃銘鐘、斗六的張棹、臺中的黃登高、桃園的簡長春、宜蘭的蘇璧璋父子（兒蘇耀邦）和吳陽春、羅東的林義和林寬容、海山的謝茶和簡林。會議討論事項共有七項，分別是：一、關於請願之件；二、關於會員募集之件；三、關於醫院建設之件；四、關於臺灣漢醫復興特別寄贈金拜受之件；五、關於促進該會運動之件；六、關於南拜山送別之件；七、推薦南拜山為指導者。各項議案逐條審理，經過討論後，已有所決議。其結果是：一、請願書由該會顧問辜顯榮等人偕同南拜山、陳茂通，於25日上呈總督。二、會員之多寡，與社團之盛衰有關，因此，應極力招募。三、各地需有1名計畫委員，由當日出席的各地分部長或代表推選而出，負責建設醫院相關事宜，另由該會顧問和役員產生出數名相談役。四、贊成斗六張棹的提議：設立一漢醫復活助成會，顧問為名譽會員，需年納60圓，醫生為特別會員，需年納30圓，藥種商為正會員，需年納10圓；並由南拜山指名推舉黃登高、簡長春、張棹、黃銘鐘、蘇璧璋、林義等人為會則起草委員。五、互約此後盡力促進運動事宜。

---

72 〈會報：全島同志漢醫復活請願書　決定近日提出于督府〉，《臺灣皇漢醫界》，第二十二號，漢文欄，頁43。

六、南拜山訂於9月9日搭乘吉野丸回東京，送行與否，個人自由決定。七、該會有鑑於需有一「精通內外事情、熟識醫理」者，而此非南拜山莫屬，因此，通過推薦南拜山為指導者一事[73]。

圖片來源：《臺灣皇漢醫界》，第二十五號。

圖 3-13　臺灣支部第一回代表者會議之合影（1930.8.23）

此次會議自上午九時半開始，至正午休息，下午一時繼續，直到四時多才結束，可見該次會議之重要、討論之熱烈。其中，當以第四項議案「臺灣漢醫復興特別寄贈金拜受之件」的討論最為熱烈。雖然結果是贊成斗六張棹的提議，事實上還有許多其他意見。例如臺中的黃登高提議，以節約歡迎費、議定具體案，來補助運動層面的資金；嘉義的黃銘鐘則表示，有鑑於多數人仍未了解漢醫之真理，應組織一「講演部」，用以鼓舞宣傳其優點；桃園的簡長春反駁黃銘鐘之說，表示「雖善，惜

73 〈會報：初次地方分部長會議　遙自中南部特來協議　各員認真討論進展策　對病院建設基金募集二案　共舒卓見誠有意義之會合〉，《臺灣皇漢醫界》，第二十三號，漢文欄，頁36-37。

其策遲緩，不能速達」，而不如張棹之說；身為支部相談役的洪團飛則表示，各分部長或代表所提出的建議皆相當有理，但「言易行難，須斟酌量力而行」。最後，多數人贊成斗六張棹的提議[74]。

二、請願的過程與南拜山的離臺

自從 1929 年初的第一次請願運動失敗後，該會仍主張「漢醫復活」，而在「全島醫藥大會」中，得到多數人的贊同，於是決定重振旗鼓、繼續藉由「請願」一途，向當局要求恢復漢醫免許制。之後，以南拜山至各地巡迴演講、宣揚漢醫價值為主，邀請有志之士連名簽署，並彙整成請願書。在南拜山巡迴演講的這段期間，直至 1930 年 8 月下旬，請願書已達 16,592 人次，共裝訂成八十四冊，各地數量如表 3-2 所示。

表 3-2　各地請願書數量（1930.8）

臺北州	新竹州	臺中州	臺南州	高雄州	臺東廳	花蓮港廳	澎湖廳
5,800	3,793	3,514	2,653	714	12	58	48

資料來源：《臺灣皇漢醫界》，第二十三號。

8 月 25 日上午八時，按「地方分部長會議」所議定之事項，南拜山和陳茂通一同前往鐵道旅館，另有總督府評議員辜顯榮、黃欣、李崇禮、簡朗山、許丙、以及臺北州協議會員陳天來等人先後到達；而後，於上午九時半，眾人相率前往總督府辦公室，面謁時為臺灣總督的石塚英藏（任期為 1929 年 7 月 30 日至 1931 年 1 月 16 日[75]），並將請願書運送至東門官邸，向總督提出請願，說明漢醫藥復興的必要。會中，先由辜顯榮呈上請願內容，並略述漢醫有利於民眾之詞，再依序由黃

74 〈會報：初次地方分部長會議　遙自中南部特來協議　各員認真討論進展策　對病院建設基金募集二案　共舒卓見誠有意義之會合〉，《臺灣皇漢醫界》，第二十三號，漢文欄，頁 36-37。

75 見黃昭堂著，黃英哲譯，《台灣總督府》，頁 114、132。

欣、李崇禮、簡朗山、陳天來等人發言，其他人士亦有所陳述。這場請願會，石塚總督不僅親自與會，且「始終熱心傾聽」、「甚有誠意之表情」，並主動詢問是否有試驗方法的參考案，還表示曾聽聞著名漢醫黃玉階的事蹟、知悉漢醫藥的效驗卓著，因此，會「加以考慮」，再做答覆。該會議直至十時多結束，歷時約一小時。隨即，又受到人見次郎總務長官的召見，使得請願人士感到備受禮遇[76]。

漢方醫術復活請願提出代表者紀念撮影
昭和五年八月二十五日

圖片來源：《臺灣皇漢醫界》，第二十五號。

圖 3-14　漢方醫術復活請願提出代表者合影（1930.8.25）

結束了向總督請願一事後，南拜山趁著返回日本前，仍馬不停蹄地於 8 月 29 日、9 月 5 日，偕同陳茂通、曾六瑞等人，分別拜訪石井警

---

76 〈本會主倡　漢醫復活請願運動　全島請願人數一萬六千五百九十二名　前月廿五日早經由代表者呈上于　石塚總督　各代表力陳漢醫必要存續　督憲顧全島民意深表容納〉，《臺灣皇漢醫界》，第二十三號，漢文欄，頁 1-2；〈漢醫復活請願書旣提出　請願人總代推辜顯榮氏外數名　經於前月二十五朝提出于督府〉，《臺灣皇漢醫界》，第二十三號，漢文欄，頁 37；陳茂通，〈急告〉，《臺灣皇漢醫界》，第二十三號，和文欄，頁 1-2；〈漢藥復興運動提出陳情書　署名者一萬六千〉，《臺灣民報》，1930 年 8 月 30 日，頁 2。

務局長、堀內醫校長、倉岡醫院長，向他們報告來臺後至各地巡迴演講的狀況，並希望在請願方面得到「格外援助」。其中，堀內表示，他同意漢藥有其特效，不可遽廢，但有關漢醫再試驗的問題，「關係頗大」，應當仔細調查、斟酌民眾輿論，並詳加考慮，而朝鮮漢醫試驗制度固然可成為臺灣的參考樣本，但仍須經過總督府相關單位的「熟考研究，庶能決定可否」[77]。

9 月 5 日下午六時，臺灣支部與漢醫藥界人士在江山樓為南拜山舉行送別會，與會者有六十餘名，包括辜顯榮、陳天來、徐杰夫、簡長春等人；宴會至十時許結束。8 日下午五時二十分，南拜山由臺北車站出發至基隆港；隔日（9 日）上午十時，搭乘吉野丸歸回東京，結束這趟臺灣之行。綜觀南拜山在臺期間，極力鼓吹東洋醫道，無論於民間宣傳演講，或在官廳陳情請願，也曾調查各地的醫藥狀況，「均得預期以上之好果」[78]，亦使皇漢醫道復活運動達到最高潮。

從 8 月 23 日的「地方分部長會議」對於建設漢醫醫院的決議、以及相關言論中，我們可以看出，該會支部與漢醫藥界將此機構視為復興漢醫之一大目標，認為可藉由漢醫醫院這一空間場域，展現其醫術之高明，進而取得與西醫同等地位。因此，有必要盡早實現漢醫醫院的動工與運作。

然而，經由計畫委員們的斟酌參議後，仍有礙於「景氣不佳、商況不振」，加上「米價暴落」，導致農、工、商各界皆受到影響，不得不將建設計畫暫時停頓，待景氣好轉後，再著手進行。縱使如此，在建設

---

77 〈訪問人見長官　石井警務局長　堀內醫學校長　倉岡病院長　報告全島各地巡迴講演狀況　懇托格外援助順作東歸告別〉，《臺灣皇漢醫界》，第二十三號，漢文欄，頁 37-38。

78 〈南翁送別會　記得會見如昨始來　倏經半載又將歸去　僅數箇月間創未有盛舉為漢醫復活宜永傳青史〉，《臺灣皇漢醫界》，第二十三號，漢文欄，頁 38-39；〈南翁回歸東京　八日午後臺北多數有志送行　乘九日基隆出帆吉野丸返國〉，《臺灣皇漢醫界》，第二十三號，漢文欄，頁 39。

醫院這一消息傳出後，各界人士多有期待，且不乏有捐獻之人，例如嘉義的何聯哲便致書於支部，表示「深贊斯學」，且願每年捐贈經常費 30 圓，並於信中另附上基本金 100 圓，甚至還發願成為「無料醫員」。事實上，何聯哲自從參加 5 月的「全島醫藥大會」後，便十分熱心於支部事務，不僅是盡宣傳、鼓舞之力，也募集了不少會員[79]。何氏於日後亦持續支持復興漢醫的事務；對此，王添灯曾公開表示讚揚與感謝[80]。

南拜山返回日本以後，開始著手辦理請願之事。1931 年 3 月，東洋醫道會於第五十九回議會中，向貴、眾議院提案，欲在帝國大學設立「皇漢醫學講座」，並向拓務大臣提出〈臺灣漢方醫生存續陳情文〉[81]。結果，前者經議會通過，後者則尚屬調查研究中[82]。

三、王添灯對復興漢醫的呼籲

由上述過程發展可知，王添灯最遲已在「東洋醫道全島大會」時加入運動行列。1931 年 7 月，身為運動機關刊物編輯的王添灯，於《臺灣皇漢醫界》發表〈東洋醫道復興宣傳歌〉[83]，做為皇漢醫道復活運動的宣傳，呼籲眾人支持漢醫、漢藥與這場運動。這首宣傳歌，或可稱為打油詩，共有四段。首先是：

---

79 〈會報：漢醫病院建設案　因鑑財界不況　未敢倉卒妄動　暫待景氣恢復　遂即著手進行〉，《臺灣皇漢醫界》，第二十四號，漢文欄，頁 46；〈嘉義水上何聯哲氏首先聲言樂捐鉅款　促進建設漢醫病院　且願獻身為醫員　實醫界中之人豪〉，《臺灣皇漢醫界》，第二十四號，漢文欄，頁 46。

80 見王添灯，〈筆痕墨滴〉，《臺灣皇漢醫界》，第三十三號，和文欄，頁 33。

81 〈會報：帝大皇漢醫學講座新設請願書由東京本部提出于貴族眾議兩院〉，《臺灣皇漢醫界》，第二十八號，頁 48；〈會報〉，《臺灣皇漢醫界》，第二十九號，頁 51；〈拓務大臣ニ提出ノ臺灣漢方醫生存續陳情文〉，《臺灣皇漢醫界》，第三十號，無頁碼。

82 〈編輯後記〉，《臺灣皇漢醫界》，第三十號，頁 46。

83 王添灯，〈東洋醫道復興宣傳歌〉，《臺灣皇漢醫界》，第三十三號，無頁碼。

漢方醫道是真好，因何日本來廢無？
五千來年國家寶，醫聖神農甲華陀，
扁鵲仲景大醫聖，著出傷寒甲難經。
漢藥奧妙真利害，世間的人大家知，
漢藥那廢真呆大，無產兄弟咱著知。

其次：

破病無藥無寫四，賣厝當物尋西醫，
西醫著愛好額氣，無產的人襖請伊，
大家和齊來救起，救起漢醫莫延遲，
國際聯盟有提起，宣傳世界得知枝，
無產大家眾兄弟，緊々蹶起來和伊。

第三：

今日那無尋伊討，後日卜討敢話無，
外國的人思得到，東洋的人者㪚趖，
勸咱大家著要緊，甲伊計較著留神，
漢藥兮無是董真，再拜歐米兮後塵，
卜救醫道真容易，大家緊來報名字。

最後是：

加入會員讀雜誌，參加運動甲支持，
救起醫道大代志，所費淡薄的金錢，
那有團結甲和氣，復興目前必無疑。
咱會也有定標準，加入半年圓六銀，
一年三圓小可本，復興運動做前軍。

可以看出，王添灯先追溯漢醫學的源流，指出西醫、西藥的昂貴，以呼籲「無產兄弟」，應是指廣大的中、下階層人民，前來加入支部、訂閱刊物、支持這場運動。在南拜山離台、請願案失利之後，這份呼籲應有重新振奮士氣的效果。

四、運動的內、外部困境

然而，到了 1931 年 9 月 1 日，王添灯撰成一篇退社啟事，聲明辭去《臺灣皇漢醫界》的和文編務，而原本的職務，將改由其弟王進益接任[84]。事實上，當時的王添灯身兼數職，他既是《臺灣皇漢醫界》的編務，又早於 1931 年 5 月 24 日下午的臺灣地方自治聯盟臺北支部成立大會中，被議長指定為支部 20 名幹事之一，因而擔任自治聯盟臺北支部幹事，並持續投入參加往後的會議與討論，再加上此時王家有意開始擴大其家族的茶葉販售事業，需要他協助經營。在該篇退社啟事中，他提及退社原因乃是「家庭上一身上」之故，所以考慮再三後，決定辭去編務。其中「家庭上」所發生的事，應指王家的茶葉販售事業；至於「一身上」所發生的事，則是他決意全心投入臺灣地方自治聯盟的運動[85]。

運動發展至此，於內部、外部上，開始出現問題，而使運動陷入膠著，甚至衰退。在內部方面，如前所述，南拜山歸日、請願懸案未決、以及王添灯退社。而在外部方面，則是指經濟恐慌、滿洲事變、以及官督更迭頻繁[86]。

關於經濟恐慌，事實上，自第一次世界大戰結束後，日本經濟即開始走向不景氣，因而有「不景氣的一九二〇年代」之說。以 1920 年 3

---

84 〈社告〉，《臺灣皇漢醫界》，第三十五號，和文欄，頁 20；王添灯，〈退社に際し本報を通して　醫界諸君に感謝の辭を捧げます〉，《臺灣皇漢醫界》，第三十五號，和文欄，頁 23。另可見〈筆痕墨滴〉，《臺灣皇漢醫界》，第三十五號，和文欄，頁 24。

85 參陳君愷，〈穿透歷史的迷霧——王添灯的思想、立場及其評價問題〉，頁 1080-1082。

86 〈編輯後記〉，《臺灣皇漢醫界》，第三十八號，漢文欄，頁 48。

月 15 日股價大暴跌為契機，日本比世界各國更早開始經濟恐慌。1929 年起，日本的經濟恐慌（昭和恐慌）已成為以美國為首之世界經濟恐慌的一環，且帶有強烈的產業恐慌性格。昭和恐慌以物價激烈下跌為特徵，民生與工業用品（如：米、生絲、棉紗、鋼材）與股價之價格驟降，農業部門大受波及，農業品價格直至 1937 年才恢復到 1929 年的水準，其影響程度可見一斑[87]。

就在王添灯退社不久後，1931 年 9 月 18 日，發生滿州事變（或稱「九一八事變」）。支部對此亦有表明立場，主要是以「日華親善」為前提，認為「本屬同文同種」、且「為保持東亞大局」，應「圖共存共榮」，並舉出第一次世界大戰的例子來說明戰爭所帶來的不良後果[88]。然而，日本於 1932 年 2 月扶持以溥儀為執政者的「滿洲共和國」成立；同年 10 月，國際聯盟針對滿洲事變發表《報告書》，認為日軍的行動是有計畫的侵略，並勸告日中兩國商定新約，以釐清雙方的權利、義務與主權問題；1933 年 2 月，日本代表團因不滿大會正式通過《報告書》，憤而退席，接著於隔月宣布正式退出國際聯盟。日中軍事衝突不斷，關係漸次惡化，日本在國際上的聲譽和地位亦出現裂痕[89]。

至於官督更迭頻繁一事，臺灣進入「文官總督時代」（1919-1936 年）後，除第一任文官總督田健治郎（任期自 1919 年 10 月 29 日至 1923 年 9 月 2 日）與最後一任文官總督中川健藏（任期自 1932 年 5 月 26 日至 1936 年 9 月 2 日）之任期超過三年以外，其餘皆不足兩年[90]。

---

87 參石井寬治著，黃紹恆譯，《日本經濟史》（臺北：五南圖書出版股份有限公司，2008 年 9 月初版一刷），頁 356-368。另可參林明德，《日本近代史》，頁 177-181。

88 〈本刊三周記念書感〉，《臺灣皇漢醫界》，第三十七號，頁 56。

89 林明德，《近代中日關係史》（臺北：三民書局股份有限公司，2005 年 1 月修訂二版一刷），頁 170-176。另可參林明德，《日本近代史》，頁 191-196。

90 其餘依序為內田嘉吉（任期自 1923 年 9 月 6 日起至 1924 年 9 月 1 日）、伊澤多喜男（任期自 1924 年 9 月 1 日起至 1926 年 7 月 16 日）、上山滿之進（任期自 1926 年 7 月 16 日起至 1928 年 6 月 16 日）、川村竹治（任期自 1928 年 6 月 16 日起如此頻繁更換總督官員，或多或少會影響政治的穩定。

在這股低潮當中，尚有新血加入，且頗有大志，即是臺北的蘇錦全與竹東的彭汝澍（臺灣支部竹東地方委員）[91]。於是，蘇錦全與彭汝澍二人便於臺北、新竹地區宣揚皇漢醫道，此行受到各地人士的歡迎與協助，如宜蘭的張文旺、林紹裘、陳玉枝、羅東的林義、藍阿財、新埔的張桂材、大溪的陳貫[92]。1932 年 2 月下旬，蘇錦全與彭汝澍二人接受屏東義安藥房主人之聘，並計畫在中南部做出宣傳活動，以及順道收取會費與刊物費[93]。只不過，在蘇錦全到達嘉義時，身體微恙，因而返北靜養；加上他本人時為浙江中醫專門學校的在學生，須於 5 月 18 日「渡華赴杭受驗」。這使得原本預定的南部之行，暫時作罷[94]。直至 8 月底，蘇錦全取得學位、學成歸臺後，才開始繼續處理先前未完成的事務[95]。

另一方面，東京東洋醫道會本部仍致力於臺灣醫生試驗制度的建立與實施。南拜山即於 1931 年 12 月中旬特訪拓務大臣秦豐助，懇談相關問題[96]。

當時，漢藥的發展依舊持續興盛。1932 年 11 月，陳茂通拜訪臺北州警務部衛生課技手池野隆吉，討論籌備「臺灣本草座談會」事宜，擬

至 1929 年 7 月 30 日）、石塚英藏（任期自 1929 年 7 月 30 日起至 1931 年 1 月 16 日）、太田政弘（任期自 1931 年 1 月 16 日起至 1932 年 3 月 2 日）、南弘（任期自 1932 年 3 月 2 日起至 1932 年 5 月 26 日）。參黃昭堂著，黃英哲譯，《台灣總督府》，頁 114 表 4；張秀蓉編註，邱鈺珊、徐廷瑋等譯，《日治臺灣醫療公衛五十年》，附錄三　日治臺灣歷任總督任期表，頁 595。

91 〈社告〉，《臺灣皇漢醫界》，第三十九號，頁 59。

92 〈本會誌謝〉，《臺灣皇漢醫界》，第四十號，頁 71（同版權頁）。

93 〈謹告〉，《臺灣皇漢醫界》，第四十一號，頁 35。另可參〈會報〉，《臺灣皇漢醫界》，第四十二號，頁 71（同版權頁）。

94 〈本會會計係啓事〉，《臺灣皇漢醫界》，第四十三號，頁 66（同版權頁）。

95 〈社告〉，《臺灣皇漢醫界》，第四十七號，頁 63；〈請會員並購讀者諸君　留意會費納附〉，《臺灣皇漢醫界》，第四十八號，頁 44。

96 〈編輯後記〉，《臺灣皇漢醫界》，第三十九號，頁 60（同版權頁）。

以池野氏為講師，並聘任對本草研究有心得者為助講；對此，支部表示：「亦可以促進漢醫復興之一良導線也」[97]。在日本東京的南拜山亦有所展穫，他創立了「東洋古典醫學校」以培育漢醫學卒業生前往朝鮮，又有「民間治療法傳教所」以期發揮於日本本土民間。至於臺灣漢醫復興問題，他亦多次與拓務省接洽，陳述確立臺灣漢醫制度之十二項理由，以督促當局有所回應[98]。

第四節　沉寂期：轉向推廣漢醫教育與研究（1933.2-1937.12）

一、從「支部」到「研究室」

1933 年 2 月，臺灣支部在其例會中，突然決議中止支部會務，當月亦無出刊雜誌，儼然形同解散。究其原因，至少有二：一是請願運動之失敗；二是費損大量運動資金，而經濟支絀[99]。多數會員對於中止支部會務之事亦大表震驚。曾在臺灣支部主導皇漢醫道復活運動之後期表現活躍的蘇錦全，得知此消息後，不忍多年之努力功虧一簣，遂與陳茂通商討，因而決定承辦此業，續接漢醫復興運動，以「臺灣漢醫藥研究室」的名義發行雜誌，並改題為《臺灣皇漢醫報》[100]。

蘇錦全承接會務之後，運動路線與先前有所不同。在行動上：一來是不再主動於臺灣發起請願運動，而是被動期待與附和日本醫界的消息

97 〈編輯後記〉，《臺灣皇漢醫界》，第四十九號，頁 94。

98 〈編輯後記〉，《臺灣皇漢醫界》，第四十九號，頁 94。

99 蘇錦全，〈發刊詞〉，《臺灣皇漢醫報》，第五十二號，頁 3；〈贊助員募集公告　如於新年號廣告者得為敝室贊助員　且得享受價值金參圓之傷寒學講義〉，《臺灣皇漢醫報》，第七十三號，頁 8。另可見〈本刊啓事　敝報題號將改為　日華醫藥報並增加頁數改為四六倍版〉，《臺灣皇漢醫報》，第七十六號，頁 30。

100 蘇錦全，〈發刊詞〉，《臺灣皇漢醫報》，第五十二號，頁 3。事實上，蘇錦全於日後回顧解散一事時，有所批評。見〈贊助員募集公告　如於新年號廣告者得為敝室贊助員　且得享受價值金參圓之傷寒學講義〉，《臺灣皇漢醫報》，第七十三號，頁 8。

結果；二來是加強對外的連接與交流，尤其是中國醫界，後期亦有至日本進行考察與研究。在論述上，最大改變即是增加機關報在醫理研究的篇幅內容。

首先，必須面對的問題便是會員權益之轉移與重新確認會員身分。經過數月以後，遽聞會員人數增加，其成果不凡[101]。

其次，籌劃建設「漢醫無料診察所」。為了實踐先前未成功設立的「漢醫病院」，決定退而求其次，預定於 1933 年夏季設立「漢醫無料診察所」，造福患者民眾，並作為復興漢醫藥、以及將來建設「漢醫病院」之籌備場域。該年 4 月，公告建設「漢醫無料診察所」的消息，並招募職員與資金。職員方面，擬聘數名漢醫為主任醫，每月贈與慰勞金，另配有 3 名助手；助手為義務性質，其資格為曾經學醫三年以上且能協助漢醫診察者。資金方面，徵求自願捐獻者，並條列每月預算，診察所租金約 25 圓、雜費約 5 圓、慰勞金約 30 圓，共 60 圓[102]。

1933 年 9 月，位於中國廈門鼓浪嶼的「華南中西醫學專門學校」初創消息傳至臺灣，該校乃由畢業於上海中醫學院的臺人楊忠信偕同數名西醫學士與當地官紳所創[103]。蘇錦全原計畫至該校擔任編輯事務[104]，後因於臺北即將創設「臺灣藥學講習會」，同界人士希望蘇氏能挺身支持，並擔任漢藥學之講談，陳茂通亦出面挽留，因而使蘇氏決意續留臺北[105]。「臺灣藥學講習會」於同年 11 月 13 日舉行開業式，實到學員有 35 名，其學歷背景大多為公學校畢業，另有臺中商業、臺北商工等中

101 見〈謹告讀者會員諸位〉，《臺灣皇漢醫報》，第五十二號，頁 53。關於會員名單及其分析，詳見第四章第一節。

102〈漢醫無料診察所之設立　是漢醫病院將設之前提〉，《臺灣皇漢醫報》，第五十三號，頁 53。另可見〈編輯餘話〉，《臺灣皇漢醫報》，第五十三號，頁 54。

103〈廈門□□□之設立　是臺灣漢醫藥界之福音〉，《臺灣皇漢醫報》，第五十八號，封面頁。

104〈黎人將渡廈　任華南中西醫專編輯〉，《臺灣皇漢醫報》，第五十九號，封面頁。

105〈編輯餘話〉，《臺灣皇漢醫報》，第六十號，頁 46（同版權頁）；〈黎人留臺　任臺灣藥學會講師〉，《臺灣皇漢醫報》，第六十一號，封面頁。

等學校畢業，年齡介於 18 至 38 歲之間，其中不乏有漢醫子弟，如李開章之子李馨芳即為學員之一[106]。該會課程將為期兩個月，至於課程內容與師資、以及課程時間表，如下所示：

表 3-3　臺灣藥學講習會之課程與師資

課程名稱	師資	學識背景
藥局方	李義人	長崎藥學士
香料製造學	李德財	千葉藥學士
化粧品製造學、藥事法規	林紀煌	長崎藥學士
化學大意、藥理學	黃連有	長崎藥學士
賣藥製造學	陳遠沭	大阪藥學士
漢藥學	蘇錦全	浙江中醫士

資料來源：《臺灣皇漢醫報》，第六十二號。

表 3-4　臺灣藥學講習會一週課程

	月曜日	火曜日	水曜日	木曜日	金曜日	土曜日
六至七時	藥局方	化粧製造學	藥理學	漢藥學	化學大意	香料製造學
七至八時	化學大意	藥局方	賣藥製造學	化學大意	藥局方	漢藥學
八至九時	漢藥學	賣藥製造學	香料製造學	藥局方	藥理學	藥事法規
九至十時	香料製造學	漢藥學	藥局方	化粧製造學	漢藥學	藥局方

資料來源：《臺灣皇漢醫報》，第六十二號。

兩個月的課程以來，成果良好，「講師傾心講授」、學員亦認真學習，平均出席率達 90%。最後，該會於 1934 年 1 月 14 日下午三時半舉行修業式[107]。

繼「臺灣藥學講習會」後，蘇錦全為了加強臺灣的漢醫藥研究，擬設「漢醫藥研究所」於臺灣漢醫藥研究室，即臺北市永樂町二丁目九十四番地，時間預定自 1934 年 6 月 15 日開始進行研究工作，為期六個月。「漢藥研究生」的資格，不分男女，但須年滿 16 歲，品行端正，

106 李開章，〈新正　祝臺灣藥學講習會〉，《臺灣皇漢醫報》，第六十二號，頁 3-4。

107〈消息通訊欄：臺灣藥學講習會　已閉會矣〉，《臺灣皇漢醫報》，第六十三號，頁 51。

學歷具公學校畢業以上，且計畫將來參加漢藥種商或賣藥製造者之試驗，甚至欲前往中國的漢醫專門學校就讀者。研究內容有漢藥物之成分效能、炮製剪切、禁忌配合、氣味性質等，以及傷寒、金匱、婦科、幼科、雜病等各方之解剖組織、效能主治，此外，還包括漢藥丹膏丸散之製造實習、郊外採集生藥草。費用方面，每月 5 圓，全期六個月為 30 圓。修業結束後，頒發證書。若欲進一步前往中國漢醫學校就讀者，可由該室介紹入學，並自第二年級或第三年級開始[108]。例如，1934 年 5、6 月之際，前述曾參與「臺灣藥學講習會」的李開章之子李馨芳，經由蘇錦全的介紹，至上海入學漢醫學校，繼續深造[109]。到了 1934 年 9 月，於「漢醫藥研究所」課程進行期間，當時因適逢中國各學校迎新學期，為了順利引率數名學生至上海入學，故將研究所的課程停課一個月[110]。

往後，蘇氏仍不斷鼓勵與介紹有志之士前往中國的醫學校就讀。在這段期間以來，蘇錦全已成功引薦數名臺籍子弟入中國上海的醫學校就讀，且包括西醫學校，他們分別是：畢業於臺南二中、高雄州下路竹庄的黃坤城，錄取上海東南醫學院（西醫校）；公學校畢業、新竹州下舊港庄曾君、竹南庄邱君、通宵庄湯君等 3 人，皆為公學校畢業，同錄取上海中國醫學院（漢醫校）[111]。由此可知，漢醫學的「教育」與「研究」成為蘇錦全復興漢醫學的主要策略。

前述（第二章第三節）提及，由日本漢方一貫堂矢數格於 1934 年 2 月發起向內務省提出認定漢方之專門科名的請願。全國漢方醫、知識界與實業界人士共計有一千多人署名贊成，並於同年 3 月 14 日向內務省提交「關於『漢方科』專門科名認定之請願書」。此次請願肇始於內

108〈編輯餘話〉，《臺灣皇漢醫報》，第六十六號，封面頁；〈公告一則：漢藥研究生募集公告〉，《臺灣皇漢醫報》，第六十六號，頁 45-46。

109〈編輯餘話〉，《臺灣皇漢醫報》，第六十七號，封面頁。

110〈編輯餘話〉，《臺灣皇漢醫報》，第六十九號，封面頁。

111〈編輯餘話〉，《臺灣皇漢醫報》，第七十一號，封面頁。

務省在 1933 年 10 月以省令第二十八號所發布的〈醫師法施行規則中改正〉第十條中，將漢方專科排除在認定範圍之外，因而引起日本漢醫界的不滿，遂請願之[112]。請願理由如下：

一、夫漢方醫學，即於我邦土為臨床醫學而來發達者，為吾人祖先苦辛之結晶之優秀治療醫學也。

二、漢方醫學於明治初年過渡時代，因不法法律之壓迫將為撲滅者，然非為其學術比諸西洋醫學劣等而淪亡也。

三、漢方醫學為近時世界學界之所注視，且達到世界的復興之氣運成熟之時期矣。

四、漢方醫學長於內科的治療，補全西洋醫學之短處。

五、漢方醫學之復興影響國家經濟之處甚多。

六、漢方醫學依據西洋醫學的研究方法，終難得究明其真價，所以有漢方科設置之必要也。[113]

遽聞在遞交請願書當天（14 日），矢數格、矢數道明、矢數有道、大塚敬節、多多良素、池田千壽、染谷奉道、渡邊道淑、高橋敬直等人向內務省衛生局醫務科科長呈遞請願書、並陳述請願要旨與理由時，科長的態度並不友善，表示「法律一旦確定，一條也不能改」。隨後拜訪大島衛生局長時，卻得到同情的答覆，他表示：「漢方非醫師全無視也，但今後之方針，擬改為以經歷、實力、人格、為基準」。然而，他也強調，「經警察上申，即由內務省大臣付以許可」[114]。可見，他個人立

---

112 參潘桂娟、樊正倫編著，《日本漢方醫學》，頁 315-316；〈消息通信欄：全國名士千餘名贊成　漢醫為臨床最善醫術　內務省決定許可方針〉，《臺灣皇漢醫報》，第六十五號，頁 43-44。

113 〈關於「漢方科」專門科名　認定之請願書提出〉，《臺灣皇漢醫報》，第六十五號，頁 46。另可參潘桂娟、樊正倫編著，《日本漢方醫學》，頁 316。

114 參潘桂娟、樊正倫編著，《日本漢方醫學》，頁 316；〈消息通信欄：全國名士千餘名贊成　漢醫為臨床最善醫術　內務省決定許可方針〉，《臺灣皇漢醫報》，第六十五號，頁 44。

場並不一定能代表或影響上層的決議。

這場由日本漢醫學團體所發起的請願，蘇錦全於《臺灣皇漢醫報》中略有報導[115]，但亦是僅止於此，而無任何跟進或聯合簽署的動作。

1934 年 11 月 23 日下午三時頃，臺北北警察署高等係野村特務部長至臺灣漢醫藥研究室拜訪蘇錦全，雙方對談時間約二十分，對話大意如下。野村詢問蘇氏對於漢醫制度復活有何意見；蘇氏回應說，漢醫生制度復活是全臺漢醫藥界與民眾、乃至日本民間所共同冀望的，但決定權在於當局是否體察民意而有具體方針；野村進一步詢問在日本是否有運動機關，蘇氏則答有東洋醫道會、日本漢方醫學會、本草座談會等。這次的談訪，使蘇錦全猜想是「當局將有關心於本問題耶」，況且此時期正值「非常時之秋」，若不利用天然的草根木皮製藥，而僅使用較為高價的西藥，對於農村經濟十分不利，長久以來，必由經濟問題轉而影響整個國家財政，也會影響病患用藥治療[116]。

蘇錦全乘著上述這股「臆測」，以及刊物更生滿二週年慶，於 1935 年 1 月公告徵稿漢醫制度復活諸問題之文章，「以供當局參考而促其早速採決復活之制度」[117]。其次，為加強漢醫知識的獲取與流通，並鼓勵醫藥研究，特於同年（1935 年）3 月起，設立「漢西醫藥流通圖書館」。對此，也鼓勵讀者將「家藏之舊廢不要醫藥書籍，不拘西說、漢說及新舊，不問日文、漢文或外文，且不論手抄、石版、木版、活版等」，均可郵寄至蘇錦全的研究室，以鑑定其價值如何，再贈與同價值的購書券；該購書券可用來購買研究室所出版或發售的醫書、講義、雜

115 見〈消息通訊欄：漢醫許可請願運動之際　醫師快諾為贊助者如左〉，《臺灣皇漢醫報》，第六十七號，頁 2。

116〈卷首之言〉，《臺灣皇漢醫報》，第七十三號，封面頁。

117〈消息通訊欄：為漢醫生制度復活諸問題　懸賞徵稿啓事〉，《臺灣皇漢醫報》，第七十四號，頁 46。另可參〈編輯餘話〉，《臺灣皇漢醫報》，第七十五號，封面頁。

誌等書[118]。

二、再次改刊與旅外從事研究

1935 年 3 月，於刊物更生滿二週年慶之時，有數名讀者會員提出漢醫藥的改革之道與復興之論[119]。蘇錦全也在此時公告表示：

> 現時吾國之西醫藥界，頗有多數之愛國者，深感皇漢醫藥學術有愈病之價值，而參加我皇漢醫藥團體、努力整理我漢醫藥學術，並協力為我提倡；

因此，

> 為緩和對立與連絡感情起見，擬將「漢」字之名稱刪去，以免拘執偏見、致碍感情，且現時中國之漢西醫藥界亦由相對性而融合。故上海有中西醫藥研究社之設，足可證明醫藥可不免分漢分西以為是非。凡能愈病為民眾增加健康者，皆可為醫藥業矣。[120]

由此可見，部分西醫背景的人士已發現漢醫藥在臨床上的功效，並加以研究、甚至支持漢醫藥團體；而在當時的日中關於已趨於緊張的社會氛圍中，「漢」字似有民族主義之嫌，容易引起不必要的對立，況且純就醫學的立場而言，凡是能成功愈病者，皆為良藥，應不分漢西。蘇氏進一步解釋，以「日華」為名，亦有促進日中兩國親善之意。然而，更改

118〈消息通訊欄：本室將附設　漢西醫藥流通圖書館啓事〉，《臺灣皇漢醫報》，第七十四號，頁 47；〈消息通訊欄：廢物利用　不要書籍可以代金〉，《臺灣皇漢醫報》，第七十四號，頁 47。

119 見《臺灣皇漢醫報》第七十六號的「特別論壇欄」。

120〈本刊啓事　敝報題號將改為　日華醫藥報　並增加頁數改為四六倍版〉，《臺灣皇漢醫報》，第七十六號，頁 30。

刊名一事，經他人建議、以及蘇錦全自身反覆思量之後，另有變化。3 月 15 日，署名為「連池敬」來信，他表示既然雜誌讀者多有華人，若改為「日華」兩字，「未悉不惹出華人之忌嫌乎」，於是他便建議「以東西兩字冠之」。對此，蘇錦全去信回覆表示，自公告更改刊名以來，近日再三琢磨，認為「日華」兩字過於狹隘，且容易使人誤認為僅是東洋之醫藥學報，而「實未能緩和漢西醫藥界之對峙」。因此，亦有意改為「東西」，遂自 1935 年 4 月起，正式更名為「東西醫藥報」[121]。

自改刊後，蘇錦全於醫理研究與宣傳上，著力甚深。他為了研究針灸，多次前往日本研修。然而，為何他積極研究針灸、並大肆推廣呢？事實上，他已洞悉：日本境內的漢醫試驗制度雖已遭廢棄，但唯獨針灸未廢，且有檢定規則，甚至已有專門學校。因此，蘇氏認為，欲復興漢醫試驗制度，必先獲得針灸治療的合法權，他形容「此法較為捷徑」[122]。以下，便是蘇氏於改刊後、旅外之一覽表。

表 3-5　蘇錦全旅外情形一覽

地點	日期	事由	備註
大阪	1935 年 4 月中旬 － 5 月 17 日	視察日本皇漢醫藥界之情況、研究針灸術	
大阪	1935 年 9 月 3 日 － 12 月 24 日	參訪日本漢醫藥復興事業之情況	
大阪	1936 年 1 月 27 日 － 5 月 31 日	研究針灸術	原訂 5 月 15 日返臺
大阪	1936 年 9 月 12 日 － 12 月 24 日	研究針灸術	
日本	1937 年初 － 5 月 21 日	旅居	

資料來源：《東西醫藥報》，第七十七號、第八十二號、第八十六號、第八十九號、第九十四號、第一〇二號。

121「連池敬來信」、「蘇錦全去信」，收錄於《東西醫藥報》，第七十七號，頁 36。另參〈編輯餘話〉，《東西醫藥報》，第七十七號，頁 42。

122〈編輯餘話〉，《東西醫藥報》，第八十九號，目錄頁。

如前所述，蘇錦全所主導的皇漢醫道復活運動，已無透過政治力的行動，而純為推廣醫學知識與研究漢醫學術。

事實上，就當時的政治局勢而言，自 1930 年代起，日本國內在有心人士的操作之下，逐漸瀰漫著軍國主義和國家主義的氣息。1935 年的「國體明徵運動」、1936 年的「二二六事件」，軍部的角色自不待言，且儼然已成脫韁野馬。而臺灣乃是日本南進政策與大陸政策的中樞基地，深具軍事重要性。於是，預備役海軍大將小林躋造於 1936 年 9 月 2 日就任臺灣總督一職，使總督的身分背景又從文官轉回武官，開啟了後期武官總督時代（1936-1945）。1937 年 4 月，臺灣總督府下令禁用漢文。同年 7 月 7 日，發生蘆溝橋事變，日中戰爭爆發，時為日本內閣的近衛文麿於同年 9 月發表「國民精神總動員計畫實施要綱」。做為日本殖民地的臺灣，亦隨著殖民母國而進入戰爭體制，並展開一系列的皇民化運動，其內容不外乎是強化日本色彩與消弭中國因素[123]。

在這樣的情形之下，於 1938 年初，雜誌已無出刊，等於是宣告蘇錦全所主導的臺灣漢醫藥研究室形同為虛設，「日治時期臺灣皇漢醫道復活運動」也就此劃下句點。

---

123 參蔡錦堂，《戰爭體制下的台灣》（青少年台灣文庫：歷史讀本 4，臺北：日創社文化事業有限公司，2006 年 10 月初版一刷），頁 11-18；黃昭堂著，黃英哲譯，《台灣總督府》，頁 168-169、174-175；李昭容，《日治時期彰化地區文化事業之研究》（新北：稻鄉出版社，2011 年 2 月初版），頁 106。關於戰爭體制下的臺灣，除了前述蔡錦堂的著作以外，另可參近藤正己著，林詩庭譯，《總力戰與臺灣——日本殖民地的崩潰（上）》（臺北：國立臺灣大學出版中心，2014 年 9 月初版）一書。至於 1930 年代到日中戰爭前，日本國內的政治發展，可參坂野潤治，《日本近代史》（東京：株式会社筑摩書房，2013 年 2 月 1 日第一〇刷），頁 374-435；坂野潤治著，鍾淑敏譯，《近代日本政治史》（臺北：五南圖書出版股份有限公司，2008 年 4 月初版一刷），第四部〈通往軍部獨裁之路〉，頁 165-254。

第四章
社會基礎與運作情形

第一節　參與者的背景分析

本節所要探討的問題是：誰參與了運動？這些參與者的基本背景和運動以外的經歷為何？誠然，所有的運動參與者或加入社團者投入程度並不盡相同。因此，我們有必要加以定義與分類。

首先，筆者認為，凡是認同、支持該運動的目標與訴求，且有實際行動者，皆可謂參與。只不過，運動參與者並不一定是主導運動的團體會員，但身為主導運動的團體會員，則必然是參與運動。其次，將這群人加以分類：第一是該運動中的活躍者與主導運動的社團幹部，我們定義為「領導階層」；第二是主導運動的社團會員、贊助員或刊物購讀者，我們統稱為「社團會員」；第三是巡迴演講的歡迎者與參與者、機關刊物的主要撰稿人、或其他，我們視為「一般參與」。

然而，筆者擬以「領導階層」和部分「社團會員」做為分析的對象。部分「社團會員」意指東洋醫道會臺灣支部連續兩年半以上有盡到會規義務之會員、以及臺灣漢醫藥研究室贊助員。此種做法乃因兩者留有完整名單，且對於社團具有代表性。

一、領導階層

所謂「領導階層」，即該運動中的活躍者與主導運動的社團幹部。事實上，我們可以將兩者劃上等號。也就是說，皇漢醫道復活運動的活躍者即為先後主導運動的東洋醫道會臺灣支部與臺灣漢醫藥研究室之幹部成員，即使這些幹部成員的參與和投入有不同程度的差別。另外，值得注意的是，他們參與的時間並不一致，就其各別的加入時間，詳見附錄表 4-1，該表為東洋醫道會臺灣支部歷次幹部名單一覽，而下列表 4-1 則為東洋醫道會臺灣支部的全體役員（即幹部）名單。

表 4-1　東洋醫道會臺灣支部全體役員名單

支部長	陳茂通	
相談役	葉鍊金、周儀塏、洪團飛、黃耀崑、李炳福、王成渠、王天柱、王若翰	
幹事	林萬乞、李金燦、楊接枝、李友寬、蘇穀保、黃仁根、周鴻源、蔡婆、胡坤、陳培雲、王楫	
顧問	辜顯榮、林熊徵、顏國年、陳天來、黃純青、簡朗山、蔡蓮舫、楊吉臣、李崇禮、黃欣、許廷光、陳啓貞、徐杰夫、鄭沙棠、藍高川	
分部長	新竹	張金柱
	桃園	簡長春
	清水	蔡敏庭
	宜蘭	蘇璧璋、蘇耀邦
	羅東	陳純精
	嘉義	黃銘鐘
	斗六	張棹
	臺中	黃登高
	海山	謝茶、簡林
地方委員	基隆	高重熙
	宜蘭	吳陽春
	羅東	林義、林寬容
	桃園	簡精雲
	大溪	陳貫
	竹東	彭汝澍
	新竹	鄭汝潛、張金柱
	臺中	姚榮、洪烏靖
	豐原	魏杰、劉井
	彰化	陳火螢、姚萬順
	員林	謝金元、黃其文
	北斗	林仲昆、謝輝金

地方委員（續）	竹山	高年春
	斗六	莊蒼、張棹
	嘉義	黃養、黃銘鐘
	北港	陳芝、蔡水讚
	臺南	駱葆芝、顏頭
	高雄	陳坐
	岡山	蘇星煌、王成
	屏東	顏令全、連木
	東港	陳首
	不分區	蘇錦全
取次人	高雄	謝賴登
皇漢醫界編輯	曾六瑞、王添灯、王進益	

資料來源：《漢文皇漢醫界》，第三號、第十九號、第二十號；《臺灣皇漢醫界》，第二十一號、第二十二號、第二十三號、第二十七號、第三十二號、第三十五號、第三十九號；〈新竹：藥組總會〉，《臺灣日日新報》，1928年10月10日，夕刊4版；《臺灣實業名鑑（第一輯）》。

至於臺灣漢醫藥研究室的領導成員們，參與時間亦有不同，其各別加入時間詳見附錄表4-2臺灣漢醫藥研究室歷次幹部名單一覽。其中，筆者認為，「役員」即是所謂的「特別贊助員」[1]。以下表4-2則為臺灣漢醫藥研究室的全體幹部名單。

1　見〈本室役員謹祝天長節〉，《臺灣皇漢醫報》，第五十四號（臺北：臺灣漢醫學研究室，1933年5月8日），頁B；〈昭和八年度本室諸役員、贊助員、購讀者一同恭賀新春〉，《臺灣皇漢醫報》，第六十三號（臺北：臺灣漢醫藥研究室，1934年2月9日），頁41。又：1933年3月，公布「本室贊助員芳名」，與1933年5月所公布「本室役員」、1934年2月所公布「本室諸役員」相對照，可知1933年3月所公布「贊助員」應為「役員」。

表 4-2　臺灣漢醫藥研究室全體幹部名單

代表兼皇漢醫報編輯主任		蘇錦全*
顧問	醫學顧問	葉鍊金*
		洪團飛*
		黃耀崑*
		周儀塏*
		王成渠*
		紀乃潭
		何聯哲
		李開章
	文學顧問	李學樵
役員	乾元藥行	陳茂通*
	捷茂藥行	蘇穀保*
	捷茂藥行	楊接枝*
	捷裕蔘莊	張清港
	藥材公司	黃仁根*
	金燦參莊	李金燦*
	添籌藥行	李友寬*
	瑞記參莊	連瑞記
	茂元藥行	蔡婆*
	回春藥房	林廸連
	茂昌藥房	傅朝桂
	保安藥房	簡鴻輝
	協記藥舖	林斯瑄
	成昌藥房	胡初棠
	回安藥房	王金枝
	仁和藥房	林鏡澤
	存心藥房	林戇
	協豐公司	許坤
	三元藥舖	周雲祥
	宏生局	丁一
	賜福藥房	吳家走
	順天藥房	莊川
	天興藥行	李華山

役員（續）	老慶茂	周清標
	再生藥舖	王再生
	協興智記	林萬乞*
	榮康藥行	李茶康
	永茂藥房	周全
	慶春藥房	紀俊修
	林協興行	林萬慶
	正元藥行	蔡秋塗
	吉祥藥房	胡坤*
	博濟藥房	許登埔
	金水參莊	張金水
	發記藥房	游進發
	晉生堂	楊水木
	玉安堂	汪塗山
	茂春藥房	李瓦丹
	蕃產物商	陳炳根
皇漢醫報外務記者		周合源
皇漢醫報取次員	臺中地區	廖求
	宜蘭地區	林旺全、林紹裘

說明：標註*者，係指曾任東洋醫道會臺灣支部役員。

資料來源：《臺灣皇漢醫報》，第五十二號、第五十三號、第五十四號、第六十三號。

從以上名單中，我們可以看出：東洋醫道會臺灣支部的役員包括支部長 1 名、相談役 8 名、幹事 11 名、顧問 15 名、分部長 11 名、地方委員 35 名、取次人 1 名、編輯 3 名，共 85 人次，扣除同人身兼數職之重複者（張金柱、黃銘鐘、張棹），實際則有 82 名。臺灣漢醫藥研究室的役員包括代表兼編輯主任 1 名、顧問 9 名、役員 39 名、外務記者 1 名、取次員 3 名，共 53 名。領導階層前後共有 135 人次，扣除重複者 15 名，實際則有 120 名。在這 120 名領導者中，我們以相關資料爬梳其身分背景（詳見附錄表 4-3；其中，有 17 人僅知本籍或住址），並整理出以下訊息。

就世代別而言，43 人有生年資料（另有 1 人僅知卒年，故不論）：以西元紀年來看，1850 年代出生者，有 1 人；1860 年代出生者，有 3

人；1870 年代出生者，有 16 人；1880 年代出生者，有 7 人；1890 年代出生者，有 8 人；1900 年代出生者，有 7 人；1910 年代出生者，有 1 人。可見運動領導人物以 1870 年代出生者為最多。以日本年號來看，嘉永年（孝明天皇）出生者，有 1 人；無人於安政年與萬延年出生；文久年出生者，有 1 人；元治年出生者，有 1 人；慶應年出生者，有 1 人；明治年（明治天皇）出生者，有 39 人。顯示運動領導人物大多以明治年出生者為大宗。其中，最年長者為楊吉臣，其次是許廷光，最年輕者為黃登高，其次是林旺全；若以 1930 年為基準，當時此四人年齡分別為：楊吉臣 79 歲、許廷光 70 歲、黃登高 21 歲、林旺全 22 歲。

就地域別而言，119 人當中，以州廳時期的五州三廳行政區域為基準：於臺北州者，有 70 人次；於新竹州者，有 9 人次；於臺中州者，有 20 人次；於臺南州者，有 13 人；於高雄州者，有 9 人次；於澎湖廳者，有 1 人次；花蓮港廳與臺東廳，則無人。其中，李茶康本籍新竹州，後遷至臺北市；辜顯榮本籍彰化郡，後遷至臺北市；陳坐本籍澎湖廳，後遷至高雄市。由此可知：臺北州者占大多數。

就學歷別而言，33 人當中：高等教育畢業者，有 10 人次，其中醫學相關的學校畢業者，有 2 人；中等教育畢業者，有 9 人次；初等教育畢業者，有 13 人次；傳統私塾教育或漢學出身者，有 22 人次。

就經歷別而言，103 人當中：具醫藥背景者，高達 73 人次，其中以藥種商為最多，亦有數名漢醫參與；投身實業界者，有 40 人次；於公職單位服務者，有 32 人次；教育相關人員，有 9 人次[2]。

2　實業界，如會社、銀行、製造業、服務業、買賣交易等職業；公職單位，如保正、甲長、街庄長、地方協議員與議員、支廳長、郡長等地方官，或指於總督府或及其附屬的行政機關工作之人士等事務官，或是受雇於官方單位或事業機關之專員等技術人員。以上分類與定義，酌參蕭明治，《殖民椿腳——日治時期臺灣煙酒專賣經銷商》（臺北：博揚文化事業有限公司，2014 年 1 月初版一刷），頁 88 註 45。至於教育人員，則是於學校或教育場所授業之人士。此外，將醫藥背景者獨

綜上所述，我們可以說：臺灣皇漢醫道復活運動的領導階層者，大抵是明治世代出生者（尤以 1870 年代為多）、臺北州人、曾習傳統漢學且具醫藥背景、又多於實業界有所經營。

二、社團會員

除了前揭領導階層的成員以外，「社團會員」意指主導運動的社團會員、贊助員或刊物購讀者，即所有曾經參與東洋醫道會臺灣支部或臺灣漢醫藥研究室的人。只不過，就現存史料而言，並未見所謂會員名冊，以致於無法得知所有會員。

臺灣支部在機關刊物發行滿三週年之際，針對連續兩年半以上盡到會規之義務者，共有 256 名會員，由東京本部特贈「揚光書」（見附錄圖 4-1），以表謝意[3]。這群人便是筆者欲分析的對象之一。

表 4-3　連續兩年半以上有盡到會規義務之臺灣支部會員

臺北州	臺北市	胡坤*、黃仁根*、李金燦*、蔡三恩、徐鼎新、蔡婆*、李友寬*、速永成、楊接枝*、盧額、周土糞、葉鍊金*、洪團飛*、孫光普、周錡、蘇穀保*、許春招、沈水福、李天才、林萬乞*、謝木桂、盧國棋、胡初棠*、周軟、周心匏（同名異人）、周心匏（同名異人）、周宜雲、周全、許揚昇[4]、傅朝桂*、紀俊修*、張火木、江石定、陳春麟、林清風、杜紅番、吳新吉、張文顯、張嘉祥、盧傳、林成祖、陳木、林維岩、劉連池、王若翰*、楊木新、周地、陳有福。
	七星郡	魏本仁、陳水木、李其灶、李慶陽、陳金英。
	淡水郡	盧阿水、郭食婆、李新興。
	基隆市	江瑞興。

立表示，即不包含在實業界或公職單位；也就是說，若將具醫藥背景中的藥種商或藥材販賣者列入實業界中，則實業界將有更多人次。

3　〈會報：籌送揚光書〉，《臺灣皇漢醫界》，第三十六號，漢文欄，頁 42。

4　原文作「許楊昇」，疑與昭和 8 年（1933 年度）臺灣漢醫藥研究室之贊助員「許揚昇」（臺北市新富町）為同人，暫以同人論，並以「許揚昇」稱。

臺北州（續）	基隆郡	高重熙*[5]、黃萬興、林全。
	宜蘭郡	張文旺、陳玉枝、楊長。
	羅東郡	林克生。
	海山郡	傅鐘培、江裕、邱雨古、鄭石定、陳慶雲、謝茶*。
	新莊郡	蔡清松。
新竹州	新竹郡	鄭廷恩、范光源、曾清旺、巫鼎君、蔡金鎮、吳欽任、陳兆榮、吳向榮、蘇阿祿、林有土、鄭秋香、曾心添、鄭曲全、徐煥蘭、彭錦璣、張維達、林才、陳俊元、張金柱*、溫金池、謝森鴻、陳灶、陳其淦、陳阿平、林礽時。
	中壢郡	徐元翔、廖任水。
	大溪郡	陳貫*、馮金興、林運相。
	竹東郡	彭新興、李運統、鐘彭添祿、何承上、古承旺。
	竹南郡	羅文樂、張阿回。
臺中州	臺中市	賴清泉、宋連華、莊銘漢、曾錦波、洪烏靖*、陳九、賴啓元。
	大屯郡	邱炳輝、黃材楝。
	豐原郡	林順德、魏杰*、劉井*、魏進鏡、劉長、蘇醜、林清吉、劉麗水。
	大甲郡	林慶星。
	彰化郡	林煥彩、姚萬順*、陳火螢*、吳定欲、謝錦、黃奇材、許波山。
臺中州	員林郡	劉嵩山、張紹宗、王楫*、陳坤來、張深潭、陳文煥、李貴泉、張响、黃端、邱榜、謝金財、謝金元*。
	北斗郡	林仲昆*、黃經、許丁綿、謝輝金*、傅大勳、許為、邱火、吳思洪、傅仲宣、林伯壎、林上洲。
	竹山郡	高年春*、陳化、張陳元、王英元、林王炳烟、林其木、林有能、黃紹琪。
	能高郡	洪阿修、陳金地。
臺南州	臺南市	李捷元、黃有為、吳神祐、蔡長庚、黃欣*、蔡貌、黃清江、吳老旺、魏德、陳老、郭海洋、呂順天、康再成、楊炳煌、許石頭、陳粒、余宜松、顏頭*、顏得水、駱葆芝*、黃國棟、上官榮炎[6]。
	新化郡	梁清水。
	曾文郡	黃等。

5 原文作「燽」，應為「熙」之別字。

6 原文作「宮」，應為「官」之誤。

臺南州（續）	北門郡	黃圖。
	新營郡	黃錐。
	嘉義郡	江好雄、江坤結、張武炎、謝九萬、陳適瓊、薛位珍、劉水德、何聯哲*、劉世貞、黃養*、黃銘鐘*、李府、許和裕、曾麒麟、陳坤、鄭振鎔、林羅漢、張賜、陳記、林勝德、楊文韜、葉盛、陳登順、黃長庚、高棟樑[7]、林天進。
	斗六郡	簡永、林英、李承慶、蔡榮森、莊蒼*。
	北港郡	趙鑽燧、蔡春亭、蘇錦、陳芝*、顏湖。
	東石郡	陳北。
高雄州	高雄市	陳坐*、李求、黃吳。
	岡山郡	蘇星煌*、黃順安、曾江中、王成*、劉建昌、孫朝聘、黃筆。
	鳳山郡	徐傳生。
	旗山郡	吳阿祥、李連福。
	屏東郡	連木*、劉明德、林欵生、陳錦和、陳應春。
	潮州郡	謝才興、熊福星。
	東港郡	陳首*。
花蓮港廳	花蓮港	黃水、紀智及、林苪、李相維。
臺東廳		連華封。
澎湖廳		陳武。

說明：標註*者，係指曾任東洋醫道會臺灣支部或臺灣漢醫藥研究室之役員。
資料來源：《臺灣皇漢醫界》，第三十七號。

前述提及，臺灣支部於1933年2月突然中止支部會務，後由蘇錦全以「臺灣漢醫藥研究室」的名義發行雜誌、續接漢醫復興運動，而會員權益之轉移與重新確認會員身分，則是首要的考驗。下表為1933年度之臺灣漢醫藥研究室贊助員，即轉移與確認後的會員名單。

7　原文作「高棟梁」，疑與1933年度臺灣漢醫藥研究室之贊助員「高棟樑」（臺南州嘉義市朝日町）為同人，暫以同人論，並以「高棟樑」稱。

表4-4 1933年度（昭和8年）臺灣漢醫藥研究室贊助員

臺北州	臺北市	永樂町	盧頟、孫光普、協吉成（周土糞）、蔡婆*、李天才、陳清玉、許春招、連永茂。
		太平町	胡坤*、謝木桂、蔡三恩、陳賜麟、何勝珠。
		日新町	周地、王若翰*、楊木新。
		有明町	張火木、林成祖、傅朝桂*。
		下奎府町	李昭求、吳新吉、鄭連丁。
		綠町	周軟、胡初棠*。
		港町	陳有福
		八甲町	周全*
		宮前町	張嘉祥
		建成町	盧傳
		水道町	陳木
		樺山町	劉連池
		下內埔	陳春麟
		古亭町	紀俊修*、周心匏。
		新富町	許揚昇
		元園町	江石定
	七星郡	士林庄	賴文質、李其灶、李慶陽。
		北投庄	陳水木
	海山郡	板橋街	邱雨古[8]
		中和庄	劉阿海
		鶯歌庄	鄭定石
		三峽庄	蘇欽棟、傅鐘培。
	淡水郡	淡水街	盧阿水
		八里庄	郭食婆
	基隆市	福德町	江瑞英
		草店尾	謝琳漢
	基隆郡	瑞芳庄	林全、王水生。
	宜蘭郡	宜蘭街	張文旺、楊長。
		員山庄	張丹階

8 原文作「邱雨古」，疑與連續兩年半以上有盡到會規義務之臺灣支部會員「邱雨古」（臺北市海山郡）為同人，暫以同人論，並以「邱雨古」稱。

新竹州	桃園郡	桃園街	簡長春*、簡精雲*。
		南崁庄	王傳冀
	中壢郡	新屋庄	徐元翔
	竹東郡	芎林庄	劉陳光、劉陳康。
		橫山庄	何承上
	新竹郡	關西庄	吳欽任、鄭廷恩。
		新埔庄	陳兆榮
	新竹市	東門	蘇阿祿、曾心添、鄭曲全、林有土。
		西門外	彭錦璣
		北門	陳俊元
		北門外	謝森鴻、溫金池、陳灶。
臺中州	豐原郡	豐原街	魏杰*、劉井*、林清吉。
		大雅庄	林順德
	大屯郡	西屯庄	邱炳輝、黃材棟。
	臺中市	錦町	陳九
		橘町	莊銘漢、曾錦波。
		若松町	賴啓元
	彰化郡	彰化街	陳火螢*
		鹿港街	林煥彩
		和美庄	黃奇材、謝錦。
	員林郡	員林街	謝金元
		永靖庄	劉嵩山
		田中庄	李貴泉
		二水庄	王楫*
	北斗郡	北斗街	林仲昆*、許丁綿、邱火、黃經、許為、傅仲宣、傅大勳。
		田尾庄	林上洲
	能高郡	埔里街	陳金地、洪阿修
	竹山郡	竹山庄	張聯登、王英元、林其木、魏品明。
		鹿谷庄	林有能

臺南州	斗六郡	斗六街	蔡榮森、李承慶、沈來儀。
	嘉義郡	大林庄	吳添滐
		民雄庄	黃知高、謝九萬、陳適瓊。
		水上庄	劉世貞、黃天河、曾大樹、薛位珍、劉水德。
		竹崎庄	黃盛、詹堯、楊文韜。
		溪口庄	張武炎
	嘉義市	西門町	陳坤、林羅漢、陳記。
		北門町	林天進、黃養*。
		南門町	張賜
		朝日町	高棟樑
		元町	許和裕、曾麒麟。
		檜町	李府
	北港郡	北港街	蔡春亭、陳芝*、蘇錦。
	新化郡	善化庄	蘇秦強
		新市庄	梁清水
	北門郡	北門庄	洪新解
		西港庄	黃圖
	新營郡	後壁庄	黃仁德、賴拱、蘇照、葉錐、賴義、殷占魁、阮謙、吳添湖、石金澤。
		番社庄	葉明銅
		柳營庄	劉尚榮
		新營庄	陳春源
	臺南市	本町	顏頭*、上官榮炎、陳粒、余宜松、顏得水、黃國棟。
		高砂町	黃有為、黃欣*。
		永樂町	楊炳煌、康再成。
		明治町	呂順天
		港町	郭海洋
		寶町	吳老旺
高雄州	屏東郡	屏東街	陳錦和、連木*。
		里港庄	黃萬炭
	潮洲郡	竹田庄	謝才興
		萬巒庄	熊福星
	旗山郡	甲仙庄	吳阿祥
		溪洲庄	李連福

高雄州（續）	岡山郡	岡山庄	曾江中、蘇星煌*、劉建昌。
		路竹庄	黃順安
	東港郡	林邊庄	陳首*
	鳳山郡	鳥松庄	徐傳生
	高雄市	鹽埕町	李求、陳坐*、黃吳。
花蓮港廳		研海區	林芎
		馬太鞍	紀智及
臺東廳		里壠區	連蓮增

說明：1. 標註*者，係指曾任東洋醫道會臺灣支部或臺灣漢醫藥研究室之役員。

2. 字元網底者，係指曾於陳茂通主政時期、連續兩年半以上有盡到會規義務之會員者。

資料來源：《臺灣皇漢醫報》，第五十二號、第五十四號、第六十三號。

從以上名單，我們可以看出：連續兩年半以上有盡到會規義務之臺灣支部會員，共有 256 人；1933 年度臺灣漢醫藥研究室之贊助員，共有 182 人。社團會員前後共有 438 人次，扣除重複者 138 名，實際則有 300 名。在這 300 名社團會員中，我們以相關資料爬梳其身分背景（詳見附錄表 4-4；其中，有 180 人僅知本籍或住址），並整理出以下訊息。

就世代別而言，31 人有生年資料：以西元紀年來看，1870 年代出生者，有 4 人；1880 年代出生者，有 7 人；1890 年代出生者，有 14 人；1900 年代出生者，有 6 人。可見社團會員以 1890 年代出生者為多。以日本年號來看，31 人皆於明治年出生。其中，最年長者為葉鍊金，最年輕者為王若翰；若以 1930 年為基準，當時此二人年齡分別為：葉鍊金 58 歲、王若翰 23 歲。

就地域別而言，300 人當中，以州廳時期的五州三廳行政區域為基準：於臺北州者，有 85 人次；於新竹州者，有 42 人；於臺中州者，有 61 人次；於臺南州者，有 84 人；於高雄州者，有 22 人次；於澎湖廳者，有 4 人次；於花蓮港廳者，有 4 人；於臺東廳者，有 2 人。其中，李求本籍澎湖廳，後遷至高雄市；陳有福本籍臺中州，後遷至臺北市；陳坐本籍澎湖廳，後遷至高雄市；盧額本籍澎湖廳，後遷至臺北市。由此可知：臺北州與臺南州的人數皆超過 80 人，兩者總和超過全體會員人數的一半；臺中州者為第三多。這個分布結果的原因，我們如果單從距離運動發源地的遠近來解釋，恐怕不太適切。相對的，該地區是否自清代以來即有開發，也就是漢人數量多寡，應是一個很好的觀察指標。

就學歷別而言，20 人當中：高等教育畢業者，有 2 人次；中等教育畢業者，有 7 人次；初等教育畢業者，有 5 人次；傳統私塾教育或漢學出身者，有 13 人次。

就經歷別而言，120 人當中：具醫藥背景者，高達 82 人次，其中以藥種商為最多，亦有數名漢醫參與；投身實業界者，有 39 人次；於公職單位服務者，有 29 人次；教育相關人員，有 8 人次。

綜上所述，我們可以說：臺灣皇漢醫道復活運動的社團會員，大抵是明治世代出生者、多集中於臺北州或臺南州、曾習傳統漢學且具醫藥背景、又於實業界有所經營。

由以上分析，我們可以發現，連續兩年半以上盡到會規義務的臺灣支部會員與臺灣漢醫藥研究室的贊助員頗多重複，足見在陳茂通中止會務、由蘇錦全接續後，各地會員相當樂見會務繼續運作，因而呈現會員身分的轉換狀況良好，流失情形並不嚴重。

此外，在整個臺灣皇漢醫道復活運動中，亦不乏有熱心人士參與會務，以自身行動來支持這場運動，而擁有三種以上的身分，他們分別是：王若翰、王楫、李金燦、周全、林仲昆、林萬乞、洪團飛、胡初棠、胡坤、紀俊修、連木、陳火螢、陳坐、陳芝、陳首、傅朝桂、黃仁根、黃欣、黃養、楊接枝、葉鍊金、劉井、蔡婆、謝金元、顏頭、魏杰、蘇星煌、蘇穀保。其中，僅有胡坤、蔡婆 2 人擁有四種身分。見表 4-5。

表 4-5　領導階層與社團會員身分重複一覽

	東洋醫道會臺灣支部役員	連續兩年半以上之支部會員	臺灣漢醫藥研究室役員	臺灣漢醫藥研究室贊助員
上官榮炎		●		●
王成	●	●		
王成渠	●		●	
王英元		●		●
王若翰	●	●		●
王楫	●	●		●
江石定		●		●
余宜松		●		●
何承上		●		●
何聯哲		●	●	
吳老旺		●		●
吳阿祥		●		●
吳欽任		●		●
吳新吉		●		●
呂順天		●		●
李天才		●		●
李友寬	●	●		
李求		●		●
李府		●		●
李其灶		●		●
李承慶		●		●
李金燦	●	●	●	
李連福		●		●
李貴泉		●		●
李慶陽		●		●
周土糞		●		●
周心匏		●		●
周全		●	●	●
周地		●		●
周軟		●		●
周儀塏	●		●	
林上洲		●		●

	東洋醫道會臺灣支部役員	連續兩年半以上之支部會員	臺灣漢醫藥研究室役員	臺灣漢醫藥研究室贊助員
林天進		●		●
林全		●		●
林仲昆	●	●		●
林成祖		●		●
林有土		●		●
林有能		●		●
林苪		●		●
林其木		●		●
林清吉		●		●
林順德		●		●
林煥彩		●		●
林萬乞	●	●	●	
林羅漢		●		●
邱火		●		●
邱雨古		●		●
邱炳輝		●		●
姚萬順	●	●		
洪阿修		●		●
洪烏靖	●	●		
洪團飛	●	●	●	
胡初棠		●	●	●
胡坤	●	●	●	●
紀俊修		●	●	●
紀智及		●		●
孫光普		●		●
徐元翔		●		●
徐傳生		●		●
高年春	●	●		
高重熙	●	●		
高棟樑		●		●
康再成		●		●
張文旺		●		●
張火木		●		●

	東洋醫道會臺灣支部役員	連續兩年半以上之支部會員	臺灣漢醫藥研究室役員	臺灣漢醫藥研究室贊助員
張武炎		●		●
張金柱	●	●		
張嘉祥		●		●
張賜		●		●
梁清水		●		●
莊蒼	●	●		
莊銘漢		●		●
許丁綿		●		●
許和裕		●		●
許春招		●		●
許為		●		●
許揚昇		●		●
連木	●	●		●
陳九		●		●
陳木		●		●
陳水木		●		●
陳火螢	●	●		●
陳兆榮		●		●
陳有福		●		●
陳坐	●	●		●
陳灶		●		●
陳坤		●		●
陳芝	●	●		●
陳金地		●		●
陳俊元		●		●
陳茂通	●		●	
陳春麟		●		●
陳首	●	●		●
陳記		●		●
陳粒		●		●
陳貫	●	●		
陳適瓊		●		●
陳錦和		●		●

	東洋醫道會臺灣支部役員	連續兩年半以上之支部會員	臺灣漢醫藥研究室役員	臺灣漢醫藥研究室贊助員
郭食婆		●		●
郭海洋		●		●
傅大勳		●		●
傅仲宣		●		●
傅朝桂		●	●	●
傅鐘培		●		●
彭錦璣		●		●
曾心添		●		●
曾江中		●		●
曾錦波		●		●
曾麒麟		●		●
黃仁根	●	●	●	
黃有為		●		●
黃吳		●		●
黃材棟		●		●
黃奇材		●		●
黃欣	●	●		●
黃國棟		●		●
黃順安		●		●
黃經		●		●
黃圖		●		●
黃銘鐘	●	●		
黃養	●	●		●
黃耀崑	●		●	
楊文韜		●		●
楊木新		●		●
楊長		●		●
楊炳煌		●		●
楊接枝	●	●	●	
溫金池		●		●
葉鍊金	●	●	●	
熊福星		●		●
劉井	●	●		●

	東洋醫道會臺灣支部役員	連續兩年半以上之支部會員	臺灣漢醫藥研究室役員	臺灣漢醫藥研究室贊助員
劉水德		●		●
劉世貞		●		●
劉建昌		●		●
劉連池		●		●
劉嵩山		●		●
蔡三恩		●		●
蔡春亭		●		●
蔡婆	●	●	●	●
蔡榮森		●		●
鄭曲全		●		●
鄭廷恩		●		●
盧阿水		●		●
盧傳		●		●
盧額		●		●
賴啓元		●		●
駱葆芝	●	●		
薛位珍		●		●
謝九萬		●		●
謝才興		●		●
謝木桂		●		●
謝金元	●	●		●
謝茶	●	●		
謝森鴻		●		●
謝輝金	●	●		
謝錦		●		●
簡長春	●			●
簡精雲	●			●
顏得水		●		●
顏頭	●	●		●
魏杰	●	●		●
蘇阿祿		●		●
蘇星煌	●	●		●
蘇穀保	●	●	●	

	東洋醫道會臺灣支部役員	連續兩年半以上之支部會員	臺灣漢醫藥研究室役員	臺灣漢醫藥研究室贊助員
蘇錦		●		●
蘇錦全	●		●	

資料來源：本書作者據表 4-1、表 4-2、表 4-3、表 4-4 整理而成。

第二節　社團的結構與組織型態

本節以先後主導「臺灣皇漢醫道復活運動」的兩大團體——東洋醫道會臺灣支部與臺灣漢醫藥研究室為對象，探討團體的組織架構與運作情形。

一、東洋醫道會臺灣支部

（一）支部的組織結構

如前所述，1928 年 2 月，臺北漢藥組合及其贊助員等臺灣漢醫藥界，決定組織團體、成為東洋醫道會的支部。至同年 10 月 1 日，陳茂通等人完成支部規則草稿，隨即召開臨時會，以求認同。該會議的另外一個重點便是選出役員，包括支部長、相談役和幹事。遂由當日出席會議者投票表決。眾人仍推選陳茂通為支部長，相談役為葉鍊金、周儀塏、李炳福等 3 人，幹事為李金燦、楊接枝、林萬乞、李友寬等 4 人。11 月 28 日，新任役員召開會議，討論請願書的進行方針，並增選洪團飛、王成渠、黃耀崑、王天柱為相談役，蘇穀保、黃仁根、周鴻源、蔡婆、陳培雲為幹事，另置若干名地方委員於各州郡。至此，東洋醫道會臺灣支部不論在組織方面、人事方面已堪稱完備，「始具體的成立焉」[9]。

9 〈會報：東洋醫道會臺灣支部設立經過〉，《漢文皇漢醫界》，第二號，頁 24-25。

東洋醫道會臺灣支部規則的第四條表示，「本會為圖復興東洋醫道並保健衛生及請願醫生免許續行試驗之起見為目的」，並且「欲計達其目的每月定刊漢文皇漢醫界雜誌以資研究」（見附錄4-1）。可見其成立的最大目的在於宣揚漢醫藥知識、恢復醫生試驗制度，以確保漢醫在社會上的存立。

至於臺灣支部的組織架構圖，如下所示：

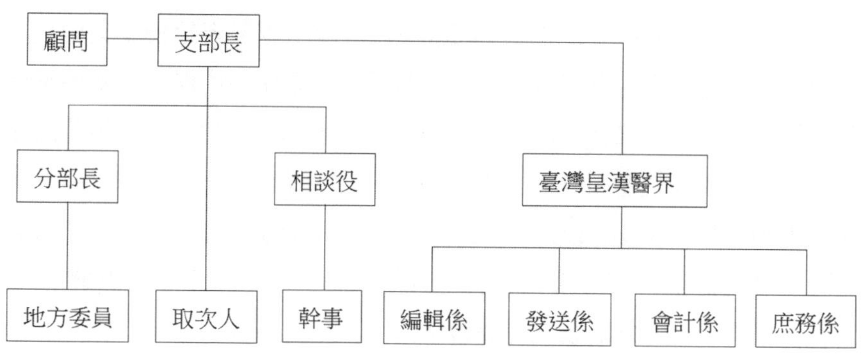

圖片來源：本書作者自行繪製而成。

圖4-1　東洋醫道會臺灣支部組織架構圖

由上圖與附錄表4-1可知，支部在創立之初，即有支部長、相談役、幹事與編輯，隨後新增分部長一職。地方委員於1929年1月份新增。顧問一職，則是於全島大會時所推舉而成，人數多達15位，且皆為當時的有力者，具有一定的聲望與地位；只不過這群顧問，若就文獻記載所見，真正出面協助的人並未過半，僅有辜顯榮、陳天來、黃純青、簡朗山、李崇禮、黃欣。1930年11月，新增取次人一職，主要是針對高雄地區。

此外，由於發行刊物之故，因此有另立「臺灣皇漢醫界社」[10]，下轄編輯係、發送係、會計係、庶務係；編輯係尚分有和文與漢文，王添

10　首見於〈大暴風雨御見舞と拜謝〉，《臺灣皇漢醫界》，第二十二號，和文欄，頁28。

灯即為和文編輯。至於會員方面，分有四種等級：第一是正會員，係指漢醫、漢醫術或學理研究者；第二是贊助員，係指「贊成本會之主旨」者；第三是特別會員，為贊助百圓以上資金者；第四是名譽會員，為對該會「有顯著之功勞或熱心于斯道者」(見附錄 4-1)。

（二）各地方分部的成立

1. 新竹分部

1928 年 10 月 6 日下午，支部派遣代表陳培雲至新竹漢藥業組合，在新竹北門捷安棧內參與該組合的臨時總會。會中，由陳培雲宣傳醫道會章程，並鼓勵有志者一同加入，而有五十餘名新入會員。隨後，議定於新竹街創設醫道會分部，並選舉張金柱為委員，負責募集會員[11]。如此，張金柱理應為分部長。其後，1930 年 5 月底，正當南拜山一行人展開全島巡迴演講時，來到新竹，31 日上午九時，於新竹市內的同春藥店，召開「新竹分部設立磋商會」[12]。

2. 桃園分部

1930 年 5 月 29 日上午九時，於俱樂部召開「桃園分部發會式」；關於分部長的人選，由於簡長春為桃園街助役，且對於地方公益一向不遺餘力，想必「將來定能為本會分籌矣」，因此，推薦簡長春為分部長[13]。

---

11 〈新竹：藥組總會〉，《臺灣日日新報》，1928 年 10 月 10 日，夕刊 4 版。按：史料中的「陳幹事」應指陳培雲，然根據〈會報：東洋醫道會臺灣支部設立經過〉(《漢文皇漢醫界》，第二號，頁 25)，陳培雲於 11 月 28 日甫當選幹事。此事待考。

12 〈會報：南理事長一行巡演消息　廣為宣揚本會宗旨　到處備受熱烈歡迎　正義所在異口同音　咸贊漢醫當然復興〉，《漢文皇漢醫界》，第二十號，頁 47；〈地方通信：新竹〉，《臺灣民報》，1930 年 6 月 7 日，頁 6。

13 〈會報：南理事長一行巡演消息　廣為宣揚本會宗旨　到處備受熱烈歡迎　正義所在異口同音　咸贊漢醫當然復興〉，《漢文皇漢醫界》，第二十號，頁 47。

3. 臺中分部

應是 1930 年 6 月 1 日至臺中時所創[14]。後於同年 8 月 23 日上午九時半，在臺北市江山樓召開「地方分部長會議」，或稱「臺灣支部第一回代表者會議」，即由黃登高代表參加[15]。

4. 嘉義分部

應是 1930 年 6 月 4 或 5 日於嘉義時所創[16]。後於同年 8 月 23 日上午九時半，在臺北市江山樓召開「地方分部長會議」，或稱「臺灣支部第一回代表者會議」，即由黃銘鐘代表參加[17]。

5. 斗六分部

應是 1930 年 6 月 22 或 23 日於斗六時所創[18]。後於同年 8 月 23 日上午九時半，在臺北市江山樓召開「地方分部長會議」，或稱「臺灣支部第一回代表者會議」，即由張棹代表參加[19]。

6. 清水分部

1930 年 7 月 4 日下午，於南拜山等人巡迴演講期間，偕同鍾聰

---

14 見〈會報：南理事長一行巡演消息　廣為宣揚本會宗旨　到處備受熱烈歡迎　正義所在異口同音　咸贊漢醫當然復興〉，《漢文皇漢醫界》，第二十號，頁 47-48。

15 〈會報：初次地方分部長會議　遙自中南部特來協議　各員認真討論進展策　對病院建設基金募集二案　共舒卓見誠有意義之會合〉，《臺灣皇漢醫界》，第二十三號，漢文欄，頁 36-37。

16 見〈會報：南理事長一行巡演消息　廣為宣揚本會宗旨　到處備受熱烈歡迎　正義所在異口同音　咸贊漢醫當然復興〉，《漢文皇漢醫界》，第二十號，頁 48。

17 〈會報：初次地方分部長會議　遙自中南部特來協議　各員認真討論進展策　對病院建設基金募集二案　共舒卓見誠有意義之會合〉，《臺灣皇漢醫界》，第二十三號，漢文欄，頁 36-37。

18 見〈會報：南理事長一行巡演續誌　所到之處均舉好果　足見漢醫不能滅亡　喚起民眾頓然覺醒　深願共起籌備振興〉，《臺灣皇漢醫界》，第二十一號，漢文欄，頁 33-34。

19 〈會報：初次地方分部長會議　遙自中南部特來協議　各員認真討論進展策　對病院建設基金募集二案　共舒卓見誠有意義之會合〉，《臺灣皇漢醫界》，第二十三號，漢文欄，頁 36-37。

敏，由臺中返回臺北，途中經過清水。當地人士聽聞南拜山在清水街的車站後，立即召集在沙鹿、梧棲與大甲的有志人士，齊聚於藥種商組合長的住宅，舉行「皇漢醫道復興相談會」。這個會議的參加人數有數十名，其中有一位年齡 49 歲、名叫李許氏卜的婦人，遽聞「婦人參加漢醫復興之實際運動，以許氏為嚆矢」。南拜山以鍾聰敏為翻譯，於會議開始時，先講述漢醫復興運動的過程；其次，當地醫生童杏春起而敘禮，並經過在場人士的討論後，決定通過關於募集東洋醫道會會員、以及協助舉辦全島醫生大會的兩個議案，另推舉蔡敏庭為清水分部長[20]。

7. 宜蘭分部

1930 年 7 月 21 日，南拜山一行人至宜蘭，集合當地醫藥業者、召開懇談會，討論諸議案；有鑑於蘇璧璋醫生與其子蘇耀邦對於支部會務頗為熱心、投入，且蘇耀邦本人現為宜蘭農林學校教師，遂推舉蘇璧璋為分部長[21]。

8. 羅東分部

1930 年 7 月 24 日，南拜山一行人於羅東公會堂召開懇談會，討論諸議案，並推舉陳純精街長為分部長[22]。

9. 海山分部

創立時間不詳。由 1930 年 8 月 23 日在臺北市江山樓召開「地方分部長會議」（或稱「臺灣支部第一回代表者會議」）可知，謝茶和簡林應為分部長[23]。

---

20 〈會報：南理事長一行巡演續誌　所到之處均擧好果　足見漢醫不能滅亡　喚起民眾頓然覺醒　深願共起籌備振興〉，《臺灣皇漢醫界》，第二十一號，漢文欄，頁 35。

21 〈會報：蘭陽中和基隆講演盛況　自西而東到處大受歡迎　男婦老幼莫不欣然贊成〉，《臺灣皇漢醫界》，第二十二號，漢文欄，頁 41。

22 〈會報：蘭陽中和基隆講演盛況　自西而東到處大受歡迎　男婦老幼莫不欣然贊成〉，《臺灣皇漢醫界》，第二十二號，漢文欄，頁 41-42。

23 〈會報：初次地方分部長會議　遙自中南部特來協議　各員認真討論進展策　對

二、臺灣漢醫藥研究室

如前所述，蘇錦全於 1933 年 2 月份，承辦會務，續接漢醫復活運動，以「臺灣漢醫藥研究室」的名義發行雜誌，並改題為《臺灣皇漢醫報》。其章程表示，「本室以研究漢醫藥學及發行醫報講義並絕秘版漢醫藥籍為主要宗旨」，並強調「暫為個人事業」(見附錄 4-2)。

事實上，最遲在 1930 年 4 月，時為浙江中醫專門學校在學生的蘇錦全已是「臺灣新漢醫研究室」的一員，地址於臺北市新起町三丁目八十八番地[24]。就目前文獻所見，無法得知「臺灣新漢醫研究室」與「臺灣漢醫藥研究室」的關係為何，但可以確定的是，蘇錦全皆參與其中。而後的臺灣漢醫藥研究室，則位於臺北市日新町二丁目百四十八番地，又於 1936 年 1 月起，將地址遷回臺北市新起町三丁目八十八番地[25]。

至於臺灣漢醫藥研究室的組織架構圖，如下所示：

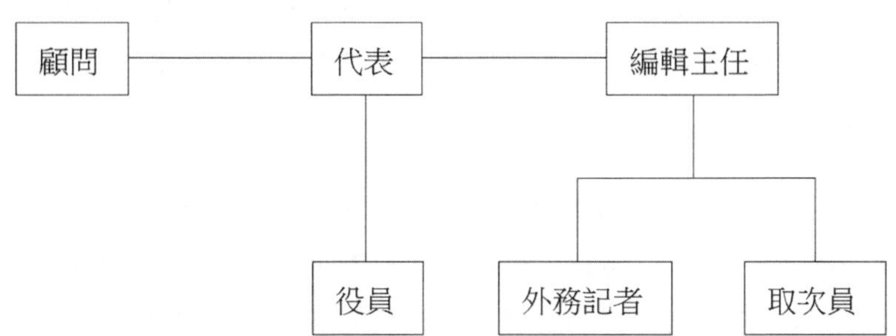

圖片來源：本書作者自行繪製而成。

圖 4-2　臺灣漢醫藥研究室組織架構圖

病院建設基金募集二案　共舒卓見誠有意義之會合〉，《臺灣皇漢醫界》，第二十三號，漢文欄，頁 36-37。

24 首見於〈介紹〉，《漢文皇漢醫界》，第十八號，頁 49。後見於廣告，《臺灣皇漢醫界》，第二十二號，無頁碼。

25 〈本室移轉公告〉，《東西醫藥報》，第八十六號，頁 13。

由上圖與附錄表 4-2 可知，在創立之初，即有代表、顧問與役員，後於 1933 年 4 月新增外務記者與取次員二職，又於 1934 年 2 月新增編輯主任一職，而編輯主任則由蘇錦全兼任。

關於取次所一職，乃是為了擴大報刊讀者人數，加深一般民眾對漢醫藥的認識與信任，以便早日促進皇漢醫的復興，將招募有酬取次所之職。取次所，即研究室的地方外交員，或稱代辦人；招募期間自同年（1935 年）1 月起至 4 月止，資格須符合：公學校以上畢業、年滿 20 歲、有漢醫藥學常識、品行端正且善外交者；酬勞方面，以募集而來的購讀者多寡為主，例如每募集一名購讀者，則有其中 20% 的報酬，若一年募集 50 名以上，再另外贈與該報價總數的 5%，若達百名以上，則為 10%[26]。

第三節　經費來源與所得

> 政治運動與運動資金有密切的關係，乃是儘人皆知的事，尤其是近代所謂「有產者」革命運動，其資金問題幾乎是支配一切的關鍵。[27]

由葉榮鐘（1900-1978）執筆，蔡培火（1889-1983）等人合著的《臺灣民族運動史》，於書寫「臺灣議會設置運動」該章中，略述了運動資金的來源，亦點出經費的重要。事實上，不啻政治運動，資金問題是所有團體活動運作的重要關鍵之一。然而，對往後的研究者而言，常常礙於相關史料的缺乏，難以得知當時的實況，但卻又無法完全忽視此一議題[28]。以下，便要探究皇漢醫道復活運動的經費相關問題。

26　〈消息通訊欄：有酬取次所募集公告〉，《臺灣皇漢醫報》，第七十四號，頁 48。

27　蔡培火、陳逢源、林柏壽、吳三連、葉榮鐘，《臺灣民族運動史》（臺北：自立晚報，1987 年 4 月五版），頁 196。

28　見陳俐甫，《日治時期台灣政治運動之研究》（臺北：稻鄉出版社，1996 年 7 月初

一、會費與報刊費

在支部創設之初，會費為每月 60 錢，且於入會時須先繳納三個月以上的會費；另有購讀雜誌的費用，起初定為每月 40 錢、半年份 2 圓 20 錢、一年份 4 圓 50 錢，於第二號改為每月 30 錢、半年份 1 圓 60 錢、一年份 3 圓[29]。會費起先由支部為本部代收，再歸於本部運用。

1928 年 11 月，支部提供轉帳戶頭「臺灣二九三二番」，以利會員繳納會費，並公告未繳交該年 10 月份以前之會費者，應直接匯至本部[30]。1929 年初，由於有會員將會費匯至支部，或直接匯至本部，因而造成行政上的困擾。支部的會計係遂呼籲應當統一匯至支部，以利整理[31]。儘管如此，仍舊出現誤會。1929 年 3 月，本部向支部表示，近來推行請願活動，花費頗距，並囑託支部應收取會費。究其爭點，在於有本、支部兩處會費繳交窗口，意即有匯於支部者，另有直接匯於本部者，致使處理不易、造成混亂，加上本部以「郵便集金」，依照當時的規定是：「非三圓以上郵局定不處理」，因而造成部分金額無法如期寄送。支部立即去信本部；事後，本部會計係亦承認有所疏失，並透過支部會計係表示，若有因月份誤差或重複繳交者，必當明察處理[32]。

另一方面，即便已有明文規定會費與報刊費的繳納金額、期限，但在實際收取的情形方面，仍與應然有所落差，因而不時發出催繳會費的訊息[33]。究其緣故，在於未嚴格執行先付款而後寄送刊物，例如支部曾

版），頁 87。

29 〈東洋醫道會臺灣支部規則〉，《漢文皇漢醫界》，第三號，頁 43；《漢文皇漢醫界》，第一卷第一號、第二號，版權頁。另參〈會員納附注意〉，《臺灣皇漢醫界》，第四十五號，無頁碼（同版權頁）。

30 〈會費納入注意〉，《漢文皇漢醫界》，第一卷第一號，頁 24。另參〈東洋醫道會臺灣支部創立　會員募集中〉，《臺灣日日新報》，1928 年 3 月 30 日，夕刊 1 版。

31 〈會計係啓事〉，《漢文皇漢醫界》，第三號，頁 46。

32 〈會報：醫道會會計係通告會員諸君〉，《漢文皇漢醫界》，第七號，頁 36-37。

33 見〈會計係啓事〉，《漢文皇漢醫界》，第三號，頁 46；〈會計係啓事〉，《漢文皇漢醫界》，第四號，頁 40；〈雜報：會員諸君注意〉，《漢文皇漢醫界》，第六號，頁

表示為使讀者便利，亦可接受取得雜誌後再繳納[34]。

1931年5月，支部會計係表示近來開支頗巨，必須仰賴會費的收入，而發現未繳納會費者「尚屬不尠」，因此呼籲繳納會費，以利會務之維持[35]。只不過，其效果似乎有限。同年8、9月，支部會計係再次公告，要求會費過期者盡速繳納，否則自10月起將不再寄送刊物[36]。年底，經過一番重整後，支部發現續為會員者不多，因此轉向柔性勸誘，表示「及早賜函繼續，以便資輔會務」[37]。

1932年初，有鑑於部分會員未確實繳納會費，遂請蘇錦全南下拜訪各州廳的分部，宣揚皇漢醫道，並順道代收會費。然而，蘇錦全至嘉義時「忽染微恙」，加上他在中國浙江中醫專門學校即將舉行畢業事宜，遂暫時中止其所負責的會務。直至同年9月，已順利取得畢業文憑而歸回臺北；10月，接續處理先前會務[38]。另一方面，於7月之時，支部會計係發出重新確立會員的聲明，「或為景氣不況所關，或緣廢業轉就他職，或由死亡不得繼續，或因轉居不明，及其他種々事故，致不克如意繳納者」，應回報現況，其餘則再寬容一至兩個月，若仍未繳納會費或無任何消息，則停送刊物[39]。只不過，事隔數月後，同年12月時，支部又發出盡早繳納會費的勸告[40]。因此，我們應當可以說，7月

40（同版權頁）；〈編輯後記〉，《漢文皇漢醫界》，第八號，頁47（同版權頁）等處。

34 〈會員納附注意〉，《臺灣皇漢醫界》，第四十五號，無頁碼（同版權頁）。

35 〈會員並購讀者諸君共鑑〉，《臺灣皇漢醫界》，第三十一號，漢文欄，頁10。

36 〈會費過期未納之會員並購讀者諸君注意〉，《臺灣皇漢醫界》，第三十四號，漢文欄，頁47；〈會費未納請留意〉，《臺灣皇漢醫界》，第三十五號，漢文欄，頁7；〈本會會計係緊急啓事〉，《臺灣皇漢醫界》，第三十六號，漢文欄，頁23。

37 〈本會會計係啓事〉，《臺灣皇漢醫界》，第三十八號，漢文欄，頁41。

38 〈本會會計係啓事〉，《臺灣皇漢醫界》，第四十三號，頁66（同版權頁）；〈社告〉，《臺灣皇漢醫界》，第四十七號，頁63；〈請會員並購讀者諸君　留意會費納附〉，《臺灣皇漢醫界》，第四十八號，頁44。

39 〈會費納附注意〉，《臺灣皇漢醫界》，第四十五號，版權頁。

40 〈本會誌謝〉，《臺灣皇漢醫界》，第五十號，頁74。

份的「最後通牒」僅止於書面通知，而無實際行動。

除了有會員讀者未確實繳納會費、而發出催繳的公告以外，會費的收取還受到詐欺集金的影響。例如，蘇錦全的臺灣漢醫藥研究室以郵便集金與委託取次所集金的方式收取會費，其過程必先由該室以信函預告讀者有關金額與日期，再發集金票，而非直接向各地會員讀者集金。無奈，於 1933 年，據說有一不肖青年以該室之名義，進行敲詐，收取會員讀者的資金。蘇錦全遂於該年 7 月份的《臺灣皇漢醫報》公開說明與譴責，並呼籲會員讀者留意[41]。

如前所述，東洋醫道會臺灣支部於 1933 年 2 月中止會務，其所發行的雜誌亦停刊。而蘇錦全不忍復興漢醫的努力荒廢於一夕，遂以「臺灣漢醫藥研究室」的名義承辦雜誌，並改題為《臺灣皇漢醫報》[42]。由於主導單位的改變，不免面臨會員、讀者和餘款等事宜的轉換與變更。對此，蘇錦全公告：

> 貴下若有剩款在東洋醫道會臺灣皇漢醫界社者，本室按月代為發送皇漢醫報一份。……。至貴款完盡，再於誌上或別便聲明，以聽貴意重決加入與否。[43]

至於那些未有餘款且不願繼續購讀者，應另外來信告知，否則將視為繼續購讀，仍寄發刊物。同年 4 月，振替口座番號已獲得申請，為「臺灣二八八九番」，同時，蘇錦全也呼籲，今後所有事務「勿再寄於乾元行內，而直接寄與敝室」，即「臺北市日新町二丁目一百四十八番地」[44]。

1933 年 6 月初，也就是蘇錦全以「臺灣漢醫藥研究室」主導臺灣皇漢醫道復活運動的第四個月，藉由郵便集金領收雜誌費用的成果不

---

41 〈謹告讀者注意詐欺集金〉，《臺灣皇漢醫報》，第五十六號，封面頁。

42 〈發刊詞〉，《臺灣皇漢醫報》，第五十二號，頁 3。

43 〈謹告讀者會員諸位〉，《臺灣皇漢醫報》，第五十二號，頁 53。

44 〈編輯餘話〉，《臺灣皇漢醫報》，第五十三號，頁 54。

斐，「賜下者有百六十名」[45]。我們可根據5月份和6月份出刊《臺灣皇漢醫報》所載的〈領收書〉得知，至1933年6月5日為止，已有162人次納款，收入所得共計502圓20錢（見附錄4-3、附錄4-4）。對此，蘇錦全將於7月號刊出「痲症學講義」，以答謝會員讀者[46]。

此外，大里庄的廖啓欽於1933年7月29日來信表示，他久病初起，在近幾日招募到全年份讀者3人、半年份讀者1人，共收有10圓60錢，將以振替（轉帳）奉上[47]。同年9月1日，另有一波繳納會費的名單，由郵便集金領收108圓50錢，其中有4人是中華民國籍（見附錄4-5）。前述提及，有轉換與變更的情形產生，東洋醫道會臺灣支部雖已終止會務，但其轄下的臺灣皇漢醫界社依然接收到部分會員讀者的繳款，或仍留有餘款，遂於1933年10月轉交給臺灣漢醫藥研究室，共計155圓50錢、198人次（見附錄4-6）。同年11月1日止，再度藉由郵便集金領收210圓80錢（見附錄4-7）。至1934年5月，會費領收狀況良好，由郵便集金領收678圓90錢（見附錄4-8）。該年7月，雖然未見領收書或相關資料，但可知該月之「納入成績不遜前次」[48]。總結近來的收款情形，如表4-6所示。

表4-6　歷次經費領收狀況

時間	1933.5.1	1933.6.5	1933.9.1	1933.10.1	1933.11.1	1934.5.1
人次	59	103	35	198	68	219
收入（圓）	182.9	319.3	108.5	155.5	210.8	678.9

資料來源：本書作者據附錄4-3、附錄4-4、附錄4-5、附錄4-6、附錄4-7、附錄4-8整理而成。

1936年5月起，蘇錦全開始將他所編輯的講義《東洋鍼灸學教科書》轉載在《東西醫藥報》。為了該講義的撰寫，他遠赴日本數月，參

45 〈編輯餘話〉，《臺灣皇漢醫報》，第五十五號，頁56（同版權頁）。
46 〈編輯餘話〉，《臺灣皇漢醫報》，第五十五號，頁56（同版權頁）。
47 〈敬謝寄附通訊一則〉，《臺灣皇漢醫報》，第五十七號，頁51。
48 〈編輯餘話〉，《臺灣皇漢醫報》，第六十八號，封面頁。

考並蒐集材料，其花費自是不言可喻，再加上講義的部分繪圖費、製版費，「收支實難均衡」、「當要缺損」。即便如此，他仍不加收報刊費。於是，在不調漲報刊費的情形下，對於去年度以來曾未繳納會費者，若無法於 6 月中旬完成繳納，則「停送、以免損上加損」[49]。不料，6 月初，蘇錦全身體欠安，初為消化不良，後演變成盲腸炎，入院治療、休養三週，因而使會費集金事項延後至 7 月中旬。7 月底時，據他所言的，「納入成績頗佳」，且尚有少數幾位會員因身在外地，請託於 8 月中再補繳[50]。直至 1936 年 9 月，該室的財務狀況應仍不成問題，蓋「集金成績頗佳」[51]。

綜觀會費與報刊費的收取情形，陳茂通所領導的東洋醫道會臺灣支部，於運作的中後期，財務狀況開始不佳。特別是 1931 年，受到大環境經濟蕭條，支部與醫藥界團體亦有所波及，「皆苦心慘憺經營」[52]。直到 1932 年底，亦未見好轉[53]。而由蘇錦全接手並領導的臺灣漢醫藥研究室，財務狀況亦相當緊縮，甚至有「險些兒便要虧本」的現象，並發出「讓渡」的消息[54]。即便如此，往後依然存續運作，其關鍵之一，應在於讀者及時繳納年度報刊費[55]。

二、廣告刊登費用

先後主導臺灣皇漢醫道復活運動的東洋醫道會臺灣支部與臺灣漢醫

---

49 〈編輯餘話〉，《東西醫藥報》，第八十九號，目錄頁；〈編輯餘話〉，《東西醫藥報》，第九十號，目錄頁。

50 〈編輯餘話〉，《東西醫藥報》，第九十一號，目錄頁；〈編輯餘話〉，《東西醫藥報》，第九十二號，目錄頁。

51 〈編輯餘話〉，《東西醫藥報》，第九十五號，目錄頁。

52 〈編輯後記〉，《臺灣皇漢醫界》，第三十九號，頁 60；〈會報〉，《臺灣皇漢醫界》，第四十二號，頁 71。

53 〈編輯後記〉，《臺灣皇漢醫界》，第四十九號，頁 93。

54 〈編輯餘話〉，《東西醫藥報》，第八十一號，頁 8。

55 〈編輯餘話〉，《東西醫藥報》，第八十二號，頁 44。

藥研究室之出版刊物，皆有提供商家廣告機會，不同大小的版面有各自不同的價碼，甚至會在特別的月份推出減價優待。

首先，我們必須先統整各期雜誌中的所有廣告內容與其所占版面之大小（見附錄表 4-5）；其次，爬梳與推論各期各版面的廣告價碼（見附錄表 4-6）。於是，我們可以得知，東洋醫道會臺灣支部為了慶祝發行《漢文皇漢醫界》，自創刊號起至第四號，有優待廣告費用，為一頁收 9 圓、半頁收 5 圓、四分之一頁收 3 圓、八分之一頁收 2 圓；此外，1929 年 6 月始政紀念（第八號），以及新年號（第十五號），有相同的優待；其餘則是一頁收 20 圓、半頁收 12 圓、四分之一頁收 6 圓。而後更改刊物名稱，發行《臺灣皇漢醫界》，起初廣告收費同前，於第二十八號起，改為一頁收 18 圓、半頁收 10 圓、四分之一頁收 6 圓，但每逢創刊週年（如：第二十五號、第三十七號、第四十九號）與新年（如：第二十七號、第三十九號、第五十一號）之時，則優待為一頁收 9 圓、半頁收 5 圓、四分之一頁收 3 圓、十分之一頁收 1 圓。

至於臺灣漢醫藥研究室所發行的《臺灣皇漢醫報》，除了新年號（第六十二號與第七十四號）以外，其餘皆為一頁收 9 圓、半頁收 5 圓、四分之一頁收 3 圓。後改刊名為《東西醫藥報》，起初的廣告收費標準為一頁收 12 圓、半頁收 7 圓、四分之一頁收 5 圓 50 錢；1936 年 1 月為新年號（第八十六號），特別推出廣告優待，「以謝平素之愛顧」，將費用調整為：一頁收 6 圓、半頁收 4 圓、三分之一頁收 3 圓、四分之一頁收 2 圓 50 錢，另可讓會員登載姓氏、住所、職業之名片，每位收 50 錢[56]；而後調整為：一頁收 12 圓、半頁收 7 圓、三分之一頁收 5 圓、四分之一頁收 4 圓。1937 年 1 月的新年號（第九十八號），則有四分之一頁收 1 圓的優待。最後，便可計算出每月所應收取的廣告費用（見附錄表 4-7）。

---

56 〈新年號　優待　本報讀者及醫藥業界之廣告〉，《東西醫藥報》，第八十五號，頁 47。

藉由附錄表 4-7 各期號廣告收入細目一覽，我們可以整理出以下統計表 4-7：

表 4-7　各年度與月份收入一覽

年度＼月份	1	2	3	4	5	6	7	8	9	10	11	12	年度總數
1928											337	31	368
1929	162	29	88	128	56	308	0	132	88	0	127	0	1,118
1930	90	12	24	0	0	20	52	78	98	102	317	0	793
1931	291	144	48	198	54	140	108	118	204	92	190	108	1,695
1932	255	42	52	352	36	36	64	46	42	54	251	72	1,302
1933	90	0	71	78	23	14	18	44	22	17	31	44	452
1934	16	45	9	9	89	37	55	56	42	9	59	60	486
1935	102	70	35	36	60	72	60	79	60	60	60	67	761
1936	55.5	36	40	60	60	60	60	48	60	60	60	60	659.5
1937	24	24	24	24	24	24	20	20	20	0	20		224
月份總數	1,085.5	402	391	885	402	711	437	621	636	394	1,452	442	

說明：無法得知其收入或停刊時，則視為無收入，以「0」表示。

資料來源：本書作者據附錄表 4-7 整理而成。

若以發行單位與刊物為主，可整理為另一形式的表格，如表 4-8 所示。

表 4-8　各單位收入一覽

團體	東洋醫道會臺灣支部		臺灣漢醫藥研究室	
刊名	漢文皇漢醫界	臺灣皇漢醫界	臺灣皇漢醫報	東西醫藥報
收入（圓）	1,632	3,734	1,055	1,437.5
總計	5,366		2,492.5	

資料來源：本書作者據附錄表 4-7 整理而成。

在完成以上所有整理與統計後，我們可獲知以下訊息並加以分析：

第一，以年度而言，1931 年最多，1932 年次之，再來為 1929 年，這三年的收入皆超過 1,000 圓，且皆為東洋醫道會臺灣支部主導時期。

然而，自 1933 年起，收入驟減。若搭配刊物銷售的統計數量（見附錄表 4-8）、並且以鉅視的角度來看，則可發現兩者大抵有成正比的現象，即銷售量低、廣告收入少。例外的是 1935 年與 1936 年，在刊物銷售量極低的狀況下，其廣告收入竟高於前兩年。

第二，以月份而言，11 月份最多，高達 1,452 圓，且直至 1932 年以前，收入皆超過百圓，其原因在於 11 月份是創刊號與創刊周年慶。然而，自 1933 年後數目便急速下降，不再居高，可見蘇錦全未將該月視為創刊周年而加以慶祝。其次是 1 月份，有 1,085 圓 50 錢，該月為新年，且每逢必減廣告價，因而吸引許多商號前來刊登廣告。4 月份有 885 圓，為第三高，其原因在於部分年度的 4 月份舉行慶祝天長節，故有多家商號刊登廣告。

第三，其他的特殊個案。例如 1929 年 6 月（第八號）有 308 圓，乃因於該月為「始政記念號」；1931 年 9 月（第三十五號）有 204 圓，主因在於僅是一頁版面的收入即高達 144 圓，為所有期號中，一頁版面收入最高者。

第四，以團體而言，東洋醫道會臺灣支部的廣告收入所得（5,366 圓）是臺灣漢醫藥研究室（2,492.5 圓）的兩倍之多，其中以《臺灣皇漢醫界》收入最多廣告價錢（3,734 圓）。我們可以從第三章的敘述得知，在發行《臺灣皇漢醫界》期間，乃是運動的鼎盛時期，當時歷經東洋醫道全島大會、南拜山來臺巡迴演講、請願運動的宣傳與提出等重大活動，亦吸收了不少支持者、會員與讀者。人氣與知名度一旦提高，商家的廣告也隨之而來。因此，能藉由收費廣告獲取較多的金錢，亦屬合理現象。

第五，以上各表是由目前可見文獻紀錄中整理而出，但囿於資料的殘缺，仍有所不足，恐難以接近事實原貌。例如《漢文皇漢醫界》第十二號、第十三號，以及《臺灣皇漢醫界》第二十六號與《東西醫藥報》第一〇七號、第一〇九號、第一一〇號為缺本；《漢文皇漢醫界》第九號、第十六號、第十七號、第十八號、第十九號，以及《臺灣皇漢醫界》第二十五號、第五十一號與《臺灣皇漢醫報》第六十一號、第六十二號、第六十七號為殘本（見附錄表 4-9）。此外，實際的收取狀況亦不得而知。

三、各方人士捐獻

除了上述會費、報刊費與廣告刊登費用的收入之外，於目前可見的文獻中，尚有留下少數人士熱心捐獻的紀錄。

在公開捐贈資金方面，臺北市太平町吉祥藥房的胡坤，曾「捐金百元助出版經費」[57]。對此，支部於《漢文皇漢醫界》第六號表示謝意[58]。另有數名贊助刊物印刷出版的人士。例如東港阮達天於 1930 年 6 月，捐款「貳拾圓」[59]；1930 年 9 月，大溪林長春捐款「拾圓」，羅東方面與礁溪方面的不知名人士，各自捐款「拾貳圓」與「參圓」[60]；斗六廖武立則於 1931 年 1 月捐款「貳圓」[61]。

前述提及（見第三章），為了籌備建設漢醫醫院，何聯哲曾捐贈巨款，往後何氏仍持續熱於捐款。例如，在公告招募「臺灣漢方醫術復活助成會」的會員後，何聯哲便於 1931 年 6 月 12 日去信於陳茂通，表示「極喜賛成」，並附上「百圓」，意即成為「名譽會員」。「臺灣漢方醫術復活助成會」為支部的附屬組織，因此亦可視為對支部的援助。何聯哲宣傳皇漢醫道不遺餘力，據聞他是介紹入會者最多的人，支部讚揚何氏「熱心始終一貫」[62]，時任《臺灣皇漢醫界》和文編輯記者的王添灯亦對

---

57 〈本會誌謝〉，《漢文皇漢醫界》，第二號，頁 26。

58 〈胡坤先生玉照〉，《漢文皇漢醫界》，第六號，無頁碼。

59 〈本會誌謝〉，《臺灣皇漢醫界》，第二十一號，無頁碼。

60 〈會報：本會誌謝〉，《臺灣皇漢醫界》，第二十四號，漢文欄，頁 46。

61 〈會報：本會誌謝〉，《臺灣皇漢醫界》，第二十八號，漢文欄，頁 48。按：廖武立經營臺南斗六街的進文堂書店，曾於 1931 年 1 月至 1933 年 1 月有代售支部的刊物。見《臺灣皇漢醫界》第二十七號至五十一號之版權頁。

62 〈何聯哲翁の厚意を謝す〉，《臺灣皇漢醫界》，第三十二號，和文欄，頁 23；〈雜

何氏有所讚譽[63]。此外，新竹東門的林皇生則於 1931 年 7 月繳納「拾圓」，成為臺灣漢方醫術復活助成會的通常會員[64]。

在蘇錦全主政時期，大里庄的廖啓欽於 1933 年 7 月 29 日來信表示，將為臺灣漢醫藥研究室招募新會員，並且由振替（轉帳）奉上 5 圓[65]。

此外，亦有不知名人士藉由第三方轉交捐款。例如在 1929 年 12 月，有一無名氏便透過臺灣日日新報社，捐贈支部「金二圓以助出版經費」[66]。

綜上所述，日治時期臺灣皇漢醫道復活運動的資金來源有三：會費與報刊費、廣告刊登費用、各方人士捐獻；其可見所得依序分別為：1,666 圓 50 錢、7,858 圓 50 錢、264 圓，總數達近萬圓。

報：熱心終始一貫〉，《臺灣皇漢醫界》，第三十二號，漢文欄，頁 50（同版權頁）。

63 王添灯，〈筆痕墨滴〉，《臺灣皇漢醫界》，第三十三號，和文欄，頁 33。

64 〈漢方醫術復活助成會共鳴者續々出現了！〉，《臺灣皇漢醫界》，第三十四號，無頁碼；〈編輯係啓事〉，《臺灣皇漢醫界》，第三十四號，漢文欄，頁 52（同版權頁）。

65 〈敬謝寄附通訊一則〉，《臺灣皇漢醫報》，第五十七號，頁 51。

66 〈雜報：本會誌謝〉，《漢文皇漢醫界》，第十四號，頁 37。

第五章
指導原則與論述主軸

臺灣皇漢醫道復活運動既有相關人物的支持和參與、亦有主導運動的社團、更有物質與錢財的投入。運動領導者們運用人際網絡的連結、文字媒體的平面宣傳、巡迴各地的口頭演講、以及政治參與的方式，分別向日本帝國議會與臺灣總督府提出請願。他們的論述自成一套體系，具有合理化運動的功能與作用，並引導運動的進行。先後主導運動的兩大團體——東洋醫道會臺灣支部、臺灣漢醫藥研究室，各有發行機關刊物，用以報導會務消息，重要的是，提供支持該運動的人士做為論述場域。誠然，這些刊物所登載的文章是大量且多元的，但仍可略分為兩大方向：一是漢醫藥秘方與療法，二是對於漢醫復興的看法與建議[1]。在此當中，亦有許多關於漢醫角色定位與前景的討論，因而使我們可以得知論者的基本想法與訴求、以及這些論述的主要軸線。

值得一提的是，許多文章的作者是當時中國中醫界人士。筆者認為，我們暫時可以不必探究是轉載、邀稿、或是作者自行投稿，因為無論如何，這些文章之所以會登載在刊物中，則表示其符合出版機關的意識形態，或符合當時處境的需求。

1　〈社告　本誌滿三週年　記念號發刊に付いて〉，《臺灣皇漢醫界》，第三十六號，和文欄，頁 22。

第一節　研討醫藥理論，傳播漢方知識

一、文章分布情形及其意義

「皇漢醫界」系列的刊物，即《漢文皇漢醫界》、《臺灣皇漢醫界》、《臺灣皇漢醫報》、《東西醫藥報》，內容皆有研討醫藥理論與養生知識的內容，差別只在於有無系統或比重多寡。因此，我們可閱覽雜誌各號內容，並以統計的方式，得知各號文章總篇數、關於漢醫藥學理與知識範疇之文章篇數及其所占比例（見附錄表 5-1）。藉由翻閱各號內容與所得的統計表，我們至少可以獲知以下訊息。

首先，做為運動的言論機關報，整體而言，關於漢醫藥學理與知識範疇之文章篇數始終占有相當高的比例，總計高達八成以上。於運動前半期，即陳茂通所主導的東洋醫道會臺灣支部、雜誌刊名為《漢文皇漢醫界》與《臺灣皇漢醫界》，漢醫藥學理與知識的文章篇數雖為大宗，但主題零散、多元、偶有連載文章，亦不時有其他類別的文章。於運動後半期，即蘇錦全所主導的臺灣漢醫藥研究室、雜誌刊名為《臺灣皇漢醫報》與《東西醫藥報》，各號的總文章篇數銳減，但漢醫藥學理與知識的文章篇數相對增加，甚至多有比例高達 100%，且明顯為主題式、或連載文章，足以顯示其普及漢醫藥學理與知識的熱切。只不過，就刊物文稿的來源而言，多由蘇錦全一人獨撐，可謂為「同人誌」；就運動的性質而言，已失去原有的政治運動路線，退而為推廣醫學知識與研究漢醫學術的文化運動。

其次，若就刊物名稱及其內容的演變來看，可以發現：從「沒有臺灣」到「有臺灣」、又從「有臺灣」到「沒有臺灣」。事實上，這與運動的主政者有關。臺灣支部在創立之初，即奉日本的東洋醫道會為母會，當時出刊《漢文皇漢醫界》，但內容大抵是翻譯母會所出版月刊《皇漢醫界》的內容，較少有臺灣醫藥界方面的消息。而後改刊為《臺灣皇漢醫界》，已明顯有大肆宣傳、報導臺灣漢醫復活的實況作為與其他醫藥

界的消息。在蘇錦全接管漢醫復活運動後，再更刊名為《臺灣皇漢醫報》，又為了加強醫理研討，遂大量引介中國與日本的醫學講義與相關消息，而較少報導臺灣醫藥界消息，也漸漸失去原有的臺灣性質；直到改刊名為《東西醫藥報》，雖其原因為「漢」字有民族主義之嫌、而冠以有更大視野的「東西」二字替代，但同時也失去了「臺灣」。

二、醫理研究的類型與內容簡介

就漢醫藥學理與知識範疇之文章而言，由於運動前半期與後半期存在明顯差異，因此，我們可以此做為分隔線，以介紹其內涵與特色。

如前所言，陳茂通主政時期的刊物文章篇數雖多，但主題零散而多元，並無明顯特重於某一部分。凡舉養身、男科、女科或婦科、兒科、內科、眼、齒、傷科、經脈、針灸、漢藥研究等議題，可謂各科各方皆有所論。

值得一提的是，有關於醫理的主題式連載文章。例如：1928 年 11 月至 1929 年 6 月期間，日本皇漢醫湯本求真的「傷寒論講義」；1928 年 12 月至 1929 年 6 月期間，前帝大教授理學博士白井光太郎的「本草學講義」；1929 年 2 月至 1929 年 7 月期間，日本皇漢醫奧田謙藏的「溫疫論講義」；1929 年 12 月至 1933 年 1 月期間，署名為「潛修」的「本草問答」；1931 年 6 月至 1932 年 5 月期間，廖啓欽的「醫隱盧衛生法」；1931 年 11 月至 1932 年 1 月期間，沙鹿陳好敕的「腳氣論」等。

此外，也有醫理的應答討論。例如：1930 年 6 月，嘉義梅圃林天進發表一篇名為〈論桂枝去桂加茯苓白朮湯宜去芍藥勿去桂枝〉[2]，不料引起一連串針對林氏一文的熱烈討論，以及他人意見的互相辯論[3]。而

2　見林天進，〈論桂枝去桂加茯苓白朮湯宜去芍藥勿去桂枝〉，《漢文皇漢醫界》，第二十號，頁 21-22。

3　見高年春，〈答桂枝去桂加茯苓白朮湯之辯解〉，《臺灣皇漢醫界》，第二十二號，漢文欄，頁 32-33；何聯哲，〈參酌論桂枝去桂加茯苓白朮湯宜去桂枝〉，《臺灣皇

林天進本人則於 1931 年 4 月，才以〈答桂枝去桂加茯苓白朮湯之研究〉一文做為回應[4]。在這一系列的討論中，甚至延伸出不同議題的交流[5]。類似情形的討論，又如：大雅庄張永霖先於 1931 年 3 月發表一篇名為〈論骨蒸與虛勞〉，僅 1 月之隔，立即有宜蘭林紹裘作〈答張永霖先生骨蒸與虛癆論〉一文以賜教，張永霖則於 1931 年 6 月，以〈復林紹裘先生骨蒸與虛癆論〉一文回應[6]。再如：署名「劍魂」於 1932 年 11 月發表一篇名為〈醫學上必要之問題〉，最後有四點關於醫療用藥上的疑問；隔月，則有廖慶標以〈答劍雲君之疑問〉一文作為回覆[7]。

至蘇錦全主政起，在刊物內容編排上，開始有計劃地著力於醫理研究[8]。蘇氏所創刊的《臺灣皇漢醫報》內容分為「八欄」，且比例偏重於

漢醫界》，第二十三號，漢文欄，頁 25-26；黄田人，〈讀桂枝去桂加茯苓白朮湯宜去芍藥勿去桂枝論〉，《臺灣皇漢醫界》，第二十三號，漢文欄，頁 26-29；李領芋，〈關於桂枝去芍藥加茯苓朮湯之師論及註釋〉，《臺灣皇漢醫界》，第二十四號，漢文欄，頁 32-33；夢雲氏，〈讀桂枝去桂加茯苓白朮湯宜去芍藥勿去桂枝有感〉，《臺灣皇漢醫界》，第二十五號，漢文欄，頁 40；黄田人，〈答桂枝去芍藥加茯苓白朮湯之新解剖觀〉，《臺灣皇漢醫界》，第二十七號，漢文欄，頁 51；曾三沂，〈桂枝去桂加茯苓白朮湯略解〉，《臺灣皇漢醫界》，第二十八號，漢文欄，頁 34-35；張永霖，〈讀答桂枝去芍藥加茯苓白朮湯之新解剖觀〉，《臺灣皇漢醫界》，第二十八號，漢文欄，35-36；溫碧泉，〈桂枝去桂加茯苓白朮湯之研究〉，《臺灣皇漢醫界》，第二十九號，漢文欄，頁 40。

4 見林天進，〈答桂枝去桂加茯苓白朮湯之研究〉，《臺灣皇漢醫界》，第三十號，漢文欄，頁 33-34。

5 見高年春，〈答張永霖君之解剖觀論〉，《臺灣皇漢醫界》，第三十一號，漢文欄，頁 39-41；何聯哲，〈對張永霖先生之新解剖觀感言〉，《臺灣皇漢醫界》，第三十三號，漢文欄，頁 45。

6 見張永霖，〈論骨蒸與虛勞〉，《臺灣皇漢醫界》，第二十九號，漢文欄，頁 17-20；林紹裘，〈答張永霖先生骨蒸與虛癆論〉，《臺灣皇漢醫界》，第三十號，漢文欄，頁 34；張永霖，〈復林紹裘先生骨蒸與虛癆論〉，《臺灣皇漢醫界》，第三十二號，漢文欄，頁 32-33。

7 見劍魂，〈醫學上必要之問題〉，《臺灣皇漢醫界》，第四十九號，頁 69；廖慶標，〈答劍雲君之疑問〉，《臺灣皇漢醫界》，第五十號，頁 53-54。按：標題之「劍雲」應為「劍魂」之誤。

8 參林昭庚、陳光偉、周珮琪，《日治時期（西元 1985-1945）の台灣中醫》，頁 200-202。

漢醫藥學知識，並自述「其中最能博得讀者諸君之歡迎者，諒必講義專著欄及學術衛生問答欄」[9]，尤其是講義欄，「為普遍漢醫藥基礎學於吾臺」[10]。

閱覽《臺灣皇漢醫報》與《東西醫藥報》，講義欄的內容即為連載醫理相關書籍，其連載情形為：1933 年 3 月至 1934 年 6 月期間的《藥物學講義》、1933 年 3 月至 1936 年 2 月期間的《雜症學講義》、1933 年 5 月至同年 9 月期間的《傷寒五法》、1933 年 7 月的《痲症學講義》、1933 年 8 月的《臨證診療選粹》、1933 年 9 月至同年 10 月期間的《脈法學講義（後卷）》、1933 年 11 月的《虛勞學講義論》、1933 年 12 月至 1934 年 1 月期間的《漢藥學講義》、1934 年 2 月至同年 7 月期間的《溫熱學講義》、1934 年 2 月至 1935 年 1 月期間的《傷寒學講義》、1935 年 2 月至同年 3 月期間的《診腹學講義》、1935 年 4 月的《實用漢藥便覽》、1935 年 5 月的《五官病學講義》、1935 年 5 月的《生理衛生學講義》、1935 年 6 月至同年 12 月期間的《醫綱學講義》、1935 年 12 月至 1937 年 5 月期間的《舌苔學講義》、1936 年 2 月至同年 5 月期間的《萬病外治方》、1936 年 5 月至 1937 年 9 月期間的《東洋鍼灸學教科書》、1936 年 6 月至同年 12 月期間的《實驗藥物學》、1937 年 8 月至同年 9 月期間的《咽喉科秘集》、1937 年 11 月的《溫熱經解》（詳見附錄表 5-2）。以上書籍，大部分由蘇錦全校正、改纂，且來源多為浙江中醫專門學校，應為蘇氏畢業於該校之故。其中，較具特色的，應為《診腹學講義》與《東洋鍼灸學教科書》。前者為丹波元簡所統整的版本，應是浙江中醫專門學校的課程講義，內容包括《診病奇侅》、《五雲子腹診法》，說明診腹的由來、醫理與各部位的手法、以及各症狀的表現；後者乃可見大量西方基礎醫學的內容，有細胞與組織學、神經解剖學、骨

9　〈本刊啓事〉，《臺灣皇漢醫報》，第五十二號（更生第一號），頁 46。
10　無標題，《臺灣皇漢醫報》，第五十四號（更生第三號），頁 12。

骼學、韌帶學、肌肉學、內臟學等，頗有現代醫學之意[11]。

總而言之，蘇錦全以《臺灣皇漢醫報》和《東西醫藥報》做為論述場域，運用近代傳播方式，將傳統的、原本私密自藏的醫藥知識與經驗公開分享、討論，以達成漢醫學普及化的目的。

第二節　關心東亞醫界，定位運動走向

一、他山之石，可以攻錯

前述（第一章）提及，自西醫東漸以來，東亞傳統醫界面臨挑戰。有論者指出，從社會來看，上自宮廷、下至百姓，逐步接受了西醫；從文化來看，部分知識分子和官員開始對中國傳統文化進行批判，將西學冠之以新學，而中國傳統文化則被視為落後、封建的；從醫學學術來看，亦開始對傳統醫學進行反思；從制度來看，則促進醫事制度的革新。可見西方醫學對中國的影響甚大[12]。尤其是五四運動前後，出現規模甚大的中西醫學論戰[13]。

臺灣皇漢醫道復活運動雖與日本有密切的連結，但亦相當重視中國醫界的消息，因而不時在其機關刊物出現相關的報導。其中，最為關注的，應是「國醫館」的成立[14]。

11　見林昭庚、陳光偉、周珮琪，《日治時期（西元 1985-1945）の台灣中醫》，頁 218-221。

12　參文庠，《移植與超越——民國中醫醫政》（北京：中國中醫藥出版社，2008 年 12 月第 2 次印刷），頁 31-35。

13　關於時人對中醫的批判，參祖述憲編著，《哲人評中醫——中國近現代學者論中醫》，頁 49-136。

14　見〈醫藥消息：全國醫藥總會議決慶祝　中央國醫館成立辦法〉，《臺灣皇漢醫界》，第二十八號，漢文欄，頁 42；〈醫藥消息：中央國醫館組織章程草案〉，《臺灣皇漢醫界》，第二十八號，漢文欄，頁 43；〈醫藥消息：中央國醫館理事會章程草案〉，《臺灣皇漢醫界》，第二十八號，漢文欄，頁 43-44；〈醫藥消息：上中央國醫館建議書〉，《臺灣皇漢醫界》，第二十八號，漢文欄，頁 44-46；〈醫藥消息：中

中國中醫藥團體向政府請願設立國醫館由來已久，直至 1930 年 5 月，獲得國民黨中常委正式提出設立後，才順利通過。經過討論後，國醫館進入籌備階段。而終於 1931 年 3 月 17 日，召開成立大會，並訂該日為「中央國醫館成立紀念日」[15]。對於臺灣皇漢醫道復活運動而言，理解中國中醫界的情況與抗爭方式，應可發揮「他山之石，可以攻錯」之效。此外，也有對於研究或教育單位的消息介紹。例如：上海國醫講習所[16]、東方醫藥研究社[17]、浙江中醫專門學校[18]。特別是浙江中醫專門學校，大量刊登入學資訊，鼓勵臺人前往學習，此舉應與蘇錦全畢業於該校有關。

另一方面，同屬日本殖民地的朝鮮，其境內漢醫的處境，卻與臺灣有著天壤之別，不同於臺灣僅舉行一次性的醫生檢定考試，遂吸引支部關注。1929 年 9 月，支部於《漢文皇漢醫界》中報導朝鮮漢醫發展的現況，指出朝鮮各道廳每年有一回醫生試驗，合格者可獲朝鮮總督府名義的免許狀，目前的醫生約有八千多名，且於京城、平壤設置有私立

央國醫館發起人籌備大會開幕〉，《臺灣皇漢醫界》，第三十號，漢文欄，頁 37；〈醫藥消息：中央國醫館成立大會紀〉，《臺灣皇漢醫界》，第三十二號，漢文欄，頁 44-46；〈醫藥消息：中央國醫館理事會第一次開會紀〉，《臺灣皇漢醫界》，第三十二號，漢文欄，頁 46-48。

15 參魏嘉弘，〈國民政府與中醫國醫化（一九二九－一九三七）〉，頁 160-168；文庠，《移植與超越——民國中醫醫政》，頁 83-94；以及第一章緒論註 5 所引書目。

16 見〈特設醫學研究部簡章〉，《漢文皇漢醫界》，第十七號，頁 41-43。

17 見〈東方醫藥研究社暫行簡則〉，《漢文皇漢醫界》，第十七號，頁 43-44；〈東方醫藥研究大綱〉，《漢文皇漢醫界》，第十八號，頁 46-47。

18 見〈浙江中醫專門學校招生章程〉，《臺灣皇漢醫界》，第二十四號，漢文欄，頁 42；〈藥業私立浙江中醫專門學校簡章〉，《臺灣皇漢醫界》，第二十四號，漢文欄，頁 43-44；〈介紹入學漢醫學校啓事〉，《臺灣皇漢醫報》，第五十四號（更生第三號），頁 52-53；〈介紹入學漢醫學校啓事〉，《臺灣皇漢醫報》，第五十五號（更生第四號），頁 55-56；〈介紹入學漢醫學校啓事〉，《臺灣皇漢醫報》，第五十六號（更生第五號），頁 43；〈浙江中醫專門學校招生章程〉，《臺灣皇漢醫報》，第五十六號（更生第五號），頁 43-44；〈藥業私立浙江中醫專門學校簡章〉，《臺灣皇漢醫報》，第五十六號（更生第五號），頁 44-45。

醫生講習所[19]。而後，為了洞悉朝鮮漢醫的制度與法規，以做為臺灣漢醫試驗制度的參考，於 1930 年 7 月，臺灣支部向朝鮮總督府警務局衛生課長寄發委託文，表示欲參考當地的漢醫試驗制度，並詢問漢醫的試驗日期、試驗科目、試驗程度與方式、受驗者的資格，以及相關試驗法規、其他參考事項；朝鮮總督府警務局衛生課長於 8 月回信說明，並附上「朝鮮醫生規則」[20]。同年 9 月至 10 月之間，針對醫生規則與其他參考資料，雙方再次通信[21]。支部亦與朝鮮漢醫藥界人士有所來往。例如 1931 年 3 月，朝鮮安秉世來函報告漢方醫藥的消息，他提及有傳染病醫院特設漢方醫藥，顯示漢醫藥有復振之勢[22]。至 1933 年 5 月，當時的朝鮮總督府已有獎勵產值漢藥的方針，保護其繁殖，並調查出道內各郡的漢藥產量，以避免遭到濫採[23]。

二、運動之法，存乎一心

上述關於島外的報導與論述取向，成為復興臺灣漢醫的參考。至於，該如何進行復興島內的漢醫，自是必須面對的重要課題。若純就「運動」的角度而言，我們可以江啓明、吳秋灶、陳好敕、南拜山與王添灯等五人的論述為代表。

---

19 〈雜報〉，《漢文皇漢醫界》，第十一號，頁 47（同版權頁）。按：關於朝鮮醫生人數的說法，應有誤。詳見第一章內容敘述。

20 王添灯，〈復興上必要なる参考資料（一）〉，《臺灣皇漢醫界》，第二十三號，和文欄，頁 29-30；〈會報：朝鮮漢醫試驗制度　對學習醫業三年以上　各道一年試驗三四回〉，《臺灣皇漢醫界》，第二十三號，漢文欄，頁 39；王添灯，〈復興上必要なる参考資料（二）〉，《臺灣皇漢醫界》，第二十四號，和文欄，頁 14-17。

21 王添灯，〈復興上必要なる参考資料（三）〉，《臺灣皇漢醫界》，第二十五號，和文欄，頁 40-42。

22 〈醫藥消息：朝鮮現時之漢醫藥〉，《臺灣皇漢醫界》，第二十九號，漢文欄，頁 49。

23 〈消息通訊欄：朝鮮保護漢藥草之栽培〉，《臺灣皇漢醫報》，第五十四號（更生第三號），頁 42。關於朝鮮總督府對漢醫藥的政策與研究，可參慎蒼健，〈京城帝國大學漢藥研究之成立〉，《科技、醫療與社會》，第十一期（高雄：國立科學工藝博物館，2010 年 10 月），頁 285-320。

1929 年 4 月，江啓明著重於機關報論述的重要性，他考察當時月刊的內容，發現有四大方向，第一是「關於過去之提倡，與晚近之請願，及將來之建議設施」，第二是「關於衛生之摘要，及醫學常識」，第三是「關於闡明深奧之醫理，或糾正古書之積弊」，第四是「關於醫者之道德及品行之作」；而無論就任一方向的論述，都是極為重要的，因此，他呼籲「當擇其要者，躬行而實踐之」[24]。

1929 年 9 月，大甲的吳秋灶指出，第一回請願的人數僅千餘而已，且非醫藥業者占大多數。然而，全臺的漢藥組合團體，無論就數量或規模，均相當具有發展，但卻未能合力支持漢醫復活運動，為何如此呢？他分析，疑是組合工作目的未明，加上「顧目前之私益」。因此，他呼籲，「各藥業組合今後應起而與東洋醫道會連絡提攜、喚起輿論」。也就是說，全臺各地的漢藥組合應與東洋醫道會臺灣支部攜手合作，加以宣傳、尋求民眾與相關單位的支持，共同為恢復漢醫免許制度而努力[25]。

1930 年 6 月，陳好敕（即陳芸邨）則建議「當組織一大團體，聲援其後」。陳氏所言應指，除了支部以外，再另外組織一團體；他進一步指出，尤其是醫藥業者，更應連繫、合作，協助支部於各州廳設置分部與漢醫研究會[26]。

同年 7 月，南拜山於巡迴演講期間，由南返北、行至臺中，與當地漢醫、藥業組合等人召開「漢醫復興運動促進懇談會」，抒發關於運動走向之見。對於參加運動的人士，他分析：

> 細觀諸臺灣漢醫復活運動抱自覺者，略分為三期：第一為徒言必要拜托他人為之運動而已，則不參加者；第二雖有聯盟運

24　江啓明，〈醫道月刊之側面觀〉，《漢文皇漢醫界》，第六號，頁 38。

25　吳秋灶，〈漢藥組合之主要工作〉，《漢文皇漢醫界》，第十一號，頁 6-7。

26　陳好敕，〈漢醫之特長〉，《漢文皇漢醫界》，第二十號，頁 15。

動，苟一挫折輒為灰心者；第三係抱有自覺而負責獻身的運動者。27

他認為，第一種類型的人最多，第三種最少，如同一正三角形似的。然而，若要使運動達成目的，應「當將此三角逆轉」。因此，他把該運動稱為「臺灣漢醫復活之三角運動」，而逆轉的關鍵在於「指導得人」與「言論之統一」[28]。由此可見，南拜山亦深知論述的重要性；同時，他以參與運動者為主體，將之分成三種層次來觀察。試就南拜山所言，繪圖示意如下。

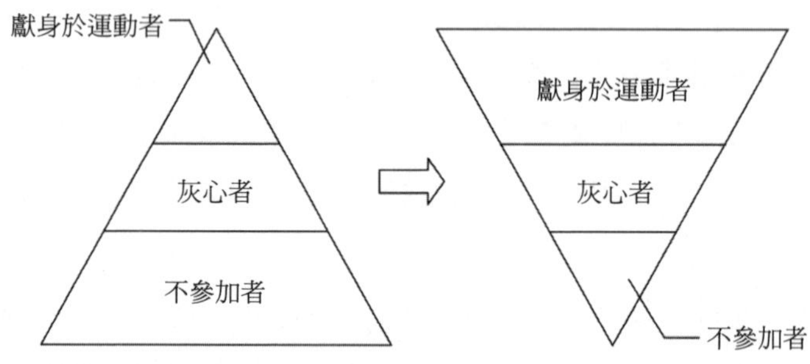

圖片來源：本書作者自行繪製而成。

圖 5-1　南拜山「臺灣漢醫復活之三角運動」示意圖

1931 年 4 月，身為《臺灣皇漢醫界》編務的王添灯，展現了他對運動策略與方式的思考，可謂集上述江啓明、吳秋灶、陳好敕與南拜山的想法之大成。他表示，自加入支部、參與運動以來，便時常思考如何使運動更有組織、系統，且合理、合法。他認為，運動的基礎是廣大的

---

27 〈會報：南理事長一行巡演續誌　所到之處均舉好果　足見漢醫不能滅亡　喚起民眾眾頓然覺醒　深願共起籌備振興〉，《臺灣皇漢醫界》，第二十一號，漢文欄，頁34。

28 〈會報：南理事長一行巡演續誌　所到之處均舉好果　足見漢醫不能滅亡　喚起民眾頓然覺醒　深願共起籌備振興〉，《臺灣皇漢醫界》，第二十一號，漢文欄，頁34-35。

民眾，唯有獲得民眾的支持與加入，始可支撐起這場運動。而運動的領導團體，當屬東洋醫道會東京本部，臺灣支部則為前線的實際運作，且應集合所有的民眾與會員，召開「全島聯合會」。只不過，有了運動的領導團體與一般會員大眾，這樣的組織恐怕還不夠縝密，而容易導致領導階層與大眾之間的疏離，甚至造成會員的流失。於是，王添灯進一步闡述，必須聯合各地方藥業組合，成立「全島藥業組合聯合會」，並聯合各地方醫生會的漢醫們，成立「全島醫生聯合會」；此外，尚須在全臺各地建設漢方醫院與設置漢方醫藥講習會。以上，各地方的子團體，再藉由宣傳與演講會，分別吸收會員，將各地民眾連結起來[29]。除了文字論述以外，王添灯附有繪圖說明，茲以王氏原繪圖呈現如下：

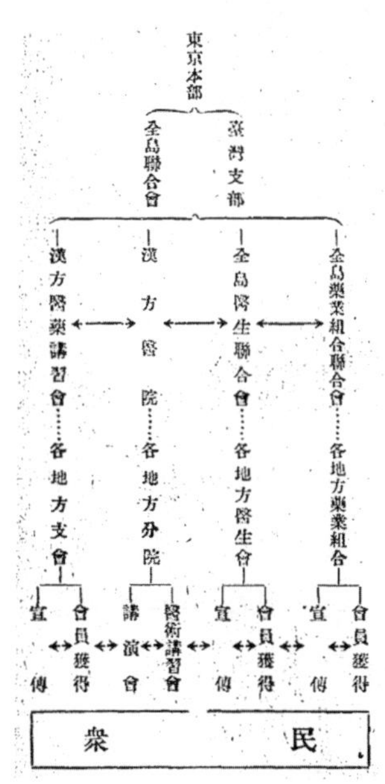

圖片來源：《臺灣皇漢醫界》，第三十號。

圖 5-2　王添灯的運動組織構想圖

29　見王添灯，〈漢方醫藥復興に對する私案〉，《臺灣皇漢醫界》，第三十號，和文欄，頁 14-15。

由於當時的漢藥比西藥便宜許多，因此，上述王添灯所言的各地「漢方醫院」，應可實現他曾主張的「無產者病院」[30]。同年7月，王添灯撰寫一篇名為〈寄望於醫療界諸君〉，以做為《臺灣皇漢醫界》第三十四號的卷頭辭，該文甚至加上「醫療要無產化」、「要確立真的仁術」兩個副標題。從這篇文章中，我們可以看出王氏自中下層人民生活的立場去思考醫療問題。王氏之所以有此主張，應與他具有左翼的傾向有關；而他與左翼分子的交識，起初多半是透過其弟王進益的人際網絡[31]。由此看來，王添灯對於運動進行的方式與策略，具有左翼思想，其組織構想層層相連、環環相扣。

第三節　追溯漢醫源流，自詡優異地位

對於傳統醫學的民族主義作用，醫學人類學者喬治・福斯特（George M. Foster）和芭芭拉・加勒廷・安德森（Barbara Gallatin Anderson）分析：

> 傳統醫學在培養民族自豪感方面扮演著重要的角色，因為傳統醫學可以做為該國家悠久歷史、古代文明高度發達的象徵。那些有著古老而文獻豐富醫學體系的國家，都極力主張將本土醫學提高到與現代西方醫學「獨立且平等」的地位，其理由一方面是堅持認為自己國家的醫學知識歷史悠久，另一方面是公認傳統的治療方法有效。[32]

---

30 〈筆痕墨滴〉，《臺灣皇漢醫界》，第二十九號，和文欄，頁29-30。另參〈筆痕墨滴〉，《臺灣皇漢醫界》，第三十二號，和文欄，頁35-36。

31 王添灯，〈醫療界諸君に望む〉，《臺灣皇漢醫界》，第三十四號，和文欄，頁1。另參陳君愷，〈穿透歷史的迷霧——王添灯的思想、立場及其評價問題〉，頁13-16。

32 見喬治・福斯特（George M. Foster）、芭芭拉・加勒廷・安德森（Barbara Gallatin Anderson）著，陳華、黃新美譯，楊翎校閱，《醫學人類學》，頁68。

也就是說，傳統醫學是歷史悠久和高度文明的象徵，重要的是，能夠歷經長久時間的考驗，足以證明其治療是有效的，因而應當保留之。就此而言，臺灣皇漢醫道復活運動參與者的論述，亦有類似的傾向。

一、歷史悠久的漢醫

論者認為，從歷史發展而言，漢醫是相當具有傳統且歷久不衰的。藉由追溯源流與發展、以說明漢醫優異，陳芸邨的說法具有代表性。1930 年 2 月至 3 月期間，陳氏發表一系列的文章，將中國醫學史的發展予以分期，他以十二時期之發展為架構，逐一介紹各時期的重要醫者、醫經與醫藥發展大勢。根據他的論述，此十二時期及特色分別為：炎帝與黃帝——發軔、三代——進步、周秦之際——改良進步、西漢——最發達、後漢——進退相間、晉代至南齊——進步、隋唐——悉備為抽象、宋——統一、金元至明初——進步、明——進步、清——學說競進、西醫傳入——學術革新[33]。由此可見，他對於歷代中國醫學發展的脈絡，相當熟捻，且深具個人心得。又如東港的賴傳湘談論「醫道」之說，他亦以時序為主，自伏羲氏論起，直至清代，最後略論治病與用藥之法[34]。

自 1930 年 10 月起，原由署名為「TK 生」翻譯，後改由王添灯接續，將漢方醫學史的文章譯為日文，內容在於探討陰陽學說、神農與黃帝對醫理的構成[35]。1931 年 12 月至 1932 年 9 月期間，毓齋發表一系列

---

33 陳芸邨，〈漢醫沿革〉，《漢文皇漢醫界》，第十六號，頁 9-12；陳芸邨，〈漢醫沿革（承前）〉，《漢文皇漢醫界》，第十七號，頁 6-10。

34 賴傳湘，〈醫道總論〉，《漢文皇漢醫界》，第一卷第一號，頁 17-18。

35 TK 生，〈漢方醫學の畧史（一）〉，《臺灣皇漢醫界》，第二十四號，和文欄，頁 6-8；TK 生，〈漢方醫學の畧史（二）〉，《臺灣皇漢醫界》，第二十五號，和文欄，頁 28-32；王添灯，〈漢方醫學の畧史（四）〉，《臺灣皇漢醫界》，第二十七號，和文欄，頁 8-10。

的文章，他以醫者傳記的形式，介紹清代醫者的生平事蹟[36]。到了 1935 年 3 月，仍可見類似的論述，例如吳瑞甫簡述歷代醫學的發展，他認為「科學」二字尚不能壓垮漢醫，其因在於漢醫已歷經數千年，「其間必有不可磨滅之處」[37]，他甚至主張，若以「科學 vs. 漢醫」，結果是「科學＜漢醫」。

論者除了對「中國」醫學發展的介紹以外，亦有以「日本」為主體的醫學發展史研究。例如，1931 年 2 月，富士川游否定中國古書記載「日本無治病之藥，唯以水浴癒之」的說法，認為古代日本已有醫藥發展，而正史上記載中國醫術傳入日本，則是西元 414 年的事。富士川氏該文便以日中醫學交流為經緯，按時序敘述，直至近代西洋醫學傳入日本、及其所帶來的醫學變遷[38]。1931 年 3 月至 11 月期間，磯部水伯亦以日本漢醫學發展為旨、以「皇漢醫學夜話」為題，發表一系列的文章。他首先分析「漢方醫學」與「皇漢醫學」的區別。所謂漢方醫學，係指自中國漢代確立而成的方劑、藥方，後傳入日本，漸次與日本本土的方劑、藥方融合，發展成為皇漢醫學；接著簡介近世日本的漢方流派，即後世派、古方派、折衷派[39]；其次，針對日本醫祖大國主、少

36　毓齋，〈歷代中醫傳略〉，《臺灣皇漢醫界》，第三十八號，漢文欄，頁 45-46；毓齋，〈歷代中醫傳略（續前）〉，《臺灣皇漢醫界》，第四十號，頁 67-68；毓齋，〈歷代中醫傳略（續前）〉，《臺灣皇漢醫界》，第四十一號，頁 65-66；毓齋，〈歷代中醫傳略（續前）〉，《臺灣皇漢醫界》，第四十二號，頁 64-66；毓齋，〈歷代中醫傳略（續前）〉，《臺灣皇漢醫界》，第四十三號，頁 59-60；毓齋，〈歷代中醫傳略（續前）〉，《臺灣皇漢醫界》，第四十四號，頁 54-55；毓齋，〈中醫傳略（續前）〉，《臺灣皇漢醫界》，第四十五號，頁 63-64；毓齋，〈中醫傳略（續前）〉，《臺灣皇漢醫界》，第四十七號，頁 64-65。

37　吳瑞甫，〈漢西醫宜互相參究　不宜作無益之爭議〉，《臺灣皇漢醫報》，第七十六號，頁 17-18。

38　富士川游，〈日本醫學之變遷與洋醫學之濫觴〉，《臺灣皇漢醫界》，第二十八號，漢文欄，頁 2-8。

39　磯部水伯，〈皇漢醫學夜話（一）〉，《臺灣皇漢醫界》，第二十九號，和文欄，頁 11-13。

彥名二神，有十分詳細的介紹[40]；最後，則是解說漢方醫學理論，如經絡[41]。

事實上，運動機關刊物會有這樣的論述取向，並不奇特。此因正符合「皇漢」二字的意識型態。例如，早在1928年11月，身為臺籍的論述者蘇星煌發表〈漢醫藥宜共存〉一文，便是相當典型之說。該文以「東亞」的概念為主體，表示漢醫與漢藥歷經時間考驗，已自成一學術體系；於行文之間，常以「東亞」自居，並認為漢醫漢藥有「現我東亞純粹大和魂精神」的作用[42]。

二、做為醫者的標準

漢醫有如此長久的歷史發展，同時伴隨著對醫療與醫道的反思。在古代中國醫學的著作中，便有關於醫德言論的出現。至唐代孫思邈著《千金要方》中的〈大醫習業〉、〈大醫精誠〉，是歷代以來較為完整的醫德文獻論著。他強調醫家的職業道德，提及醫家應有的態度、對病家和同業的責任；他認為，醫家必須學識淵博、精通醫學專業知識，對待病患則必須不分貴賤[43]。至明清兩代，醫學著述增量，醫德論述也大量出

40　磯部水伯，〈皇漢醫學夜話（二）〉，《臺灣皇漢醫界》，第三十號，和文欄，頁19-22；磯部水伯，〈皇漢醫學夜話（三）〉，《臺灣皇漢醫界》，第三十一號，和文欄，頁23-26；磯部水伯，〈皇漢醫學夜話（四）〉，《臺灣皇漢醫界》，第三十二號，和文欄，頁20-23；磯部水伯，〈皇漢醫學夜話（五）〉，《臺灣皇漢醫界》，第三十三號，和文欄，頁16-19；磯部水伯，〈皇漢醫學夜話（六）〉，《臺灣皇漢醫界》，第三十四號，和文欄，頁9-12；磯部水伯，〈皇漢醫學夜話（七）〉，《臺灣皇漢醫界》，第三十五號，和文欄，頁12-15；磯部水伯，〈皇漢醫學夜話（八）〉，《臺灣皇漢醫界》，第三十六號，和文欄，頁7-9。

41　磯部水伯，〈皇漢醫學夜話（九）〉，《臺灣皇漢醫界》，第三十七號，和文欄，頁7-9。

42　蘇星煌，〈漢醫藥宜共存〉，《漢文皇漢醫界》，第一卷第一號，頁18-20。

43　參陳勝崑，《中國傳統醫學史》，頁195；張天佐，〈古代中醫醫德文獻（言論篇）整理研究〉（北京中醫藥大學中醫醫史文獻碩士論文，2007年6月），頁9-10。

現[44]。

在此傳統之下，支持皇漢醫道復活運動的論者亦紛紛提出做為漢醫所應有的目的、德行與標準。例如1929年2月，楊志一呼籲「寧為平民式之醫生，毋為貴族式之醫生」[45]。同年3月，高重熙提出「良醫庸醫說」，將良醫比喻為良相[46]。5月，顧小田為文表示，醫生有詳細調查病家的責任[47]。8月，張贊臣針對醫者的人格，發表自身看法，他認為：

> 夫醫者之地位，本以仁術為濟世之天職，決非若一般僧侶抱卜商賈等可比。蓋醫之業務，在各業中較為高尚，當以慎重之態度、謙讓之美德為主。[48]

由此顯見他的想法與傳統中國醫德觀類似，對於醫者的道德水準有所要求，且強調醫業高尚。又如談先進引用古人所云「學醫為濟人計則可，為謀利計則不可也」，說明為醫的目的應在於濟人，如此才會虛心求學、精益求精[49]。進康則引用俗諺「醫者操生殺之權」、「醫生有割腹之心」，提出醫者須有責任心、惻隱之心與自謙之心[50]。

除了「道德」要求以外，醫術水平當然是評判醫者的一大重點。單生文認為，研究醫學的人，「要多讀醫書、更須要叫正學說」；另外，為充實經驗，應至醫院實習、多讀醫案、詳載臨床日誌；繼之，將學識與經驗互相應證，並詳究其合拍或背謬之因。如此，才算是「盡醫家之能

---

44 參劉霽堂，〈明清（1368-1840）醫學道德發展史研究〉（廣州：廣州中醫藥大學中醫醫史文獻博士論文，2005年4月）一文。

45 楊志一，〈漢醫改進先決問題〉，《漢文皇漢醫界》，第四號，頁13。

46 高重熙，〈良醫庸醫說〉，《漢文皇漢醫界》，第五號，頁27。

47 顧小田，〈醫生與病家〉，《漢文皇漢醫界》，第七號，頁7。

48 張贊臣，〈醫生之道德與人格〉，《漢文臺灣醫界》，第十號，頁4。

49 談先進，〈醫者應有之目的〉，《臺灣皇漢醫界》，第二十三號，漢文欄，頁6-7。

50 進康，〈醫者應有之道德〉，《臺灣皇漢醫報》，第七十六號，頁23-24。

事」[51]。黎伯概則以利己利人的立場，為文表示：

> 人群相生相養，非群不能自存。……。吾既為醫，即吾之所以利羣。羣之供給吾者良，則吾之供給乎羣者。安可獨為不良？[52]

他也建議，應反覆研讀《黃帝內經》與仲景之書，以「飽學為先」。

甚至有論者主張，醫者須識天時、地利、人和。其中，最難掌握與處理的是「人和」，畢竟「天時有固定，不可強易；地利可移徙，而亦未必盡適」[53]。

綜上所述，我們可以葉橘泉的說法做為總結。葉氏針對當時中國醫界的狀況，對於「國醫」提出標準六點，分別是：第一，要有健全的思想；第二，要有良好的習慣；第三，要有科學的知識；第四，要有繼續的求進；第五，要有公開的研究；第六，要有發明的創造[54]。

除了要求醫者以外，相對的，病家對於醫者的態度，亦會影響病況的進展，因此，病家有誠實相告醫生的義務[55]。1935 年 5 月，賀芸生認為：首要為「信任」，病家審慎擇醫，也必須信任醫者，不應隨意更藥或換醫；其次是「誠實」，病家不可「以偽色假聲，以淆觀聽」，否則，使醫者誤診，用藥錯誤或不精準，後果將不堪設想[56]。

三、保存漢醫的理由

以上述的淵源悠久與德行操守為前提，進一步辯證漢醫學理的優勢

51　單生文，〈醫家之學識與經驗　應採取一致之方式以研究　始可達到完善之境界〉，《臺灣皇漢醫報》，第七十六號，頁 18-19。

52　黎伯概，〈醫之目的與應盡之職分〉，《臺灣皇漢醫界》，第三十九號，頁 6。

53　沈樂君，〈醫家須識天時地利人和〉，《東西醫藥報》，第八十五號，頁 4。

54　葉橘泉，〈現代國醫的六要〉，《臺灣皇漢醫界》，第三十五號，漢文欄，頁 5-6。

55　顧小田，〈醫生與病家〉，《漢文皇漢醫界》，第七號，頁 7。

56　賀芸生，〈病人對於醫家應有之態度〉，《東西醫藥報》，第七十八號，頁 13-14。

所在，欲使普羅大眾或政府官員能深刻理解，以期達成重新實施漢醫檢驗制度、復活皇漢醫道的終極目標。論者大多自實際案例分析，比較漢西醫之別，得出漢醫優於西醫、或漢醫不可滅的結論。

和田啓十郎認為，若「漢醫之配劑，主治運用法等理論，能參以新進科學之說明，則漢醫之嶄新奇拔足以驚倒天下而有餘」[57]。此外，他又分別比較漢、西醫之診斷與治法，而得出漢醫優於西醫的論點。例如，在治急病方面，他指出西醫多用麻醉藥，「僅能疲鈍神經機能，免病者之苦痛，不能驅逐病毒」，且有藥物上癮、全身沉睡的問題。相對於漢醫，則以掃除體內病毒為要，遂斷言「西醫之治急，當守備的；漢醫之治急，為攻擊的」[58]，亦主張「西醫之對症療法，不可與漢醫相提並論；而漢醫之對症療法頗深遠微妙者也」[59]。由此可見，其漢醫本位之立場。

彭連如金則以親戚患病的經驗為例，詳述其醫療過程，以說明西醫有其侷限，而漢醫優於西醫；並進一步期望當今醫者能「勿存黨同伐異之心」[60]。他又以「吐血」一症為例，主張西醫無法超越漢醫[61]。楊志一以病例來分析漢醫在內科診治上的方式與學理，並適時與西醫做出比較，其中最為特長的部分在於「漢醫分辨虛實寒熱」；他認為「新醫僅可治外科局部之病，而漢醫乃可擅內科之長」，因而呼籲「不必一味迷信歐化」[62]。此外，由蔡雷青擬稿、張逸舟潤筆的文章，他比較東西醫在診斷、治法與用藥上的差異，仍相當肯定地說明漢醫「不僅理想充足、觸類旁通，抑且實驗確切、有象可徵」，且於用藥上「隨症使用，

57 和田啓十郎，〈漢醫非陳腐之學〉，《漢文皇漢醫界》，第十一號，頁 3-5。

58 和田啓十郎，〈漢醫藥絕不迂遠〉，《漢文皇漢醫界》，第十五號，頁 2-4。

59 和田啓十郎，〈漢醫之對症療法深遠而微妙〉，《漢文皇漢醫界》，第十四號，頁 3-5。

60 彭連如金，〈論西醫與老太婆手段之高下〉，《漢文皇漢醫界》，第十五號，頁 35-36。

61 彭連如金，〈吐血之原因與治療〉，《漢文皇漢醫界》，第十八號，頁 30-31。

62 楊志一，〈漢醫診治之特長〉，《漢文皇漢醫界》，第十九號，頁 22-27。

以應無窮之變化」，並期望醫界能圖存自強[63]。臺中漢醫曾三沂亦為文論證漢醫長於內科，所謂「從人身之五運與六氣察本定標，體會三陰三陽之經氣，然後指定各經所屬之病也」，並認為漢醫能超越西醫[64]。舊港的曾文昆比較漢醫與西醫在病因學說上的差異，認為西醫「診斷學病理學雖極其進步」，但「短於治療」，而「治病必求其本」的漢醫優於西醫[65]。蔣尚錦從臨床治驗，如：腸窒扶斯、霍亂、水腫、吐血、疔瘡，論證漢醫藥比起西醫有更多的癒病價值，且西醫學「弱點之處者尚為諸多」[66]。

除了從醫理的角度論證以外，論者亦從學術發展、民生經濟或國防外交等多方面因素，以說明漢醫有其存在的價值。主導運動的社團與重要領導人物，便持有這樣的想法與立場。例如，《漢文皇漢醫界》編者於 1929 年 12 月，發表〈提倡改進漢醫學術芻議〉一文，主張漢醫學術必須加以提倡，其立論原因有三：

> 查我東洋醫學，已歷數千年，……，安於科學之上，而為科學的研究，則其所獲，必有出人意外者。況我固有國粹，……，此漢醫學術應提倡之理由一也。
>
> 蓋以東西氣候習慣體質之不同，而治療優劣得失因之各異，亦嘗有西醫不能治之病，漢醫治之而愈者。……，西醫診資藥資均較昂貴，……，而最大多數散居鄉村之平民，仍賴漢醫以資救濟。……。此漢醫學術應提倡之理由二也。

---

63 蔡雷青稿，張逸舟潤，〈東西醫學之比觀〉，《臺灣皇漢醫界》，第三十號，漢文欄，頁 4-5。

64 曾三沂，〈談漢醫內科之特長〉，《臺灣皇漢醫界》，第三十四號，漢文欄，頁 12-13。

65 曾文昆，〈論說研究欄：漢西病因學說之比較〉，《臺灣皇漢醫報》，第五十七號（更生第六號），頁 38。

66 蔣尚錦，〈漢醫藥學術有復興之價值論〉，《臺灣皇漢醫報》，第七十六號，頁 11-12。

> 東洋地大物博，富有天產藥品，百倍泰西。全國商民之業藥者，何止億萬，每年資銷價值，更不可以數計。……漢藥之改良製造，增加效用，自亦因之而日有進步，……，為外國闢一財源，為本國添一漏巵，……。此漢醫學術應提倡之理由三也。[67]

由此可知，論者認為，漢醫學歷時悠久而不衰，有其存在的意義，應於保存國粹的立場上，灌輸以科學的研究，必有所獲；此外，常有西醫不能治之病，但漢醫卻能治癒者，且西藥昂貴，漢藥便宜，較有利於平民階級；況且，從國家財源的立場而言，將大量的天然植物製成漢藥，可促進醫藥市場的發展，對政府收入亦有所益處。

1930 年 1 月，東洋醫道會臺灣支部幹事黃仁根則指出，以現今臺北有二十餘萬人民，每日平均患者約有一萬名，若盡歸西醫診治，肯定無法有效應付，加上西藥昂貴，「下民日食且不敷，焉有多金可以買藥」，相對於漢藥，則廉價許多，且功效亦佳。據此，應早日恢復漢醫試驗制度[68]。同年 6 月，南拜山列舉出東洋醫學應存續的理由，表示東洋醫學具有長年經驗的累積，並發展出獨特的漢方技術，如腹診，且漢藥較為廉價[69]。

至於一般論者的論述，陳芸邨對於漢醫學的革新之道、科學技術的侷限、漢醫學理的精湛、以及東洋漢醫的困境等議題為文抒發己見。他總結出臺灣漢醫不可廢的六項理由：

> 一、臺灣漢醫乃自中國，一脈相傳。……治療之成績，其效響。……有貢獻於國家社會之事實。二、……一旦廢之，民困

---

67 編者，〈提倡改進漢醫學術芻議〉，《漢文皇漢醫界》，第十四號，頁 1-2。

68 黃仁根，〈論漢西醫藥之不能偏廢〉，《漢文皇漢醫界》，第十五號，頁 17。

69 南拜山，〈皇漢醫方之國家的要存續六大理由〉，《漢文皇漢醫界》，第二十號，頁 3-6。

> 必增，影響於民生經濟必巨。況漢藥為島人之慣用藥品。三、凡一種學術，得歷久而不敗者，必有不可磨滅之價值在焉。四、……以我國之醫士，得於彼土〔按：中國〕開業。彼土醫士，不能於我國開業。國際間，不均等之辦理，將何憑藉？五、我國製藥雖多，尚仰給於舶來品者亦復不尠。一旦國際事發，來源告絕，……。六、朝鮮猶尚考試登用，而臺灣獨抱向隅。[70]

此外，朱松從學、術、以及影響，分析漢醫在學術上的價值。他認為，「學」是理論，須說理明瞭、不違背科學方法，「術」則是由日積月累的經驗所構成，「學可無術，而術不可無學」，漢醫是否有價值，應依序由術、學、影響去探討。就此而言，他所得的結論是：漢醫不僅是「立於學、基於術，而於民生經濟之關係又如此其重要」[71]。

1931 年 2 月，臺南韓承澤發表〈臺灣漢醫復興議〉，提出復興漢醫的三項理由：第一，漢醫淵遠流長，名家經典眾多，「誠東亞之國粹、為救世之方針」；第二，自漢人在臺以來，經歷大小疫病，漢醫始終扮演救護的角色；第三，西醫藥價貴，漢醫藥價廉，不僅關係一般民眾經濟能力，亦會影響國家財源。因此，韓氏呼籲當局應「設學校以培養人才」，達成復興漢醫[72]。旗山的葉筆章亦持有相似的論點，他以疑問句「漢醫藥復活於國防上民生上有無利益」為題，於文中開門見山，主張「漢醫藥制度復活、於國防上民生上確有莫大之利益」。他進一步解釋，在國防方面，使用西醫術，意謂著須仰賴國外的西藥品，然而，一旦外交生變，無法進口藥物，人民多病且無法健康，國家發展也會衰敗；況且，若復興漢醫藥制度，獎勵學術研究，屆時必有仰慕我國醫藥發展

70　陳芸邨，〈漢醫沿革（承前）〉，《漢文皇漢醫界》，第十八號，頁 7-11。

71　朱松，〈漢醫在學術上之價值〉，《漢文皇漢醫界》，第十九號，頁 27-28。

72　韓承澤，〈臺灣漢醫復興議〉，《臺灣皇漢醫界》，第二十八號，漢文欄，頁 9-10。

而前來者，亦可鞏固日華親善。在民生方面，使漢藥種商、漢醫藥學術研究者可發揮其才，不致於失業；此外，漢藥較為廉價，又有效用，一般貧民可以負擔，且草根木皮的漢藥可隨地栽植、採用，對於農村經濟有很大的益處[73]。同時，蔣尚錦亦以民生、國防兩者與經濟之關係為論點，說明復興漢醫的迫切[74]。

在考察以上論者所主張的論點時，會發現與當時代的政治、經濟背景有關。此即前述（第三章）提及的經濟恐慌、以及滿州事變所造成的日華關係惡化。因此，我們可以發現，面對經濟恐慌，論者多認為發展漢醫藥是良好的解決方案，而漢醫人士及其學理之研究是發展漢醫藥的前提；至於在國防、外交方面，一則主張日華親善，緩和日華緊張關係，一則亦防範因外交生變而無法順利進口西藥，因而強化主張發展漢醫與漢藥的論點。

事實上，這些主張復興漢醫的論述，亦是「東西醫學論爭」或「漢醫廢存論爭」[75]的產物。針對來自各方批判或質疑漢醫學的聲浪，護衛漢醫的人士撰文回應。例如，大甲吳閒雲於 1930 年 10 月發表文章，旨在反駁同年 8 月某週刊新報的小言欄「漢醫復活」一文，該文質疑了運動過於追求制度的訂定，而未顧及醫理與醫術水平的提升。於是，吳閒雲指出，西醫學校由政府所創設並訂有相關法規，因而漢醫學校也應當如是；在醫療方面，他也具體舉出數個成功案例與著名漢醫，以說明漢醫的有效及其水平。總結以上，他認為，由於沒有相關醫療制度的

---

73 葉筆章，〈漢醫藥生度復活於　國防上民生上有無利益〉，《臺灣皇漢醫報》，第七十六號，頁 19-21。

74 蔣尚錦，〈漢醫藥學術有復興之價值論〉，《臺灣皇漢醫報》，第七十六號，頁 12-13。

75 最為人所知的，應是杜聰明和啓源在《臺灣民報》上的辯論。相關研究，參雷祥麟，〈杜聰明的漢醫藥研究之謎——兼論創造價值的整合醫學研究〉一文；鄭志敏，《杜聰明與臺灣醫療史之研究》（臺北：國立中國醫藥研究所，2005 年 4 月第一版第一刷），頁 203-207。

保障，才使漢醫「未得展其本能」[76]。到了 1931 年 3 月，自東京傳來報導表示，對於中絕漢醫復興之請願的原因在於漢醫「缺乏基礎醫學智識」。對此，吳氏於該年 5 月為文反駁，他認為漢醫藥的復興至少有兩點好處：第一，在經濟方面，由於日本國內出產許多草木藥材，加上近來有「國產愛用」之倡，若能獎勵栽培，則可增加財源；第二，在國際外交方面，若漢醫得以復興，對於日華親善有所助益，況且中國乃是日本的市場，兩國同處東亞，應團結合作[77]。

在東西醫學論爭中，有一說法為漢醫已不符時代。針對此說，廖啓欽為文解釋：醫術雖有分東西，但治病各有所長，應東西共存，並無漢醫逆時代之有；此外，對一般平民而言，日常生活已近困窘，無法負擔西醫治療，若此時漢醫又不足，豈不造成「人命之摧殘」；況且，漢醫術傳承已久，經驗豐富，且兼具理想，最符合當代人的需求。最後，廖氏強調：「東洋開化，遠在西洋千有餘年之前」，並主張東洋人較適合東洋醫學。他形容本島人與漢醫的關係「猶魚之于水」，應早日復興[78]。

此外，尚有一種說法指出，漢醫於外科上較為弱勢。然而，有論者卻不苟同。例如，張贊臣表示，對於外科解剖之術，漢醫早有此傳統，《黃帝內經》的內容即有提及，另有著名醫者扁鵲、華陀，因而認為「凡西醫種々之新奇，均不能出我範圍」[79]。彭蔭丞亦持類似的看法，他指出漢醫的外科「比西醫機械之治，猶勝一籌」[80]。余擇明則以清代盧福堯民之鐵扇散與程山齡氏之天下第一金瘡藥為例，說明漢醫治療

76　吳閒雲，〈駁對漢醫復活偏見謬論〉，《臺灣皇漢醫界》，第二十四號，漢文欄，頁 44-45。

77　吳閒雲，〈讀報「對於漢醫復興」感言〉，《臺灣皇漢醫界》，第三十一號，漢文欄，頁 5-7。

78　廖啓欽，〈漢醫是否逆時代論〉，《臺灣皇漢醫界》，第三十一號，漢文欄，頁 7-8。

79　張贊臣，〈論漢醫醫學之異同〉，《漢文皇漢醫界》，第十五號，頁 5。

80　彭蔭丞，〈對於漢西醫之我見〉，《漢文皇漢醫界》，第十五號，頁 6。

傷科的特長[81]。綜上所述，漢醫外科歷史悠久，且其治法和藥方均有所長[82]。

第四節 針砭傳統舊說，改造漢醫現況

透過相關法令的制定，以保障漢醫學術發展、穩定漢醫人數，這固然是該運動的最大目標。然而，法令只是一種運作機制，重要的是，雖然漢醫有其歷史傳統，值得肯定與讚賞，但亦有遭人詬病與質疑之處，有待加以檢討與改善。在主張復興漢醫的論述中，多有論者指出漢醫的缺失，同時也伴隨著改革的建言。

澎湖的陳堪為文指出，造成漢醫藥式微的原因不外乎是政府法令的制定、以及老漢醫逐年凋零且不將自身醫療秘傳公諸於世，遂使年輕學子灰心，轉而學西醫[83]。祝天一針砭醫藥界積弊，在藥物方面，他認為「今之醫藥分業，各馳其道」，致使「醫生不識藥、藥師不識醫」，甚至有故意留下劣藥或偽藥的情形；在醫生方面，「診斷時間太短」，難以悉知病者情況[84]。另有蔡雷青草稿、張逸舟潤筆的文章，他檢討醫者的缺失與不足，嚴正指出漢醫之所以「日漸消亡」，乃因「程度太低、眼光太小、一知半解，操刀就割，祇圖牟利」，加上未精熟歷代名醫名著，

81 余擇明，〈漢醫治療傷科之特長〉，《漢文皇漢醫界》，第十八號，頁 28。

82 有學者認為，漢醫（或稱中醫）外科的起源比內科早。見陳勝崑，《中國傳統醫學史》，頁 184；李建民，《旅行者的史學——中國醫學史的旅行》（臺北：允晨文化實業股份有限公司，2009 年 3 月初版），頁 13-14；李建民，《華佗隱藏的手術——外科的中國醫學史》（臺北：東大圖書股份有限公司，2011 年 3 月初版一刷），頁 15-16。值得注意的是：漢醫的外科，與近代西方醫學的外科，在本質上是有許多差別的，不可等量齊觀。說見廖育群，《醫者意也——認識中國傳統醫學》（臺北：東大圖書股份有限公司，2003 年 8 月初版一刷），頁 187-188；李建民，《旅行者的史學——中國醫學史的旅行》，頁 15。

83 陳堪，〈漢醫藥式微感言〉，《漢文皇漢醫界》，第二號，頁 17。

84 祝天一，〈醫藥界的積弊和建設〉，《漢文皇漢醫界》，第九號，頁 8-9。

「更有同業嫉妒，互相傾軋」[85]。李健頤則批判歷代以來有醫生不識藥，導致「於治療上有絕大之障碍」[86]。

上述所提到的，包括藏私而不將自身醫療秘傳公諸於世、同業的惡性競爭、未精熟醫理而程度淺薄，在一定的程度上，足以反映出當時漢醫界的狀況。面對自身的腐朽和各方的質疑時，漢醫界該如何自處與因應？許多人對此提出見解。

一、朝向科學化的漢醫藥

臺灣社會於日治時期以前，漢醫與漢藥的傳承主要是以師徒或父子傳授為主，只要對醫理或藥材有基本知識，均能從事醫療行為。日治時期，臺灣總督府對於漢醫僅舉行一次性的認證。數年以後，儘管漢醫人數減少，但仍不乏有漢藥業者販賣藥材，且使用漢藥材的民眾仍大有人在，其原因在於漢藥有效、廉價與方便取得。

1930 年 3 月，《漢文皇漢醫界》編者轉載時逸人致全國醫藥團體代表大會的投書之部分內容。在這篇投書中，針對藥學的改革，時逸人主張，應設立種植園，以培育藥用植物；其次，設立陳列標本室，將一切藥品的「形色、性味功用、生長時期、炮製方法、及出產地等，分類精加圖訂，以利稽考」；復次，建設試驗所或化驗所，專門研究、提煉藥物[87]。另於同年 5 月，俞鳳賓撰有〈漢藥材之研究及商榷〉一文，建議「學術名詞之宜考訂審定」，並以拉丁文命名，使西方醫界亦能參考；其次，「提煉方法之合於科學」，使漢藥材從採集到製造、調配，皆有一定

85　蔡雷青稿，張逸舟潤，〈東西醫學之比觀〉，《臺灣皇漢醫界》，第三十號，漢文欄，頁 3-4。

86　李健頤，〈醫生不識藥於治療上　有絕大之障碍說〉，《臺灣皇漢醫報》，第五十五號（更生第四號），頁 11。

87　時逸人，〈整頓漢醫漢藥建設之計畫書〉，《漢文皇漢醫界》，第十七號，頁 2-3。按：文中書「時透人」，為「時逸人」之誤。

的步驟；復次，「動物試驗之宜切實施行」，以實驗新藥的效果；最後，呼籲「藥學人才之宜廣為造就」，鼓勵有志者留學至海外研讀藥科[88]。

除此之外，其他論者的主張，原則上不出上述二人之意見。我們可以說，改革漢藥的要點，即以此為本。例如，針對漢醫藥名詞，朱松則認為，漢醫藥名詞意義歷來極不統一且過於主觀，「甲之所謂傷寒，非乙之所稱傷寒」，導致各派學說分歧。因此，「第一步非先確定其專名不可」[89]。署名為「慎齋」亦有上述類似的看法。他認為，「連絡藥界，考察其藥之真偽、名之異同，使全體藥肆無稍或殊，所用藥類無魚目混珠之弊」[90]。至於在方劑的製成方面，林天進則以便利為由，認為傳統漢藥的煎法過於繁雜。因此，他建議漢藥應改為藥水、藥粉之類，「可以懷諸囊中，臨飲便利」[91]。顧子靜則主張依照「科學方法」，將漢藥「仿照西藥精製而行之」。例如，肉桂製成桂皮水、甘草製成甘草膏[92]。焦易堂也有類似的意見，他認為在藥物方面，捨棄傳統煎煮方式，以科學的方法，改良製造、包裝貯藏漢藥[93]。

由上述言論可知，改革的重點在於「科學化」，以「科學」冠之，其特色為一致化、標準化、可驗證性。事實上，自臺灣總督府於 1912 年 8 月發布〈臺灣賣藥營業取締規則〉後，以營業許可證管理成藥的製造、販賣，使總督府擁有介入製藥產業的權力；又於 1913 年實施印花稅，規定要在藥瓶上貼印花才能販售。某種程度上，這兩項規定限制了藥種商的藥材買賣行為，同時也促使漢藥製造法的改良行動[94]。另一

---

88 俞鳳賓，〈漢藥材之研究及商榷〉，《漢文皇漢醫界》，第十九號，頁 28-30。

89 朱松，〈漢醫之新建設〉，《漢文皇漢醫界》，第三號，頁 11-13。

90 慎齋，〈漢醫急須整理之種々〉，《臺灣皇漢醫界》，第三十號，漢文欄，頁 5。

91 林天進，〈漢藥宜速改為藥水藥粉論〉，《漢文皇漢醫界》，第十九號，頁 37。

92 顧子靜，〈國藥製法改良芻議〉，《臺灣皇漢醫界》，第四十八號，頁 12。

93 焦易堂，〈漢醫藥學術當用何法來整理刷新〉，《臺灣皇漢醫報》，第七十六號，頁 15。

94 見高淑媛，〈漢方改良到專業製藥——近代臺灣製藥史〉，收錄於高淑媛著，《臺灣近代化學工業史（1860-1950）：技術與經驗的社會累積》，頁 73-76。另參歐怡

方面，受到日本製藥界在1920年代以後興起科學漢方之風潮、以及自1930年代起，日本製藥業於臺灣設廠以支應軍方在醫療上的需要，臺灣漢藥的處理和製造方式從傳統生藥轉型為科學漢方[95]。在此時代背景之中，皇漢醫道復活運動者的論述，亦可窺見此一轉型的努力。

誠如論者所言，既然漢藥可以被科學分析，那漢醫當然也應該透過現代科學研究的程序，辨明其功過優劣[96]。因此，除了上述漢藥科學化之外，醫理也必須科學化，以編著良好且適當的教科書本，提供後輩學習。於是，漢醫學說的研究、整理與編纂工作，刻不容緩。

1929年3月，方公溥建議在教材方面，可從歷代醫經中「刪繁就簡、務實去虛，兼採最新學說」[97]；同年9月，《漢文皇漢醫界》編者主張，應「運用科學，將吾國固有之特長發揮而光大之也」，具體做法則可從定科目、立系統、編教本開始[98]；楊志一於同年12月指出，漢醫遭批評的原因在於「不合科學原理」，而他所理解的科學不在乎是：根據經驗、有系統的學問、以及用極精密的分析或正確的歸納來發明真理。他認為，歷代漢醫並不完全違反所謂「科學」。因此，主張不能廢漢醫，同時也呼籲學習者「宜具科學之精神與方法從事研究」[99]。前述《漢文皇漢醫界》編者轉載時逸人致全國醫藥團體代表大會的投書之部分內容，便有成立「整理醫書委員會」、將歷代醫學書籍系統化並編輯成講義的主張[100]。

涵，〈日治時期臺灣的藥業網絡——以藥業從業人員與藥品使用者為主的討論〉（南投：國立暨南國際大學歷史研究所碩士論文，2008年6月），頁22-23。

95 見劉士永，〈日治時期台灣醫藥關係管窺〉，收錄於李建民主編，《從醫療看中國史》（臺北：聯經出版事業股份有限公司，2008年10月初版），頁512-516。

96 見劉士永，〈醫學、商業與社會想像——日治臺灣的漢藥科學化與科學中藥〉，頁169。

97 方公溥，〈漢醫改良四大問題〉，《漢文皇漢醫界》，第五號，頁8。

98 編者，〈漢醫之新生命〉，《漢文皇漢醫界》，第十一號，頁1-2。

99 楊志一，〈漢醫與科學〉，《漢文皇漢醫界》，第十四號，頁6-8。

100 時逸人，〈整頓漢醫漢藥建設之計畫書〉，《漢文皇漢醫界》，第十七號，頁1-2。

類似的說法，往後仍持續可見。范國義提出改進中醫的意見，主要是整理舊學、蒐集古今醫書、除去荒謬的理論[101]。新加坡的林雲仙表示，除了請願以外，另須「招集博學同志修訂醫書」，保留歷代之經驗與學理，但也要去除玄虛、不合時宜或矛盾之說。例如：《靈樞》〈經水篇〉以人身十二經脈配十二經水，「此含有時代性局部性者」，須刪除；《神農本草經》、《本草綱目》等書，亦宜加以考核、試驗，並酌增、刪之[102]。中國的焦易堂主張，在理論方面，以科學方法解釋傳統醫理，並將刪除玄想空談之說[103]。

二、建設漢醫教研機構

1929 年 2 月，楊志一主張「醫育之施設」，應努力建設漢醫學校，以教育漢醫人才[104]。同年 3 月，方公溥亦有相同的說法[105]。4 月，劉文超建議，須培育藥學專門人才，並設立試驗所，獎勵栽培漢藥[106]。6 月，陳應春表示，「欲復興漢醫，必要設立學校」，若無漢醫學校，則學者無從研究、醫書無法統一，亦即僅是「有其名而無實學」[107]。7 月，祝天一認為，除了設立醫院、醫學校與藥物學校以外，藥舖須附設於醫院，醫生得通過檢定始可行醫，製藥人員也需通過檢定[108]。綜合以上論

按：文中載「時透人」，為「時逸人」之誤。

101 范國義，〈論醫學與國家之關係及改進中醫應用之方法〉，《臺灣皇漢醫界》，第四十四號，頁 11。

102 林雲仙，〈皇漢醫書有從新修訂之必要論〉，《臺灣皇漢醫報》，第五十三號，頁 4-6。

103 焦易堂，〈漢醫藥學術當用何法來整理刷新〉，《臺灣皇漢醫報》，第七十六號，頁 14。

104 楊志一，〈漢醫改進先決問題〉，《漢文皇漢醫界》，第四號，頁 12。

105 方公溥，〈漢醫改良四大問題〉，《漢文皇漢醫界》，第五號，頁 8。

106 劉文超，〈醫藥振興管見〉，《漢文皇漢醫界》，第六號，頁 12-15。

107 陳應春，〈漢醫學校宜興論〉，《漢文皇漢醫界》，第八號，頁 28。

108 祝天一，〈醫藥界的積弊和建設〉，《漢文皇漢醫界》，第九號，頁 10。

述，可知建設漢醫漢藥學校以培育人才，是重要訴求。

1929 年 12 月，《漢文皇漢醫界》編者表示：

> 請仿照現行大學制，分東洋文學系、西洋文學系之例，應於醫學校內，規定東洋醫學系，博採約取、精研深造，亦可與西醫互有發明，並行不悖。請通行全國各處，設立漢醫改進研究會，兼設醫校、醫院。醫校特設漢醫專修科，加授西醫；醫院分設漢、西醫診病，並可如西醫之注重實驗，不涉空虛。[109]

《漢文皇漢醫界》編者的發言，在很大的程度上，是可以代表該運動的主張與方向。由此可見，無論是醫學專門學校或大學科系、漢醫醫院等建置漢醫養成的教育、研究機構，皆是其重點。此外，東洋醫道會臺灣支部相談役洪團飛也有類似的主張。他有感於當今漢醫消逝迅速，以臺北地區為例，僅存十二人，因而建議「於首都設學校、各地方設講習所」，以振興漢醫[110]。由前述（第三章）可知，在東洋醫道會臺灣支部主導運動時，領導者即有建設漢醫醫院的想法，無奈因景氣與經費問題而延宕；至蘇錦全主政時，亦籌劃建設「漢醫無料診察所」，但往後並無消息。無論如何，此一願景確實為皇漢醫道復活運動的一大訴求。

三、融合漢洋東西醫學

1929 年 7 月，《漢文皇漢醫界》編者比較東、西醫學的優劣點，他指出：漢醫的優點在於歷代醫理著述豐富、用藥可兼顧各病，但缺點在於不進取、不改良、守舊太深，因而建議改良書籍、不囿於古人的謬說，「處處趨重於實驗」；至於西醫的優點，不僅精於外科，「內科亦大有發明」，無論是器具或學理，如顯微鏡、細菌學說，皆使西醫有長

109　編者，〈提倡改進漢醫學術芻議〉，《漢文皇漢醫界》，第十四號，頁 2。
110　洪團飛，〈漢醫之宜振興〉，《漢文皇漢醫界》，第十九號，頁 21。

足的發展，但它的限制在於仍有病症無法根治，需借助漢醫與漢藥。因此，他提出「西醫有改良漢醫之責任」，兩者皆各有所長，足可「匯通」[111]。

1930 年 5 月，東洋醫道會臺灣支部顧問黃純青表示，「東西文化各有所長」，在醫學方面，東洋醫術遜於西洋醫術乃是事實，究其原因在於「無設備專門研究之機關故無以勉勵之也」；他進一步斷言，若漢醫有如西醫一般的研究資源與環境，則「東醫之精，絕不讓於西醫」。不過，他並非完全否定西醫，而是主張「東西合參，研究並行」[112]。同年 7 月，《臺灣皇漢醫界》的編者，以實際病例，比較漢醫與西醫的優、缺點，而認為「內科以東醫為主，外科以西醫為君」，主張兩者應力求溝通，造福生民[113]。

藉由以上說法，我們可以得知：誠然，臺灣支部旨在復興漢醫，但他們並非要打壓西方式的醫學，而是主張互補、互助，具有強烈的東西醫融合觀念。這樣的立場與信念，勢必影響運動的定位與走向。

此外，東京藥學士的張國周，以其專業的角度，坦承西洋醫術的發展神速、進步，且漢醫與西醫在學理上有許多不相容之處，「蓋漢方醫術病理學說，概由哲學多為陰陽五行之幽玄中有無稽之說」，但若就藥方而言，「皆主實驗發達而來」，並有數千年的歷史。而當今的漢洋醫學論爭，乃因「攻西洋醫學者不讀東洋醫書，而研東洋醫學者不究西洋醫術，以致不能互取其長」[114]。石夢魯則以診斷學為例，指出漢醫為望、聞、問、切，西醫為打、聽、觸、視、脈搏、檢溫、顯微鏡檢查、X 光檢照，認為「國醫長於理想而短於實驗，西醫重於實驗而疎於理想」，

---

111 編者，〈東西兩醫學優劣點之比較〉，《漢文皇漢醫界》，第九號，頁 1-5。

112 黃純青，〈東西文化與醫術〉，《漢文皇漢醫界》，第十九號，頁 40-43。

113 編者，〈融合東西醫學之管見〉，《臺灣皇漢醫界》，第二十一號，漢文欄，頁 1-2。

114 張國周，〈泰西醫學與漢方醫術〉，《臺灣皇漢醫界》，第二十一號，漢文欄，頁 16-17。

因此，兩者應互相參考與研究，「用其所長，化其所偏」[115]。對於新醫、舊醫之說，承淡安於1931年6月表示，新舊之分乃起於西醫盛行，事實上，「醫以治療疾病為原則，原無分有新舊」，且醫學貴在有根底[116]。同時，謝滙東亦指出，「醫學雖有東西之分，而病體當無分乎東西也」，主張融貫東、西醫，並表示須以對照表列出雙方的差異，進而求統一人體名稱、藥物名稱、以及病症名稱[117]。

總而言之，論者多以為，即便東、西醫在本質上有所差異，但相同的是面對疾病。因此，主張東西醫融合、或東西醫並行發展，應當是一項不錯的選擇。

四、「新漢醫」的提倡

許半龍首先於1930年4月提出「新漢醫」的概念，他企圖打破舊醫即漢醫、新醫即西醫的迷思，並略舉其三大使命：

> 一、對於過去的使命：借鑑於先輩學者之成功與失敗，然後可以決定現在及將來，研求新漢醫進展之方針。
>
> 二、對於時代的使命：漢醫之革新，為時代流潮之一泡。將來之成功，自不免帶有時代的色彩。因現在的生活、狀態、內容，應取嚴重的態度，加以精密的觀察與合理的實驗。對於不公開之習慣及因襲之罪惡，尤當加以嚴厲的聲討。
>
> 三、對於本身的使命：……。吾甚願新漢醫學家，各本其充分的修養，努力奮鬪，改造漢醫，更進而改造世界的醫學。

---

115 石夢魯，〈東西診斷學之比較〉，《臺灣皇漢醫界》，第三十一號，漢文欄，頁1-2。

116 承淡安，〈寫在說新醫舊醫之後〉，《臺灣皇漢醫界》，第三十二號，漢文欄，頁4-5。

117 謝滙東，〈論東西醫學有融貫之必要〉，《臺灣皇漢醫界》，第三十二號，漢文欄，頁2-3。

他進一步解釋，必須先了解東洋醫學的歷史，並打破醫家派別的成見，整理中國醫學典籍；同時，參考西歐科學方法與醫藥成績，應順社會情形、迎合世界潮流，去除偏狹的國家主義。此外，本身亦應加強學識與修養[118]。

1931 年 1 月，林濟青亦以建設「新漢醫」為目標，並指出新漢醫是「獨立自由」的、足以對抗西醫的[119]。同年 4 月，《臺灣皇漢醫界》的編者表示，改革漢醫是我們應有的工作，而其步驟為：

> 一、改革漢醫的頭腦：漢醫頭腦的頑固，……，不識時勢變遷，一味拿了國粹漢醫四個字當作無上的寶貝，……，伏案研求，以為除了漢醫學術以外，就沒有其他學術了。二、改革漢醫的思想：……我們對於世界事物，一方面固然要守舊，但一方面不可無求新。……。所謂擇其善者而從之，其不善者而改之。三、改革漢醫的習慣：漢醫自秘的習慣，已無可諱言了。……。蓋凡事一有公開，則必共同研究，凡事一有研究，則必然日進昌明。四、改革漢醫的精神：……漢醫的精神，向來是渙散，而沒有團結的能力。……。何況我們漢醫藥界處在今日衰退之秋，……。全國的漢醫藥界同志們，快些一致團結起來！

改革漢醫的目的，便是為了成為「新漢醫」[120]。究其運動的實際作為而言，也確實可見朝向這四大改革方針的努力。

綜上所述，論者批判漢醫學與漢藥、提出各方面的改革建言，甚至主張東西醫融合，無非是為了復活「皇漢醫道」，並成為所謂的「新漢醫」。

---

118 許半龍，〈新漢醫之使命〉，《漢文皇漢醫界》，第十八號，頁 3-5。
119 林濟青，〈漢醫怎樣才不落伍〉，《臺灣皇漢醫界》，第二十七號，漢文欄，頁 3。
120 編者，〈改革漢醫我們應有的工作〉，《臺灣皇漢醫界》，第三十號，漢文欄，頁 2。

第六章
結論

通過對於日治時期臺灣皇漢醫道復活運動的實證研究，我們可歸結此運動的特質是：低度政治意涵、高度文化意涵，且為舊酒加味後換新瓶。所謂低度政治意涵，誠然運動領導者是以請願的方式，力圖恢復漢醫試驗制度，但前後的請願僅有兩次，況且該運動的主題是醫療政策，若比較當時其他政治、社會運動的方式與議題，則其政治意涵較低。所謂高度文化意涵，由於運動機關發行刊物，大肆宣傳運動的目標與醫界消息，亦且將醫理、醫藥或醫案公開發表與討論，尤其在蘇錦全主政後，又著重在教育方面。所謂舊酒加味後換新瓶，我們可以看到，具有傳統意識形態的漢醫藥界人士，在面臨近代文化、思想與制度的來臨時，也不得不使用近代的媒介傳播與意識型態來宣傳、重新包裝自己。例如，刊物的發行以及漢醫藥科學化即是顯例。從中我們也可以發現，這群人多半主張改革漢醫、並融合東西醫，而少有堅持漢醫本位、甚至廢除西醫之說。至於運動產生的因素，以臺灣本身的脈絡而言，日治時期西醫、漢醫與藥種商的人數變化是長期因素之一，根據附錄圖 2-1 與附錄表 2-2，1920 年是漢醫人數少於西醫人數的開始，即所謂的死亡交叉，該年藥種商人數也達到最高峰，往後，藥種商人數保持在 3,000 人上下，但西醫與漢醫的差距則逐漸拉大。我們或許可以說，起初漢醫與藥種商並無感，數年後，方才驚覺情勢惡化，遂有復活漢醫的具體作為。而 1920 年代的政治、社會、文化運動蓬勃發展，則是短期因素，促使藥種商等人運用類似的行動和方法來爭取漢醫的合法化；加之經濟恐慌，漢藥較便宜，有利於民生，而漢醫是運用漢藥的最佳人選，讓運動者得以建立一套論述體系來合理化該運動。

1920 年代的臺灣，在文化、思想上，產生重大的改變。尤其是臺灣文化協會為了促進臺灣文化的向上，致力於破除迷信、改革陋俗、強調守時守法、培養民眾的衛生習慣[1]。值得注意的是，他們看待傳統文化的態度與作為，是否適用於漢醫或漢藥？有論者指出，這些所謂革新派人士大多有社會達爾文主義，以「進步」和「適應」的觀念做為反傳統的理論基礎，對於傳統採取選擇性的否定，不同於中國五四新文化運動的全盤否定。此應與臺灣人在日本人統治下所產生的文化民族主義有關，對於傳統中國文化具有某種程度的依戀，並且為了對抗殖民體制與同化主義，強調建立臺灣的文化[2]。就目前所見文獻中，尚未能確知他們對於漢醫（學理）的態度與立場，但應不至於主張廢除漢藥，因為對於一般平民大眾而言，漢藥確實較便宜，且有一定的療效。

臺灣在 1895 年之後，可視為是日本史的一部分。在日本近代史（1857-1937）研究中，有學者分為六個時期[3]，而「日治時期臺灣皇漢醫道復活運動」正好處於第六個時期，即「危機期」（1925-1937），此時期最大的特徵為昭和法西斯主義，也就是極端的國家主義。在這樣的政治背景之下，即便臺灣皇漢醫道復活運動發展於多樣化的政治、社會運動時代，但 1930 年代後，也是開始走下坡的時候。我們可以看到，在日本方面的狀況是漢醫界聯合有力人士展開請願運動，企圖於帝國議

1　見陳君愷，《狂飆的年代——1920 年代台灣的政治、社會與文化運動》（青少年台灣文庫：歷史讀本 3，臺北：日創社文化事業有限公司，2006 年 10 月初版一刷），頁 181；另參戴寶村，〈台灣文化協會年代的生活革新運動〉，《台灣史料研究》，第 19 號（臺北：財團法人吳三連台灣史料基金會，2002 年 6 月），頁 144-159。

2　見蔡淵絜，〈日據時期台灣新文化運動中反傳統思想初探〉，《思與言》，第 26 卷第 1 期（臺北：思與言雜誌社，1988 年 5 月），頁 131。

3　分別是改革（1857-1863）、革命（1863-1871）、建設（1871-1880）、運用（1880-1893）、再編（1894-1924）、危機（1925-1937）。按：若將年代延至 1945 年，則有七個時期。見坂野潤治，《日本近代史》，目次、頁 11-13。

會修改醫師免許規則，並希望政府另設漢醫醫術開業考試，但最後並未成功。其主因在於議會將之與西方醫學比較後，認為漢醫學是落後且不科學的，加之內務省衛生局將醫術開業考試制度視為普及西方醫學和提高醫師素質之重要制度，因而強硬反對[4]。此外，臺灣總督府亦不敢違背日本帝國的醫療衛生政策。倘若日本帝國議會願意修改醫師免許規則，意即使漢方存續運動宣告成功，就殖民地的臺灣而言，基於內地延長主義，臺灣漢醫的免許亦不無可能；但另一方面，也有內地法與外地法之差異、以及各個殖民地因地制宜等說法，而依然故我的可能性。至於日治初期，總督府相關單位會聯合漢醫共同對抗疾病，這只是一種權宜之計，旨在補充當時西醫人力與物資的不足，同時也讓本地人不產生排斥。因此，有論者也表示，清帝國是從未管制醫療產業的傳統帝國，到了近代化國家體系的日本帝國，使臺灣傳統醫療從業者面臨到「轉型」的困境；於是，臺灣總督府以國家力量推動轉向西方醫療的「積極」，另一方面則是對傳統醫療管制、但不扶植的「消極」。領臺之初，總督府即無意過度挑戰臺灣人的固有生活方式，對於臺灣人的醫療習慣，在可容許的限度內，允許其繼續存在；一部分加以改造，使其融入總督府建構的西方醫療體系，另一部分則任由時間通過自然淘汰，並藉由法制的建構來進行「合法」、「不合法」的醫療區分[5]。

然而，同為殖民地的朝鮮，儘管漢醫人數亦不斷減少，但仍有五年以內的臨時免許證制度。此似與帝國的殖民政策、以及殖民地政府對社會控制力和醫療政策推行的成效有關。值得注意的是，朝鮮在成為日本帝國的領地之前，是由大韓帝國所統治，相對地，臺灣只是清帝國的一邊陲彈丸之地，且尚未形成所謂「臺灣人」的共同體[6]。這是否影響日

4 見鈴木哲造，〈日治時期臺灣醫療法制之研究——以醫師之培育與結構為中心〉，頁 62。

5 見林傳勝，〈台灣現代法制對傷科推拿傳統的規範態度〉，頁 69。

6 關於形成所謂「臺灣人」的共同體，可參陳翠蓮，《台灣人的抵抗與認同（1920-1950）》（臺北：遠流出版事業股份有限公司，2008 年 8 月 1 日一版一刷）

本帝國的殖民政策，有待進一步深入探討。

至於這批運動領導者在戰後臺灣的情形呢？陳茂通早於1936年8月14日逝世[7]。蘇錦全於戰後初期的表現則相當活耀，根據當時中華民國內政部於1948年公布中醫師人數，臺灣省共計1,279名，臺北市有157名，蘇錦全即為其中之一[8]；此外，他以「臺灣國醫藥改進社」名義（後更名為「臺灣省中醫改進會」），發刊《臺灣國醫藥報》，致力於臺灣中醫的建設[9]；又於1953年2月當選臺灣省中醫師公會第三屆理事長，後於1955年2月連任[10]；於其任內，曾努力創辦中醫專校[11]。然而，另一方面，他卻因醫療糾紛與洩漏中醫師考題而身陷官司[12]，不久後亦辭去理事長一職。至此，曾於日治時期臺灣皇漢醫道復活運動的活躍領導者，可謂凋零殆盡，加上眾多來自中國的中醫藥團體人士，這些中醫人士大多與政府關係良好，甚至本身就有從政，如覃勤、賴少魂。於是他們也逐漸成為中醫藥界的核心人物，使臺灣中醫界的發展又邁向另一情景。

綜上所述，本書針對日治時期臺灣皇漢醫道復活運動做一實證研究，在日治時期臺灣醫學史研究、乃至於臺灣史研究中，究竟有何貢獻

一書。

7 〈陳茂通氏逝く〉，《臺灣日日新報》，1936年8月16日，夕刊2版。

8 見鄭品聰，〈寫在中醫師名鑑的前面〉，收錄於程育群主編，《臺灣省會中醫師名鑑》（臺北：臺灣中國醫藥社、臺灣出版社，1952年1月初版），無頁碼；程育群主編，《臺灣省會中醫師名鑑》，頁26。

9 〈公文牘摘要〉，《臺灣國醫藥報》，第一一二號（光復第二號）（臺北：臺灣國醫藥改進社，1946年10月20日），頁1-2。

10 見謝坤宗，〈台灣省中醫師公會沿革〉，收錄於林昭庚主編，《台灣中醫發展史——中華民國中醫師公會全國聯合會沿革暨臺灣中醫發展沿革》，頁108。

11 〈苗栗醫界開會　籌辦中醫專校　決定校址設在苗栗〉，《聯合報》，1953年10月22日，版4。

12 見〈中醫搖身一變　竟成西洋大夫　一針死人追查執照　蘇錦全涉嫌亦被控〉，《聯合報》，1953年7月26日，版3；〈中醫師考試查獲詐財案　蘇錦全周發龍被扣　涉嫌出售試題答案　刑警總隊盼上當者檢舉〉，《聯合報》，1956年6月25日，版3。

或地位？本人不揣淺陋，試抒發拙見。第一，參與運動的這群人在社會上是相對邊緣的，對於統治者而言，他們並非社會上的主流人物，尤其是非領導階層者，故而少見於人物誌、職員錄等文獻中；而本書附錄表4-5原旨在整理廣告內容、以推求其收入，但意外地發現：不少未見於目前人物誌或職員錄等文獻中的運動參與者，竟可在雜誌刊物的廣告內容上獲得其基本資訊，使此一附錄表可成為一「人物誌」，亦有助於研究日治時期臺灣藥種商。第二，過去研究者往往關注當時較為大型的政治、社會運動，如議會請願運動、農民運動，或主導這些運動的團體，如臺灣文化協會、臺灣民眾黨、臺灣地方自治聯盟、臺灣農民組合、臺灣共產黨，但對於較為小型的社會或文化運動，則相對忽略。然而，我們若能利用現存史料，朝著相對邊緣的歷史事件與人物做研究，才能描繪出更為完整的歷史圖像，本書即是如此。第三，不同於現今以殖民醫學或現代醫學為主流的研究，本書是從漢醫的角度，探索在日治時期臺灣傳統醫療與現代醫療交會、轉換的過程中，傳統醫藥者的因應之道，以及醫療與政治、社會的互動情形[13]。

然而，本書也有尚未解決的問題。例如在史料上，東洋醫道會東京本部有發行雜誌《皇漢醫界》，目前館藏於日本國會圖書館，且僅有紙本資料。遽聞該刊物載有支部的消息介紹，應可望釐清本、支部的互動關係。又如運動參與者的部分，在本研究的界定之下，僅有分析「領導階層」與部分「社團會員」，但尚有刊物購讀者、巡迴演講的歡迎者與參與者、機關刊物的主要撰稿人等，可加以探討。此皆本人力有未逮，有待他日進一步研究。

最後，誠如緒論所言，過去對於臺灣皇漢醫道復活運動的研究，大多是非實證性的，不僅對該運動的敘述過少，或評價不免有以成敗論英

13　皮國立、莊勝全亦有類似主張。參皮國立，《臺灣日日新——當中藥碰上西藥》，頁28-29；莊勝全，〈從「為中醫辯護」到「被西醫凌駕」——介紹三本討論中、西醫交會的新作〉，頁204。

雄之調，而忽略該運動的歷史意義。經過本書仔細地整理與分析後，可以發現：臺灣皇漢醫道復活運動在漢醫已日漸消亡之情形下，有重新注入一番鼓舞、希望之意，運動也具有豐富的思想史內涵，且在一定程度上反映了當時社會的活力。運動的鼎盛期雖是曇花一現，但綜觀這一場運動，他們又何嘗沒有努力綻放出一朵美麗的花呢？

附錄

附錄表 1-1 本書所見各期號出版時間一覽

刊名	期數	發行日期	發行單位
漢文皇漢醫界	第一卷第一號	1928 年 11 月 20 日	東洋醫道會臺灣支部
	第二號	1928 年 12 月 20 日	
	第三號	1929 年 1 月 20 日	
	第四號	1929 年 2 月 20 日	
	第五號	1929 年 3 月 20 日	
	第六號	1929 年 4 月 20 日	
	第七號	1929 年 5 月 20 日	
	第八號	1929 年 6 月 20 日	
	第九號	1929 年 7 月 20 日	
	第十號	1929 年 8 月 20 日	
	第十一號	1929 年 9 月 20 日	
	第十二號	缺本	
	第十三號	缺本	
	第十四號	1929 年 12 月 20 日	
	第十五號	1930 年 1 月 20 日	
	第十六號	1930 年 2 月 20 日	
	第十七號	1930 年 3 月 20 日	
	第十八號	1930 年 4 月 20 日	
	第十九號	1930 年 5 月 20 日	
	第二十號	1930 年 6 月 20 日	
臺灣皇漢醫界	第二十一號	1930 年 7 月 20 日	
	第二十二號	1930 年 8 月 20 日	
	第二十三號	1930 年 9 月 20 日	
	第二十四號	1930 年 10 月 20 日	
	第二十五號	1930 年 11 月 20 日	
	第二十六號	缺本	
	第二十七號	1931 年 1 月 20 日	
	第二十八號	1931 年 2 月 20 日	
	第二十九號	1931 年 3 月 20 日	
	第三十號	1931 年 4 月 20 日	

刊名	期數	發行日期	發行單位
臺灣皇漢醫界（續）	第三十一號	1931 年 5 月 20 日	東洋醫道會臺灣支部
	第三十二號	1931 年 6 月 20 日	
	第三十三號	1931 年 7 月 20 日	
	第三十四號	1931 年 8 月 20 日	
	第三十五號	1931 年 9 月 20 日	
	第三十六號	1931 年 10 月 20 日	
	第三十七號	1931 年 11 月 20 日	
	第三十八號	1931 年 12 月 20 日	
	第三十九號	1932 年 1 月 20 日	
	第四十號	1932 年 2 月 20 日	
	第四十一號	1932 年 3 月 20 日	
	第四十二號	1932 年 4 月 20 日	
	第四十三號	1932 年 5 月 20 日	
	第四十四號	1932 年 6 月 20 日	
	第四十五號	1932 年 7 月 20 日	
	第四十六號	1932 年 8 月 20 日	
	第四十七號	1932 年 9 月 20 日	
	第四十八號	1932 年 10 月 20 日	
	第四十九號	1932 年 11 月 20 日	
	第五十號	1932 年 12 月 20 日	
	第五十一號	1933 年 1 月 20 日	
臺灣皇漢醫報	第五十二號	1933 年 3 月 5 日	臺灣漢醫藥研究室
	第五十三號	1933 年 4 月 5 日	
	第五十四號	1933 年 5 月 8 日	
	第五十五號	1933 年 6 月 8 日	
	第五十六號	1933 年 7 月 10 日	
	第五十七號	1933 年 8 月 5 日	
	第五十八號	1933 年 9 月 14 日	
	第五十九號	1933 年 10 月 5 日	
	第六十號	1933 年 11 月 5 日	
	第六十一號	1933 年 12 月 18 日	
	第六十二號	1934 年 1 月 24 日	
	第六十三號	1934 年 2 月 9 日	
	第六十四號	1934 年 3 月 10 日	
	第六十五號	1934 年 4 月 5 日	
	第六十六號	1934 年 5 月 19 日	
	第六十七號	1934 年 6 月 10 日	
	第六十八號	1934 年 7 月 19 日	
	第六十九號	1934 年 8 月 20 日	
	第七十號	1934 年 9 月 12 日	
	第七十一號	1934 年 10 月 14 日	
	第七十二號	1934 年 11 月 11 日	

刊名	期數	發行日期	發行單位
臺灣皇漢醫報（續）	第七十三號	1934 年 12 月 7 日	臺灣漢醫藥研究室
	第七十四號	1935 年 1 月 1 日	
	第七十五號	1935 年 2 月 23 日	
	第七十六號	1935 年 3 月 11 日	
東西醫藥報	第七十七號	1935 年 4 月	
	第七十八號	1935 年 5 月	
	第七十九號	1935 年 6 月	
	第八十號	1935 年 7 月	
	第八十一號	1935 年 8 月	
	第八十二號	1935 年 9 月	
	第八十三號	1935 年 10 月	
	第八十四號	1935 年 11 月	
	第八十五號	1935 年 12 月	
	第八十六號	1936 年 1 月 5 日	
	第八十七號	1936 年 2 月 5 日	
	第八十八號	1936 年 3 月 31 日	
	第八十九號	1936 年 5 月 5 日	
	第九十號	1936 年 6 月 3 日	
	第九十一號	1936 年 7 月 4 日	
	第九十二號	1936 年 8 月 2 日	
	第九十三號	1936 年 8 月 25 日	
	第九十四號	1936 年 9 月 8 日	
	第九十五號	1936 年 10 月 10 日	
	第九十六號	1936 年 11 月 5 日	
	第九十七號	1936 年 12 月 29 日	
	第九十八號	1937 年 1 月 24 日	
	第九十九號	1937 年 2 月 24 日	
	第一〇〇號	1937 年 3 月 31 日	
	第一〇一號	1937 年 4 月 30 日	
	第一〇二號	1937 年 6 月 5 日	
	第一〇三號	1937 年 7 月 10 日	
	第一〇四號	1937 年 8 月 8 日	
	第一〇五號	1937 年 9 月 2 日	
	第一〇六號	1937 年 10 月 5 日	
	第一〇七號	缺本	
	第一〇八號	1937 年 11 月 30 日	
	第一〇九號	缺本	
	第一一〇號	缺本	

說明：1. 第十二號、十三號、二十六號、一〇七號為缺本。

2. 蘇錦全於戰後發行《臺灣國醫藥報》，該刊第一號亦為「第一一一號」，乃延續日治時期臺灣皇漢醫道復活運動刊物之期號，可知《東西醫藥報》應有第一〇九號與第一一〇號，目前亦為缺本。

附錄圖 2-1　日治時期西醫、漢醫、藥種商歷年人數統計圖

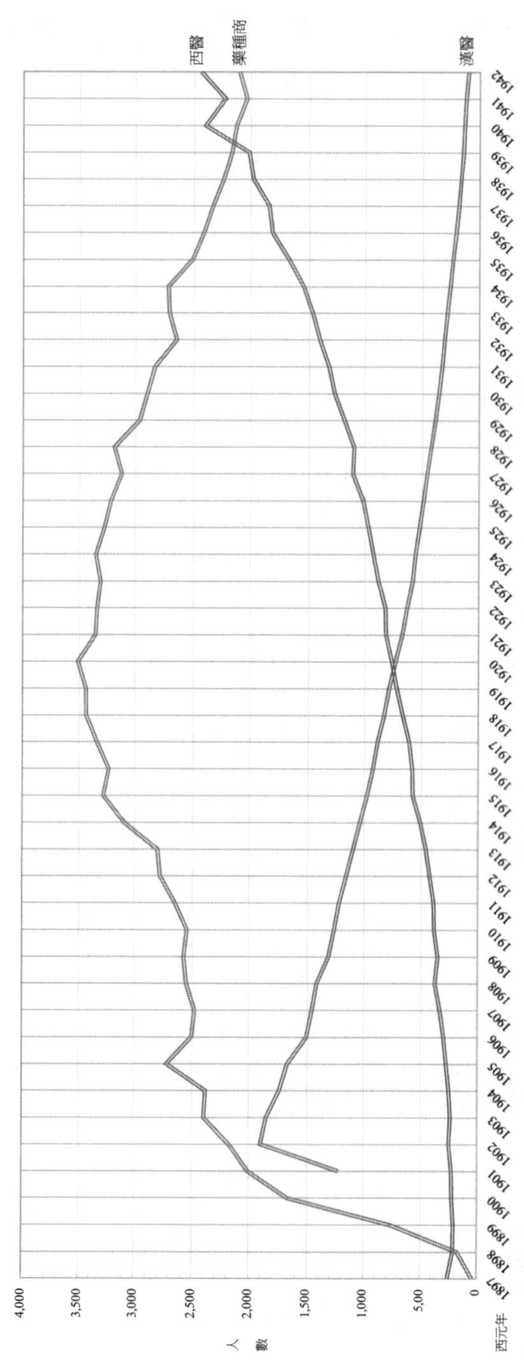

圖片來源：本書作者由臺灣省行政長官公署統計室編製，《臺灣省五十一年來統計提要》，即附錄表 2-2，自繪而成。

附錄表 2-1　明治時代參與漢方存續運動之社團一覽

團體名稱	成立時間	代表人	重要參與者	出版刊物	重要事蹟
愛知博愛社	1879.1	淺井國幹	淺井樺園、村瀨豆洲、服部培園、中島養忠、平子德右衛等人。		*創辦漢醫院「愛知博愛病院」。 *1880 年 10 月，號召全國漢醫界以東京溫知社為核心、發起請願運動。 *1880 年 11 月，開辦「皇漢醫學專科學校」。
東京溫知社	1879.3	山田業廣 飯田隆安 高橋宗翰 山本高朗	淺田宗伯、岡正吉、岡田昌春等人。	溫知醫談	各地分社的成立： 川越分社（1880.3） 長野分社（1880.5） 大阪分社（1881.9） 秋田分社（1881.11） 鳥取分社（1881.11） 白圭會（1884.1）等。
京都贊育學社	1880 秋		福井貞憲、山本正行、三角有紀、出口容齋、田中歌永、山本章夫、森精一郎、宮島順治、櫻井玄彝、杉原禎三、柳田元策、赤澤太仲等人。	贊育醫談、續贊育醫談	
熊本春雨社	1881.4	村井雲台	高岡玄真、志賀栗齋、伊佐尚綱、江村宗益、深水成章、町野玄同、黃玄鳳、高木宗春、服部文節、松山弘德、衛藤玄甫等人。	春雨醫談輯要、春雨雜誌	
東京杏雨社	1883.2	太田正隆		和漢醫林新志	該刊物為明治時期發行時間最久者。
東京回天醫會					
德島濟生社					

資料來源：潘桂娟、樊正倫編著，《日本漢方醫學》。

附錄表 2-2　日治時期西醫、漢醫、藥種商歷年人數統計一覽

西元年	西醫	漢醫	藥種商
1897	259	-	40
1898	211	-	173
1899	208	-	767
1900	223	-	1,670
1901	226	1,223	2,011
1902	250	1,903	2,177
1903	238	1,853	2,400
1904	251	1,742	2,384
1905	275	1,671	2,723
1906	298	1,506	2,506
1907	331	1,458	2,482
1908	375	1,418	2,553
1909	351	1,314	2,577
1910	383	1,266	2,550
1911	388	1,223	2,652
1912	423	1,161	2,782
1913	458	1,100	2,803
1914	509	1,041	3,089
1915	578	979	3,280
1916	583	927	3,231
1917	610	887	3,341
1918	667	830	3,437
1919	721	786	3,439
1920	763	732	3,511
1921	816	674	3,355
1922	821	632	3,340
1923	882	583	3,309
1924	927	558	3,353
1925	972	522	3,274
1926	1,019	486	3,215
1927	1,112	456	3,119
1928	1,101	422	3,187
1929	1,185	384	2,964
1930	1,272	354	2,899
1931	1,322	325	2,836
1932	1,403	305	2,649
1933	1,466	281	2,712
1934	1,549	256	2,723
1935	1,674	233	2,514
1936	1,817	204	2,416
1937	1,845	181	2,335
1938	1,983	163	2,241
1939	2,018	141	2,169
1940	2,401	133	2,130
1941	2,228	119	2,037
1942	2,441	97	2,104

資料來源：臺灣省行政長官公署統計室編製，《臺灣省五十一年來統計提要》。

附錄表 2-3 昭和時代參與漢方存續運動之社團一覽

團體名稱	成立時間	代表人	重要參與者	出版刊物	重要事蹟
東洋和漢醫學研究會	1927	渡邊熙	藤本豐吉、中野康章、森田幸門、黑川惠寬等人。		舉辦漢方醫學短期講習活動。
東洋醫道會	1928.1	南拜山	木村博昭、湯本求真、新妻良輔、大塚敬節、矢數道明等人。	皇漢醫界	向帝國議會提出請願。
皇漢醫道會	1928.5	木村博昭		醫道	
東洋古醫學研究會	1932.3			古醫道	
日本漢方醫學會	1934.3			漢方與漢藥	
日本醫學研究會	1935.11			日本醫學	
東亞醫學協會	1938.11	大塚敬節 矢數道明	石原保秀、矢數有道、柳谷素靈、木村長久、清水藤太郎、龍野一雄、小出壽、栗原廣三、渡邊武、山上平太、代田文志、龜岡晋等人。	東亞醫學	* 該會前身是漢方醫學講習會——偕行學苑，以及後來的「拓大漢醫講座」。 * 漢醫講座續辦至第九期。 *1940 年 8 月 8 至 15 日，舉辦「漢方夏季大學」課程。 * 多次發起請願運動。 * 研製漢方制劑、設置漢醫圖書館。
千葉大學東洋醫學研究會	1939.4	藤平健 長濱善夫			
近畿漢法醫學會	1940.5	中野康章	新妻良輔、森田幸門等人。		

團體名稱	成立時間	代表人	重要參與者	出版刊物	重要事蹟
近畿漢方醫學會	1940.6	中野康章	阿部博行、森田之皓等人。		
日本漢方藥劑師會	1942.5	清水藤太郎			

資料來源：潘桂娟、樊正倫編著，《日本漢方醫學》。

附錄 4-1　東洋醫道會臺灣支部規則

第一條　本會稱為東洋醫道會臺灣支部
第二條　本會事務所置在臺北市乾元藥行內
第三條　本會為圖復興東洋醫道並保健衛生及請願醫生免許續行試驗之起見為目的
第四條　本會欲計達其目的每月定刊漢文皇漢醫界雜誌以資研究
第五條　本會會員分為四種
　　一、正會員　醫生及鍼灸術並斯道之特志研究者
　　二、贊助員　贊成本會之主旨
　　三、特別會員　贊成本部之主旨並醵出金壹百圓以上
　　四、名譽會員　對本會有顯著之功勞或熱心于斯道者
第六條　本會役員如左
　　支部長　一名
　　相談役　若干名
　　幹事　若干名
　　地方委員　若干名
第七條　正會員欲入會同時要納三個月以上之會費（會費每個月定金六拾錢）
第八條　會員將退會之時要先具事由聲明于本會
第九條　會員有汙會之體面及不遵規者經役員會決議或戒告或除名
第十條　關于細則悉照本部之所定

資料來源：《漢文皇漢醫界》，第三號、第四號、第十號、第二十號。

附錄 4-2 臺灣漢醫藥研究室簡章

一、誌名：本誌定名為臺灣皇漢醫報

二、刊數：本誌暫定為月刊（每月五日發行）

三、頁數：每冊五十頁以上（菊判）

四、社名：本社定名為臺灣漢醫藥研究室

五、社址：暫置在臺北市日新町二丁目百四十八番地

六、宗旨：本室以研究漢醫藥學及發行醫報講義並絕秘版漢醫藥籍為主要宗旨。巡迴講演漢醫藥學術、健康相談、指導研究生、收買秘方或特效藥而公表、代賣中國本島各處特效丹膏丸散、介紹入學中國各漢醫學校，將來力之可及或創施診所、漢醫病院、漢醫藥學校於適宜地點為附屬事業。

七、組織：本室現暫為個人事業，故除發行人、編輯者、事務員及精神的或物質的援助本室之贊助員外，將聘若干名之醫生、醫師、律師為顧問，以圖漢西醫學之一家化，並促進漢醫界復興之早實現，餘無別種役員組織。

八、經費：除雜誌費、廣告料之收入外，並希望有志者之物質的援助為經費。

九、誌費：一部每個月暫定為參拾錢，半個年為壹圓六拾錢，全年份為參圓，送料在內。（誌費須要前納）

十、廣告料：每頁為九圓，半頁為五圓，1/4 為三圓，1/6 為二圓，1/12 為一圓，全年份七折。（廣告料須前納二割）

十一、獎勵：（1）贊助員每月刊出芳名於誌上為酬謝

（2）顧問每年贈呈一次以上之報酬

（3）投稿入選而上刊者，贈與相當賞品或報酬。

（4）介紹五名以上之購讀員者，贈呈一個年份之雜誌為報酬。

（5）介紹五圓以上之廣告者，贈與二割為報酬。

資料來源：《臺灣皇漢醫報》，第五十二號。

附錄 4-3　臺灣漢醫藥研究室領收書（至 1933.5.1 止）

海山郡	板橋街	趙日三
	三峽庄	黃淵
大甲郡	大甲街	郭水賓、陳耍
豐原郡	豐原街	林清吉、魏杰、林春城
	神岡庄	蔣盛東
	大雅庄	林順德
大屯郡	西屯庄	黃材棟、邱炳輝
臺中市	新富町	陳振烈
	新高町	江枝
	橋町	廖煌
彰化郡	和美庄	黃奇材
	秀水庄	吳定欲
員林郡	永靖庄	劉嵩山
新高郡	魚池庄	黃永眞
竹山郡	竹山庄	劉壽
斗六郡	斗六街	蔡榮森、鍾鎮城
	斗南庄	沈來儀
北港郡	北港街	蔡春亭、蘇錦、陳芝
	四湖庄	林有義
嘉義郡	民雄庄	黃知高
	竹崎庄	陳義
	大林庄	吳添潆
	溪口庄	張武炎
	水上庄	薛位珍
嘉義市	元町	高棟樑、曾麒麟
	西門町	陳記、林羅漢、陳坤
新營郡	後壁庄	殷占魁、黃仁德
北門郡	佳里庄	陳模
	西港庄	黃圖、郭艮榮
新化郡	善化庄	蘇秦強
新豐郡	仁德庄	張齊
臺南市	本町	上官榮炎、陳粒
岡山郡	彌陀庄	曾口心
	路竹庄	黃順安
鳳山郡	林園庄	黃王邦、林聰旗
屏東郡	里港庄	金長發
	屏東街	連木、陳錦和
東港郡	佳冬庄	陳寄生
潮州郡	潮州庄	李炳榮
	枋寮庄	陳滆致
	竹田庄	謝才興
	內埔庄	林興化
臺東廳	新港區	曾鴻藻
花蓮港廳	馬太鞍	林金生

說明：由郵便集金領收每人 3 圓 10 錢，共 59 人次，總收入 182 圓 90 錢。

資料來源：《臺灣皇漢醫報》，第五十四號，頁 54。

附錄 4-4　臺灣漢醫藥研究室領收書（至 1933.6.5 止）

臺北市	樺山町	劉蓮池
	水道町	陳木
	下內埔	陳春麟
新莊郡	林口庄	謝水深
海山郡	鶯歌庄	鄭定石
	中和庄	黃天佑、劉阿海
	三峽庄	蘇欽棟
七星郡	平溪庄	劉舉所
	內湖庄	張佛
淡水郡	淡水街	盧阿水
文山郡	新店庄	簡鴻春
基隆市	後井子	游永發、林寅
	玉田町	王萬源
	曾子寮	江美煥
	福德町	楊安
	幸町	陳標先
	新興街	江振富、郭棕
基隆郡	瑞芳庄	黃萬興、周琳、黃仁祥、林全
宜蘭郡	礁溪庄	吳陽春
	宜蘭街	新順興、林展綸、林再立、陳夢熊、楊長、陳玉枝、張文旺、陳維圃、朱殿蓉
	員山庄	張丹階、張有土、張芳桂女士
羅東郡	羅東街	林克生、林火原
大溪郡	龍潭庄	管阿添、馮金興
	關西庄	鄭廷恩
新竹郡	新埔庄	胡子雲、嚴坤榮、陳兆榮
	六家庄	黃雙漢、林雲鵰
	舊港庄	曾秋濤
新竹市	東門	鄭曲全、蘇阿祿
	北門外	溫金池、謝森鴻、陳灶
竹東郡	芎林庄	劉陳光、劉陳康
	峨嵋庄	游成壽
	橫山庄	何承上
竹南郡	竹南庄	葉長、林弓喜

苗栗郡	銅鑼庄	羅吉銅、李開章
	四湖庄	益生堂
	公館庄	劉阿添
	通宵庄	李金漢、劉清貴
豐原郡	神岡庄	王瑞龍
大屯郡	北屯庄	賴子科、賴棟樑
彰化郡	和美庄	謝錦
	鹿港街	林煥彩
員林郡	坡心庄	邱桐
	永靖庄	邱長元
北斗郡	北斗街	許為、邱火（君）
南投郡	名間庄	吳友文
竹山郡	竹山庄	張聯登、莊茂松、王英元
能高郡	埔里街	陳金地、林春田
嘉義郡	民雄庄	許國浪
	溪口庄	張泉時
	水上庄	劉世貞、何聲哲、黃天河
嘉義市	南門町	張賜
新營郡	後壁庄	賴義、葉錐、蘇照、賴拱
	柳營庄	劉尚榮
北門郡	北門庄	洪新解
岡山郡	岡山庄	蘇星煌、劉建昌、曾江中
高雄市	鹽埕町	黃吳、陳坐、李求
屏東郡	里港庄	黃萬炭
潮州郡	萬巒庄	熊福星
旗山郡	甲仙庄	吳阿祥
東港郡	林邊庄	陳首
花蓮港廳	研海區	林芎

說明：由郵便集金領收每人 3 圓 10 錢，共 103 人次，總收入 319 圓 30 錢。

資料來源：《臺灣皇漢醫報》，第五十五號，頁 57-58。

附錄 4-5　臺灣漢醫藥研究室領收書（至 1933.9.1 止）

中華民國		
江蘇省	徐州	高行素
廣西省	蒙山縣	梁柱
廣東省	臺山縣	李警美
	同德縣	勞達時
海山郡	三峽庄	李瓦丹
	鶯歌庄	王新淵
竹南郡	竹南庄	許萬得
苗栗郡	銅鑼庄	李玉珍
大甲郡	大肚庄	陳焙柳、趙欽福、楊金緒、趙明德
臺中市	樹子腳	林三坤
豐原郡	豐源街	賴胚
大屯郡	霧峯庄	曾錦江、許嘉友、曾柳、廖清江
	大里庄	林阿札、林坤池、林老港、林德卿
	烏日庄	張定、林三
彰化郡	芬園庄	黃燦林、簡西京、李木卿
南投郡	草屯庄	洪茂盛
新高郡	集集庄	梁昌雲
斗六郡	斗六街	許仕
虎尾郡	西螺街	魏等如
	崙背庄	鍾金海
臺南市	臺町	林鶴鳴
澎湖廳	馬公街	林君党
東石郡	布袋庄	蔡清容

說明：由郵便集金領收每人 3 圓 10 錢，共 35 人次，總收入 108 圓 50 錢。
資料來源：《臺灣皇漢醫報》，第五十八號，無頁碼。

附錄 4-6　臺灣皇漢醫界社領收書（至 1933.10.1 止）

三圓		
北斗郡	北斗街	陳慶唐
虎尾郡	土庫庄	林逢春
二圓七十五錢		
大甲郡	沙鹿庄	鄭添情
彰化郡	南郭庄	林子良
北斗郡	竹唐庄	莊興、張炎
臺南市	永樂町	杜李綿
東港郡	林邊庄	阮達天
二圓二十五錢		
桃園郡	桃園街	徐添丁
苗栗郡	苑裡庄	陳茂煌
	頭屋庄	李友信
大屯郡	北屯庄	江樹發
曾文郡	麻豆街	李俊
二圓		
七星郡	汐止街	賴盛友
大甲郡	梧棲街	蔡裕淵
彰化郡	鹿港街	黃朝榮、方鐘、陳水
	線西庄	柯銀錠
新高郡	魚池庄	陳金樑
曾文郡	麻豆街	黃天水
斗六郡	斗六街	張棹、朱鐵槌
臺東廳	新開園	劉福香
一圓七十五錢		
臺北市	入船町	李要、新宏生局
新竹郡	關西庄	羅阿房、黃毓水
臺中市	新富町	楊阿森
一圓五十錢		
臺北市	綠町	吳家走
臺南市	台町	林鶴鳴
嘉義郡	溪口庄	邱馨
虎尾郡	崙背庄	魏等如、鐘金海
澎湖廳	馬公街	林君党
一圓二十五錢		
臺北市	永樂町	參奇行
	下奎府	林攀桂
	太平町	周啓昌
海山郡	鶯歌庄	王新淵
	三峽庄	李瓦丹

一圓二十五錢（續）		
竹南郡	竹南庄	許萬得
彰化郡	彰化街	呂來成
一圓		
新竹郡	關西庄	范光源
	舊港庄	曾進安
中壢郡	中壢街	張學華
	楊梅庄	黃雲騰
臺中市	新富町	曾三沂
豐原郡	潭子庄	林瑞榮
東石郡	鹿草庄	王太山、黃德清
鳳山郡	大寮庄	吳順福
旗山郡	旗山街	葉筆章
七十五錢		
七星郡	內湖庄	林柯青
	汐止街	謝有土
	士林庄	陳曹容
中壢郡	中壢街	簡文淡
大甲郡	清水街	陳森木
員林郡	員林街	李錫慶
竹山郡	竹山庄	莊茂松
新高郡	集集庄	賴天賜、賴仁和、林阿德、陳石旺
嘉義郡	水上庄	馮仁心
北門郡	學田庄	邱寬永
斗六郡	斗南庄	劉本治
北港郡	北港街	顏湖
六十錢		
宜蘭郡	宜蘭街	張文旺
	員山庄	張丹階
能高郡	埔里街	洪阿修
新營郡	柳營庄	劉尚榮
高雄市	鹽埕町	陳坐、黃吳、李求
岡山郡	岡山庄	蘇星煌、劉建昌
屏東郡	里港庄	黃萬炭
五十錢		
基隆郡	後井子	游永發
宜蘭郡	員山庄	張氏芳桂
	頭圍庄	吳有順
蘇澳郡	蘇澳庄	林維巖
海山郡	中和庄	簡阿林
新竹郡	新埔庄	曾蘭芳、胡錫卿

五十錢（續）		
大溪郡	龍潭庄	簡阿添
苗栗郡	銅鑼庄	李開章
	通宵庄	劉清貴、李金漢
大甲郡	沙鹿庄	林子樵
	大甲街	朱查某
彰化郡	鹿港街	張天送、郭宗
	秀水庄	吳傳加
	和美庄	吳煥圭
	花壇庄	沈滿堂、顏廷庸、陳天財
員林郡	大村庄	楊火枝、施祖蔭、游民安
	溪湖庄	施議兩、楊永清、巫隆善、陳瑞記
	員林街	林木淇
	永靖庄	陳福胤、游榆柳、胡祝融
南投郡	名間庄	吳友文
新高郡	魚池庄	黃永眞
能高郡	埔里街	林春田、林鴻年、陳景寅、游水生、莊金星
新化郡	善化庄	蘇清池
嘉義郡	竹崎庄	陳義
	番路庄	李朝和
	民雄庄	許國浪
	溪口庄	張泉時
	新港庄	吳來傳、何文彬、楊慶、王問頂
斗六郡	斗六街	鍾鎮城、林賜安
	斗南庄	劉海、張寡、張文喜
虎尾郡	虎尾街	濟春堂、莊春德
北港郡	北港街	顏馹馬
東石郡	義竹庄	黃路
鳳山郡	林園庄	黃王邦
潮州郡	枋寮庄	陳漏致
三十錢		
彰化郡	鹿港街	林煥彩
	和美庄	謝錦、黃奇材
斗六郡	北斗街	許為
竹山郡	竹山庄	張陳元、王英元、林其木
	鹿谷庄	林有能
新營郡	後壁庄	葉錐
嘉義郡	溪口庄	張武炎
	水上庄	何聯哲、劉世貞、黃天河
	民雄庄	黃知高
	竹崎庄	詹堯

三十錢（續）		
嘉義市	北門町	黃養
	西門町	陳記
新竹市	西門外	彭錦璣
斗六郡	斗六街	李承慶、蔡榮森
	斗六庄	沈來儀
北港郡	北港街	蔡春亭、蘇錦、陳芝
潮州郡	萬巒庄	熊福興
二十五錢		
臺北市	大橋町	柯子輝
	日新町	黃炎城
	下奎府	李茶康
	元園町	林萬慶
七星郡	松山庄	林源和、林義合
	汐止街	施應丁、陳萬乞
	平溪庄	劉學所
	內湖庄	張佛、芳茂藥房
基隆市	新興	郭棕、江振富
	玉田	陳梅圃
新莊郡	新庄街	許龍
新竹郡	關西庄	張阿林、呂阿北、黃阿金
中壢郡	觀音庄	黃雲梯
桃園郡	大園庄	游盛、王坡
大溪郡	大溪街	簡應麟、江宗訓
	龍潭庄	賴麟
竹東郡	北埔庄	蕭韞玉
	峨嵋庄	游成壽
	竹東庄	劉阿斗
竹南郡	頭分庄	李昌茂、林啓興、蘇金新
	竹南庄	方柳仁、林永順、葉長、林弓喜
竹山郡	竹山庄	石安慶
嘉義郡	大林庄	林俊
	盧厝	盧超儒
旗山郡	美濃庄	曾超英

說明：由臺灣皇漢醫界社領收（後應轉交給臺灣漢醫藥研究室），3 圓有 2 人次、2 圓 75 錢有 6 人次、2 圓 25 錢有 5 人次、2 圓有 11 人次、1 圓 75 錢有 5 人次（或單位）、1 圓 50 錢有 6 人次、1 圓 25 錢有 7 人次（或單位）、1 圓有 10 人次、75 錢有 15 人次、60 錢有 10 人次、50 錢有 58 人次、30 錢有 25 人次、25 錢有 38 人次（或單位），共 198 人次（或單位），總收入 155 圓 50 錢。

資料來源：《臺灣皇漢醫報》，第五十九號，頁 1-3。

附錄 4-7　臺灣漢醫藥研究室領收書（至 1933.11.1 止）

中華民國		
福建省	廈門市	魏文良
湖北省	漢口市	徐在民
浙江省	壽昌縣	童康年
湖南省	口陵縣	敖知白
江蘇省	南京市	汪逸人
	上海市	朱阜山
廣西省	蒙山縣	覃緯可、英壽喬、鐘美彰
山東省	費縣	唐耀華
臺北市	永樂町	連錦泰、李友寬、陳遠述、李天才、黃耀崑、協吉成、周錡
	太平町	何勝珠、蔡三恩、胡坤、歐陽芳昌
	大橋町	李金振、莊合安、濟生堂、游廖振發、徐德卿
	有明町	傅朝桂、紀乃潭
	龍山寺町	林鏡澤
	宮前町	張嘉祥
	建成町	林樑材、盧傳
	日新町	黃淡城、楊木新、周地
	下奎府町	王麵芋、鄭連丁
大甲郡	大甲街	朱查某
	沙鹿庄	洪萬紫、林子樵
大屯郡	北屯庄	江阿錫
臺中市	新富町	廖阿古
員林郡	員林街	謝金財、林得水、曾茂榮
	永靖庄	胡耀火、胡祝融
	大村庄	楊火枝
彰化郡	花壇庄	陳天財
北斗郡	北斗街	許丁綿
	口洲庄	汪森霖、謝慶煌
能高郡	埔里街	林鴻年
嘉義郡	新港庄	吳來傳
虎尾郡	虎尾街	莊春德
	土庫庄	郭七
北港郡	北港街	顏驅馬
新營郡	新營庄	黃獻琛
	後壁庄	阮謙
	鹽水街	曾火
臺南市	本町	顏頭
	清水町	莊賞
	高砂町	黃有為
新化郡	善化庄	蘇清池
潮州郡	萬巒庄	林文民
旗山郡	旗山街	葉筆章
	溪州庄	朱連福
鳳山郡	鳥松庄	徐傳生

說明：由郵便集金領收每人 3 圓 10 錢，共 68 人次（或單位），總收入 210 圓 80 錢。

資料來源：《臺灣皇漢醫報》，第六十號，無頁碼。

附錄 4-8　臺灣漢醫藥研究室領收書（至 1934.5.1 止）

米國		
桑港		趙瑞芝
英國		
香港		蘇玉崑
中華民國		
山東省	泗水縣	唐耀華
河南省	衛輝縣	李建東
	懷慶城	皇甫又蘇
湖北省	隨縣	袁敷五、黃農鄉
湖南省	長沙市	陳篤崢
	湘鄉縣	朱寬濟
	醴陵線	敖知白
安徽省	南京市	陳震異、葉古紅
	阜陽縣	李潤之
四川省	宜賓縣	羅華九
浙江省	壽昌縣	童康年
	新昌縣	陸明伯
江蘇省	蘇州市	柳劍南、同人
	嘉定城	何橘泉
	上海市	朱阜山、同人
江西省	景德縣	曹心齋
	吉水縣	趙煥然
福建省	福州市	林秀山、黃西園
	平潭縣	李孝芬
	廈門市	蔡天從
	油江縣	郭樹勳
廣東省	潮安縣	鍾烱齋
	汕頭市	馬公讓、許萬安
	廣州市	劉澤民、張永全、馬予趙
廣西省	梧州市	歐陽倫、同人
	蒙山縣	覃緯可
臺北市	永樂町	連永茂、蔡婆、許春樵、洪團飛、莊輝玉
	太平町	楊次序、黃仁根、陳清祥、歐陽芳昌、杜火龍、陳葛
	綠町	周軟
	大橋町	汪塗山、陳紅毛
	日新町	謝炳東、沈阿昌、葉來守
	下奎府町	吳新吉、李茶康、林春發、林攀桂
	港町	陳有福、林協興、林協興
	新富町	張火木、許揚昇
	入船町	林斯瑄
	元園町	江石定
	八甲町	周全
	古亭町	周棍
	建成町	劉福香

七星郡	士林庄	賴文質、飲和藥房
	內湖庄	杜和安、芳茂藥房
	汐止街	施應丁、李再物、陳萬乞
海山郡	板橋街	邱雨古、陳登元、洪慶同
	土城庄	陳火旺
	三峽庄	傅鐘培
	鶯歌庄	陳慶雲、簡蒼梧、黃永華
	中和庄	簡阿林
新莊郡	新庄街	李竹根
	鷺洲庄	李坤元
文山郡	景美庄	廖四好
宜蘭郡	宜蘭街	張文旺、楊長、同人
羅東郡	羅東街	張允協
桃園郡	桃園街	簡長春、簡精雲、簡觀雲
	大園庄	王坡、游盛
大溪郡	大溪街	簡應麟
中壢郡	中壢街	楊春榮
	大崙庄	陳文來
	觀音庄	廖維景
	楊梅庄	王阿見
竹東郡	芎林庄	賴麟
新竹郡	廳舍前	溫金池
	北門	陳灶、陳灶、陳俊元
	東門	韓春霖
	樹林頭	郭定枝
苗栗郡	苑裡庄	陳茂煌
	三叉庄	劉增榮
大甲郡	沙鹿庄	陳財燦、洪萬紫、鄭添情
	大肚庄	楊掌、謝連、蔡成金、林生旺
豐原郡	豐原街	王獻、林春城、林清吉、魏杰
	神岡庄	蔣盛東、王瑞龍、魏進達、福安堂
大屯郡	烏日庄	陳振堂、陳銀、藍阿份
	北屯庄	賴棟樑、賴子科
	霧峰庄	薛炳章、曾柳
	西屯庄	黃材棟
彰化郡	線西庄	柯銀錠
	鹿港街	黃朝榮、方鐘、陳水
	秀水庄	吳定欲
	和美街	黃奇材
臺中市	大正町	張秋霖
	新高町	江枝
	新富町	陳振玉
員林郡	員林街	謝金財
	永靖庄	胡出、邱長元、王龍、同人
	大村庄	賴淵
	埔鹽庄	施學文
北斗郡	北斗街	許丁綿、邱火
	溪州庄	盧祥

竹山郡	竹山庄	劉壽
新高郡	魚池庄	陳金燦
能高郡	埔里街	陳金地、游水生
斗六郡	斗六街	朱鐵槌、林靜淵、李承慶、許仕
	莿桐庄	陳元亨、陳柱
嘉義郡	竹崎庄	詹堯
	水上庄	何聯哲、劉世貞、呂未識、黃天河、薛位珍
	大林庄	張石珠
嘉義市	朝日町	高棟樑
	西門町	林羅漢
新營郡	柳營庄	劉尚榮
	後壁庄	蘇照、阮謙
北港郡	北港街	陳芝
	水林庄	林順謨
	四湖庄	林有義
虎尾郡	土庫庄	陳崑崙、羅德、林逢春、郭七
曾文郡	麻豆街	黃天水、同人
北門郡	佳里庄	鄭定、陳進興、陳模
	西港庄	傳心堂、丁大樹、郭艮榮、黃圖
	學甲庄	邱寬永
新豐郡	安順庄	林南波、吳庚丁
	仁德庄	張齊
臺南市	永樂町	杜李綿
	高砂町	黃有為
	寶町	吳老旺
	本町	顏頭、上官榮炎、陳粒
	明治町	呂順天
岡山郡	岡山庄	蘇星煌、曾江中
鳳山郡	小港庄	邱秋生
	鳥松庄	徐傳生
旗山郡	甲仙庄	吳阿祥
東港郡	林邊庄	陳首
	佳冬庄	陳寄生
潮州郡	潮州庄	蔡長春、陳罔道、李炳榮
	內埔庄	林興化
	竹田庄	謝才興
屏東市	本町	連木
屏東郡	里港庄	金長發
高雄市	鹽埕町	陳坐
臺東廳	新港區	曾鴻藻
花蓮港廳	研海區	林芎
	馬太鞍	林金生

說明：由郵便集金領收每人 3 圓 10 錢，共 219 人次（或單位），總收入 678 圓 90 錢。
資料來源：《臺灣皇漢醫報》，第六十六號，頁 48-50。

附錄圖 4-1 東洋醫道會「揚光書」

揚光書

正會員

何聯哲先生

泰東醫學之復興運動者
人類至上之仁舉也
尊臺鼎力聲援本會特表
謝忱此後尚望繼續奮鬪
共濟斯業是為至禱

昭和六年十月一日

東洋醫道會本部

會長 南拜山

顧問 東京帝國大學教授 藥學博士 朝比奈泰彥

顧問 子爵 柳生俊久

顧問 頭山滿

東洋醫道會章

揚光書雛形（本誌第五十四頁會報記事參照）

圖片來源：《臺灣皇漢醫界》，第三十七號。

附錄表 4-1　東洋醫道會臺灣支部歷次幹部名單一覽

時間	支部長	相談役	幹事	顧問	分部長	地方委員	取次人	編輯
1928.10	陳茂通	葉鍊金、周儀塏、李炳福	李金燦、楊接枝、林萬乞、李友寬	-	張金柱	-	-	曾六瑞
1928.11.28	陳茂通	葉鍊金、周儀塏、李炳福、洪團飛、王成渠、黃耀崑、王天柱	李金燦、楊接枝、林萬乞、李友寬、蘇穀保、黃仁根、周鴻源、蔡婆、陳培雲	-	張金柱	-	-	曾六瑞
1929.1.20	陳茂通	同上名單	李金燦、楊接枝、林萬乞、李友寬、蘇穀保、黃仁根、周鴻源、蔡婆、陳培雲、胡坤	-	張金柱	高重熙、簡精雲、陳貫、鄭汝潛、張金柱、姚榮、洪烏靖、魏杰、劉井、陳火螢、姚萬順、謝金元、黃其文、林仲昆、謝輝金、高年春、莊蒼、張棹、黃養、黃銘鐘、陳芝、蔡水讚、駱葆芝、顏頭、陳坐、蘇星煌、王成、顏令全、連木、陳首	-	曾六瑞
1929.7	陳茂通	葉鍊金、周儀塏、李炳福、洪團飛、王成渠、黃耀崑、王若翰	同上名單	-	張金柱	同上名單	-	曾六瑞

時間	支部長	相談役	幹事	顧問	分部長	地方委員	取次人	編輯
1930.5	陳茂通	同上名單	同上名單	辜顯榮、林熊徵、顏國年、陳天來、黃純青、簡朗山、蔡蓮舫、楊吉臣、李崇禮、黃欣、許廷光、陳啓貞、徐杰夫、鄭沙棠、藍高川	張金柱、簡長春	同上名單	-	曾六瑞
1930.6	陳茂通	同上名單	同上名單	同上名單	張金柱、簡長春、黃登高、黃銘鐘、張棹	同上名單	-	曾六瑞
1930.7	陳茂通	同上名單	同上名單	同上名單	張金柱、簡長春、黃登高、黃銘鐘、張棹、蔡敏庭、蘇璧璋、蘇耀邦、陳純精	同上名單	-	曾六瑞、王添灯
1930.8	陳茂通	同上名單	同上名單	同上名單	張金柱、簡長春、黃登高、黃銘鐘、張棹、蔡敏庭、蘇璧璋、蘇耀邦、陳純精、謝茶、簡林	高重熙、簡精雲、陳貫、鄭汝潛、張金柱、姚榮、洪烏靖、魏杰、劉井、陳火螢、姚萬順、謝金元、黃其文、林仲昆、謝輝金、高年春、莊蒼、張棹、黃養、黃銘鐘、陳芝、蔡水讚、駱葆芝、顏頭、陳坐、蘇星煌、王成、顏令全、連木、陳首、林義、林寬容、吳陽春	-	曾六瑞、王添灯
1930.11.25	陳茂通	同上名單	同上名單	同上名單	同上名單	同上名單	謝賴登	曾六瑞、王添灯

時間	支部長	相談役	幹事	顧問	分部長	地方委員	取次人	編輯
1931.9.1	陳茂通	同上名單	同上名單	同上名單	同上名單	同上名單	謝賴登	曾六瑞、王進益
1932.1	陳茂通	同上名單	同上名單	同上名單	-	高重熙、蘇璧璋、林義、簡精雲、陳貫、彭汝澍、鄭汝潛、張金柱、姚榮、洪烏靖、魏杰、劉井、陳火螢、姚萬順、謝金元、黃其文、林仲昆、謝輝金、高年春、莊蒼、張棹、黃養、黃銘鐘、陳芝、蔡水讚、駱葆芝、顏頭、陳坐、蘇星煌、王成、連木、陳首、蘇錦全	-	曾六瑞
時間不詳			王楫					

說明：王楫為東洋醫道會臺灣支部之幹事，說見臺灣新聞社編，《臺灣實業名鑑（第一輯）》（臺中：臺灣新聞社，1934 年 9 月 15 日），頁 88。然而，「皇漢醫界」一系列雜誌並未提及此人任「幹事」一職，僅知其為東洋醫道會臺灣支部連續兩年半以上有盡到會規義務之會員。

資料來源：《漢文皇漢醫界》、《臺灣皇漢醫界》、《臺灣日日新報》、《臺灣實業名鑑（第一輯）》。

附錄表 4-2　臺灣漢醫藥研究室歷次幹部名單一覽

時間	代表	顧問	役員	編輯主任	外務記者	取次員
1933.3	蘇錦全	葉錬金、周儀塏、王成渠、紀乃潭、李學樵	陳茂通、蘇穀保、楊接枝、張清港、黃仁根、李金燦、李友寬、蔡婆、林廸連、傅朝桂、簡鴻輝、林斯瑄、胡初棠、王金枝、林鏡澤、林戇、許坤、周雲祥、丁一、吳家走、莊川、周清標、王再生	-	-	-
1933.4.1	蘇錦全	同上名單	同上名單	-	周合源	林旺全
1933.5	蘇錦全	葉錬金、周儀塏、王成渠、紀乃潭、李學樵、洪團飛	陳茂通、蘇穀保、楊接枝、張清港、黃仁根、李金燦、李友寬、蔡婆、林廸連、傅朝桂、簡鴻輝、林斯瑄、胡初棠、王金枝、林鏡澤、林戇、許坤、周雲祥、丁一、吳家走、莊川、周清標、王再生、連瑞記、林萬乞、周全、紀俊修、李華山、林萬慶、李茶康、蔡秋塗、胡坤、許登埔、張金水、游進發、楊水木、汪塗山、李瓦丹、陳炳根	-	周合源	廖求、林紹裘
1934.2	蘇錦全	葉錬金、洪團飛、紀乃潭、王成渠、黃耀崑、何聯哲、李開章、李學樵	陳茂通、蘇穀保、楊接枝、李友寬、張清港、黃仁根、林萬乞、李茶康、李金燦	蘇錦全	周合源	廖求、林紹裘

資料來源：《臺灣皇漢醫報》。

附錄表 4-3　領導階層之個人基本資料

姓名	生卒年	本籍／住址（或營業地）	學歷	經歷					
				醫藥背景	實業界	公職單位	教育人員	一般社團參與	其他
丁一		臺北市入船町二ノ二六		新宏生局藥行					
王天柱	明治 8 年生 明治 45 年卒	臺北廳擺接堡加蚋仔庄後庄仔二〇〇／臺北市日新町一ノ三一六〔營〕		醫生、濟元藥房					農業、園藝
王再生		臺中市		再生藥舖					
王成		高雄州岡山郡岡山庄岡山三七七番地〔營〕		述古堂藥行					
王成渠	明治 8 年 3 月 28 日生	臺北市永樂町四ノ一三〔住〕	大龍岡保安宮第三附屬公學校速成科、臺灣總督府醫學校豫科	漢法醫生、濟安醫院醫長、天一藥行、臺北市衛生委員	度量衡器販賣業		臺北憲兵屯所臺灣語教師		
王金枝		海山郡土城庄沛舍坡二〇〇〔住〕／臺北市新富町一ノ一一二〔營〕		回安藥房					
王若翰	明治 41 年生	臺北市日新町一ノ三一六〔營〕	臺灣商工學校	濟元藥房	臺灣貯蓄銀行書記、支店長代理、主事補、主事				

姓名	生卒年	本籍／住址（或營業地）	學歷	經歷					
				醫藥背景	實業界	公職單位	教育人員	一般社團參與	其他
王添灯	明治34年6月生	文山郡新店庄／臺北市港町一一五	安坑公學校、成淵學校特別科		文山茶行代表者、臺灣茶商公會評議員、文山製茶株式會社專務取締役、臺灣茶輸移出統制株式會社取締役、臺灣茶商公會評議員、滿支向臺灣茶輸出組合評議員、廈門福建茶業公司監查役	臺北廳安坑區書記、新店庄役場庶務主任、港町區第一分區長、臺北市役所社會課雇		臺灣地方自治聯盟臺北支部理事	
王進益	明治36年生	文山郡新店庄〔籍〕	安坑公學校、日本大學經濟科		文山茶行、《伍人報》營業係代表		臺北州瑪鍊公學校教員心得、臺北州柑腳公學校教員心得、貢寮公學校卯澳分教場准訓導、臺北州貢寮公學校准訓導		
王楫	明治12年6月14日生	員林郡二水		員林郡漢藥業組合幹事					
吳家走		臺北市綠町一ノ一六		賜福藥房					
吳陽春		宜蘭							
李瓦丹		臺北市大橋町二ノ一〇五		茂春藥房					

姓名	生卒年	本籍／住址（或營業地）	學歷	經歷					
				醫藥背景	實業界	公職單位	教育人員	一般社團參與	其他
李友寬	明治 28 年生	臺北市永樂町四ノ三四番地（電話六七七番）〔住〕	漢學、普通學	添籌藥行、藥種商、臺北漢藥業組合幹事	大稻埕實業家				
李金燦		萬華／臺北市太平町三ノ一五九番地（電話一六七九、一八九二番）	漢學	臺北漢藥業組合幹事	砂糖米穀間屋、然來商行				
李炳福		臺北大稻埕南街一九〔住〕		醫生並藥種商、保生店、臺北漢藥業組合幹事					
李崇禮	明治 7 年 2 月生	臺中州彰化郡彰化街字南門五八（電話彰化三四番）〔住〕	漢學、鹿港國語傳習所、臺灣總督府國語學校	藥種商、春記藥房、彰化衛生組合理事	北斗製糖公司支配人、北斗製糖公司取締役、林本源製糖會社監查役、彰化銀行監查役、大正新南鐵路取締役、彰化同志信用組合長、彰化振興株式會社社長、春記商行主、新高水產開發株式會社監查役、臺灣清涼飲料水工業組合顧問、臺灣礦泉株式會社代表、彰化煙草酒類小賣人組合長、度量衡販賣、臺灣煙火爆竹及酒	彰化廳總務課通譯、臺南地方法院通譯、北斗辦務署、臺中州州協議會員、臺灣總督府評議會員、彰化郡役所彰化街長、臺中州賃金委員會委員、彰化廳地方稅調查委員、彰化街所得調查委員、臺中州國防義會顧問、臺灣博覽會顧問	彰化公學校學務委員、彰化第一公學校學務委員、彰化第二公學校學務委員	同志青年會長、彰化神社總代、臺中州民間代表、彰化公共團副團長、日本赤十字社特別社員、彰化市防諜聯盟顧問、帝國在鄉軍人會臺中州支會顧問	紳章

姓名	生卒年	本籍／住址（或營業地）	學歷	經歷					
				醫藥背景	實業界	公職單位	教育人員	一般社團參與	其他
李崇禮（續）					類、彰化米穀組合評議員、日本炭酸會社取締役社長				
李茶康	明治37年4月6日生	新竹州／臺北市下奎府町二ノ二六	臺中商業學校	榮康老藥舖主、李金燦參莊勤務、大平藥業株式會社代表取締役、臺北市藥業組合理事、臺北藥業組合役員		臺北市下奎府町第二區第七分區第十班班長		皇民奉公會推進員	
李華山		臺北市太平町三ノ九二		天興藥行					
李開章		苗栗郡銅鑼庄銅鑼二二五〔營〕		醫生					
李學樵	明治26年生	鷺洲庄樓仔厝（今蘆洲）／大稻埕雙連地區	傳統繪畫					瀛社、鷺洲吟社、雙蓮詩社	
何聯哲		嘉義西堡水堀頭街五八番戶〔住〕／嘉義郡水上庄水上二九三〔營〕		醫生		嘉義郡水上庄協議會員			
汪塗山		臺北市大橋町二丁目一七九番地		玉安堂藥房					
周全		臺北市八甲町二丁目四四		周永茂藥房					

姓名	生卒年	本籍／住址（或營業地）	學歷	經歷					
				醫藥背景	實業界	公職單位	教育人員	一般社團參與	其他
周合源	明治 36 年 9 月生 西元 1993 年 12 月卒	臺北艋舺	漢學、公學校、實業科		愛愛寮	遞信局為替貯金課雇		文化協會中央委員	
周清標		臺北市有明町一ノ二〇		老慶茂藥行					
周雲祥		臺北市八甲町三ノ二四；後於臺北市新富町二丁目壹百十番地		三元大藥舖、臺北州警務部衛生課雇					
周儀塏	昭和 8 年 6 月卒	臺北大稻埕怡興街六		醫生、臺北廳共濟醫院事務員、臺北廳共濟醫院醫員、臺北漢藥業組合幹事					
周鴻源		臺北		臺北漢藥業組合幹事		臺北貯金管理所貯金課雇			
林仲昆		北斗郡北斗街							
林旺全	明治 42 年 9 月 12 日生	宜蘭市巽門二三八			宜蘭商工會議所議員、宜蘭市獸肉營業組合長	宜蘭廳財務課雇、臺北州宜蘭稅務出張所雇、宜蘭街壯丁團副團長、新町防諜團副團長、新町壯丁團長			
林廸連		臺北市有明町二ノ四四		林同春藥房					

姓名	生卒年	本籍／住址（或營業地）	學歷	經歷					
				醫藥背景	實業界	公職單位	教育人員	一般社團參與	其他
林紹裘		宜蘭							
林斯瑄		臺北市入船町二ノ四七		協記藥舖					
林義		羅東							
林萬乞	明治30年生	臺北市元園町一八二番地（電話二四七九番）〔住〕／臺北市港町三ノ一一〔營〕		藥種商	臺北商業會理事、永樂座取締役、林協興智記合名會社				
林萬慶		臺北市元園町一八二			林協興行				
林熊徵	明治21年11月15日生	臺北州海山郡板橋林本源家／東京市澁谷區代代木初臺町五八一；臺北市大正町一ノ一七	漢學、舉人、福建省福州高等師範學校		林本源製糖會社副社長、林本源製糖株式會社長、林本源總事務所總辨、臺灣日日新報監查役、日星商事株式會社監查、中日銀行取締役、新高銀行盛查役、支那漢治萍鐵有限公司董事、九州製鐵株式會社取締役、ボルネオ護謨株式會社監查役、臺陽炭鑛株式會社取締役、臺灣鑛業會評議員、臺灣紡織株式會社監查役、華南	臺北廳庶務課參事、臺北廳大稻埕區區長、臺北州州協議會員、臺灣總督府評議會員、史料編纂委員會評議員、臺灣總督府建功神社合格者資格審查會會員、臨時產業調查會委員、臺灣重要產業調整委員會委員、臺灣總督府臨時臺灣經濟審議會	臺中州大肚國民學校助教	東洋協會臺灣支部評議員、南洋協會臺灣支部評議員、在鄉軍人會臺灣支部名譽會員、善隣協會評議員、愛國婦人會七寶金色有功章	紳章佩用、勳四等瑞寶章

姓名	生卒年	本籍／住址（或營業地）	學歷	經歷					
				醫藥背景	實業界	公職單位	教育人員	一般社團參與	其他
林熊徵（續）					銀行總理、臺灣製鹽株式會社取締役、臺灣煉瓦株式會社取締役、臺灣土地建物株式會社取締役、日本拓殖株式會社取締役、南洋倉庫株式會社取締役、臺北州協議會員、大永興業株式會社長	委員、南方委員會委員			
林寬容		羅東							
林鏡澤		臺北市龍山寺町二ノ一七一		仁和藥房					
林蘾		臺北市有明町一ノ五〇		存心堂藥房					
紀乃潭		臺北市有明町一ノ四一〔營〕		醫生、老益昌藥房					
紀俊修		臺北市入船町一ノ四一；後於臺北市古亭町八十三、八十四番地		慶春藥房					
姚萬順		彰化郡彰化字北門〔營〕		東隆藥行					
姚榮		臺中市錦町四ノ四九〔營〕		中興藥行					

姓名	生卒年	本籍／住址（或營業地）	學歷	經歷					
				醫藥背景	實業界	公職單位	教育人員	一般社團參與	其他
洪烏靖	明治9年生 昭和14年3月卒	廣東省潮州府潮陽縣／ 臺中市錦町三丁目四七番地〔營〕			潮州老源正興班經營人、臺中恒合發商行、淡水基合發商行				
洪團飛		臺北市永樂町二丁目十一番地〔營〕	漢學	滋生堂藥行、漢醫					
胡初棠		臺北市綠町一丁目十六、臺北市入船町一丁目廿二		成昌藥房					
胡坤		臺北市太平町一丁目三十四番地		吉祥藥房					
徐杰夫	明治6年12月生	嘉義廳嘉義西堡山仔頂庄四百五十六番地；嘉義市東門外（電話五番）	漢學、秀才、嘉義公學校國語速成科卒業		嘉義銀行理事、臺灣貯蓄銀行取締役、臺灣商工銀行取締役、嘉義製酒株式會社長、嘉義製酒株式會社取締役、臺灣南部海產株式會社取締役、大正無盡株式會社監查役、臺南製冰會社社長、臺南製冰株式會社取締	嘉義廳山仔頂區長、嘉義廳嘉義區長、嘉義廳庶務課參事、臺南州州協議會員			紳章
高年春		竹山郡							

姓名	生卒年	本籍／住址（或營業地）	學歷	經歷					
				醫藥背景	實業界	公職單位	教育人員	一般社團參與	其他
高重熙		基隆郡					臺北廳基隆公學校雇、臺北廳四腳亭公學校雇、臺北廳（州）四腳亭公學校訓導心得、臺北州四腳亭公學校教員心得		
張金水		臺北市日新町一ノ六二		張金水參莊					
張金柱		新竹郡							
張清港	明治19年7月生	臺北州／臺北市御成町四ノ三（電二七二九）;〔營業所〕臺北市太平町三ノ一〇九（電二二一五、三九六六）	總督府國語學校	捷裕蔘莊	三井物產臺北支店、綿布商、榮裕商店、元裕行主、稻江信用組合專務理事、稻江信用組合監事、臺北食料品雜貨卸商組合長、永樂座株式會社取締、捷榮（資）社長、肥料セメント雜貨商、臺灣金融公司常務理事	臺北州會議員、臺北市協議會員			
張棹		斗六郡			斗六商公會陳情委員				
莊川				順天藥房					

姓名	生卒年	本籍／住址（或營業地）	學歷	經歷					
				醫藥背景	實業界	公職單位	教育人員	一般社團參與	其他
莊蒼		臺南州斗六郡斗六街七〇二番地〔營〕		隆記藥行					
許廷光	文久1年5月生	臺南州臺南市東門町一丁目（電話四二七番）；臺南州臺南市高砂町一ノ五七（電話臺南四二七番）	秀才、漢學	臺南縣檢疫委員、臺南市防疫組合委員	煙草賣捌人、阿片烟膏取次人、出稅厝主、埤圳調查委員、鳳山饗老典委員	舊慣調查簿鑑定囑託、臺灣總督府臺南縣參事、臺南縣教育幹事、臺南廳臺南西區區長、臺南廳臺南東區區長、高等林野調查委員會委員、臺南廳庶務課參事、臺南州州協議會員、臺灣總督府評議會員、史料編纂委員會評議員、臺灣總督府建功神社合祀者資格審查會會員		臺南縣立臺南慈惠院評議員、臺灣揚會委員、天足會長、臺南新學會副會長、臺南本島人總代	藍綬褒章、勳六等旭日章、勳五等瑞寶章、紳章佩有者
許坤		臺北市入船町一ノ六九		協豐公司（藥材貿易）					
許登埔		臺北市下奎府町四ノ一三		博濟藥房					
連木		屏東郡屏東街〔營〕		合安藥行					

姓名	生卒年	本籍／住址（或營業地）	學歷	經歷					
				醫藥背景	實業界	公職單位	教育人員	一般社團參與	其他
連瑞記		臺北市永樂町四丁目五十八番地；後於臺北市永樂町三丁目二十番地		瑞記參莊	直輸卸問屋				
陳天來	明治5年12月5日生	臺北市港町三丁目一五番地	漢學		茶輸出商、製茶貿易業、臺北茶商公會組合長、臺北茶商公會理事、臺北商業會副會長、稻江信用組合理事、臺灣金紙會社社長、株式會社永和興公司常務取締役、永成公司總經理、臺北市港町茶商工會長、錦記製茶株式會社社長、株式會社永樂座社長、臺北中央市場監查役、大稻埕幼稚園經營	大稻埕壯丁團長、臺北州臺北市協議會員、臺北州州協議會員		在鄉軍人城北分會顧問	
陳火螢		彰化郡彰化街							
陳坐		澎湖廳西嶼庄二崁七九三／高雄市塩埕町二丁目二六		座安堂藥房					
陳芝		臺南州北港郡北港街五一九〔住、營〕		金元和藥行					
陳首		東港郡林邊庄							

姓名	生卒年	本籍／住址（或營業地）	學歷	經歷					
				醫藥背景	實業界	公職單位	教育人員	一般社團參與	其他
陳炳根		臺北市元園町六四番地			蕃產物商				
陳茂通	明治10年生 昭和11年8月14日卒	臺北市永樂町三ノ一四（電話一〇六七番）〔住〕	漢學	漢藥商、本島人藥業組合長、乾元藥行代表者	海產物商、稻江信用組合鑑事、臺北商業會理事兼會計	保正、臺北州稅調查委員、臺北州臺北市協議會員			
陳純精	明治11年12月16日生 昭和19年2月19日卒	臺北州羅東郡羅東街十八埒一九二〔住〕	書房省心軒、漢學、宜蘭廳國語傳習所甲科		羅東街市場及屠獸場專務管理人、宜蘭廳農會常議員囑託、羅東街水利租取扱委員、宜蘭廳農會委員囑託、宜蘭米同業組合委員、宜蘭廳商工通信員、宜蘭廳農會地方委員、宅地審查委員、羅東信用販賣利用組合長、羅東郡米穀配給組合常任副組合長、臺灣炭素工業、羅東合同運諭各（株）取締、宜蘭醬油株式會社取締役、羅東製酒公司長、宜蘭煉瓦株式會社監查役、宜蘭煉瓦株式會社取締役	宜蘭廳羅東區區長、叭哩沙區長、宜蘭廳長、羅東郡役所羅東街街長、臺北州州協議會員、臺灣都市計劃委員會臨時委員、宜蘭廳稅務課囑託、宜蘭廳稅務課通譯、宜蘭地方法院通譯、宜蘭臨時臺灣戶口調查通譯、宜蘭辨務署雇員、羅東街庄役場書記、所得稅調查委員、臺北州稅調查委員	行政事務練習講師	在鄉軍人會羅東分會長、臺北州聯合同風會長、羅東公學校學務委員、宜蘭公學校建築委員	正七位勳六等瑞寶章、紳章

姓名	生卒年	本籍／住址（或營業地）	學歷	經歷					
				醫藥背景	實業界	公職單位	教育人員	一般社團參與	其他
陳培雲	明治28年3月20日生	臺北市大龍峒／臺北市永樂町三ノ二二	公學校	新興製藥株式會社專務取締役、臺灣藥業金融公司常務理事、乾元藥行支配人、臺北集和堂藥郊會囑託	臺北商工協會常務理事、臺北永樂座書記及會計兼永樂會歲暮大賣出事務			日華映畫社代表者、新興映畫社代表者、陳悅記祭祀公業管理人、陳姓宗親會理事、陳德星堂墩親會理事	
陳啓貞	明治16年3月生	高雄市大竹里／高雄市苓雅寮三三八	漢學、打狗公學校、慶應義塾中學部、廈門同文書院英學科		新興製糖會社取締役、新興製糖株式會社支配人、鳥樹林製鹽公司監查役、鳥樹林製鹽公司取締役、鳥樹林製鹽株式會社社長、南部製酒株式會社監查役、南部製酒株式會社取締役、陳中和物產株式會社取締、大成火災海上保險株式會社監查、南興製米理事	臺南廳庶務課參事、高雄州州協議會員、臺灣總督府評議會員、徵兵制施行準備委員會委員	苓雅寮公學校教鞭	同善社主事、皇民奉公會中央本部參與	紳章
陳貫		大溪郡龍潭庄〔住〕		龍潭藥業組合長					
游進發		臺北市大橋町一ノ一〇九、一一〇		發記藥房					
傅朝桂		臺北市有明町三ノ一六、六六		茂昌藥房					

姓名	生卒年	本籍／住址（或營業地）	學歷	經歷					
				醫藥背景	實業界	公職單位	教育人員	一般社團參與	其他
彭汝澍		竹東							
曾六瑞		臺北				總督官房統計課雇、總督官房調查課雇、臨時國勢調查部調查課雇、臨時國勢調查部調查課屬、總督官房調查課屬			
楊吉臣	嘉永5年9月生	臺中廳線東堡彰化街土名東門二百十七番戶〔住〕	漢學	衛生組合理事長	阿片取次所鹽務支館承辦、溝墘製糖會社長、輕便鐵道貨物運送業、臺灣中部運輸會社長、彰化銀行取締役	臺中縣彰化辨務署參事、彰化廳彰化區街庄長、臨時臺灣舊慣調查會第一部囑託、臺灣總督府臨時臺灣舊慣調查會囑託、臺中廳彰化區區長、臺中廳庶務課參事、彰化郡役所彰化街街長、臺中州州協議會員、臺灣總督府評議會員		臺彰保良局長	勳六等瑞寶章、紳章佩用者

姓名	生卒年	本籍／住址（或營業地）	學歷	經歷					
				醫藥背景	實業界	公職單位	教育人員	一般社團參與	其他
辜顯榮	慶應2年2月2日生 昭和12年12月卒	彰化郡鹿港街／臺北市永樂町五ノ一七一			製糖米穀業、海產物商、林啟記商會、安平海興有限公司米糖機械類業務、三崁店興發製糖公司、ベイン商會經營、辜顯榮氏經營製糖場總支配人、松本柳右衛門氏松林製糖場、臺北商業會會長、臺灣日日新報社取締役、大和製冰株式會社取締役、龍江信用組合長暨理事、明治製糖株式會社監查役、全臺官鹽賣捌組合長、株式會社彰化銀行取締役、臺灣地所建物株式會社取締役、二林上堡溪湖庄大和製糖株式會社取締役暨社長、東京日本橋大和商行取締役暨社長、鹽專賣元賣捌所、煙草元賣捌業、全臺官鹽賣捌組合長、全臺官鹽賣捌總館業務擔當人、彰化銀行監查役、	臺中縣鹿港辨務署參事、臺中廳庶務課參事、臺中縣知事顧問、臺中州州協議會員、臺中州參事、臺灣總督府評議會評議會員、樺山總督與永野民政長官隨行、史料編纂委員會評議員、建功神社合祀者資格審查會會員、臨時產業調查會委員、艋舺保良分局長、鹿港保良總局長、臺北保良總局長、貴族院議員、帝國義勇艦隊臺北支部囑託		臺中中學校創立委員	單光旭日章、雙光旭日章、藍綬褒章、勳三等瑞寶章、紳章

姓名	生卒年	本籍／住址（或營業地）	學歷	經歷					
				醫藥背景	實業界	公職單位	教育人員	一般社團參與	其他
辜顯榮（續）					臺灣合同鳳梨株式會社取締、臺灣鳳梨拓殖株式會社取締				
黃仁根	明治25年生	臺北市太平町五丁目八番地〔住〕	漢學	恒德藥行、臺北藥材公司代表者	龍江信用組合評議委員			太平會理事	
黃欣	明治18年10月生	臺南市東門町二ノ九五番地（電話臺南五一〇番）〔住〕	臺南第一公學校、上京國民中學會、明治大學法科專門部	臺南醫院雇、金合源藥行、臺灣藥材輸入商合同組合長	東京電機器具製造株式會社取締役、臺灣製紙會社專務取締役、臺南自動車監查役、嘉義銀行取締役、臺灣製鹽會社監查役、利發洋行監查役、臺灣商工銀行監查役、臺南大舞臺株式會社取締役、臺灣輕鐵株式會社取締役、臺灣米穀移出管理委員會委員、高砂商行主（糖米卸商）、臺灣浩然堂印刷公司理事長、臺南建築信用利用組合長、臺南集義株式會社社長、嘉義廳下圍庄農業及魚塭、學甲漁業信用組合監事、臺南公會理事	臺南監獄教務所囑託、臺南廳臺南西區區長、臺南州州協議會員、臺南州教育委員、臺灣總督府評議會會員、專賣局指定煙草元賣捌人、內務局特殊財產管理局特殊財產評議委員、臺南市教育委員、臺南州稅調查委員		帝國在鄉軍人會臺南會名譽會員	紳章

姓名	生卒年	本籍／住址（或營業地）	學歷	經歷					
				醫藥背景	實業界	公職單位	教育人員	一般社團參與	其他
黃其文		員林							
黃純青	明治8年1月24日生	臺北州海山郡鶯歌庄樹林	漢學		樹林信用組合長、樹林信用組合理事、樹林紅酒株式會社長、樹林紅酒株式會取締役、樹林製酒公司社長、株式會社樹德商行社長、鶯歌庄養豚利購販組合理事組合長、日本拓殖株式會社取締役、臺灣畜產協會理事、桃園水利組合評議員、臺灣新民報社相談役、潭底水利組合理事、樹林蓄產利用購買販賣組合長	三角湧辨務署海山堡第十街區庄長、桃園廳第十七區街庄長、桃園廳樹林區區長、臺北州州協議會員、臺北州所得稅調查委員、海山郡役所鶯歌庄庄長、臺灣總督府評議會員		日本赤十字社長、臺北第三高女保護者會長、樹林同風會	勳六等瑞寶章、紳章佩用者
黃登高	明治43年生 昭和10年4月卒	臺中州能高郡埔里街烏牛欄一七二〔籍〕				臺中州巡查			
黃銘鐘	明治34年11月1日生	嘉義市／臺南州嘉義市北門町三ノ四六、四七〔住〕；嘉義市總爺街二十七番地〔營〕	普通教育	豐成藥行、漢藥產組合長	商業協會評議員、小商工信用組合監事	壯丁團長、保正			
黃養		嘉義市北門町							

姓名	生卒年	本籍／住址（或營業地）	學歷	經歷					
				醫藥背景	實業界	公職單位	教育人員	一般社團參與	其他
黃耀崑		臺北市永樂町二ノ八八		壽全堂藥房					
楊水木		臺北市大橋町一ノ八八		晋生藥房					
楊接枝		臺北市永樂町		捷茂藥行、臺北漢藥業組合幹事					
葉鍊金	明治6年11月29日生	臺北市永樂町二ノ九四（電話三一九三番）〔住〕		漢方醫、恒生堂、臺北醫生會長、臺北漢藥業組合幹事					
廖求		臺中							
劉井		豐原郡豐原街一二五番地〔營〕		義昌藥行					
蔡水讚		北港							
蔡秋塗		臺北州臺北市大橋町一丁目二七五、二七六番地（營業場所）／臺北州臺北市永樂町五丁目四三番地（製造場所）		正元藥行					
蔡婆		臺北市永樂町三ノ一一番地〔住〕	漢學	茂元藥行、藥種商					

姓名	生卒年	本籍／住址（或營業地）	學歷	經歷					
				醫藥背景	實業界	公職單位	教育人員	一般社團參與	其他
蔡敏庭	明治 12 年 3 月 11 日生	臺中州大甲郡清水街	漢學		清水信用組合長、清水製氷株式會社社長、新高軌道監查役、牛罵頭輕鐵株式會社支配人、臺中輕鐵株式會社取締役、新高軌道株式會社監查役、臺灣交通株式會社取締役、株式會社大山商行社長、清水商工會顧問	清水街協議會員、牛罵頭區長代理、五福圳評議員、公共埤圳評議會員		赤十字社特別社員、臺中州警察後援會大甲郡支部評議員	紳章
蔡蓮舫	明治 8 年 11 月 22 日生	臺中州大甲郡清水社口五〇（電話清水七番）〔住〕			大肚上堡大總理、株式會社臺灣製麻會社副社長、中部臺灣日報社取締役	臺中縣梧棲港辨務署參事、臺中縣臺中辨務署參事、臺中廳稅務課參事、臺灣總督府高等土地調查委員會委員、臺中廳總務課參事、臺中廳庶務課參事、高等林野調查委員會委員、臺中廳臺中區區長、臺中州臺中市協議會員、臺中州州協議會員、史料編纂委員會編纂顧問		保良局長	勳六等、瑞寶章、紳章

姓名	生卒年	本籍／住址（或營業地）	學歷	經歷					
				醫藥背景	實業界	公職單位	教育人員	一般社團參與	其他
鄭汝潛	明治10年2月19日生	新竹州新竹市東門一四五		回春藥局、醫生		保正			
鄭沙棠	明治19年5月生	臺南州斗六郡斗六街海豊崙字朱丹灣二九〔住〕	雲林國語傳習所、斗六公學校、臺灣總督府國語學校師範部乙科		嘉義廳農會地方委員、嘉義廳畜牛保健組合地方委員、畜牛保健組合斗六街代表者、畜牛保健組合農會代表者、斗六郡水利組合評議員、臺南州土木委員、斗六信用組合理事、斗六信用購買販賣組合理事、臺灣酒類賣捌人組合嘉義支部長、斗六食鹽元賣捌、斗六美輪自動車公司長、斗六製氷公司長、臺灣產業組合協會評議員、嘉南大圳組合斗六分區長、臺南州水產會總代會議員、斗六郡下林內開墾及造林事業經營	嘉義廳斗六區書記、嘉義廳斗六區區長、臺南州州協議會員、嘉義稅務出張所轄內所得稅調查委員、斗六郡役所斗六街街長、臺灣總督府評議會員、臺灣都市計劃委員會臨時委員、警務局國民精神總動員本部參與	斗六廳斗六公學校訓導、嘉義廳斗六公學校訓導	日本赤十字社特別社員、日本赤十字社分區委員、愛國婦人會委員、臺南州共榮會評議員、帝國在鄉軍人會名譽會員、斗六助成會長	正七位、紳章
駱葆芝		臺南市壽町四ノ一七五〔營〕		順記藥行					
謝金元	明治28年2月1日生	員林郡員林街／臺中州臺中市榮町四丁目一一	永靖公學校		臺灣鳳梨罐詰同業組合副組合長、人參罐詰取扱、人參販賣、謝協源商店				

姓名	生卒年	本籍／住址（或營業地）	學歷	經歷					
				醫藥背景	實業界	公職單位	教育人員	一般社團參與	其他
謝茶		海山							
謝輝金		北斗郡							
謝賴登		高雄州						台灣黑色青年聯盟中南部宣傳隊、鳳山農民組合調查部員	
簡林		海山郡中和庄字枋寮一〇三〔營〕		保和藥房					
簡長春	明治24年2月生	新竹州桃園郡桃園街	漢學、桃園公學校		埔仔信用組合專務理事、桃園富士煉瓦公司監查役、新竹水產第五區委員、桃園軌道株式會社支配人、取締役	桃園廳埔仔區書記、桃園街助役兼任會計役		桃園昭和日新會會長、青年團長、皇民奉公會支部委員	

姓名	生卒年	本籍／住址（或營業地）	學歷	經歷					
				醫藥背景	實業界	公職單位	教育人員	一般社團參與	其他
簡朗山	明治 5 年 5 月生	新竹州桃園郡桃園街	漢學、夜間政治經濟		日本拓殖株式會社監查役、桃園軌道株式會社社長、專務取締役、臺灣合同電氣株式會社取締役、東亞工業株式會社取締役、新竹州自動車運輸各株式會社取締、桃園電燈株式會社常務取締役	桃仔園辨務署桃澗堡第二區庄長、桃仔園辨務署第二區街庄長、桃園辦務署第一區長、桃園廳第二區街庄長、桃園廳埔仔區區長、桃園廳竹圍區區長、桃園街庄保甲局副長、桃園街庄約速處副長、桃園外四十三街庄事務取扱、憲兵屯所事務囑託、新竹州州協議會員、桃園郡役所桃園街街長、臺灣總督府評議會評議會員、警務局國民精神總動員本部參與			勳六等瑞寶章、紳章

姓名	生卒年	本籍／住址（或營業地）	學歷	經歷					
				醫藥背景	實業界	公職單位	教育人員	一般社團參與	其他
簡精雲		新竹州桃園街中南一〇一〔營〕		金安堂藥房、桃園郡醫生會會長、藥業組合長					
簡鴻輝		臺北市綠町一ノ一五（支店）／臺北州文山郡新店六四（本店）		保安藥堂					
顏令全		屏東							
顏國年	明治19年6月12日生	基隆郡瑞芳庄鰈魚坑／基隆市壽町二ノ一九			義和商行代表社員、臺灣興業信託社長、臺陽鑛業株式會社社長、株式會社雲泉商會社長、合名會社義和商行社長、株式會社禮和商行社長、基隆輕鐵株式會社社長、瑞芳輕鐵株式會社社長、瑞芳營林株式會社社長、基隆炭礦株式會社常務取締役、南洋倉庫、基隆船渠、臺灣水產、大戍火災海上會社各取締役、華南銀行監查役、基隆商工信用組合理事長、財團法人基隆博愛團、財團法人基隆公益社各理事	臺北州州協議會員、臺灣總督府評議會員、臨時產業調查會委員、臺灣國立公園委員會委員		基隆同風會副會長	

姓名	生卒年	本籍／住址（或營業地）	學歷	經歷					
				醫藥背景	實業界	公職單位	教育人員	一般社團參與	其他
顏頭		臺南市壽町四ノ一四八		春成藥行					
魏杰		豐原郡豐原街〔營〕		老福春藥行					
藍高川	明治5年6月6日生	屏東郡里港庄（元阿緱廳西上里阿里港街）／高雄州屏東郡屏東三五二（電話屏東六番）	漢學		製糖業、開墾業、阿緱廳下爆竹一手販賣業、臺灣商工銀行取締役、臺灣興業株式會社監查役、專賣局指定阿里港鹽務支館、指定阿片煙膏取次人	阿里港保甲局長、臺南縣阿猴辨務署參事、阿猴廳稅務課參事、阿猴廳總務課參事、阿緱廳庶務課參事、高雄州州協議會員、臺灣總督府評議會員、史料編纂委員會評議員、建功神社合格者資格審查會會員、警務局國民精神總動員本部參與		日本赤十字社特別社員	紳章、勳六等瑞寶章
蘇星煌		岡山郡岡山庄岡山三八六〔營〕		逃古堂藥行					
蘇穀保	明治16年8月9日生	臺北市新富町一ノ一九（電話一六九二番）	漢學	捷茂藥行、藥種商、臺北集和堂藥業協會長	艋舺信用組合理事組合長、稻江信用組合監事、船問屋、紙商、雜貨業、永樂町店舖建築組合監事、臺北商業會理事、艋舺信組理事	臺北州臺北市協議會員、臺北州臺北市會議員、臺北市新富第一區長、臺北市市稅調查委員			

姓名	生卒年	本籍／住址（或營業地）	學歷	經歷					
				醫藥背景	實業界	公職單位	教育人員	一般社團參與	其他
蘇錦全		臺北	浙江中醫專門學校			臨時國勢調查部調查課雇			
蘇璧璋	元治 1 年生	宜蘭		醫生					
蘇耀邦	明治 26 年 3 月 23 日生	臺北州宜蘭郡宜蘭街宜蘭字巽門二一〔住〕	國語學校師範部		臺灣新聞社記者		臺灣公學校訓導、臺灣公學校教諭、羅東公學校冬瓜山分校教諭、宜蘭廳頭圍公學校訓導、宜蘭公學校內員山分校訓導、宜蘭廳宜蘭公學校訓導、宜蘭廳宜蘭公學校教諭、臺北州宜蘭公學校訓導、臺北州宜蘭公學校教諭、臺北州州立宜蘭農林學校囑託	宜蘭青年團長、宜蘭青年團顧問	

資料來源：作者不詳，《南部臺灣紳士錄》；岩崎潔治，《台灣實業家名鑑》；《臺灣總督府文官職員錄》（大正二年七月）；《臺灣總督府文官職員錄》（大正三年五月）；《臺灣總督府文官職員錄》（大正四年五月）；臺灣總督府，《臺灣列紳傳》；《臺灣總督府文官職員錄》（大正五年五月）；《臺灣總督府文官職員錄》（大正六年五月）；《臺灣總督府文官職員錄》（大正七年五月）；上村健堂，《臺灣事業界と中心人物》；《臺灣總督府職員錄》（大正八年五月一日）；《臺灣總督府職員錄》（大正九年七月一日）；《臺灣總督府職員錄》（大正九年十月十日）；《臺灣總督府職員錄》（大正十年七月一日現在）；《臺灣總督府職員錄》（大正十一年七月一日）；內藤素生編纂，《南國之人士　完》；《臺灣總督府職員錄》（大正十三年七月一日）；《臺灣總督府及所屬官署職員錄》（大正十四年七月一日現在）；《臺灣總督府及所屬官署職員錄》（大正十五年）；《臺灣總督府及所屬官署職員錄》（昭和二年）；《臺灣總督府及所屬官署職員錄》（昭和三年）；柴山愛藏，《御大典記念 昭和之新日本》；林進發，《臺灣人物評》；《臺灣總督府及所屬官署職員錄》（昭和四年）；橋本白水，《臺灣統治と其功勞者》；《臺灣總督府及所屬官署職員錄》（昭和五年八月一日現在）；柯萬榮，《臺南州名士錄》；《臺灣總督府及所屬官署職員錄》（昭和六年八月一日現在）；林進發，《臺灣官紳年鑑》；《臺灣總督府及所屬官署職員錄》（昭和七年八月一日現在）；林進發，《臺灣經濟界の動きと人物》；《臺灣總督府及所屬官署職員錄》（昭和八年八月一日現在）；吉田寅太郎，《續財界人の横顔》；林進發，《臺灣官紳年鑑》（第三版）；臺灣新聞社編，《臺灣實業名鑑（第一輯）》；林進發，《臺灣官紳年鑑》（第四版）；《臺灣總督府及所屬官署職員錄》（昭和九年八月一日現在）；《臺灣人士鑑》（臺灣新民報日刊一週年記念出版）；大園市藏，《現代台灣史》（第二版）；《臺灣總督府及所屬官署職員錄》（昭和十年七月一日現在）；《臺灣總督府及所屬官署職員錄》（昭和十一年七月一日現在）；福田廣次，《專賣事業の人物》；唐澤信夫，《臺灣紳士名鑑》；《臺灣人士鑑》（臺灣新民報日刊五週年紀念出版）；原幹洲編輯，《南進日本之第一線に起つ　新臺灣之人物》；《臺灣總督府及所屬官署職員錄》（昭和十二年七月一日現在）；五味田恕，《新竹州の情勢と人物》；《臺灣總督府及所屬官署職員錄》（昭和十三年七月一日現在）；《臺灣總督府及所屬官署職員錄》（昭和十四年七月一日現在）；太田肥州，《新臺灣を支配する人物と產業史》；臺灣總督府警務局，《臺灣警察遺芳錄》；《臺灣總督府及所屬官署職員錄》（昭和十五年七月一日現在）；大園市藏，《臺湾人事態勢と事業界》；《臺灣人士鑑》（興南新聞日刊十周年記念出版）；《臺灣總督府及所屬官署職員錄》（昭和十七年十一月一日現在）；《臺灣總督府及所屬官署職員錄》（昭和十九年一月一日現在）；本書「附錄表 4-5　機關刊物中的所有廣告內容細目」；陳儀深訪問，〈周合源先生訪問紀錄〉，《口述歷史》，第九期（臺北：中央研究院近代史研究所，1999 年）；張炎憲、曾秋美訪問，曾秋美紀錄，〈王進益訪問記錄〉，收錄於張炎憲主編，《王添灯紀念輯》（臺北：財團法人吳三連臺灣史料基金會，2005 年 2 月）；王妍婷，〈日治時期老源正興班研究（1919-1929）〉；《蘆洲市志》。又參日治時期圖書全文影像系統、台灣日日新報 / 台灣日日新報漢文版（大鐸）、近現代人物資訊整合系統、線上臺灣歷史辭典、臺灣人物誌（上中下合集 1895-1945）、臺灣總督府職員錄系統等資料庫。

附錄表 4-4　社團會員之個人基本資料

姓名	生卒年	本籍／住址（或營業地）	學歷	經歷					
				醫藥背景	實業界	公職單位	教育人員	一般社團參與	其他
上官榮炎		臺南市本町							
王水生		基隆郡瑞芳庄				鐵道部汽車課雇			
王成		高雄州岡山郡岡山庄岡山三七七番地〔營〕		逑古堂藥行					
王若翰	明治 41 年生	臺北市日新町一ノ三一六〔營〕	臺灣商工學校	濟元藥房	臺灣貯蓄銀行書記、支店長代理、主事補、主事				
王英元		沙連堡林圯埔街〔住〕		醫生					
王傳冀		桃園郡南崁庄							
王楫	明治 12 年 6 月 14 日生	員林郡二水		員林郡漢藥業組合幹事					
古承旺		竹東郡							
石金澤		新營郡後壁庄							
江石定		臺北市元園町				臺北州內務部土木課土木技手			
江好雄		嘉義郡							
江坤結		嘉義郡							
江瑞英	明治 13 年 8 月 15 日生	基隆市福德町二ノ八七；基隆市福德街二三		江源茂藥行		區町委員			
江瑞興		基隆市							
江裕		海山郡							

姓名	生卒年	本籍／住址（或營業地）	學歷	經歷					
				醫藥背景	實業界	公職單位	教育人員	一般社團參與	其他
何承上		竹東郡橫山庄							
何勝珠		臺北市太平町							
何聯哲		嘉義西堡水堀頭街五八番戶〔住〕／嘉義郡水上庄水上二九三〔營〕		醫生		嘉義郡水上庄協議會員			
余宜松		臺南市本町四ノ一三三		松春藥房					
吳向榮		新竹市北門二三七							
吳老旺		臺南市寶町							
吳定欲		彰化郡							
吳阿祥		旗山郡甲仙庄							
吳思洪		北斗郡							
吳神祐		臺南市				高雄州內務部勸業課囑託			
吳添湖		新營郡後壁庄							
吳添潫		嘉義郡大林庄							
吳欽任		新竹郡關西庄							
吳新吉		臺北市下奎府町							
呂順天		臺南市明治町							
宋連華		臺中市							
巫鼎君		新竹郡							

姓名	生卒年	本籍／住址（或營業地）	學歷	經歷					
				醫藥背景	實業界	公職單位	教育人員	一般社團參與	其他
李友寬	明治 28 年生	臺北市永樂町四ノ三四番地（電話六七七番）〔住〕	漢學、普通學	添籌藥行、藥種商、臺北漢藥業組合幹事	大稻埕實業家				
李天才		臺北市永樂町							
李求		澎湖廳西嶼庄外垵／高雄市鹽埕町三ノ六		中西藥房					
李其灶		七星郡士林庄							
李府		嘉義郡嘉義字北門外		北記藥行					
李承慶		斗六郡斗六街一三五番地		漢醫藥學研究家	原動機司機主任				
李金燦		萬華／臺北市太平町三ノ一五九番地（電話一六七九、一八九二番）	漢學	臺北漢藥業組合幹事	砂糖米穀問屋、然來商行				
李昭求		臺北市下奎府町							
李相維		花蓮港							
李捷元		布嶼堡崙背庄〔住〕		醫生		嘉義廳崙背區區長			
李連福		旗山郡旗山街磅礴庄〔住〕		溪州漢藥種業經營	磅礴坑土地整理委員	旗山街保正、區委員			
李貴泉		員林郡田中庄							
李新興		淡水郡							
李運統		竹東郡							

姓名	生卒年	本籍／住址（或營業地）	學歷	經歷					
				醫藥背景	實業界	公職單位	教育人員	一般社團參與	其他
李慶陽		七星郡士林庄							
杜紅番		臺北市下奎府町四ノ一三、一六		和元藥房					
沈水福		臺北市永樂町一ノ一一			福成茶商				
沈來儀	明治35年8月29日生	臺南州斗六郡斗南庄新崙一七六			實業家				
阮謙		新營郡後壁庄							
周土糞		臺北市永樂町三ノ一三		協吉成藥行					
周心匏		臺北市古亭町八三、八四			廣生堂	臺北地方法院雇			
周心匏（同名異人）		臺北市							
周全		臺北市八甲町二丁目四四		周永茂藥房					
周地		臺北市日新町一丁目三百五十一番地		周源益西漢藥房					
周宜雲		臺北市古亭町一一四			聯成堂				
周軟		臺北市綠町一ノ一七							
周錡		臺北市							
林上洲		北斗郡田尾庄							
林才		新竹郡							

姓名	生卒年	本籍／住址（或營業地）	學歷	經歷					
				醫藥背景	實業界	公職單位	教育人員	一般社團參與	其他
林天進		嘉義市北門町							
林王炳烟		竹山郡							
林仲昆		北斗郡北斗街							
林全		基隆郡瑞芳庄							
林成祖		臺北市入船町四ノ八番地（電話四三一番）〔住〕；臺北市有明町			實業家、林德興號主人、萬華信用組合理事	臺北州臺北市家畜市場囑託、町委員、保正			
林有土		新竹市東門					新竹州南勢公學校訓導心得		
林有能		竹山郡鹿谷庄							
林伯壎		北斗郡北斗街〔籍〕							北斗街有力者
林克生		羅東郡							
林礽時		新竹州新竹郡新竹街金山面大字		林礽時藥行					
林芎		花蓮港廳研海區新城六七番戶（營業所）／花蓮港街舊新港街十九番戶（本居地）		濟安堂藥房					
林其木		竹山郡竹山庄							
林英		斗六街大信公司內〔住〕			糖米行、大信公司取締				
林欵生		屏東郡							

姓名	生卒年	本籍／住址（或營業地）	學歷	經歷					
				醫藥背景	實業界	公職單位	教育人員	一般社團參與	其他
林清吉		豐原郡豐原街							
林清風		臺北市							
林勝德		嘉義郡							
林順德		豐原郡大雅庄							
林煥彩		彰化郡		彰化郡漢藥業組合副組合長					
林萬乞	明治30年生	臺北市元園町一八二番地（電話二四七九番）〔住〕／臺北市港町三ノ一一〔營〕		藥種商	臺北商業會理事、永樂座取締役、林協興智記合名會社				
林運相		大溪郡							
林維岩		臺北市大安字龍安埤三六八			林榮春行（雜貨）		深坑廳安坑公學校雇		
林慶星		大甲郡							
林羅漢		嘉義市西門町							
邱火		北斗郡北斗街							
邱雨古		海山郡板橋街							
邱炳輝		大屯郡西屯庄							
邱榜		員林郡							
姚萬順		彰化郡彰化字北門〔營〕		東隆藥行					
洪阿修		能高郡埔里街							

姓名	生卒年	本籍／住址（或營業地）	學歷	經歷					
				醫藥背景	實業界	公職單位	教育人員	一般社團參與	其他
洪烏靖	明治9年生昭和14年3月卒	廣東省潮州府潮陽縣／臺中市錦町三丁目四七番地〔營〕			潮州老源正興班經營人、臺中恒合發商行、淡水基合發商行				
洪新解		北門郡北門庄							
洪團飛		臺北市永樂町二丁目十一番地〔營〕	漢學	滋生堂藥行、漢醫					
紀俊修		臺北市入船町一ノ四一；後於臺北市古亭町八十三、八十四番地		慶春藥房					
紀智及		花蓮港廳馬太鞍							
胡初棠		臺北市綠町一丁目十六、臺北市入船町一丁目廿二		成昌藥房					
胡坤		臺北市太平町一丁目三十四番地		吉祥藥房					
范光源		新竹郡							
孫光普		臺北市永樂町							
孫朝聘		岡山郡							
徐元翔		中壢郡新屋庄							
徐傳生		鳳山郡							
徐煥蘭		新竹郡							
徐鼎新		臺北市							

姓名	生卒年	本籍／住址（或營業地）	學歷	經歷					
				醫藥背景	實業界	公職單位	教育人員	一般社團參與	其他
殷占魁		臺南州新營郡後壁庄菁寮〔住〕	臺灣總督府國語學校師範部乙科、栃木縣師範學校本部第二部		菁寮信組專務理事、明糖烏樹林工場青寮區原料委員囑託	臺南州州會議員、後壁庄助役、後壁庄協議會員、菁寮第一保保正、菁寮保甲聯合會長	嘉義廳菁寮公學校訓導、臺南州鹽水公學校訓導		
高年春		竹山郡							
高重熙		基隆郡					臺北廳基隆公學校雇、臺北廳四腳亭公學校雇、臺北廳（州）四腳亭公學校訓導心得、臺北州四腳亭公學校教員心得		
高棟樑		嘉義市朝日町							
康再成	明治 19 年 2 月 20 日生	臺南市永樂町二丁目二四番地、臺南市明治町一丁目〔住〕	漢學	臺南市港町南興藥行、彰化東隆藥行、廣東建祥藥行、廈門新崇藥行、臺南展南藥行主、臺南漢藥組合長	商工業協會評議員			港公學校保護者會副會長、愛護會後援會員、南社名譽會員	

姓名	生卒年	本籍／住址（或營業地）	學歷	經歷					
				醫藥背景	實業界	公職單位	教育人員	一般社團參與	其他
張丹階		宜蘭郡宜蘭街							
張文旺		宜蘭街坤門九一番地		來安堂藥房					
張文顯		臺北市							
張火木		臺北市有明町四五							
張武炎		嘉義郡溪口庄							
張金柱		新竹郡							
張阿囘		竹南郡							
張响		員林郡							
張深潭		員林郡							
張紹宗		員林郡							
張陳元		竹山郡							
張嘉祥		臺北市宮前町十九番地		逢生藥房					
張維達		新竹郡							
張賜		嘉義郡；北港郡南門町							
張聯登		沙連堡林圯埔街〔住〕				竹山郡保正			
梁清水		臺南市；新化郡新市庄							
莊蒼		臺南州斗六郡斗六街七〇二番地〔營〕		隆記藥行					
莊銘漢		臺中市橘町							

姓名	生卒年	本籍／住址（或營業地）	學歷	經歷					
				醫藥背景	實業界	公職單位	教育人員	一般社團參與	其他
許丁綿		臺中州北斗郡北斗街	漢學	醫生	自動車業經營	北斗保正、北斗街協議會員	北斗公學校學務委員		紳章
許石頭		臺南市							
許和裕		嘉義市元町							
許波山		彰化郡							
許春招		臺北市永樂町							
許為		北斗郡北斗街							
許揚昇		臺北市新富町							
速永成		臺北市							
連木		屏東郡屏東街〔營〕		合安藥行					
連永茂		臺北市永樂町							
連華封		臺東廳							
連蓮增		臺東廳里壠區里壠一四一		易生堂藥房代表者、頭痛特效五分珠本舖					
郭食婆		淡水郡八里庄厦竹圍子八一							
郭海洋		臺南市港町							
陳九		臺中市錦町							
陳化		竹山郡							
陳文煥		員林郡							
陳木		臺北市水道町二七九							

姓名	生卒年	本籍／住址（或營業地）	學歷	經歷					
				醫藥背景	實業界	公職單位	教育人員	一般社團參與	其他
陳水木		七星郡／ 臺北市永樂町五ノ三四九（出張所：高雄市北野町二ノ三）			陳合發商行				
陳火螢		彰化郡彰化街							
陳北		東石郡				太保庄協議會員、嘉義廳後潭區區長			
陳玉枝		宜蘭街乾門		玉啓昌藥房				宜蘭仰山吟社	
陳兆榮		新竹郡新埔庄							
陳有福	明治 31 年 10 月 13 日生	臺中州大甲郡大安庄頂腳路；豐原郡大甲街／臺北市港町一丁目八番地	漢學、普通學、大甲公學校	吉元藥行主、豐原福春藥房、臺北市乾元藥行、參奇藥行、協裕藥行					
陳老		臺南市錦町三ノ一八〇		隆源藥房		西庄保正			農
陳坐		澎湖廳西嶼庄二崁七九三／ 高雄市塩埕町二丁目二六		座安堂藥房					
陳灶	明治 26 年 1 月 16 日生	新竹市北門二二九／新竹市北門町二八番地		源安藥行、漢藥種商					
陳其淦		新竹郡							
陳坤		嘉義市西門町							

姓名	生卒年	本籍／住址（或營業地）	學歷	經歷					
				醫藥背景	實業界	公職單位	教育人員	一般社團參與	其他
陳坤來	明治26年6月7日生	員林郡二水			實業家				
陳武		澎湖廳							
陳芝		臺南州北港郡北港街五一九〔住、營〕		金元和藥行					
陳金地		能高郡埔里街					南投廳埔里社公學校訓導心得、臺中州埔里公學校訓導、臺中州埔里公學校准訓導		
陳金英		七星郡							
陳阿平		新竹郡							
陳俊元	明治28年10月5日生	新竹市北門一四〇		捷安藥行、漢藥種商					
陳春源		新營郡新營庄							
陳春麟		臺北市下內埔							
陳首		東港郡林邊庄							
陳記		嘉義市西門町							
陳清玉	明治24年3月16日生	臺北州臺北市永樂町三之七一	漢學		發記茶行南洋支店主任、謙茂茶行主、順德發茶行雇、茶商公會評議員				
陳粒		臺南市本町四ノ一一四、一一九		建昌藥材公司					

姓名	生卒年	本籍／住址（或營業地）	學歷	經歷					
				醫藥背景	實業界	公職單位	教育人員	一般社團參與	其他
陳貫		大溪郡龍潭庄〔住〕		龍潭藥業組合長					
陳登順		嘉義郡							
陳賜麟		臺北市太平町		乾元藥行行員					
陳慶雲		海山郡							
陳適瓊		嘉義郡民雄庄							
陳錦和		屏東郡屏東街							
陳應春		屏東郡							
傅大勳		北斗郡北斗街							
傅仲宣		北斗郡北斗街							
傅朝桂		臺北市有明町三ノ一六、六六		茂昌藥房					
傅鐘培		海山郡三峽庄							
彭新興	明治37年3月1日生	新竹州竹東郡竹東街	樹杞林公學校、東京星製藥商業學校第二回講習	太和堂藥舖經營	臺灣製腦會社グークツ詰所勤務、帝國生命保險代理店、竹東商工會副會長、竹東信用組合監事	台湾総督府専売局食塩竹東郡指定賣捌人、皇奉竹東街分會保健衛生班長		竹東公學校保護者會副會長	
彭錦璣		新竹市西門外							
曾大樹		嘉義郡水上庄							
曾心添		新竹市東門							
曾江中		岡山郡岡山庄五甲尾〔住〕		漢藥種商		岡山庄第十二保保正			
曾清旺		新竹郡							

姓名	生卒年	本籍／住址（或營業地）	學歷	經歷					
				醫藥背景	實業界	公職單位	教育人員	一般社團參與	其他
曾錦波	明治22年1月21日生	臺中市橘町五ノ三			錦波寫真館				
曾麒麟		嘉義市元町							
馮金興		大溪郡龍潭庄		壽世藥房					
黃仁根	明治25年生	臺北市太平町五丁目八番地〔住〕	漢學	恒德藥行、臺北藥材公司代表者	龍江信用組合評議委員			太平會理事	
黃仁德		新營郡後壁庄							
黃天河		嘉義郡水上庄							
黃水		花蓮港							
黃有為		臺南市高砂町							
黃吳		高雄市鹽埕町							
黃材棟		大屯郡西屯庄							
黃奇材		臺中州彰化郡和美街五二二		順安堂藥行					
黃欣	明治18年10月生	臺南市東門町二ノ九五番地（電話臺南五一〇番）〔住〕	臺南第一公學校、上京國民中學會、明治大學法科專門部	臺南醫院雇、金合源藥行、臺灣藥材輸入商合同組合長	東京電機器具製造株式會社取締役、臺灣製紙會社專務取締役、臺南自動車監查役、嘉義銀行取締役、臺灣製鹽會社監查役、利發洋行監查役、臺灣商工銀行監查役、臺南大舞臺株式會社取締役、臺灣輕鐵株式會社取締役、	臺南監獄教務所囑託、臺南廳臺南西區區長、臺南州州協議會員、臺南州教育委員、臺灣總督府評議會會員、專賣局指定煙草元賣捌人、內務局特殊財產管理局特殊財產評議委員、臺南市		帝國在鄉軍人會臺南會名譽會員	紳章

姓名	生卒年	本籍／住址（或營業地）	學歷	經歷					
				醫藥背景	實業界	公職單位	教育人員	一般社團參與	其他
黃欣（續）					臺灣米穀移出管理委員會委員、高砂商行主（糖米卸商）、臺灣浩然堂印刷公司理事長、臺南建築信用利用組合長、臺南集義株式會社社長、嘉義廳下圍庄農業及魚塭、學甲漁業信用組合監事、臺南公會理事	教育委員、臺南州稅調查委員			
黃長庚		嘉義郡				嘉義市役所土木課工手			
黃知高		嘉義郡民雄庄							
黃國棟		臺南市本町四ノ一九一		臺南醫院雇、合源藥材公司					
黃清江		臺南市明治町三ノ九一			精米機販賣商				
黃盛		嘉義郡竹崎庄							
黃紹琪		竹山郡							
黃筆		岡山郡							
黃等		曾文郡							

姓名	生卒年	本籍／住址（或營業地）	學歷	經歷					
				醫藥背景	實業界	公職單位	教育人員	一般社團參與	其他
黃順安		岡山郡路竹庄					臺南廳大社公學校雇、臺南廳大社公學校訓導心得、高雄州路竹公學校訓導、高雄州路竹公學校准訓導		
黃經		東螺西堡北斗街〔住〕		醫生	爆竹製造業	北斗街第八保保正			
黃萬炭	明治16年6月12日生	高雄州屏東郡里港庄里港一〇三二	漢學	廣生堂藥房		里港庄協議會員			
黃萬興		基隆郡							
黃圖		西港仔堡西港仔庄〔住〕			魚行、和利號				
黃端		員林郡							
黃銘鐘	明治34年11月1日生	嘉義市／臺南州嘉義市北門町三ノ四六、四七〔住〕；嘉義市總爺街二十七番地〔營〕	普通教育	豐成藥行、漢藥產組合長	商業協會評議員、小商工信用組合監事	壯丁團長、保正			
黃養		嘉義市北門町							
黃錐		新營郡							
楊文韜		嘉義郡竹崎庄							
楊木新		臺北市日新町二ノ二一四						神書堂	

姓名	生卒年	本籍／住址（或營業地）	學歷	經歷					
				醫藥背景	實業界	公職單位	教育人員	一般社團參與	其他
楊長		宜蘭郡宜蘭街艮門二三〇		漢醫藥學研究家					
楊炳煌		臺南市杉行街		南生藥房					
楊接枝		臺北市永樂町		捷茂藥行、臺北漢藥業組合幹事					
溫金池	明治28年11月18日生	新竹市北門三八		杏春池記藥行主、漢藥種卸商					
葉明銅		新營郡番社庄							
葉盛		嘉義郡							
葉錐		新營郡後壁庄							
葉鍊金	明治6年11月29日生	臺北市永樂町二ノ九四（電話三一九三番）〔住〕		漢方醫、恒生堂、臺北醫生會長、臺北漢藥業組合幹事					
詹堯		嘉義郡竹崎庄							
廖任水		中壢郡							
熊福星		潮州郡萬巒庄				阿緱廳萬巒區書記			
趙鑽燧		北港郡							
劉井		豐原郡豐原街一二五番地〔營〕		義昌藥行					
劉水德		嘉義郡水上庄							
劉世貞		嘉義郡水上庄							
劉明德		屏東郡							

姓名	生卒年	本籍／住址（或營業地）	學歷	經歷					
				醫藥背景	實業界	公職單位	教育人員	一般社團參與	其他
劉尚榮		新營郡柳營庄一七一（本居地）／新營郡柳營庄二六八（現住所）							
劉長		臺中州豐原郡豐原街四〇二番地			源泰（米穀、藥材）				
劉阿海		海山郡中和庄							
劉建昌		岡山郡岡山庄							
劉連池		臺北市樺山町							
劉陳光	明治11年5月5日生	竹東郡芎林庄芎林字高視頭／新竹州竹東郡芎林庄	漢學	藥種商經營		芎林庄協議會員		存仁院理事長	
劉陳康		竹東郡芎林庄							
劉嵩山	明治33年11月12日生	員林郡永靖庄崙子／臺中州員林郡永靖庄		漢醫		員林街協議會員、永靖庄協議會員、永靖庄第二十四保保正、土地整理委員			
劉麗水		豐原郡							
蔡三恩	明治13年生昭和15年卒	臺北市太平町		藥鋪經營				瀛社社員、星社社員	
蔡金鎭		新竹郡							
蔡長庚		臺南市							
蔡春亭		北港郡北港街							
蔡婆		臺北市永樂町三ノ一一番地〔住〕	漢學	茂元藥行、藥種商					

姓名	生卒年	本籍／住址（或營業地）	學歷	經歷					
				醫藥背景	實業界	公職單位	教育人員	一般社團參與	其他
蔡清松		新莊郡							
蔡榮森		斗六郡斗六街							
蔡貌		臺南市							
鄭石定		海山郡							
鄭曲全		新竹市東門							
鄭廷恩		新竹郡關西庄							
鄭定石		海山郡鶯歌庄							
鄭秋香		新竹郡							
鄭振鎔		嘉義郡							
鄭連丁		臺北市下奎府町							
盧阿水		淡水郡淡水街字公館口七		德生堂藥房					
盧國棋		臺北市							
盧傳		臺北市建成町一丁目一五七番地		傳生堂藥行					
盧額	明治 36 年生	澎湖廳西嶼庄／臺北市永樂町二ノ八七		漢藥商西瀛公司代表	臺灣拓殖株式會社社長、臺灣拓殖株式會社取締役社長	港町分區長、保正			
賴文質		七星郡士林庄							
賴拱		新營郡後壁庄							
賴啓元	明治 25 年生	臺中市若松町四ノ二			臺和住宅組合長、貸地業				
賴清泉		臺中州臺中市新富町四丁目三一		明德藥房					
賴義		新營郡後壁庄		嘉義市役所衛生課雇					

姓名	生卒年	本籍／ 住址（或營業地）	學歷	經歷					
				醫藥背景	實業界	公職單位	教育人員	一般社團參與	其他
駱葆芝		臺南市壽町四ノ一七五〔營〕		順記藥行					
薛位珍		嘉義郡水上庄柳子林二六二番地			聯懋製粉公司				
謝九萬		嘉義郡民雄庄							
謝才興		高雄州潮州郡竹田庄二崙五三四		藥學家					
謝木桂		臺北市太平町三丁目九二番地（元朝陽街坐南向北第六軒）		株式會社天興藥行		鐵道部運轉課雇			
謝金元	明治28年2月1日生	員林郡員林街／臺中州臺中市榮町四丁目一一	永靖公學校		臺灣鳳梨罐詰同業組合副組合長、人參罐詰取扱、人參販賣、謝協源商店				
謝金財		員林郡							
謝茶		海山郡							
謝森鴻	明治29年10月4日生	新竹市樹林頭二六八／新竹市北門外一九		鴻安堂藥房、漢藥種商				竹社員	
謝琳漢		基隆市草店尾七七		東元藥行					
謝輝金		北斗郡							
謝錦		彰化郡和美庄							
簡永		斗六郡							

姓名	生卒年	本籍／住址（或營業地）	學歷	經歷					
				醫藥背景	實業界	公職單位	教育人員	一般社團參與	其他
簡長春	明治24年2月25日生	新竹州桃園郡桃園街	漢學、桃園公學校		雜貨商、埔仔信用組合專務理事、桃園富士煉瓦公司監查役、新竹水產第五區委員、新竹州水產會代議員、桃園軌道株式會社支配人	桃園廳埔仔區書記、桃園區街長役場書記、桃園街助役、桃園街役場會計役、桃園街主事		桃園昭和日新會長、青年團長、同公學校保護者會副會長、桃蕾學會主事、皇民奉公會新竹州支部委員	
簡精雲		新竹州桃園街中南一〇一〔營〕		金安堂藥房、桃園郡醫生會會長、藥業組合長					
顏得水		臺南市本町							
顏湖		大糠榔東頂堡北港街〔住〕			禮拜紙什貨商				
顏頭		臺南市壽町四ノ一四八		春成藥行					
魏本仁		七星郡							
魏杰		豐原郡豐原街〔營〕		老福春藥行					
魏進鏡		豐原郡							
魏品明	明治26年11月4日生	臺中州竹山郡竹山庄竹山三八四	東京高輪中學校		司法書士、行政代書、竹山信組監事	南投廳林圯埔區書記、竹山食鹽元捌人指定	竹山公學校奉職		
魏德		臺南市							
羅文樂		竹南郡							

姓名	生卒年	本籍／住址（或營業地）	學歷	經歷					
				醫藥背景	實業界	公職單位	教育人員	一般社團參與	其他
蘇阿祿		新竹市東門							
蘇星煌		岡山郡岡山庄岡山三八六〔營〕		逑古堂藥行					
蘇秦強		新化郡善化庄							
蘇欽棟		海山郡三峽庄							
蘇照		新營郡安溪寮字下寮四〇〇（營業所同本居地）			壽山堂				
蘇穀保	明治 16 年 8 月 9 日生	臺北市新富町一ノ一九番地	漢學	捷茂藥行、藥種商、臺北集和堂藥業協會長	船問屋、紙商、雜貨業、艋舺信用組合理事組合長、稻江信用組合監事、永樂町店舖建築組合監事、臺北商業會理事	臺北州臺北市協議會員、臺北州臺北市會議員、臺北市新富第一區長、臺北市市稅調查委員			
蘇錦		臺南州北港郡北港街〔住〕		醫生	聯發堂經營				
蘇醜		豐原郡豐原街四六九		乾源藥房					
鐘彭添祿		竹東郡							

資料來源：作者不詳，《南部臺灣紳士錄》；《臺灣總督府文官職員錄》（明治四十三年七月）；《臺灣總督府文官職員錄》（明治四十四年五月現在）；《臺灣總督府文官職員錄》（明治四十五年四月現在）；《臺灣總督府文官職員錄》（大正二年七月）；《臺灣總督府文官職員錄》（大正三年五月）；《臺灣總督府文官職員錄》（大正四年五月）；《臺灣總督府文官職員錄》（大正五年五月）；《臺灣總督府文官職員錄》（大正六年五月）；《臺灣總督府文官職員錄》（大正七年五月）；《臺灣總督府職員錄》（大正八年五月一日）；《臺灣總督府職員錄》（大正九年七月一日）；《臺灣總督府職員錄》（大正十年七月一日現在）；《臺灣總督府職員錄》（大正十一年七月一日）；泉風浪，《臺中州大觀》；椿本義一，《臺灣大觀　全》；《臺灣總督府及所屬官署職員錄》（昭和二年）；《臺灣總督府

及所屬官署職員錄》（昭和四年）；《臺灣總督府及所屬官署職員錄》（昭和五年八月一日現在）；柯萬榮，《臺南州名士錄》；《臺灣總督府及所屬官署職員錄》（昭和六年八月一日現在）；林進發，《臺灣官紳年鑑》；《臺灣總督府及所屬官署職員錄》（昭和七年八月一日現在）；《臺灣總督府及所屬官署職員錄》（昭和八年八月一日現在）；《臺灣官紳年鑑》（第三版）；臺灣新聞社編，《臺灣實業名鑑（第一輯）》；《臺灣官紳年鑑》（第四版）；《臺灣總督府及所屬官署職員錄》（昭和九年八月一日）；《臺灣人士鑑》（臺灣新民報日刊一週年記念出版）；《臺灣總督府及所屬官署職員錄》（昭和十年七月一日現在）；《臺灣總督府及所屬官署職員錄》（昭和十一年七月一日現在）；福田廣次，《專賣事業の人物》；《臺灣人士鑑》（臺灣新民報日刊五週年紀念出版）；原幹洲編輯，《南進日本之第一線に起つ　新臺灣之人物》；《臺灣總督府及所屬官署職員錄》（昭和十二年七月一日現在）；五味田恕，《新竹州の情勢と人物》；《臺灣總督府及所屬官署職員錄》（昭和十三年七月一日現在）；《臺灣總督府及所屬官署職員錄》（昭和十四年七月一日現在）；《臺灣總督府及所屬官署職員錄》（昭和十五年七月一日現在）；《臺灣總督府及所屬官署職員錄》（昭和十六年七月一日現在）；《臺灣人士鑑》（興南新聞日刊十周年記念出版）；《臺灣總督府及所屬官署職員錄》（昭和十七年十一月一日現在）；《臺灣總督府及所屬官署職員錄》（昭和十九年一月一日現在）；本書「附錄表 4-5　機關刊物中的所有廣告內容細目」；劉月琴，〈戰後新竹市商業發展之研究〉。又參日治時期圖書全文影像系統、台灣日日新報 / 台灣日日新報漢文版（大鐸）、近現代人物資訊整合系統、線上臺灣歷史辭典、臺灣人物誌（上中下合集 1895-1945）、臺灣總督府職員錄系統等資料庫。

附錄表 4-5 機關刊物中的所有廣告內容細目

期號	頁碼	單位	代表人	地址	版面	備註
第一號	北一	神農氏大藥房		臺北市永樂町二丁目九十四番地	1	
第一號	北二	李金燦參莊		臺北市太平町三丁目一五九番地	1/2	
第一號	北二	協吉成藥行	周土糞	臺北市永樂町三ノ一三番地	1/2	
第一號	北三	添籌藥行	李友寬	臺北市永樂町	1/2	
第一號	北三	捷茂藥行		臺北市	1/2	
第一號	北四	臺北藥材公司		臺北市太平町五ノ八	1/2	
第一號	北四	西瀛公司		臺北市永樂町二丁目八十六番地	1/2	藥行
第一號	北五	滋生堂藥行	洪團飛	臺北市永樂町二丁目十一番地	1/4	
第一號	北五	協元公司		臺北市永樂町三丁目十一番地	1/4	藥行
第一號	北五	恒德藥行	蔡德枝	臺北市太平町三丁目一三二	1/4	
第一號	北五	參奇參莊		臺北市永樂町四丁目九番地	1/4	藥行
第一號	北六	永協和公司	張孫名	臺北市入船町二丁目十七番地	1/4	藥行
第一號	北六	屈臣氏大藥房	李俊啓、李俊黨、李義人	臺北市永樂町／臺中州員林街	1/4	
第一號	北六	茂元藥行		臺北市永樂町三丁目十一番地	1/4	
第一號	北六	公益藥行		臺北市太平町	1/4	
第一號	北七	聖昌藥行		臺北市港町三丁目四五	1/4	
第一號	北七	周恒源藥行	周定書	臺北市永樂町二ノ八六	1/4	
第一號	北七	許恒興藥行		臺灣臺北市永樂町四丁目十六番地	1/4	
第一號	北七	周元成藥行		臺北市永樂町	1/4	
第一號	北八	連瑞記行		臺北市永樂町四丁目五十八番地	1/4	藥行；直輸卸問屋
第一號	北八	錦隆行		臺北市永樂町三ノ一八	1/4	藥材、布、漆

期號	頁碼	單位	代表人	地址	版面	備註
第一號	北八	連協德盛苗栗本店／連協盛參莊臺北支店		新竹州苗栗郡苗栗街四〇一番地／臺北市太平町三丁目一三九番地	1/4	藥材、雜貨
第一號	北八	連錦泰藥行		臺北市永樂町四丁目五五	1/4	
第一號	北九	林協興行		臺北市元園町一八二番地	1/2	藥行
第一號	北九	協元順公司		香港干諾道西街八十三號	1/2	輸出入代辦業
第一號	北一〇	新竹藥業漢藥組合	組合員一同		1/2	
第一號	北一〇	源安藥行		新竹郡新竹街北門外	1/2	
第一號	北一一	壽世藥房	馮金興	大溪郡龍潭庄	1/4	
第一號	北一一	龍潭藥業組合	陳貫	大溪郡龍潭庄龍潭	1/4	
第一號	北一一	捷安棧藥行		新竹郡新竹街字北門一四〇	1/4	
第一號	北一一	杏春藥行		新竹街北門外二五番地	1/4	
第一號	北一二	臺北漢藥業組合	組合員一同		1	
第一號	中一	中部漢藥仲賣同業組合	謝媽春	臺中州員林郡員林街五六四番地	1/2	
第一號	中一	謝協源本店		臺灣員林街五六四番地	1/2	藥材、杉木
第一號	中二	協長興藥行		員林郡員林街五二七	1/2	
第一號	中二	福長美藥行	謝海屋	員林郡員林街	1/2	
第一號	中三	源泰	劉長	臺中州豐原郡豐原街四〇二番地	1/4	米穀、藥材
第一號	中三	義昌藥行	劉井	豐原郡豐原街一二五番地	1/4	
第一號	中三	源泉利藥房		豐原郡豐原街五一九番地	1/4	
第一號	中三	乾源藥房	蘇醜	豐原郡豐原街四六九	1/4	
第一號	中四	源福春藥行	魏永	豐原郡豐原街	1/4	
第一號	中四	老福春藥行	魏杰	豐原郡豐原街	1/4	
第一號	中四	莊銘漢參莊		臺中市驛前通	1/4	藥行
第一號	中四	西漢藥種公司	謝其川	臺中市錦町四ノ八三番地	1/4	

期號	頁碼	單位	代表人	地址	版面	備註
第一號	中五	中興藥行	姚榮	臺中市錦町四ノ四九	1/4	
第一號	中五	順安藥房	黃郎	彰化郡和美庄和美五二二番地	1/4	
第一號	中五	明德藥房	賴清泉	臺中州臺中市新富町四丁目三一	1/4	
第一號	中五	榮德公司	高萬吉	彰化郡彰化字北門外	1/4	
第一號	中六	隆安藥行	陳德星	彰化郡彰化街字北門	1/4	
第一號	中六	裕興藥行		臺灣彰化街南門	1/4	
第一號	中六	東隆藥行	姚萬順	彰化郡彰化字北門	1/4	
第一號	中六	德和藥行		彰化郡彰化街字市仔尾	1/4	
第一號	中七	黃金記蔘莊	黃金顯	臺灣臺中市錦町四丁目九二番地	1/2	
第一號	中七	恒合發商行	洪烏靖	臺灣臺中市錦町三丁目四七番地	1/2	藥材、雜貨
第一號	中八	金合源藥行	黃欣	臺南市高砂町二ノ一三	1/4	
第一號	中八	臺北集和堂藥郊	陳茂通		1/2	
第一號	中八	展南藥行	康再成	臺南市永樂町	1/4	
第一號	南一	復安藥房		豐原郡豐原街五〇五	1/8	
第一號	南一	回春藥房	歐哲祥	臺南市臺町二ノ七	1/8	
第一號	南一	順記藥行支店		臺南市高砂町二ノ五二	1/8	
第一號	南一	隆源藥房	陳老	臺南市錦町三ノ一八〇	1/8	
第一號	南一	金聯源藥房	顏芽	臺南市寶町壹丁目七拾貳番地	1/8	
第一號	南一	永順隆商行／永裕隆商行	洪炳昌	臺南市本町二丁目一九八番地	1/4	藥材、雜貨
第一號	南一	復逢盛	鄭炳文	臺南市明治町三ノ二九	1/8	臺南市明治町委員／臺南市明治町第三保保正
第一號	南二	廣陽春藥房	陳裕添	臺南市大正町二丁目八拾番地	1/4	
第一號	南二	錦昌藥行		臺南市港町一ノ七六	1/4	

期號	頁碼	單位	代表人	地址	版面	備註
第一號	南二	合源藥材公司		臺南市本町四ノ一九一	1/4	
第一號	南二	啓南藥行	胡鏡釗	臺南市港町一ノ四三（元看西街）	1/4	
第一號	南三	南興藥行		臺南市西門町三ノ六五	1/4	
第一號	南三	德興藥行	黃子培	臺南市西門町三丁目五六	1/4	
第一號	南三	成記藥行	黃根	臺南市臺町二丁目十一番地	1/4	
第一號	南三	東昌藥行	林竹園	臺南市港町壹丁目	1/4	
第一號	南四	春成藥行	顏頭	臺南市壽町四ノ一四八	1/4	
第一號	南四	捷成藥行		臺南市本町四ノ一六三	1/4	
第一號	南四	順記藥行	駱葆芝	臺南市壽町四ノ一七五	1/4	
第一號	南四	德成藥行		臺南市港町二ノ二三	1/4	
第一號	南五	隆德泰藥行		臺灣員林郡田中驛通り大街	1/2	
第一號	南五	隆記藥行	莊蒼	臺南州斗六郡斗六街七〇二番地	1/2	
第一號	南六	德美藥行	黃屋	嘉義郡嘉義街字總爺	1/2	
第一號	南六	金元和藥行	陳芝	臺灣臺南州北港郡北港宮口街	1/2	
第一號	南七	贊元藥行	蔡水讚	北港郡北港街二五六番地	1/2	
第一號	南七	新裕春商行		北港郡北港街北港五四〇番地	1/2	藥材、雜貨
第一號	南八	德元藥行		彰化郡彰化街字北門外	1/4	
第一號	南八	北記藥行	李府	嘉義郡嘉義字北門外	1/4	
第一號	南八	黃豐盛藥行	黃銘鐘	嘉義街總爺二十七番地	1/4	
第一號	南八	賴德明	賴清沂	嘉義郡嘉義街嘉義字西門內十六番地ノ一	1/4	藥行
第一號	南九	建昌藥材公司	陳粒	臺南市本町四ノ一一四	1/4	

期號	頁碼	單位	代表人	地址	版面	備註
第一號	南九	協進藥行	郭塗	臺南市高砂町三ノ一〇	1/4	
第一號	南九	許泉茂藥行	許源泉	北港郡北港街五八〇番地	1/2	
第一號	南一〇	德春藥房	上官榮炎	臺南市本町	1/8	
第一號	南一〇	存古藥房	高松根	臺南市永樂町三ノ二〇一	1/8	
第一號	南一〇	松春藥房	余宜松	臺南市本町四丁目一三三番地	1/8	
第一號	南一〇	育元居藥房	魏宗德	臺南市大宮町二丁目二十五番地	1/8	
第一號	南一〇	吉安藥房	許乞	臺南市錦町三丁目	1/8	
第一號	南一〇	養生堂	莊賞	臺南市清水町二丁目一〇二番地	1/8	藥行
第一號	南一〇	元益藥房	陳嶺	臺南市高砂町三ノ一一五	1/8	
第一號	南一〇	長生堂藥房	林阿龍	臺南市東門町一ノ二九	1/8	
第二號	二七	茂元藥行		臺北市永樂町三丁目十一番地	1/4	
第二號	二七	永協和公司	張孫名	臺北市入船町二丁目十七番地	1/4	藥行
第二號	二七	壽世藥房	馮金興	大溪郡龍潭庄	1/4	
第二號	二七	源泉和藥房		豐原郡豐原街五一九番地	1/4	
第二號	二八	添籌藥行	李友寬	臺北市永樂町	1/2	
第二號	二八	臺北藥材公司		臺北市太平町五ノ八	1/2	
第二號	封底	神農氏大藥房		臺北市永樂町二丁目九十四番地	1	
第三號	（一）	連協德盛苗栗本店／連協盛參莊臺北支店		新竹州苗栗郡苗栗街四〇一／臺北市太平町三丁目一三九	1/4	藥材、雜貨
第三號	（一）	許恒興藥行		臺北市永樂町四ノ一六	1/4	
第三號	（一）	錦隆行		臺北市永樂町三丁目十八番地	1/4	藥材、布、漆
第三號	（二）	捷生藥房	陳金枝	淡水郡淡水街	1/4	
第三號	（二）	廣陽春藥房	陳裕添	臺南市大正町二丁目八十番地	1/4	
第三號	（二）	述古堂藥行	王成	高雄州岡山郡岡山庄三七七	1/4	

期號	頁碼	單位	代表人	地址	版面	備註
第三號	（二）	仁壽藥行	黃奇洋	臺中市老松町一丁目四番地／臺中市櫻町一丁目四五番地	1/4	
第三號	（三）	吉祥藥房	胡坤	臺北市太平町一丁目三十四番地	1/2	
第三號	（三）	賴存德藥行	賴俊	臺北州七星郡士林街二四九	1/2	
第三號	（四）	神農氏大藥房		臺北市永樂町二丁目九十四番地	1	
第三號	（五）	茂元藥行		臺北市永樂町三丁目十一番地	1/4	
第三號	（五）	永協和公司	張孫名	臺北市入船町二丁目十七番地	1/4	藥行
第三號	（五）	蔡生源齋梅餅製造元	蔡榮祿	臺北市太平町二丁目百拾四番地	1/2	
第三號	（六）	合盈芳金舖	陳得勝	臺北市永樂町三丁目	1/4	
第三號	（六）	體天儀時計金商	劉登棋	臺北市永樂町三ノ一五	1/4	
第三號	（六）	星自動車商會	林星東		1/4	
第三號	（六）	（1）海陸運送店／（2）劉福隆藥行／（3）東成商行		（1）臺北驛構內／（2）臺北市太平町四ノ一三五／（3）臺北市太平町二ノ一二七	1/4	
第三號	（七）	吉元藥行		臺北市太平町四丁目	1/2	
第三號	（七）	進輪自轉車商店	王初生	臺北市太平町二丁目一四二番地	1/2	
第三號	（八）	（1）林協興行／（2）協元順公司		（1）臺北市元園町一八二／（2）香港干諾道西街八十三號	1/2	藥行／輸出入代辦業
第三號	（八）	老益昌藥房	紀乃潭	萬華有明町一ノ四一	1/4	醫生
第三號	（八）	茂昌藥房	傅朝桂	臺北市有明町三丁目六十六番地	1/4	
第三號	（九）	恒生堂	葉鍊金	臺北市永樂町貳丁目九十四番地	1/4	醫生
第三號	（九）	滋生堂藥行	洪團飛	臺北市永樂町二ノ一一	1/4	醫生

期號	頁碼	單位	代表人	地址	版面	備註
第三號	（九）	林回春藥房	林廸連	臺北市有明町二丁目四拾四	1/4	
第三號	（九）	孫源泰	孫光湘	臺北市下奎府町二ノ二六	1/4	藥行
第三號	（一〇）	源春堂	王火木	臺北市六張犂五十二番地	1/4	
第三號	（一〇）	周源益西漢藥房	周地	臺北市日新町一丁目三五一番地	1/4	
第三號	（一〇）	發記藥房	游廖進發	臺北市大橋町一ノ一〇九	1/4	
第三號	（一〇）	周永茂	周全	臺北市八甲町二丁目四四	1/4	藥、酒、煙草
第三號	（一一）	協吉成藥行	周土糞	臺北市永樂町三ノ一三	1/4	
第三號	（一一）	江聯發參行		臺北市太平町二丁目六三番地	1/4	設立中
第三號	（一一）	西瀛公司		臺北市永樂町二ノ八六	1/4	藥行
第三號	（一一）	周恒源藥行	周定書	臺北市永樂町二ノ八六	1/4	
第三號	（一二）	連錦泰藥行		臺北市永樂町四ノ五五	1/2	
第三號	（一二）	萬成昌行	聖昌藥材部	臺北市港町三ノ四五	1/2	藥行
第三號	（一三）	添籌藥行	李友寬	臺北市永樂町	1/2	
第三號	（一三）	臺北藥材公司		臺北市太平町五ノ八	1/2	
第三號	（一四）	正元大藥房	蔡秋塗	臺北市永樂町五丁目三四三	1/4	
第三號	（一四）	進元藥房	陳福	臺北市太平町一ノ二〇	1/4	
第三號	（一四）	濟元藥房	王天柱	臺北市日新町一ノ三一六	1/4	醫生
第三號	（一四）	林山記商行	林清俊	臺北市日新町二丁目六八	1/4	藥行
第三號	（一五）	捷裕參莊		臺北市太平町三丁目一〇八、一〇九番地	1/2	藥行
第三號	（一五）	捷茂藥行		臺北市	1/2	
第四號	（一）	正元大藥房	蔡秋塗	臺灣臺北市永樂町五丁目	1/4	
第四號	（一）	孫源泰	孫光湘	臺北市下奎府町二ノ二六	1/4	藥行

期號	頁碼	單位	代表人	地址	版面	備註
第四號	（一）	蔡生源齋梅餅製造元	蔡榮祿	臺北市太平町二丁目百拾四番地	1/2	
第四號	（二）	神農氏大藥房		臺北市永樂町市場前	1	
第四號	（三）	楊裕發商行		臺北市永樂町三丁目	1	藥材、雜貨
第五號	（二）	神農氏大藥房		臺北市永樂町市場前	1	
第五號	（三）	漢西大藥房		臺北市永樂市場邊	1/2	
第五號	（三）	蘇星煌藥房		岡山譯前（元岡山庄五甲尾）	1/4	
第五號	（三）	春元藥房		臺北市太平町三ノ一五三	1/4	
第五號	（四）	正元大藥房	蔡秋塗	臺灣臺北市永樂町五丁目	1/4	
第五號	（四）	孫源泰	孫光湘	臺北市下奎府町二ノ二六	1/4	藥行
第五號	（四）	蔡生源齋梅餅製造元	蔡榮祿	臺北市太平町二丁目百十四番地	1/2	
第五號	（五）	楊裕發商行		臺北市永樂町三丁目	1	藥材、雜貨
第六號	（二）	臺北漢藥業組合／臺北集合堂藥郊			1	
第六號	（三）	神農氏大藥房		臺北市永樂町市場前	1	
第六號	（四）	漢西大藥房		臺北市永樂市場邊	1/2	
第六號	（四）	大全養蜂所		阿里山線灣橋譯前	1/4	
第六號	（四）	春元藥房		臺北市太平町三ノ一五三	1/4	
第六號	（五）	正元大藥房	蔡秋塗	臺灣臺北市永樂町五丁目	1/4	
第六號	（五）	孫源泰	孫光湘	臺北市下奎府町二ノ二六	1/4	藥行
第六號	（五）	蔡生源齋梅餅製造元	蔡榮祿	臺北市太平町二ノ一一四番地	1/2	
第六號	（六）	楊裕發商行		臺北市永樂町三丁目	1	藥材、雜貨
第六號	（七）	捷裕蔘莊		臺北市太平町三丁目一〇八、一〇九番地	1	藥行
第七號	四一	漢西大藥房		臺北市永樂市場邊	1/2	

期號	頁碼	單位	代表人	地址	版面	備註
第七號	四二	正元大藥房	蔡秋塗	臺北市永樂町五丁目三四三	1/4	
第七號	四二	孫源泰	孫光湘	臺北市下奎府町二ノ二六	1/4	藥行
第七號	四二	蔡生源齋梅餅製造元	蔡榮祿	臺北市太平町二ノ一一四番地	1/2	
第七號	四三	神農氏大藥房		臺北市永樂町市場前	1	
第八號	四八	捷裕蔘莊		臺北市太平町三丁目一〇八、一〇九番地	1	藥行
第八號	四九	金長味大藥房		臺南州北港郡北港五八三番地	1	
第八號	五〇	神農氏大藥房		臺北市永樂町市場前	1	
第八號	五一	捷茂藥行		臺北市	1/2	為蘇穀保所經營
第八號	五一	添籌藥行	李友寬	臺北市永樂町	1/2	
第八號	五二	西瀛公司		臺北市永樂町二ノ八六、八七番地	1/2	藥行
第八號	五二	滋生堂藥行	洪團飛	臺北市永樂町二ノ十一	1/2	
第八號	五三	（1）林協興行／（2）協元順公司		（1）臺北市元園町一八二／（2）香港干諾道西街八十三號	1/2	藥行／輸出入代辦業
第八號	五三	連協德盛苗栗本店／連協盛參莊臺北支店		新竹州苗栗郡苗栗街四〇一／臺北市太平町三丁目一三九	1/4	藥材、雜貨
第八號	五三	林回春藥房	林廸連	臺北市有明町二丁目四拾四	1/4	
第八號	五四	臺北藥材公司		臺北市太平町五ノ八	1/4	
第八號	五四	蕃地物產株式會社		臺北市元園町六四番地	1/4	
第八號	五四	賴存德藥行	賴俊	臺北州七星郡士林街二九四	1/2	
第八號	五五	茂元藥行		臺北市永樂町三丁目十一番地	1/2	
第八號	五五	孫源泰	孫光湘	臺北市下奎府町二ノ二六	1/4	藥行

期號	頁碼	單位	代表人	地址	版面	備註
第八號	五五	株式會社天興藥行		臺北市永樂町四ノ一八	1/4	
第八號	五六	漢西大藥房		臺北市永樂市場邊	1/2	
第八號	五六	延益堂	李積善	臺北市大橋町貳丁目貳參壹番地	1/4	藥行
第八號	五六	裕春藥行		臺北市太平町四ノ七八	1/4	
第八號	五七	陳協記藥局		臺北市入船町二丁目四十七	1/4	
第八號	五七	正元大藥房	蔡秋塗	臺北市永樂町五丁目三四三	1/4	
第八號	五七	進輪自轉車商店	王初生	臺北市大平町二丁目一四二番地	1/4	
第八號	五七	貞元堂	陳培挺	大龍峒町四〇九	1/4	
第八號	五八	建財美術鏡店	劉建財	臺北市太平町四ノ二四八番地	1/4	
第八號	五八	江聯發參行		臺北市太平町二丁目六三番地	1/4	設立中
第八號	五八	神効堂大藥房	杜火龍	臺灣臺北市太平町四ノ七四	1/4	
第八號	五八	林山記商行	林清俊	臺北市日新町二丁目六八	1/4	藥行
第八號	五九	吉祥藥房	胡坤	臺北市太平町一丁目三十四番地	1/2	
第八號	五九	連瑞記行		臺北市永樂町四丁目五十八番地	1/2	藥行
第八號	六〇	吉元藥行		臺北市港町一丁目八番地	1/2	
第八號	六〇	徐群記紙商		臺北市日新町貳丁目九十一番地	1/2	
第八號	六一	江山樓		臺北市日新町	1/2	料理
第八號	六一	蓬萊閣御料理		臺北市日新町	1/2	
第八號	六二	連錦泰藥行		臺北市永樂町四ノ五五	1/2	
第八號	六二	永樂座		臺北永樂市場前	1/4	戲院
第八號	六二	高復輪商會	高火城	臺北市太平町三丁目	1/4	
第八號	六三	手平堂	謝炳東	臺北市日新町一丁目三一八	1/4	藥材、雜貨
第八號	六三	新濟生	陳勝發	臺北市大橋町一ノ九五番地	1/4	藥行

期號	頁碼	單位	代表人	地址	版面	備註
第八號	六三	存心藥房	林士嘴	臺北市有明町一丁目五十番地	1/4	
第八號	六三	老慶茂	周清標	臺北市有明町一ノ二〇	1/4	藥行
第八號	六四	和昌藥材行／永協和公司	張孫名	臺北市入船町一丁目二十二番地／臺北市入船町二丁目十七番地	1/4	
第八號	六四	春元藥房		臺北市太平町三ノ一五三	1/4	
第八號	六四	發記藥房	游廖進發	臺北市大橋町一ノ一〇九	1/4	
第八號	六四	周永茂	周全	臺北市八甲町二丁目四四	1/4	藥、酒、煙草
第八號	六五	上海五洲大藥房	王佐廷	臺北市太平町一丁目二十四番地	1/4	
第八號	六五	集英旅館	余東漢	臺北市北門町六番地	1/4	
第八號	六五	天和藥房	李傳盛	臺北市大橋町一ノ一四三	1/4	
第八號	六五	廣和堂	莊阿炎	臺北市永樂町五ノ二七九	1/4	藥材、米穀
第八號	六六	益生藥房	張栽培	臺北市永樂町五ノ二八一	1/4	
第八號	六六	稻江齒科醫院	張善	臺北市太平町四ノ	1/4	東京齒科醫學士
第八號	六六	乾和藥房	張乞食	臺北市入船町一ノ四五番地	1/4	
第八號	六六	晉生藥房	楊水木	臺北市大橋町一ノ八八	1/4	
第八號	六七	恒生堂	葉錬金	臺北市永樂町貳丁目九十四番地	1/4	醫生
第八號	六七	萬成昌行	聖昌藥材部	臺北市港町三ノ四五	1/4	藥行
第八號	六七	周源益西漢藥房	周地	臺北市日新町一丁目三五一番地	1/4	
第八號	六七	茂昌藥房	傅朝桂	臺北市有明町三丁目六六番地	1/4	
第八號	六八	老益昌藥房	紀乃潭	萬華有明町一ノ四一	1/4	醫生
第八號	六八	濟元藥房	王天柱	臺北市日新町一ノ三一六	1/4	醫生

期號	頁碼	單位	代表人	地址	版面	備註
第八號	六八	星自動車商會	林星東		1/4	
第八號	六八	太生儀	黃守達	臺北市永樂町三丁目貳壹番地	1/4	時計等金屬品
第八號	六九	合盈芳金舖	陳得勝	臺北市永樂町三丁目	1/4	
第八號	六九	錦隆行		臺北市永樂町三丁目十八番地	1/4	藥材、布、漆
第八號	六九	協吉成藥行	周土糞	臺北市永樂町三ノ一三	1/4	
第八號	六九	許恒興藥行		臺北市永樂町四ノ一六	1/4	
第八號	七〇	瑞裕公司		臺北市太平町四丁目一七二、一七三番地	1/4	滙兌業
第八號	七〇	體天儀時計金商	劉登棋	臺北市永樂町三ノ一五	1/4	
第八號	七〇	太和堂	楊名金	臺北市新富町二ノ六九	1/4	
第八號	七〇	傳生堂	盧傳	臺北市建成町一丁目一五七番地	1/4	藥行
第八號	七一	蔡生源齋梅餅製造元	蔡榮祿	臺北市太平町二ノ一一四番地	1/2	
第八號	七一	濟安藥房		臺北市大橋町二ノ一八二	1/4	
第八號	七一	陳合發商行	陳水木	臺北市永樂町五ノ三四九（出張所：高雄市北野町二ノ三）	1/4	麻袋線
第八號	七二	發輪自動車商會	高樹林	臺北市日新町二丁目（江山樓隣）	1/4	
第八號	七二	良籌藥種商	李金振	臺北市大橋町一丁目一五八番地	1/4	
第八號	七二	金山館本店／鵬遊館	趙登元	臺北市太平町一ノ一四／臺北市永樂町二ノ五三（金山館支店）	1/4	旅館
第八號	七二	慶生堂	鄒墻	大橋町一ノ一〇五	1/4	
第八號	七三	林榮春行	林維岩	臺北市大安字龍安埤三六八	1/4	雜貨
第八號	七三	陳協珍商行	陳萬	臺北市永樂町四丁目六番地	1/4	蕃產品
第八號	七三	捷美堂	徐得卿	大橋町一ノ七五	1/4	

期號	頁碼	單位	代表人	地址	版面	備註
第八號	七三	成昌藥房	胡初棠	臺北市綠町一丁□□□□	1/4	
第八號	七四	述古堂藥行	王成	高雄州岡山郡岡山庄岡山三七七番地	1/4	
第八號	七四	德和興記參莊		臺北市太平町四丁目二一四	1/4	
第八號	七四	林珍興商行	林承周	臺北市日新町一丁目□□□	1/4	米穀、煙酒
第八號	七四	回安藥房	王金枝	臺北市新富町一ノ七三番地	1/4	
第八號	七五	楊裕發商行		臺北市永樂町三丁目	1	藥材、雜貨
第十號	四六	神農氏大藥房		臺北市永樂町市場前	1	
第十號	四七	捷裕蔘莊		臺北市太平町三丁目一〇八、一〇九	1	藥行
第十號	四八	正元大藥房	蔡秋塗	臺北市永樂町五ノ三四三	1/4	
第十號	四八	養元西漢藥房	張石璞	臺北市宮前町十二、十三番地	1/4	
第十號	四八	和元藥房	杜紅番	臺北市下奎府町四ノ一三	1/4	
第十號	四八	逢生藥房	張嘉祥	臺北市宮前町一九番地	1/4	
第十號	四九	漢西大藥房		臺北市永樂市場邊	1/2	
第十號	四九	連瑞記行		臺北市永樂町四丁目五十八番地	1/2	藥行
第十號	五〇	（1）林協興行／（2）協元順公司		（1）臺北市元園町一八二／（2）香港干諾道西街八十三號	1/2	藥行／輸出入代辦業
第十號	五〇	吉元藥行		臺北市港町一丁目八番地	1/2	
第十號	五一	楊裕發商行		臺北市永樂町三丁目	1	藥材、雜貨
第十一號	四八	神効堂大藥房	杜火龍	臺灣臺北市太平町四ノ七四	1/4	
第十一號	四八	正元大藥房	蔡秋塗	臺北市永樂町五ノ三四三	1/4	
第十一號	四八	錦隆行		臺北市永樂町三丁目十八番地	1/4	藥材、布、漆
第十一號	四八	許恒興藥行		臺北市永樂町四ノ一六	1/4	

期號	頁碼	單位	代表人	地址	版面	備註
第十一號	四九	吉元藥行		臺北市港町一丁目八番地	1/2	
第十一號	四九	漢西大藥房		臺北市永樂市場邊	1/2	
第十一號	五〇	捷裕蔘莊		臺北市太平町三丁目一〇八、一〇九	1	藥行
第十一號	五一	神農氏大藥房		臺北市永樂町市場前	1	
第十四號	南二	金合源藥行	黃欣	臺南市高砂町二ノ一三二	1/4	該期廣告「續前號」，因此皆屬第十三號之廣告
第十四號	南二	順記藥行	駱葆芝	臺南市壽町四ノ一七五	1/4	
第十四號	南二	東昌藥行	林竹園	臺南市港町壹丁目	1/4	
第十四號	南二	錦昌公司		臺南市港町一ノ七六	1/4	藥行
第十四號	南三	展南藥行	康再成	臺南市永樂町	1/4	
第十四號	南三	春成藥行	顏頭	臺南市壽町四ノ一四八	1/4	
第十四號	南三	德興藥行	黃子培	臺南市西門町三ノ五六	1/4	
第十四號	南三	合源藥材公司		臺南市本町四ノ一九一	1/4	
第十四號	南四	成記藥行	黃根	臺南市臺町二ノ一一	1/4	
第十四號	南四	泰記藥行		臺南市港町一ノ一九（元頂南河）	1/4	
第十四號	南四	南興藥行		臺南市西門町三ノ六五	1/4	
第十四號	南四	捷成藥行		臺南市本町四ノ一六三	1/4	
第十四號	南五	順記藥行支店		臺南市高砂町二ノ五二	1/4	
第十四號	南五	廣陽春藥房	陳裕添	臺南市大正町二ノ八〇	1/4	
第十四號	南五	松春藥房	佘宜松	臺南市本町四ノ一三三	1/4	
第十四號	南五	建昌藥材公司	陳粒	臺南市本町四ノ一一四	1/4	
第十四號	南六	永順隆商行／永裕隆商行	洪炳昌	臺南市本町二ノ一九八	1/4	藥材、雜貨
第十四號	南六	德春藥房	上官榮炎	臺南市本町	1/4	

期號	頁碼	單位	代表人	地址	版面	備註
第十四號	南六	振發藥行	張吉	鳳山郡鳳山街	1/4	
第十四號	南六	聯德源藥行	李鳳赵	鳳山郡鳳山街草店尾	1/4	
第十四號	南七	合安藥行	連木	屏東郡屏東街	1/2	
第十四號	南七	述古堂藥行	王成	高雄州岡山郡岡山庄岡山三七七番地	1/2	
第十四號	南八	養福藥房	韓天賜	屏東郡屏東街	1/4	
第十四號	南八	金源記藥行	翁細	苗栗郡苗栗街	1/4	
第十四號	南八	蘭記圖書部		嘉義西門街市場前	1/2	
第十四號	北一	回春醫院		臺北市永樂町永樂座前	1	
第十四號	北二	捷裕蔘莊		臺北市太平町三丁目一〇八、一〇九	1	藥行
第十四號	北三	神農氏大藥房		臺北市永樂町市場前	1	
第十四號	北四	正元大藥房	蔡秋塗	臺北市永樂町五ノ三四三	1/2	
第十四號	北四	光明社		臺北市新富町一丁目一九四番地	1/2	
第十四號	北五	楊裕發商行		臺北市永樂町三丁目	1	藥材、雜貨
第十五號	新一	長成商行		臺北市永樂町三丁目	1/2	雜貨
第十五號	新一	蔡生源齋		臺北市太平町二丁目	1/2	餅、粉
第十五號	新二	參奇藥行		臺北市永樂町四丁目九番地	1/2	
第十五號	新二	忠義藥舖	吳大朝	臺北市日新町一ノ一一八	1/2	
第十五號	新三	萬成昌行	聖昌藥材部	臺北市港町三ノ四五	1/2	藥行
第十五號	新三	吉元藥行	陳有福	臺北市港町一丁目八番地	1/2	
第十五號	新四	恒生堂	葉鍊金	臺北市永樂町二ノ九四	1/4	醫生
第十五號	新四		周儀塏	臺北市	1/4	醫生
第十五號	新四	林山記商行	林清俊	臺北市日新町二丁目六八番地	1/4	藥行
第十五號	新四	株式會社天興藥行	謝木桂	臺北市太平町三丁目九二番地（元朝陽街坐南向北第六軒）	1/4	

期號	頁碼	單位	代表人	地址	版面	備註
第十五號	新五	和元藥房	杜紅番	臺北市下奎府四ノ一三	1/4	
第十五號	新五	逢生藥房	張嘉祥	臺北市宮前町十九番地	1/4	
第十五號	新五	養元西漢藥房	張石璞	臺北市宮前町十二、十三番地	1/4	
第十五號	新五	存心堂	蔡祿	宮前町二九四番地	1/4	藥行
第十五號	新六	老益昌藥房	紀乃潭	臺北市有明町一丁目四一	1/4	醫生
第十五號	新六	林同春藥房	林廸連	臺北市有明町二丁目四十四	1/4	
第十五號	新六	成昌藥房	胡初棠	臺北市綠町一丁目十六	1/4	
第十五號	新六	茂昌藥房	傅朝桂	臺北市有明町三丁目十六	1/4	
第十五號	新七	連錦泰行		臺灣臺北市永樂町四ノ五五	1/4	藥行
第十五號	新七	正元大藥房	蔡秋塗	臺北市永樂町五ノ三四三	1/4	
第十五號	新七	連協德盛苗栗本店／連協盛參莊臺北支店		新竹州苗栗郡苗栗街四〇一／臺北市太平町三丁目一三九	1/4	
第十五號	新七	周源益西漢藥房	周地	臺北市日新町一丁目三百五十一番地	1/4	
第十五號	新八	江山樓		臺北市日新町	1/4	料理
第十五號	新八	徐群記紙商		臺北市日新町二丁目九十一番地	1/4	
第十五號	新八	存仁藥房	蘇國	臺北市新富町二丁目	1/4	
第十五號	新八	乾和藥房	張乞食	臺北市入船町一ノ四五番地	1/4	
第十六號	五四	存仁藥房	蘇國	臺北市新富町二丁目	1/4	
第十六號	五四	義英號	張英財	臺北市永樂町四ノ七	1/4	絲、花等裝飾品
第十七號	四七	蘭記圖書部		嘉義街	1/2	刊物
第十七號	四七	存仁藥房	蘇國	臺北市新富町二丁目	1/4	
第十七號	四七	義英號	張英財	臺北市永樂町四ノ七	1/4	絲、花等裝飾品
第二十號	無頁碼	捷裕蔘莊		臺北市太平町三丁目一〇八、一〇九	1	藥行

期號	頁碼	單位	代表人	地址	版面	備註
第二十一號	無頁碼	神農氏大藥房		臺北市永樂町市場前	1	
第二十一號	無頁碼	吉元藥行		臺北市港町一ノ八	1	
第二十一號	版權頁	世界醫報館		上海英租界勞合路寧波路口鏞壽里一一六號	1/2	刊物
第二十二號	無頁碼	捷裕蔘莊		臺北市太平町三丁目一〇八、一〇九	1	藥行
第二十二號	無頁碼	神農氏大藥房		臺北市永樂町市場前	1	
第二十二號	無頁碼	吉元藥行		臺北市港町一ノ八	1	
第二十二號	無頁碼	浙江醫藥月刊社		杭州市四條巷二號浙江中醫專門學校內	1/4	刊物
第二十二號	無頁碼	義英號	張英財	臺北市永樂町四ノ七	1/4	絲、花等裝飾品
第二十二號	無頁碼	臺灣新漢醫研究室	蘇錦全	臺北市新起町三ノ八八	1/4	醫書
第二十三號	無頁碼	神農氏大藥房		臺北市永樂町市場前	1	
第二十三號	無頁碼	吉元藥行		臺北市港町一ノ八	1	
第二十三號	無頁碼	捷裕蔘莊		臺北市太平町三丁目一〇八、一〇九	1	藥行
第二十三號	無頁碼	義英號	張英財	臺北市永樂町四ノ七	1/4	絲、花等裝飾品
第二十三號	無頁碼	浙江醫藥月刊社		杭州市四條巷二號浙江中醫專門學校內	1/4	刊物
第二十三號	無頁碼	臺灣新漢醫研究室	蘇錦全	臺北市新起町三ノ八八	1/4	醫書
第二十三號	無頁碼	蘭記圖書部		嘉義市西市場前	1	醫書、刊物
第二十四號	無頁碼	吉元藥行		臺北市港町一ノ八	1	
第二十四號	無頁碼	捷裕蔘莊		臺北市太平町三丁目一〇八、一〇九	1	藥行
第二十四號	無頁碼	神農氏大藥房		臺北市永樂町市場前	1	
第二十四號	無頁碼	義英號	張英財	臺北市永樂町四ノ七	1/4	絲、花等裝飾品
第二十四號	無頁碼	浙江醫藥月刊社		杭州市四條巷二號浙江中醫專門學校內	1/4	刊物
第二十四號	無頁碼	臺灣新漢醫研究室	蘇錦全	臺北市新起町三ノ八八	1/4	醫書

期號	頁碼	單位	代表人	地址	版面	備註
第二十四號	無頁碼	醫界春秋社		上海西藏路西羊關弄五百〇三號	1/2	刊物
第二十四號	無頁碼	中國醫藥學社		廣州大德路蘇行街廣東中醫藥專門學校內	1/2	刊物
第二十五號	無頁碼	捷裕蔘莊		臺北市太平町三丁目一〇八、一〇九	1	藥行
第二十五號	無頁碼	吉元藥行		臺北市港町一ノ八	1	
第二十五號	（祝）一	美東公司		臺北市太平町五丁目三十五番地	1/4	滙兌商
第二十五號	（祝）一	瑞裕公司		臺北市太平町四丁目一七二、一七三番地	1/4	滙兌業
第二十五號	（祝）一	李天興	李蚶	臺北市太平町四ノ一一八	1/4	金商
第二十五號	（祝）一	舊天興金商	李為	臺北市太平町四ノ七四	1/4	
第二十五號	（祝）二	春元藥房		臺北市太平町三ノ一五三	1/4	
第二十五號	（祝）二	進元藥房	陳福	臺北市太平町一ノ二〇	1/4	
第二十五號	（祝）二	進成藥房	蔡建置	臺北市太平町三ノ一八九	1/4	
第二十五號	（祝）二	漢洋藥房	張地	臺北市太平町一ノ二九	1/4	
第二十五號	（祝）三	（1）株式會社李金燦參莊／（2）大家餐館		（1）臺北市太平町三ノ一五九／（2）李金燦參莊二階	1/4	
第二十五號	（祝）三	株式會社天興藥行	謝木桂	臺北市太平町三丁目九二番地（元朝陽街坐南向北第六軒）	1/4	
第二十五號	（祝）三	屈臣氏大藥房／屈臣氏藥局	李俊啓、李義人	臺北市永樂町	1/4	
第二十五號	（祝）三	恒德行		臺北市太平町三ノ一三二	1/4	藥材、雜貨
第二十五號	（祝）四	恒生堂	葉錬金	臺北市永樂町二ノ九四	1/4	醫生
第二十五號	（祝）四	錦隆行		臺北市永樂町三丁目十八番地	1/4	藥材、布、漆
第二十五號	（祝）四	連錦泰行		臺灣臺北市永樂町四ノ五五	1/4	藥行

期號	頁碼	單位	代表人	地址	版面	備註
第二十五號	（祝）四	廣和堂	莊阿炎	臺北市永樂町五ノ二七九	1/4	藥種商、米穀商；按：莊淑旂之父
第二十五號	（祝）五	濟元藥房	王若翰	臺北市日新町一ノ三一六	1/4	
第二十五號	（祝）五	增壽堂藥房	陳添丁	臺北市日新町二ノ三四	1/4	
第二十五號	（祝）五	周源益西漢藥房	周地	臺北市日新町一丁目三五一番地	1/4	
第二十五號	（祝）五	盈元藥房	陳碧蓮	臺北市日新町一ノ九	1/4	
第二十五號	（祝）六	神効堂大藥房		臺北市太平町四ノ七四番地（本舖）	1/4	
第二十五號	（祝）六	振發藥房		臺北市日新町二丁目六二番地（本舖）	1/4	
第二十五號	（祝）六	恒發公司		臺北市永樂町三ノ一九	1/4	
第二十五號	（祝）六	玉安堂藥房	汪塗山	臺北市大橋町二ノ一七九	1/4	
第二十五號	（祝）七	華昌藥房	林鴻南	臺北市下奎府町一ノ二	1/4	
第二十五號	（祝）七	妙春堂西漢大藥房	雷英、林先程	臺北市下奎府町二ノ二六（三角窓）	1/4	
第二十五號	（祝）七	濟安藥房		臺北市下奎府町二ノ二六	1/4	
第二十五號	（祝）七	和元藥房	杜紅番	臺北市下奎府町四ノ一三	1/4	
第二十五號	（祝）八	聯生堂藥房	林樑材	臺北市建成町一ノ一九〇	1/4	
第二十五號	（祝）八	傳生堂藥房	蘇氏尾	臺北市建成町一ノ一五七	1/4	
第二十五號	（祝）八	養元西漢藥房	張石璞	臺北市官前町十二、十三番地	1/4	
第二十五號	（祝）八	逢生藥房	張嘉祥	臺北市宮前町十九番地	1/4	
第二十五號	（貳）一	豐盛大藥行	黃銘鐘	嘉義市總爺街	1	
第二十五號	（貳）二	德美大藥行	黃屋	嘉義市總爺街	1	
第二十五號	（貳）三	捷發大藥房	黃金益	東石郡朴子街朴子五五四	1	
第二十五號	（貳）四	許泉源藥行	許清源	彰化郡鹿港街	1	
第二十五號	（貳）五	東隆大藥行		彰化街南門一七五	1/2	

期號	頁碼	單位	代表人	地址	版面	備註
第二十五號	（貳）五	關西藥業組合	組合員一同		1/2	
第二十五號	（貳）六	益元大藥房	楊益	新竹州桃園街	1/4	
第二十五號	（貳）六	簡慶昌商店	簡維國	新竹州桃園街	1/4	日用雜貨；漢西藥種
第二十五號	（貳）六	金安堂藥房	簡精雲	新竹州桃園街一〇一	1/4	醫生
第二十五號	（貳）六	慶茂藥房	徐慶茂	新竹州桃園街	1/4	
第二十五號	（貳）七	興泰藥行	林子良	臺中州彰化街南部	1/4	
第二十五號	（貳）七	榮泰藥行	黃朝宗	臺中州彰化北門外	1/4	
第二十五號	（貳）七	壽世堂藥行	馮金英	大溪郡龍潭庄龍潭	1/4	
第二十五號	（貳）七		謝發政	大溪郡龍潭庄龍潭	1/4	漢西藥種、醫生
第二十五號	（貳）八	隆安大藥行	陳德生	彰化街北門	1/2	
第二十五號	（貳）八	龍潭藥業組合長	陳貫	大溪郡龍潭庄龍潭	1/2	
第二十五號	（貳）九	合源藥材公司	黃國棟	臺南市本町四ノ一九一	1/4	
第二十五號	（貳）九	捷安大藥行	陳俊元	新竹市北門一四〇	1/4	
第二十五號	（貳）九	南興大藥行		臺南市西門町三ノ六五	1/4	
第二十五號	（周）一	老益昌藥房	紀乃潭	臺北市有明町一ノ四一	1/2	醫生
第二十五號	（周）一	周永茂	周全	臺北市八甲町二丁目四四	1/4	藥、酒、煙草
第二十五號	（周）一	回安藥房	王金枝	臺北市新富町一ノ一一二／海山郡土城庄沛舍坡二〇〇（本居地）	1/4	
第二十五號	（周）二	連協德盛苗栗本店／連協盛參莊臺北支店		新竹州苗栗郡苗栗街四〇一／臺北市太平町三丁目一三九	1/2	藥材、雜貨
第二十五號	（周）二	進輪自轉車商店	王初生	臺北市太平町二丁目一四二番地／臺北市京町三丁目（支店）	1/2	
第二十五號	（周）三	林協興行		臺北市元園町一八二	1/4	藥行
第二十五號	（周）三	陳協記藥房		臺北市入船町二ノ四七	1/4	

期號	頁碼	單位	代表人	地址	版面	備註
第二十五號	（周）三	存心藥房	林士嘴	臺北市有明町一ノ五〇	1/4	
第二十五號	（周）三	太和堂	楊名金	臺北市新富町二ノ六九	1/4	
第二十五號	（周）四	宏生局		臺北市萬華土地前入船町一丁目二十六番地	1/4	藥種商號
第二十五號	（周）四	林回春藥房	林廸連	臺北市有明町二丁目四十四	1/4	
第二十五號	（周）四	成昌藥房	胡初棠	臺北市綠町一丁目十六	1/4	
第二十五號	（周）四	茂昌藥房	傅朝桂	臺北市有明町三丁目十六	1/4	
第二十五號	（周）五	捷茂藥行		臺北市	1/2	
第二十五號	（周）五	添籌藥行		臺北市	1/2	
第二十五號	（周）六	茂元藥行	蔡婆	臺北市永樂町三丁目十一番地	1/2	
第二十五號	（周）六	協吉成藥行	周土糞	臺北市永樂町三ノ一三	1/2	
第二十五號	（周）七	西瀛公司		臺北市永樂町二丁目八六、八七	1/2	藥行
第二十五號	（周）七	臺北藥材公司		臺北市太平町五ノ八	1/2	
第二十五號	（周）八	滋生堂藥行	洪團飛	臺北市永樂町二ノ十一	1/2	
第二十五號	（周）八	吉祥藥房	胡坤	臺北市太平町一丁目三十四番地	1/2	
第二十五號	（年）五	株式會社同榮商會		臺北市太平町三ノ一二六	1/4	
第二十五號	（年）五	義英號	張英財	臺北市永樂町四ノ七	1/4	絲、花等裝飾品
第二十五號	（年）五	永樂座		臺北永樂市場前	1/2	戲院
第二十五號	（年）六	蘭記圖書部		嘉義市西市場前	1	刊物、醫書
第二十五號	無頁碼	神農氏大藥房		臺北市永樂町市場前	1	
第二十七號	無頁碼	吉元藥行	陳有福	臺北市港町一丁目八番地	1	
第二十七號	無頁碼	神農氏大藥房		臺北市永樂町市場前	1	
第二十七號	無頁碼	三元大藥舖		臺北市八甲町三ノ二四	1	

期號	頁碼	單位	代表人	地址	版面	備註
第二十七號	同一	臺北漢藥業組合			1/2	
第二十七號	同二		陳涬然	臺北市上埤頭二三	1/10	
第二十七號	同二		林維岩	臺北市大安字龍安坡三六八	1/10	
第二十七號	同二		周宜雲	臺北市古亭町一一四	1/10	
第二十七號	同二		周心匏	臺北市古亭町八三、八四	1/10	
第二十七號	同二		陳木	臺北市水道町二七九	1/10	
第二十七號	同二		陳慶	臺北市富田町二八八	1/10	
第二十七號	同二		楊阿沛	臺北市西園町二一六	1/10	
第二十七號	同二		陳烏九	臺北市日新町一ノ一一二	1/10	
第二十七號	同二	洽興記	丁百開	臺北市入船町一ノ一〇	1/10	
第二十七號	同二		莊添福	臺北市入船町一ノ一一	1/10	
第二十七號	同三		張火木	臺北市有明町四五	1/10	
第二十七號	同三	神書堂	楊木新	臺北市日新町二ノ二一四	1/10	
第二十七號	同三	益年大藥房	張金土	臺北市太平町四ノ五五	1/10	
第二十七號	同三	羅濟漢藥房	羅清池	臺北市建成町一ノ二二九	1/10	
第二十七號	同三		黃翼如	臺北市建成町一ノ一九〇	1/10	醫生
第二十七號	同三	全安堂	陳清祥	臺北市太平町四ノ八	1/10	
第二十七號	同三	增壽藥房	陳添丁	臺北市日新町二ノ三四	1/10	
第二十七號	同三	中山藥房		臺北市下奎府町一ノ二三六	1/10	
第二十七號	同三	保壽藥房	羅坑	臺北市下奎府町四ノ二〇	1/10	
第二十七號	同三	博濟藥房	許登埔	臺北市下奎府町四ノ一三	1/10	
第二十七號	同四	聯生藥房	林樑材	臺北市建成町一ノ一九〇	1/10	

期號	頁碼	單位	代表人	地址	版面	備註
第二十七號	同四	進成藥房	蔡建置	臺北市太平町三ノ一八九	1/10	
第二十七號	同四	怡芳堂	蕭火炎	臺北市永樂町二ノ四三	1/10	
第二十七號	同四		呂玉禧	臺北市日新町一ノ一三七	1/10	
第二十七號	同四	漢洋藥房	張地	臺北市太平町一ノ二九	1/10	
第二十七號	同四		陳葛	臺北市太平町六ノ五〇	1/10	
第二十七號	同四		莊阿炎	臺北市永樂町五ノ二七九	1/10	
第二十七號	同四	良籌藥房	李金振	臺北市大橋町一ノ一五八	1/10	
第二十七號	同四	天和堂藥房	李傳盛	臺北市大橋町一ノ一四三	1/10	
第二十七號	同四	發記藥房	游廖振發	臺北市大橋町一ノ一〇九、一一〇	1/10	
第二十七號	同五	養元藥房	張石璞	臺北市宮前町一二、一三	1/10	
第二十七號	同五	逢生藥房	張嘉祥	臺北市宮前町一九	1/10	
第二十七號	同五	恒仁藥房	鄭騰輝	臺北市下奎府町四ノ五六	1/10	
第二十七號	同五	復元藥房	周棍	臺北市下奎府町四ノ三〇	1/10	
第二十七號	同五	和元藥房	杜紅番	臺北市下奎府町四ノ一三、一六	1/10	
第二十七號	同五	貞元藥房	陳培挺	臺北市大龍峒町四〇九	1/10	
第二十七號	同五		周定書	臺北市日新町	1/10	
第二十七號	同五	元成藥行		臺北市永樂町三丁目	1/10	
第二十七號	同五	天保堂藥房		臺北市永樂町五ノ一四八	1/10	
第二十七號	同五	張金水參莊		臺北市日新町一ノ六二	1/10	
第二十七號	同六	養生堂藥房	吳家禮	臺北市元園町六六	1/10	
第二十七號	同六		沈水福	臺北市永樂町一ノ一一	1/10	福成茶商
第二十七號	同六	問安堂	陳傳	臺北市太平町二ノ六二、六三、六四	1/10	

期號	頁碼	單位	代表人	地址	版面	備註
第二十七號	同六	商務印刷所	劉萬成	臺北市永樂町三ノ二三	1/10	
第二十七號	同六		劉福隆	臺北市太平町四ノ一三五	1/10	
第二十七號	同六	杏林堂	黃仙同	臺北市綠町二ノ六八	1/10	
第二十七號	同六		周軟	臺北市綠町一ノ一七	1/10	
第二十七號	同六	永茂藥房	周全	臺北市八甲町二ノ四四	1/10	
第二十七號	同六		林士嘴	臺北市有明町一ノ五〇	1/10	
第二十七號	同六	協記藥房	李要	臺北市入船町二ノ四七	1/10	
第二十七號	同七		周清桂	臺北市日新町一ノ三二七	1/10	
第二十七號	同七	林珍興	林承周	臺北市日新町一ノ三一九	1/10	米穀商
第二十七號	同七	手平堂	謝炳東	臺北市日新町一ノ三一八	1/10	藥種、雜貨
第二十七號	同七	乾德藥房	羅心婦	臺北市下奎府町一ノ一四〇	1/10	
第二十七號	同七	濟生藥房	陳紅毛	臺北市大橋町一ノ一四六	1/10	
第二十七號	同七		陳榮生	臺北市太平町四ノ七六	1/10	
第二十七號	同七	吉星藥房	李金恭	臺北市建成町一ノ一九六	1/10	
第二十七號	同七	有年堂	許高發	基隆市後井子四八	1/10	潘先同醫生
第二十七號	同七	和安藥房	江美煥	基隆市曾子寮八一	1/10	
第二十七號	同七	保壽堂	顏清山	基隆市蚵殼港二一五	1/10	
第二十七號	同八	長壽藥房	楊安	基隆市福德街二五	1/10	
第二十七號	同八	天元堂藥房	杜新傳	基隆市福德街一五	1/10	
第二十七號	同八	老和順漢藥房	張赤牛	基隆市新興八	1/10	
第二十七號	同八	漢英藥房	呂傳溪	基隆市新店二ノ五〇	1/10	
第二十七號	同八	濟安藥房	王壬癸	基隆市蚵殼港二一五	1/10	
第二十七號	同八	成基藥房	游永發	基隆市後井子一二七	1/10	
第二十七號	同八	有濟藥房	連新永	基隆市崁子頂一八	1/10	

期號	頁碼	單位	代表人	地址	版面	備註
第二十七號	同八	益壽堂藥房	張春波	基隆市草店尾六五	1/10	
第二十七號	同八	王萬源藥房	王萬生	基隆市玉田町一三四	1/10	
第二十七號	同八	太和堂藥房	廖井枝	基隆市新興九	1/10	
第二十七號	慶一	源順堂藥房	江振富	基隆市新興一二	1/10	
第二十七號	慶一	正安堂藥房	張賢	基隆市福德一四	1/10	
第二十七號	慶一	成德基藥房	林寅	基隆市後井子一番五四	1/10	
第二十七號	慶一	懸壺藥房	吳劉乞	基隆市媽祖宮口二五	1/10	
第二十七號	慶一	仁者壽藥房	郭棕	基隆市新興一六	1/10	
第二十七號	慶一	廣生堂藥房	李桂芳	七星郡汐止街字汐止三九三	1/10	
第二十七號	慶一	唐和昌藥房	唐接成	七星郡汐止街字汐止三八四	1/10	
第二十七號	慶一	益安堂藥房	顏金定	七星郡汐止街字汐止二四	1/10	
第二十七號	慶一	名濟藥房	賴盛友	七星郡汐止街三六九	1/10	
第二十七號	慶一	揚濟堂	陳萬乞	七星郡汐止街字汐止一三八	1/10	
第二十七號	慶二	延壽堂	王清廉	七星郡汐止街下街一二八	1/10	
第二十七號	慶二	莊仁和順記	莊景順	七星郡松山庄三二六	1/10	
第二十七號	慶二	謙成藥房	張天賜	七星郡松山庄九〇	1/10	醫生
第二十七號	慶二	源和藥房	林墻	七星郡松山庄松山一九二	1/10	
第二十七號	慶二	林益利藥房	林三財	七星郡松山庄松山八七	1/10	
第二十七號	慶二	老謙和藥房	張玉樹	七星郡松山庄松山九二	1/10	
第二十七號	慶二	育仁堂	陳爨靴	七星郡松山庄松山一〇九	1/10	
第二十七號	慶二	林義和藥房	林葉	七星郡松山庄松山一一七	1/10	
第二十七號	慶二	蘇正安藥房	蘇宗絲	七星郡松山庄松山二二〇	1/10	
第二十七號	慶二	義昌藥房	李送	七星郡松山庄松山二一三	1/10	

期號	頁碼	單位	代表人	地址	版面	備註
第二十七號	慶三	福昌藥房	許文唱	七星郡松山庄松山三八	1/10	
第二十七號	慶三	濟安藥房	廖媽水	七星郡內湖庄後山陂九九	1/10	
第二十七號	慶三	太和堂藥房	謝有土	七星郡汐止街保長坑五〇二	1/10	
第二十七號	慶三	聚茂堂	許純卿	七星郡士林庄士林二九〇	1/10	醫生
第二十七號	慶三	茂源藥房	鄭天浩	七星郡松山庄松山三二四	1/10	
第二十七號	慶三	和發堂藥房	鄭乾生	海山郡鶯歌庄尖山字尖生埔五一	1/10	
第二十七號	慶三	乃仁堂	趙日三	海山郡板橋接後埔一六	1/10	醫生
第二十七號	慶三	如春藥房	宋出海	海山郡中和庄枋寮一三一	1/10	
第二十七號	慶三	和安藥房	黃天祐	海山郡中和庄字枋寮一五二	1/10	
第二十七號	慶三	保壽堂	林阿番	海山郡中和庄字枋寮九八	1/10	
第二十七號	慶四	益元藥房	張覺先	淡水郡淡水街東興七五	1/10	醫生
第二十七號	慶四		洪登水	淡水郡淡水街東興三四	1/10	
第二十七號	慶四	保安堂藥房	陳江山	淡水郡淡水街公館口二四	1/10	
第二十七號	慶四	汪義昌藥房	汪串	淡水郡淡水街九坎四	1/10	
第二十七號	慶四		陳天富、陳玉枝、林旺全、李伯達	宜蘭街	1/10	
第二十七號	慶四	江源茂藥行	江瑞英	基隆市福德街二三	1/2	
第二十七號	慶五	張德修		新莊郡新莊街新莊五八九	1/10	醫生
第二十七號	慶五	劉雨生		新莊郡新莊街新莊三四九	1/10	醫生
第二十七號	慶五	益元藥房	李坤元	新莊郡三重埔大竹圍四八	1/5	
第二十七號	慶五	壺春堂	林欽榮	新莊街新莊五八六	1/10	
第二十七號	慶五	壽春堂	李烏塗	新莊郡新莊街新莊七二三	1/5	

期號	頁碼	單位	代表人	地址	版面	備註
第二十七號	慶五	保元堂	許埤	新莊郡新莊街新莊四三二	1/10	
第二十七號	慶五	壽安堂	李竹根	新莊郡新莊街新莊三三六	1/10	
第二十七號	慶五		郭食婆	淡水郡八里庄厦竹圍子八一	1/20	
第二十七號	慶五		吳向榮	新竹市北門二三七	1/20	
第二十七號	慶六	德生堂藥房	盧阿水	淡水街字公舘口七	1/4	
第二十七號	慶六	捷生藥房	陳金枝	淡水郡淡水街東興四九	1/4	
第二十七號	慶六	宏生堂	李宗魁	七星郡士林庄舊街二七二	1/4	
第二十七號	慶六	森生藥房	林瓜	淡水郡淡水字元吉一〇	1/4	
第二十七號	慶七	保元堂	陳曹錐	臺北州七星郡士林街三三六	1/4	
第二十七號	慶七	賴存德藥行	賴俊	臺北州七星郡士林街二九四	1/4	
第二十七號	慶七	濟和堂	李溪水	七星郡士林庄舊街二七二	1/4	
第二十七號	慶七	保和藥房	簡林	海山郡中和庄字枋寮一〇三	1/4	
第二十七號	慶八	林回春藥房	林廸連	臺北市有明町二ノ四四	1/4	
第二十七號	慶八	成昌藥房	胡初棠	臺北市綠町一丁目十六	1/4	
第二十七號	慶八	茂昌藥房	傅朝桂	臺北市有明町三丁目十六	1/4	
第二十七號	慶八	乾和藥房	張乞食	臺北市入船町一ノ四五	1/4	
第二十七號	新一	老益昌藥房	紀乃潭	臺北市有明町一ノ四一	1/2	醫生
第二十七號	新一	慶春藥房	紀俊修	臺北市入船町一ノ四一	1/2	
第二十七號	新二	捷茂藥行		臺北市	1/2	
第二十七號	新二	添籌藥行		臺北市	1/2	
第二十七號	新三	西瀛公司	盧訂、盧額、盧貳	臺北市永樂町二丁目八六、八七	1/2	藥行
第二十七號	新三	林協興智記合名會社	林萬乞	臺北市港町三ノ十一	1/2	
第二十七號	新四	臺北藥材公司		臺北市太平町五ノ八	1/4	

期號	頁碼	單位	代表人	地址	版面	備註
第二十七號	新四	恒發公司藥行		臺北市永樂町三ノ一九	1/4	
第二十七號	新四	聖昌藥材行		臺北市永樂町三ノ五七	1/4	
第二十七號	新四	參奇藥行		臺北市永樂町四丁目九番地	1/4	
第二十七號	新五	茂元藥行	蔡婆	臺北市永樂町三ノ一一	1/4	
第二十七號	新五	協吉成藥行	周土糞	臺北市永樂町三ノ一三	1/4	
第二十七號	新五	吉祥藥房	胡坤	臺北市太平町一ノ三四	1/4	
第二十七號	新五	江聯發參茸行		臺灣臺北市太平町二丁目六三番地	1/4	
第二十七號	新六	恒生堂	葉鍊金	臺北市永樂町二ノ九四	1/4	醫生
第二十七號	新六	許松南藥房	許松南	臺北市建成町一ノ一五〇	1/4	
第二十七號	新六	傳生堂藥局	蘇氏尾	臺北市建成町一ノ一五七	1/4	
第二十七號	新六	周源益西漢藥房	周地	臺北市日新町一ノ三五一	1/4	
第二十七號	新七	林協興行	林錫疇	臺北市元園町一八二	1/4	藥行、貿易
第二十七號	新七	蓬萊閣御料理		臺北市日新町	1/4	
第二十七號	新七	蔡生源齋本舖		臺北市太平町二ノ一一四	1/4	糕餅、香料
第二十七號	新七	保安洋漢藥房	簡鴻輝	臺北市綠町一ノ一五（支店）／臺北州文山郡新店六四（本店）	1/4	
第二十七號	新八	株式會社天興藥行	謝木桂	臺北市太平町三丁目九二番地（元朝陽街座南向北第六軒）	1/4	
第二十七號	新八	捷裕參莊專屬販賣所	林標	臺北市永樂町五ノ二五五	1/4	
第二十七號	新八	進元藥房	陳福	臺北市太平町一ノ二〇	1/4	
第二十七號	新八	振發藥房		臺北市日新町二丁目六二番地	1/4	
第二十七號	無頁碼	蘭記圖書部		嘉義市西市場前	1	

期號	頁碼	單位	代表人	地址	版面	備註
第二十七號	無頁碼	捷裕蔘莊		臺北市太平町三丁目一〇八、一〇九	1	藥行
第二十八號	無頁碼	神農氏大藥房		臺北市永樂町市場前	1	
第二十八號	無頁碼	廣州杏林醫學社		廣州大德路蔴行街八十四號	1/4	刊物
第二十八號	無頁碼	蘇州國醫書社		蘇州閭門內吳趨坊	1/4	刊物
第二十八號	無頁碼	中國藥學會		蘇州司前街	1/4	刊物
第二十八號	無頁碼	臺灣新漢醫研究室		臺北市新起町三丁目八八番地	1/4	醫書
第二十八號	無頁碼	易生堂藥房		臺灣臺東廳里壠區里壠一四一	1/2	
第二十八號	無頁碼	幸福報館		上海三馬路雲南路	1/2	醫書
第二十八號	無頁碼	浙江醫藥月刊社		杭州市四條巷二號	1/2	刊物
第二十八號	無頁碼	中國醫藥學社		廣州大德路蔴行街廣東中醫藥專門學校內	1/2	刊物
第二十八號	無頁碼	中國醫藥書局		上海西藏路西羊關弄五百〇三號	1/2	醫書
第二十八號	無頁碼	醫界春秋社		上海西藏路西羊關弄五百〇三號	1/2	刊物
第二十八號	38（漢文）	浙省中醫協會月刊社		杭州馬弄十號	1/4	刊物
第二十八號	無頁碼	中國傷科研究會	季愛人	蘇州司前街	1	醫書
第二十八號	無頁碼	吉元藥行		臺北市港町一ノ八	1	
第二十九號	無頁碼	吉元藥行		臺北市港町一ノ八	1	
第二十九號	無頁碼	易生堂藥房		臺灣臺東廳里壠區里壠一四一	1/2	
第二十九號	無頁碼	嶺南醫林一諤社		中國廣州市大德路蔴行街八十四號內	1/2	刊物
第二十九號	無頁碼	吳縣醫報社		蘇州望亭吳縣醫報總務部	1/2	醫書
第三十號	無頁碼	捷裕蔘莊		臺北市太平町三丁目一〇八	1	藥行
第三十號	天一	忠義藥舖	吳大朝	臺北市日新町一ノ一一八	1/2	
第三十號	天一	賴存德藥行	賴俊	臺北州七星郡士林街二九四	1/2	
第三十號	天二	西瀛公司	盧訂、盧額、盧貳	臺北市永樂町二丁目八六、八七	1/2	藥行

期號	頁碼	單位	代表人	地址	版面	備註
第三十號	天二	臺北藥材公司		臺北市太平町五ノ八	1/2	
第三十號	天三	滋生堂藥行	洪團飛	臺北市永樂町二ノ十一	1/2	
第三十號	天三	添籌藥行		臺北市	1/2	
第三十號	天四	恒德行		臺北市太平町三ノ一三二	1/4	藥材、雜貨
第三十號	天四	株式會社天興藥行	謝木桂	臺北市太平町三丁目九二番地（元朝陽街坐南向北第六軒）	1/4	
第三十號	天四	連瑞記行		臺北市永樂町三丁目二十番地	1/4	藥行
第三十號	天四	錦隆行		臺北市永樂町三丁目十八番地	1/4	藥材、布、漆
第三十號	天五	恒發公司藥行	葉榮十	臺北市永樂町三ノ一九	1/4	
第三十號	天五	協吉成藥行	周土糞	臺北市永樂町三ノ一三	1/4	
第三十號	天五	林協興智記合名會社	林萬乞	臺北市港町三ノ十一	1/4	藥行、貿易
第三十號	天五	乾和藥房	張乞食	臺北市入船町一ノ四五	1/4	
第三十號	天六	林回春藥房	林𫝆連	臺北市有明町二ノ四四	1/4	
第三十號	天六	新協記藥舖		臺北市入船町二ノ四七	1/4	
第三十號	天六	進元藥房	陳福	臺北市太平町一ノ二〇	1/4	
第三十號	天六	漢洋藥房	張地	臺北市太平町一ノ二九	1/4	
第三十號	天七	濟安藥房		臺北市下奎府町二ノ二六	1/4	
第三十號	天七	周源益西漢藥房	周地	臺北市日新町一ノ三五一	1/4	
第三十號	天七	吉祥藥房	胡坤	臺北市太平町一ノ三四	1/4	
第三十號	天七	和元藥房	杜紅番	臺北市下奎府町四ノ一三	1/4	
第三十號	天八	振發藥房		臺北市日新町二丁目六二番地（本舖）	1/4	
第三十號	天八	林協興行		臺北市元園町一八二	1/4	藥行、貿易

期號	頁碼	單位	代表人	地址	版面	備註
第三十號	天八	傳生堂藥房	蘇氏尾	臺北市建成町一ノ一五七	1/4	
第三十號	天八	盧德生堂藥房	盧阿水	淡水街字公館口七	1/4	
第三十號	34（漢文）	吳縣醫報總務部		蘇州望亭	1/5	醫書
第三十號	36（漢文）	浙江中醫專門學校		杭州市四條巷二號	1/3	
第三十一號	無頁碼	吉元藥行	陳有福	臺北市港町一丁目八番地	1	
第三十一號	38（漢文）	中國藥學會	季愛人	蘇州司前街	1	醫書
第三十一號	無頁碼	捷裕蔘莊		臺北市太平町三丁目一〇八	1	藥行
第三十二號	無頁碼	吉元藥行	陳有福	臺北市港町一丁目八番地	1	
第三十二號	無頁碼	蘭記圖書局		嘉義西門市場前	1	醫書
第三十二號	無頁碼	蘭記圖書部		嘉義西門外市場前	1	
第三十二號	無頁碼	醫界春秋社	張贊臣	上海英租界西藏路西羊闕衖五〇三號	1/2	刊物
第三十二號	無頁碼	浙江醫藥月刊社		杭州市四條巷二號	1/2	刊物
第三十二號	無頁碼	嶺南醫林一諤社		中國廣州市大德路蔴行街八十四號	1/2	刊物
第三十二號	無頁碼	新嘉坡中醫中藥聯合會		新嘉坡長泰街門牌四十六號（本會）	1/2	刊物
第三十二號	31（漢文）	中國藥學會	季愛人	蘇州司前街	2/5	醫書
第三十二號	40（漢文）	達夫醫社		天津法租界綠牌電車道	1/2	醫書
第三十二號	無頁碼	中國鍼灸學社		蘇州望亭吳縣醫報總務部	1	醫書
第三十二號	封底	捷裕蔘莊		臺北市太平町三丁目一〇八	1	藥行
第三十三號	無頁碼	吉元藥行	陳有福	臺北市港町一丁目八番地	1	
第三十三號	無頁碼	三元大藥舖		臺北市八甲町三ノ二四	1	
第三十三號	無頁碼	蘭記書局		嘉義市西門街	2	醫書
第三十三號	無頁碼	幸福報館		上海三馬路雲南路	1	醫書
第三十三號	23（漢文）	中國鍼灸學研究社		中國蘇州望亭	2/3	

期號	頁碼	單位	代表人	地址	版面	備註
第三十三號	封底	捷裕蔘莊		臺北市太平町三丁目一〇八	1	藥行
第三十四號	無頁碼	捷裕蔘莊		臺北市太平町三丁目一〇八	1	藥行
第三十四號	無頁碼	蘭記圖書局		嘉義西門市場前	1	醫書
第三十四號	無頁碼	蘭記圖書部		嘉義市西門外市場前	1	
第三十四號	無頁碼	徐小圃診所		上海西武昌路念號徐小圃診所內	1	醫書
第三十四號	無頁碼	國醫姚心源診所		上海法租界呂班路萬宜坊四十二號	1	醫書
第三十四號	5（漢文）	楊達夫醫社		天津法租界綠牌電車道	1/2	醫書
第三十四號	無頁碼	吉元藥行	陳有福	臺北市港町一丁目八番地	1	
第三十五號	無頁碼	吉元藥行		臺北市港町一丁目八番地	1	
第三十五號	無頁碼	中醫世界社		上海山東路十三號	1	醫書
第三十五號	無頁碼	醫界春秋社	張贊臣	上海英租界西藏路西羊關衖五〇三號	1/2	刊物
第三十五號	無頁碼	嶺南醫林一諤社	李仲守、陳奕毅	中國廣州市大德路蔴行街八十四號內	1/4	刊物
第三十五號	無頁碼	廣州杏林醫學社		廣州大德路蔴行街八十四號	1/4	刊物
第三十五號	無頁碼	中醫書局		上海山東路十三號	1	
第三十五號	無頁碼	中國醫藥書局		上海西藏路時疫醫院北面西洋關衖五百〇三號	4	
第三十五號	29（漢文）	中國鍼灸學研究社		中國蘇州望亭	3/4	
第三十五號	無頁碼	楊達夫醫社		天津法租界綠牌電車道	1/2	醫書
第三十五號	無頁碼	中國藥學會	季愛人	蘇州司前街	1/2	醫書
第三十五號	無頁碼	捷裕蔘莊		臺北市太平町三丁目一〇八	1	藥行
第三十六號	無頁碼	捷裕蔘莊		臺北市太平町三丁目一〇八	1	
第三十六號	無頁碼	國醫姚心源診所		上海法租界呂班路萬宜坊四十二號	1	
第三十六號	無頁碼	楊達夫醫社		天津法租界綠牌電車道	1/2	醫書

期號	頁碼	單位	代表人	地址	版面	備註
第三十六號	無頁碼	中國鍼灸學研究社		蘇州望亭	1/2	醫書
第三十六號	無頁碼	中國醫藥書局		上海西藏路時疫醫院北面西洋關衖五百〇三號	1	
第三十六號	無頁碼	吉元藥行		臺北市港町一丁目八番地	1	
第三十七號	無頁碼	保安洋漢大藥行製藥廠		文山郡新店庄大坪林字新店六四番地（本店）／臺北市綠町一丁目十五番地（支店）	1	
第三十七號	無頁碼	神農氏大藥房		臺北	1	
第三十七號	無頁碼	捷裕蔘莊		臺北市太平町三丁目一〇八	1	藥行
第三十七號	【三】一	林回春藥房	林廸連	臺北市有明町二丁目四十四	1/4	
第三十七號	【三】一	賴存德藥行	賴俊	臺北州七星郡士林街二九四	1/4	
第三十七號	【三】一	蓬萊閣		臺北市日新町	1/4	
第三十七號	【三】一	乾和藥房	張乞食	臺北市入船町一ノ四五	1/4	
第三十七號	【三】二	茂昌藥房	傅朝桂	臺北市有明町三丁目十六	1/4	
第三十七號	【三】二	存心藥房		臺北市有明町一ノ五〇	1/4	
第三十七號	【三】二	成昌藥房	胡初棠	臺北市入船町一丁目廿二	1/4	
第三十七號	【三】二	茂春藥行		臺北市大橋町二ノ一〇五	1/4	
第三十七號	【三】三	濟元藥房	王若翰	臺北市日新町一ノ三一六	1/4	
第三十七號	【三】三	振發藥房		臺北市日新町二丁目六二番地（本舖）	1/4	
第三十七號	【三】三	玉安堂藥房	汪塗山	臺北市大橋町二ノ一七九	1/4	
第三十七號	【三】三	周源益西漢藥房	周地	臺北市日新町一ノ三五一	1/4	
第三十七號	【三】四	臺北集和堂藥郊			1/2	
第三十七號	【三】四	長生藥舖		臺北市新富町三ノ五五	1/4	

期號	頁碼	單位	代表人	地址	版面	備註
第三十七號	【周】一	滋生堂藥行	洪團飛	臺北市永樂町二ノ十一	1/2	
第三十七號	【周】一	臺北藥材公司		臺北市太平町五ノ八	1/2	
第三十七號	【周】二	捷茂藥行		臺北市	1/2	
第三十七號	【周】二	協吉成藥行	周土糞	臺北市永樂町三ノ一三	1/2	
第三十七號	【周】三	添籌藥行		臺北市	1/2	
第三十七號	【周】三	茂元藥行	蔡婆	臺北市永樂町三ノ一一	1/2	
第三十七號	【周】四	榮康藥舖		臺北市下奎府町二丁目二五、二六番地（臺北裏驛前大通り直進・日新公學校南側）	1/2	
第三十七號	【周】四	江源茂藥行	江瑞英、江秋華	基隆市福德町	1/2	
第三十七號	45（漢文）	國醫出版社		上海西藏路平樂里	2/5	醫書
第三十七號	無頁碼	臺北漢藥業組合	陳茂通等人		1	
第三十七號	【年】一	西瀛公司		臺北市永樂町二丁目八六、八七	1/2	藥行
第三十七號	【年】一	吉祥藥房		臺北市太平町一ノ三四	1/2	
第三十七號	【年】二	老益昌藥房	紀乃潭	臺北市有明町一ノ四一	1/2	醫生
第三十七號	【年】二	慶春藥房	紀俊修	臺北市入船町一ノ四一	1/2	
第三十七號	【年】三	東元藥行	謝琳漢、張琳炎、張萬福	臺灣基隆市草店尾七七	1/2	
第三十七號	【年】三	福裕興藥行		臺北市太平町四ノ一一四	1/2	
第三十七號	【年】四	連瑞記行		臺北市永樂町三丁目二十番地	1/2	
第三十七號	【年】四	協記藥房		臺北市入船町二ノ四七	1/4	
第三十七號	【年】四	神効堂大藥房		臺北市太平町四ノ七四	1/4	
第三十七號	【年】五	永安藥房	張金土	臺北市太平町一ノ二八	1/4	

期號	頁碼	單位	代表人	地址	版面	備註
第三十七號	【年】五	新宏生局藥行		臺北市入船町二ノ二六	1/4	
第三十七號	【年】五	永樂座		臺北永樂市場前	1/2	
第三十七號	【年】六	光明社		臺北市新富町	1	印刷
第三十七號	無頁碼	吉元藥行		臺北市港町一丁目八番地	1	
第三十八號	無頁碼	保安洋漢大藥行製藥廠		文山郡新店庄大坪林字新店六四番地（本店）／臺北市綠町一丁目十五番地（支店）	1	
第三十八號	無頁碼	捷裕蔘莊		臺北市太平町三丁目一〇八	1	藥行
第三十八號	無頁碼	厦門三洲藥房、亞洲藥房	朱聯登	厦門竹仔街（即現民生路）	1	
第三十八號	無頁碼	中國鍼灸學研究社		中國蘇州望亭	1	醫書
第三十八號	無頁碼	中國藥學會		中國江蘇蘇州司前街	1	
第三十八號	無頁碼	吉元藥行		臺北市港町一丁目八番地	1	
第三十九號	謹一	王源遠商行		臺北市日新町一丁目二百一九番地	1	痔藥
第三十九號	謹二	三元大藥舗		臺北市新富町二丁目壹百十番地	1	
第三十九號	謹三	捷裕蔘莊		臺北市太平町三丁目一〇八	1	藥行
第三十九號	賀一	賜福堂	吳家走	臺北市綠町一ノ一六	1/10	
第三十九號	賀一	仁和藥房	林鏡澤	臺北市龍山町二ノ一七一	1/10	
第三十九號	賀一	天和藥房	李傳盛	臺北市下奎府町四ノ三〇土治公廟對面	1/10	
第三十九號	賀一	廣和堂	莊阿炎	臺北市永樂町五ノ二七九	1/10	
第三十九號	賀一	良籌堂	李金振	臺北市大橋町一ノ一五八	1/10	
第三十九號	賀一	發記藥房	游廖振發	臺北市大橋町一ノ一〇九、一一〇	1/10	
第三十九號	賀一	捷美藥房	徐得卿	臺北市大橋町一ノ七五	1/10	

期號	頁碼	單位	代表人	地址	版面	備註
第三十九號	賀一	新濟生	陳勝發	臺北市大橋町一ノ九五	1/10	
第三十九號	賀一	資仁堂	柯子輝	臺北市大橋町一ノ三二二	1/5	
第三十九號	賀二	奇効堂		臺北市下奎府町三ノ五	1/10	
第三十九號	賀二	天保堂	楊氏蓮	臺北市永樂町五ノ一四八	1/10	
第三十九號	賀二	張水金參莊		臺北市日新町一ノ一八七	1/10	
第三十九號	賀二	盈元	陳碧蓮	臺北市日新町一ノ九	1/10	
第三十九號	賀二	傳生堂	蘇尾	臺北市建成町一ノ一五七	1/10	
第三十九號	賀二	聯生堂	林樑材	臺北市建成町一ノ一九〇	1/10	
第三十九號	賀二	江聯發	江烏	臺北市太平町二ノ六二、六三	1/10	
第三十九號	賀二	蔡生源齋本舖		臺北市太平町二ノ一一四	1/10	
第三十九號	賀二	怡芳堂	蕭火炎	臺北市永樂町二ノ四三	1/10	
第三十九號	賀二	晋生藥房	楊水木	臺北市大橋町一ノ八八	1/10	
第三十九號	賀三	保元堂	陳浡然	臺北市上埤頭二三	1/10	
第三十九號	賀三	源春堂	王火木	臺北市六張犁五二	1/10	
第三十九號	賀三	復元堂		臺北市古亭町一二〇	1/10	
第三十九號	賀三	聯成堂	周宜雲	臺北市古亭町一一四	1/10	
第三十九號	賀三	廣生堂	周心匏	臺北市古亭町八三、八四	1/10	
第三十九號	賀三	吉成藥房	楊河沛	臺北市西園町二一六	1/10	
第三十九號	賀三	中山藥房		臺北市下奎府町一ノ二三六	1/10	
第三十九號	賀三	手平堂	謝炳東	臺北市日新町一ノ三一八	1/10	
第三十九號	賀三	新濟安	沈阿昌	臺北市下奎府町二ノ二六	1/10	
第三十九號	賀三	玉安藥房	汪塗山	臺北市大橋町二ノ一七九	1/10	

期號	頁碼	單位	代表人	地址	版面	備註
第三十九號	賀四	山記商行	林清俊	臺北市日新町二ノ六八	1/5	
第三十九號	賀四	進元堂	陳福	臺北市太平町一ノ二〇	1/10	
第三十九號	賀四	漢洋藥房	張地	臺北市太平町一ノ二九	1/10	
第三十九號	賀四		楊木新	臺北市日新町二ノ二一四	1/10	
第三十九號	賀四	博愛藥房	陳秋桂	臺北市太平町三ノ一六七、一六八	1/10	
第三十九號	賀四		陳葛	臺北市太平町六ノ五〇	1/10	
第三十九號	賀四	回安堂	王金枝	臺北市新富町一ノ一一二	1/10	
第三十九號	賀四	捷茂泰		臺北市永樂町三ノ一〇一	1/10	
第三十九號	賀四	春元堂藥房		臺北市太平町三ノ一五	1/10	
第三十九號	賀五		陳慶	臺北市富田町二八八	1/10	
第三十九號	賀五	保壽堂藥房	羅坑	臺北市下奎府町四ノ二九	1/10	
第三十九號	賀五	和元藥房	杜紅番	臺北市下奎府町四ノ一三、一六	1/10	
第三十九號	賀五	商務印刷所	劉萬成	臺北市永樂町三ノ二三	1/10	
第三十九號	賀五	擇日保險	吳芳秋	七星郡士林庄士林二一七	1/10	
第三十九號	賀五	莊仁和順記	莊仁和	七星郡松山庄三二六	1/10	
第三十九號	賀五	福昌藥房	許文昌	七星郡松山庄三八	1/10	
第三十九號	賀五	博濟	林世港	七星郡內湖庄南港六二六	1/10	
第三十九號	賀五	名濟藥房	賴盛友	七星郡汐止街三六九	1/10	
第三十九號	賀五	慶春藥房	施應丁	七星郡汐止街一一二	1/10	
第三十九號	賀六	濟和藥房		七星郡士林庄福德洋字舊街	1/10	
第三十九號	賀六	延壽堂	王清廉	七星郡汐止街下街一二八	1/10	

期號	頁碼	單位	代表人	地址	版面	備註
第三十九號	賀六	揚濟	陳萬乞	七星郡汐止街一三八	1/10	
第三十九號	賀六	益安堂	顏金定	七星郡汐止街二四	1/10	
第三十九號	賀六	唐和昌藥房	唐接承	七星郡汐止街三八四	1/10	
第三十九號	賀六	謙成	張天賜	七星郡松山庄松山九〇	1/10	醫生
第三十九號	賀六	林益利藥房	林三財	七星郡松山庄松山八七	1/10	
第三十九號	賀六	義昌	李送	七星郡松山庄松山二一三	1/10	
第三十九號	賀六	源和藥房	林墻	七星郡松山庄松山一九二	1/10	
第三十九號	賀六	茂源藥房	鄭天浩	七星郡松山庄松山三二四	1/10	
第三十九號	賀七	有濟藥房	連新永	基隆市高砂町一ノ二三	1/10	
第三十九號	賀七	成基藥房	游永發	基隆市高砂町二ノ一八	1/10	
第三十九號	賀七	有年堂	許高發	基隆市高砂町二ノ六〇	1/10	
第三十九號	賀七	成德基	林寅	基隆市高砂町三ノ九二	1/10	
第三十九號	賀七	和安堂	江美煥	基隆市明治町三ノ二一	1/10	
第三十九號	賀七	源生藥房	賴南	基隆市福德町二ノ九	1/10	
第三十九號	賀七	王萬源	王萬生	基隆市玉田町二ノ八九	1/10	
第三十九號	賀七	益壽堂	張春波	基隆市元町二ノ四二	1/10	
第三十九號	賀七	漢英藥房	呂傳溪	基隆市旭町二ノ五〇	1/10	
第三十九號	賀七	老和順	張赤牛	基隆市福德町二ノ五七	1/10	
第三十九號	賀八	協和堂	雷英	基隆市明治町三ノ三三	1/10	
第三十九號	賀八	保壽堂	顏清山	基隆市明治町三ノ三六	1/10	
第三十九號	賀八	濟安藥堂	王壬癸	基隆市寶町（卸賣市場前）	1/10	

期號	頁碼	單位	代表人	地址	版面	備註
第三十九號	賀八	源順堂	江振富	基隆市福德町一ノ四八	1/10	
第三十九號	賀八	長壽	楊安	基隆市福德町二ノ八三	1/10	
第三十九號	賀八	江源茂藥行	江瑞英、江秋華	基隆市福德町	1/2	
第三十九號	9	新嘉坡中醫中藥聯合會		新嘉坡長泰街門牌四十六號（本會）	1/2	刊物
第三十九號	新二	臺北漢藥業組合			1/2	
第三十九號	新二	臺北集和堂藥郊			1/2	
第三十九號	新三	西瀛公司	盧訂、盧額、盧貳	臺北市永樂町二丁目八六、八七	1/2	藥行
第三十九號	新三	臺北藥材公司		臺北市太平町五ノ八	1/2	
第三十九號	新四	添籌藥行		臺北市	1/2	
第三十九號	新四	榮康藥舖		臺北市下奎府町二丁目二五、二六番地（臺北裏驛前大通り直進・日新公學校南側）	1/2	
第三十九號	新五	老益昌藥房	紀乃潭	臺北市有明町一ノ四一	1/2	醫生
第三十九號	新五	東元藥行	謝琳漢、張琳炎、張萬福	臺灣基隆市草店尾七七	1/2	
第三十九號	新六	恒生堂	葉鍊金	臺北市永樂町二ノ九四	1/4	醫生
第三十九號	新六	林協興智記合名會社	林萬乞	臺北市港町三ノ十一	1/4	藥行
第三十九號	新六	林回春藥房	林廸連	臺北市有明町二ノ四四	1/4	
第三十九號	新六	協記藥房		臺北市入船町二ノ四七	1/4	
第三十九號	新七	捷裕參莊專屬販賣所	林標	臺北市永樂町五ノ二五五	1/4	
第三十九號	新七	新宏生局藥行		臺北市入船町二ノ二六	1/4	
第三十九號	新七	茂昌藥房	傅朝桂	臺北市有明町三ノ一六	1/4	
第三十九號	新七	義英號	張英財	臺北市永樂町四ノ七	1/4	絲、花等裝飾品

期號	頁碼	單位	代表人	地址	版面	備註
第三十九號	新八	眞開寫眞館		臺北市建成町一丁目角	1/4	
第三十九號	新八	孟新舍		臺北市下奎府町四丁目十七番地	1/4	衣物清洗
第三十九號	新八	許松南藥房	許松南	臺北市建成町一ノ一五〇	1/4	
第三十九號	新八	長生藥舖		臺北市新富町三ノ五五	1/4	
第三十九號	年一	協吉成藥行	周土糞	臺北市永樂町三ノ一三	1/4	
第三十九號	年一	林珍興	林承周	臺北市日新町一ノ三一九	1/4	米穀商
第三十九號	年一	蓬萊閣		臺北市日新町	1/4	
第三十九號	年一	周源益西漢藥房	周地	臺北市日新町一ノ三五一	1/4	
第三十九號	年二	怡美商行	郭烏隆	臺北市永樂町四ノ二七	1/4	
第三十九號	年二	錦隆行		臺北市永樂町三丁目十八番地	1/4	藥材、雜貨、布
第三十九號	年二	賴存德藥行	賴俊	臺北州七星郡士林街二九四	1/4	
第三十九號	年二	德生堂藥房	盧阿水	淡水郡淡水街字公館口七	1/4	
第三十九號	年三	勝元商行（元合盈芳金舖）		臺北市永樂町三丁目	1/4	
第三十九號	年三	進輪自轉車商店	王初生	臺北市太平町二丁目一四二番地（本店）／臺北市京町三丁目（支店）	1/2	
第三十九號	年四	莊義芳商行	莊輝玉	臺北市永樂町四ノ一五	1/4	貿易商
第三十九號	年四	恒發公司		臺北市永樂町三ノ一九	1/4	藥行
第三十九號	年四	慶春藥局	紀俊修	臺北市入船町一ノ四一	1/2	
第三十九號	年五	連瑞記行		臺北市永樂町三丁目二十番地	1/2	藥行
第三十九號	年五	永樂座		臺北永樂市場前	1/2	
第三十九號	年六	光明社	社員一同		1	印刷
第三十九號	年七	吉元藥行		臺北市港町一丁目八番地	1	
第四十號	無頁碼	吉元藥行		臺北市港町一丁目	1	

期號	頁碼	單位	代表人	地址	版面	備註
第四十號	68	義英號		臺北市永樂町四ノ七	1/4	絲、花等裝飾品
第四十號	無頁碼	捷裕蔘莊		臺北市太平町三丁目一〇八	1	藥行
第四十一號	無頁碼	吉元藥行		臺北市港町一丁目	1	
第四十一號	22	義英號	張英財	臺北市永樂町四ノ七	1/4	絲、花等裝飾品
第四十一號	53	廣州杏林醫學社		廣州市大德路蔴行街八十四號	1/2	
第四十一號	無頁碼	捷裕蔘莊		臺北市太平町三丁目一〇八	1	藥行
第四十二號	無頁碼	吉元藥行		臺北市港町一丁目	1	
第四十二號	祝一	臺北漢藥業組合			1/2	
第四十二號	祝一	臺北集和堂藥郊			1/2	
第四十二號	祝二	榮康藥舖		臺北市下奎府町二丁目二五、二六番地（臺北裏驛前大通り直進・日新公學校南側）	1/2	
第四十二號	祝二	添籌藥行		臺北市	1/2	
第四十二號	天一	恒生堂	葉鍊金	臺北市永樂町二ノ九四	1/4	醫生
第四十二號	天一	恒發公司		臺北市永樂町三ノ一九	1/4	藥行
第四十二號	天一	森染工場		臺北市新起町一丁目	1/4	印染物
第四十二號	天一	太和堂	楊名金	臺北市新富町二ノ六九	1/4	
第四十二號	天二	滋生堂藥行	洪團飛	臺北市永樂町二ノ十一	1/2	
第四十二號	天二	臺北藥材公司		臺北市太平町五ノ八	1/2	
第四十二號	天三	捷茂藥行		臺北市	1/2	
第四十二號	天三	西瀛公司	盧訂、盧額、盧貳	臺北市永樂町二丁目八六、八七	1/2	藥行
第四十二號	天四	周源益西漢藥房	周地	臺北市日新町一ノ三五一	1/4	
第四十二號	天四	振發藥房		臺北市日新町二丁目六二番地（本舖）	1/4	

期號	頁碼	單位	代表人	地址	版面	備註
第四十二號	天四	賴存德藥行	賴俊	臺北州七星郡士林街二九四	1/2	
第四十二號	長一	昌發公司		臺北市永樂町三ノ四五	1/4	藥材、雜貨
第四十二號	長一	老益昌藥房	紀乃潭	臺北市有明町一ノ四一	1/4	醫生
第四十二號	長一	義英號		臺北市永樂町四ノ七	1/4	絲、花等裝飾品
第四十二號	長二	吉祥藥房	胡坤	臺北市太平町一ノ三四	1/4	
第四十二號	長二	進元藥房	陳福	臺北市太平町一ノ二〇	1/4	
第四十二號	長二	連瑞記行		臺北市永樂町三丁目二十番地	1/2	藥行
第四十二號	長三	捷茂泰		臺北市永樂町三ノ一〇一	1/4	
第四十二號	長三	錦隆行		臺北市永樂町三丁目十八番地	1/4	藥材、雜貨、布
第四十二號	長三	忠義藥舖	吳大朝	臺北市日新町一ノ一一八	1/2	
第四十二號	長四	江源茂藥行	江瑞英、江秋華	基隆市福德町	1/2	
第四十二號	長四	臺北永樂座			1/2	
第四十二號	66	中國醫藥書局		上海西藏路西洋關弄新門牌第二十號	3/4	醫書
第四十二號	節一	林回春藥房	林廸連	臺北市有明町二ノ四四	1/4	
第四十二號	節一	慶春藥房	紀俊修	臺北市入船町一ノ四一	1/4	
第四十二號	節一	新協記藥舖		臺北市入船町二ノ四七	1/4	
第四十二號	節一	春榮堂大藥房	施應丁	七星郡汐止街百十二番地	1/4	
第四十二號	節二	成昌藥房	胡初棠	臺北市入船町一ノ二二	1/4	
第四十二號	節二	新宏生局藥行		臺北市入船町二二ノ六	1/4	
第四十二號	節二	茂昌藥房	傅朝桂	臺北市有明町三ノ一六	1/4	
第四十二號	節二	周永茂	周全	臺北市八甲町二ノ四四	1/4	藥、酒、煙草

期號	頁碼	單位	代表人	地址	版面	備註
第四十二號	節三	存心藥房	林士嘴	臺北市有明町一ノ五〇	1/4	
第四十二號	節三	宏生堂	李宗魁	七星郡士林庄舊街二七二	1/4	
第四十二號	節三	漢洋藥房	張地	臺北市太平町一ノ二九	1/4	
第四十二號	節三	傳生堂藥房	蘇氏尾	臺北市建成町一ノ一五七	1/4	
第四十二號	節四	光明社	社員一同	臺北市新富町	1	印刷
第四十二號	無頁碼	捷裕蔘莊		臺北市太平町三丁目一〇八	1	藥行
第四十三號	無頁碼	吉元藥行		臺北市港町一ノ八	1	
第四十三號	50	義英號	張英財	臺北市永樂町四ノ七	1/3	絲、花等裝飾品
第四十三號	無頁碼	捷裕蔘莊		臺北市太平町三丁目一〇八	1	藥行
第四十四號	無頁碼	吉元藥行		臺北市港町一ノ八	1	
第四十四號	53	義英號	張英財	臺北市永樂町四ノ七	1/3	絲、花等裝飾品
第四十四號	無頁碼	捷裕蔘莊		臺北市太平町三丁目一〇八	1	藥行
第四十五號	無頁碼	吉元藥行		臺北市港町一ノ八	1	
第四十五號	42	義英號	張英財	臺北市永樂町四ノ七	1/3	絲、花等裝飾品
第四十五號	62	中國鍼灸學研究社		蘇州望亭	1/2	醫書
第四十五號	無頁碼	陳存仁醫生診所	陳存仁	中國上海陳存仁醫生診所	1	醫書
第四十五號	無頁碼	捷裕蔘莊		臺北市太平町三丁目一〇八	1	藥行
第四十六號	無頁碼	吉元藥行		臺北市港町一ノ八	1	
第四十六號	57	少年中醫社		上海跑馬廳路六十三弄廿號	5/6	
第四十六號	64	陳存仁醫生診所	陳存仁	中國上海陳存仁醫生診所	1/2	醫書
第四十六號	無頁碼	捷裕蔘莊		臺北市太平町三丁目一〇八	1	藥行
第四十七號	無頁碼	吉元藥行		臺北市港町一丁目八番地	1	
第四十七號	76	陳存仁醫生診所	陳存仁	中國上海陳存仁醫生診所	1/4	醫書

期號	頁碼	單位	代表人	地址	版面	備註
第四十七號	無頁碼	捷裕蔘莊		臺北市太平町三丁目一〇八	1	藥行
第四十八號	無頁碼	吉元藥行		臺北市港町一丁目八番地	1	
第四十八號	無頁碼	臺灣藥學會		臺北市表町一丁目三二番地	1	醫事法規書籍
第四十八號	無頁碼	捷裕蔘莊		臺北市太平町三丁目一〇八	1	藥行
第四十九號	無頁碼	保安洋漢熊標行製藥廠		臺北市綠町一丁目拾五番地	2	
第四十九號	無頁碼	吉元藥行		臺北市港町一ノ八	1	
第四十九號	【祝】一	捷裕蔘莊		臺北市太平町三丁目一〇八	1	藥行
第四十九號	【祝】四	安生製藥公司			1	
第四十九號	【祝】五	三元大藥舖		臺北市新富町二丁目壹百十番地	1	
第四十九號	【祝】六	光明社	社員一同	臺北市新富町	1	印刷
第四十九號	【四】一	臺北漢藥業組合	組合員一同		1/2	
第四十九號	【四】一	臺北集和堂藥郊			1/2	
第四十九號	【四】二	捷茂藥行		臺北市	1/2	
第四十九號	【四】二	臺北藥材公司		臺北市太平町五ノ八	1/2	
第四十九號	【四】三	添籌藥行		臺北市	1/2	
第四十九號	【四】三	江源茂藥行	江瑞英	基隆市福德街二三	1/2	
第四十九號	【四】四	滋生堂藥行	洪團飛	臺北市永樂町二ノ一一	1/2	
第四十九號	【四】四	協吉成藥行	周土糞	臺北市永樂町三ノ一三	1/2	
第四十九號	【四】五	西瀛公司		臺北市永樂町二丁目八六、八七	1/2	藥行
第四十九號	【四】五	茂元藥行	蔡婆	臺北市永樂町三ノ一一	1/2	
第四十九號	【四】六	榮康藥舖		臺北市下奎府町二丁目二十六番地（臺北裏驛前大通リ日新公學校南側）	1/2	
第四十九號	【四】六	東元藥行		基隆市福德町二丁目六	1/2	
第四十九號	【周】一	恒生堂	葉鍊金	臺北市永樂町二ノ九四	1/4	臺北醫生會會長

期號	頁碼	單位	代表人	地址	版面	備註
第四十九號	【周】一	協記藥房		臺北市入船町二ノ四七	1/4	
第四十九號	【周】一	進元藥房	陳福	臺北市太平町一ノ二〇	1/4	
第四十九號	【周】一	太和堂	楊名金	臺北市新富町二ノ六九	1/4	
第四十九號	【周】二	株式會社天興藥行		臺北市太平町三丁目九二番地（元朝陽街坐南向北第六軒）	1/4	
第四十九號	【周】二	昌發公司		臺北市永樂町三ノ四五	1/4	藥行
第四十九號	【周】二	生元公司		臺北市太平町三ノ一二九	1/4	藥行
第四十九號	【周】二	集元藥行		臺北市永樂町三丁目九十七	1/4	
第四十九號	【周】三	周源益西漢藥房	周地	臺北市日新町一ノ三五一	1/4	
第四十九號	【周】三	漢洋藥房	張地	臺北市太平町一ノ二九	1/4	
第四十九號	【周】三	茂春藥房		臺北市大橋町二ノ一〇五	1/4	
第四十九號	【周】三	新濟安藥房	沈阿昌	臺北市下奎府町二ノ二六	1/4	
第四十九號	【周】四	捷生藥房	陳金枝	淡水郡淡水街東興四九	1/4	
第四十九號	【周】四	德生堂藥房	盧阿水	淡水郡淡水街字公館口七	1/4	
第四十九號	【周】四	森生藥房	林瓜	淡水郡淡水街字元吉一〇	1/4	
第四十九號	【周】四	濟和堂藥房		七星郡士林舊街二七二	1/4	
第四十九號	87	中醫書局		上海山東路中醫書局	1/2	
第四十九號	【年】一	連瑞記行		臺北市永樂町三丁目二十番地	1/2	直輸卸問屋；藥行
第四十九號	【年】一	連錦泰行		臺灣臺北市永樂町四ノ五五	1/4	藥行
第四十九號	【年】一	恒發公司		臺北市永樂町三ノ一九	1/4	卸商；藥行
第四十九號	【年】二	林回春藥房	林廸連	臺北市有明町二丁目四十四	1/4	

期號	頁碼	單位	代表人	地址	版面	備註
第四十九號	【年】二	茂昌藥房	傅朝桂	臺北市有明町三丁目十六	1/4	
第四十九號	【年】二	協豐公司		臺北市入船町一ノ六九	1/2	藥行
第四十九號	【年】三	林協興智記合名會社	林萬乞	臺北市港町三ノ一一	1/4	藥行
第四十九號	【年】三	成昌藥房	胡初棠	臺北市綠町一ノ一六	1/4	
第四十九號	【年】三	新宏生局藥行		臺北市入船町二ノ二六	1/2	
第四十九號	【年】四	老益昌藥房	紀乃潭	臺北市有明町一ノ四一	1/4	醫生
第四十九號	【年】四	慶春藥房	紀俊修	臺北市入船町一ノ四一	1/4	
第四十九號	【年】四	吉祥藥房	胡坤	臺北市太平町一ノ三四	1/2	
第四十九號	【年】五	資仁堂	柯子輝	臺北市大橋町一ノ三二二	1/4	
第四十九號	【年】五	玉安堂藥房	汪塗山	臺北市大橋町二ノ一七九	1/4	
第四十九號	【年】五	賴存德藥行	賴俊	臺北州七星郡士林街二九四	1/2	
第四十九號	【年】六	金安堂藥房	簡精雲	新竹州桃園街中南一〇一	1/4	桃園郡醫生會會長、藥業組合長
第四十九號	【年】六	龍潭藥業組合	陳貫	大溪郡	1/4	組合長
第四十九號	【年】六	臺北永樂座			1/2	
第四十九號	無頁碼	神効堂大藥房	杜火龍	臺北市太平町四丁目七十四番地	1	
第五十號	無頁碼	吉元藥行		臺北市港町一ノ八	1	
第五十號	56	嶺南醫林一諤社		中國廣州市大德路蔴行街	3/4	刊物
第五十號	無頁碼	中醫改進研究會	時逸人	山西太原市精營東二道街	1	刊物
第五十號	無頁碼	捷裕蔘莊		臺北市太平町三丁目一〇八	1	藥行
第五十一號	【謹】一	保安藥堂	簡鴻輝	臺北市綠町一丁目拾五番地	1	
第五十一號	【謹】二	三元大藥舖		臺北市新富町二丁目壹百十番地	1	
第五十一號	【謹】三	捷裕蔘莊		臺北市太平町三丁目一〇八	1	藥行

期號	頁碼	單位	代表人	地址	版面	備註
第五十一號	【賀】一	吉元藥行		臺北市港町一ノ八	1	
第五十一號	【賀】二	光明社		臺北市新富町	1	
第五十一號	【賀】三	臺北漢藥業組合	陳茂通等人		1	
第五十一號	【賀】四	西瀛公司	盧訂、盧額、盧貳	臺北市永樂町二丁目八六、八七	1/2	
第五十一號	【賀】四	東元藥行		基隆市福德町二丁目六	1/2	
第五十一號	【賀】五	江源茂藥行	江瑞英	基隆市福德街二三	1/2	
第五十一號	【賀】五	新義發	蔣水木	臺北市日新町一ノ三一二、三一三	1/2	家具、裝飾、織物
第五十一號	【賀】六	連瑞記行		臺北市永樂町三丁目二十番地	1/2	藥行；直輸卸問屋
第五十一號	【賀】六	臺北集和堂藥郊			1/4	
第五十一號	【賀】六	回生治療院附屬西漢藥院	劉傳心	臺南州北門郡西港庄劉厝六九一番地	1/4	
第五十一號	49	嶺南醫林一諤社	李仲守	中國廣州市大德路蔴行街	1/2	刊物
第五十一號	58	中醫改進研究會	時逸人	山西太原市精營東二道街北首	1/3	醫書
第五十二號	無頁碼	保安藥堂	簡鴻輝	臺北市綠町一丁目拾五番地	1	
第五十二號	無頁碼	廣州杏林醫學社		廣州大德路蔴行街八十四號	1/4	刊物
第五十二號	無頁碼	捷茂藥行		臺北市永樂町四ノ一四	1/2	
第五十二號	無頁碼	慶春藥房	紀俊修	臺北市古亭町八十三、八十四番地	1/4	
第五十二號	無頁碼	回安藥房	王金枝	臺北市新富町一ノ一一二	1/4	
第五十二號	無頁碼	協記藥舖		臺北市入船町二ノ四七	1/4	
第五十二號	無頁碼	仁和藥房	林鏡澤	臺北市龍山寺町二ノ一七一	1/4	
第五十二號	無頁碼	林回春藥房	林廸連	臺北市有明町二ノ四四	1/4	
第五十二號	無頁碼	老益昌藥房	紀乃潭	臺北市有明町一ノ四一	1/4	醫生
第五十二號	無頁碼	茂昌藥房	傅朝桂	臺北市有明町三ノ六六	1/4	

期號	頁碼	單位	代表人	地址	版面	備註
第五十二號	無頁碼	胡成昌藥房	胡初棠	臺北市綠町一ノ一六	1/4	
第五十二號	無頁碼	臺北藥材公司		臺北市太平町五ノ八	1/4	
第五十二號	無頁碼	光明社	社員一同	臺北市新富町一ノ一九四	1	印刷
第五十二號	無頁碼	捷裕蔘莊		臺北市太平町三丁目一〇八	1	藥行
第五十二號	封底	乾元藥行		臺北市永樂町三丁目十四番地	1	
第五十三號	無頁碼	石松商會／胃腸病ラヂウム器治療院	蘇金塗	臺北市日新町三ノ九一	1	
第五十三號	8	存仁藥房	蘇國	臺北市日新町	2/3	
第五十三號	無頁碼	愛愛寮印刷所		臺北市綠町五丁目	1/2	
第五十三號	無頁碼	捷茂藥行		臺北市永樂町四ノ一四	1/2	
第五十三號	無頁碼	永茂藥房	周全	臺北市八甲町二ノ四四	1/4	
第五十三號	無頁碼	天德自轉車商會		臺北市日新町一ノ三四一	1/4	
第五十三號	無頁碼	連瑞記行		臺北市永樂町三丁目二十番地	1/4	卸商；藥行
第五十三號	無頁碼	存心堂藥房	林戇	臺北市有明町一ノ五〇	1/4	
第五十三號	無頁碼	義濟堂	顏義昌	臺北市龍山寺町二丁目一六三番地	1/2	
第五十三號	無頁碼	林協興智記		臺北市港町三丁目	1/2	卸商；藥行
第五十三號	無頁碼		李金燦	臺北市	1	
第五十三號	無頁碼	添籌藥行		臺北市	1/2	
第五十三號	無頁碼	滋生堂藥行	洪團飛	臺北市永樂町二ノ十一	1/2	
第五十三號	無頁碼	捷裕蔘莊		臺北市太平町三丁目一〇八	1	藥行
第五十三號	封底	乾元藥行		臺北市永樂町三丁目十四番地	1	
第五十四號	無頁碼	李金燦參莊		臺北市太平町三丁目橫通	1	
第五十四號	A	捷茂藥行		臺北市永樂町四ノ一四	1/2	
第五十四號	18	天興藥行	李華山	臺北市太平町三ノ九二	2/5	

期號	頁碼	單位	代表人	地址	版面	備註
第五十四號	無頁碼	中醫改進研究會	時逸人	山西太原市精營東二道街北首	1	刊物
第五十五號	無頁碼	捷茂藥行		臺北市永樂町四ノ一四	1	
第五十五號	28	劉恒德藥房／鍼灸術治療部		員林郡永靖庄崙子壹貳壹／員林街員林大街竹林軒茶紙店	1/2	
第五十六號	無頁碼	捷茂藥行		臺北市永樂町四ノ一四	1	
第五十六號	無頁碼	愛愛寮印刷所		臺北市綠町五丁目十八番地	1	
第五十七號	無頁碼	捷茂藥行		臺北市永樂町四ノ一四	1	
第五十七號	無頁碼		時逸人		1/4	邀稿
第五十七號	無頁碼	劉恒德藥房／鍼灸術治療部		員林郡永靖庄崙子壹貳壹／員林街員林大街竹林軒茶紙店	1/4	
第五十七號	無頁碼	正元藥行	蔡秋塗	臺北州臺北市大橋町一丁目二七五、二七六番地（營業場所）／臺北州臺北市永樂五町丁目四三番地（製造場所）	1/4	
第五十七號	無頁碼	醫界春秋社		上海白克路賓隆醫院西首西祥康里第七十七號	1/2	刊物
第五十七號	無頁碼	現代醫藥學社		福建福清官塘墘	1/4	刊物
第五十七號	無頁碼	捷裕蔘莊		臺北市太平町三丁目一〇八	1	
第五十七號	封底	乾元藥行		臺北市永樂町三丁目十四番地	1	
第五十八號	無頁碼	正元藥行	蔡秋塗	臺北州臺北市大橋町一丁目二七五、二七六番地（營業場所）／臺北州臺北市永樂町五丁目四三番地（製造場所）	1/4	
第五十八號	無頁碼	現代醫藥學社		福建禮清官塘墘	1/4	刊物

期號	頁碼	單位	代表人	地址	版面	備註
第五十八號	無頁碼	中醫改進研究會	時逸人	山西太原市新民中正街（即東二道街北首）	3/5	刊物
第五十八號	目錄頁	愛愛寮印刷所		臺北市綠町五丁目十八番地	1/2	
第五十八號	無頁碼	中醫改進研究會		山西太原市新民中正街（即精營東二道街北首）	1/2	刊物
第五十八號	無頁碼	廣州杏林醫學社		廣州大德路蘇行街八十四號	1/4	刊物
第五十八號	無頁碼	嶺南醫林一諤社	李仲守	中國廣州市大德路蘇行街	1/4	刊物
第五十九號	無頁碼	廣州杏林醫學社		廣州大德路蘇行街八十四號	1/4	刊物
第五十九號	無頁碼	嶺南醫林一諤社	李仲守	中國廣州市大德路蘇行街	1/4	刊物
第五十九號	無頁碼	中醫改進研究會	時逸人	山西太原市新民中正街（即東二道街北首）	1/4	刊物
第五十九號	無頁碼	正元藥行	蔡秋塗	臺北州臺北市大橋町一丁目二七五、二七六番地（營業場所）／臺北州臺北市永樂町五丁目四十三番地（製造場所）	1/4	
第五十九號	目錄頁	愛愛寮印刷所		臺北市綠町五丁目十八番地	1/2	
第六十號	無頁碼	捷茂藥行		臺北市永樂町四ノ一四	1/2	
第六十號	無頁碼	嶺南醫林一諤社	李仲守	中國廣州市大德路蘇行街	1/4	刊物
第六十號	無頁碼	正元藥行	蔡秋塗	臺北州臺北市大橋町一丁目二七五、二七六番地（營業場所）／臺北州臺北市永樂町五丁目四十三番地（製造場所）	1/4	
第六十號	無頁碼	廣東克明醫刊總發行部		廣州中華中路二百四十九號	1/2	刊物
第六十號	無頁碼	愛愛寮印刷所		臺北市綠町五丁目十八番地	1/2	

期號	頁碼	單位	代表人	地址	版面	備註
第六十號	無頁碼	長壽週刊社		上海三馬路雲南路口幸福書局內	1/2	刊物
第六十號	無頁碼	中國醫藥書局		上海西藏路西洋關弄二十號	1/2	醫書
第六十一號	無頁碼	捷茂藥行		臺北市永樂町四ノ一四	1/2	
第六十一號	無頁碼	嶺南醫林一諤社	李仲守	中國廣州市大德路蔴行街	1/4	刊物
第六十一號	無頁碼	正元藥行	蔡秋塗	臺北州臺北市大橋町一丁目二七五、二七六番地（營業場所）／臺北州臺北市永樂町五丁目四十三番地（製造場所）	1/4	
第六十一號	目錄頁	中國針灸學研究社		江蘇無錫南門灣頭上	2/3	醫書、刊物
第六十一號	4	中醫改進研究會	時逸人	山西太原市新民中正街（即東二道街北首）	2/3	刊物
第六十一號	版權頁		時逸人		1/2	醫書
第六十一號	無頁碼	中國醫藥書局		上海白克路西祥康里第七十七號	1	醫書
第六十一號	無頁碼	拌湖醫舘		湖南省長沙市皇倉坪廿二號吳漢仙寓所	1	醫書
第六十一號	無頁碼	廣東克明醫刊總發行部		廣州中華中路二百四十九號	1/2	刊物
第六十一號	無頁碼	周岐隱診所	周岐隱	寧波市廿條橋廿號	1/2	醫書
第六十二號	無頁碼	廣州杏林醫學社		廣州大德路蔴行街八十四號	1/4	刊物
第六十二號	無頁碼	嶺南醫林一諤社	李仲守	中國廣州市大德路蔴行街營	1/4	刊物
第六十二號	無頁碼	中醫改進研究會	時逸人	山西太原市新民中正街（即東二道街北首）	1/4	刊物
第六十二號	無頁碼	正元藥行	蔡秋塗	臺北州臺北市大橋町一丁目二七五、二七六番地（營業場所）／臺北州臺北市永樂町五丁目四十三番地（製造場所）	1/4	

期號	頁碼	單位	代表人	地址	版面	備註
第六十二號	目錄頁	捷茂藥行		臺北市永樂町四ノ一四	2/3	
第六十二號	無頁碼	本木商會印刷工場		臺北市建成町二丁目九番地	5/6	
第六十二號	無頁碼	中國鍼灸學研究社		江蘇無錫南門	1	醫書
第六十二號	版權頁	周岐隱診所	周岐隱	寧波市廿條橋廿號	1/2	醫書
第六十三號	無頁碼	廣州杏林醫學社		廣州大德路蘇行街八十四號	1/4	刊物
第六十三號	無頁碼	嶺南醫林一諤社	李仲守	中國廣州市大德路蘇行街營	1/4	刊物
第六十三號	無頁碼	中醫改進研究會	時逸人	山西太原市新民中正街（即東二道街北首）	1/4	刊物
第六十三號	無頁碼	正元藥行	蔡秋塗	臺北州臺北市大橋町一丁目二七五、二七六番地（營業場所）／臺北州臺北市永樂町五丁目四十三番地（製造場所）	1/4	
第六十三號	無頁碼	中國鍼灸學研究社		江蘇無錫南門	1	醫書
第六十三號	版權頁	逑古堂藥行	蘇星煌	岡山郡岡山庄岡山三八六	1/4	醫書
第六十三號	版權頁	本木商會印刷工場		臺北市建成町二ノ九	1/4	
第六十三號	無頁碼	捷裕蔘莊		臺北市太平町三丁目一〇八	1	
第六十三號	封底	乾元藥行		臺北市永樂町三丁目十四番地	1	
第六十四號	無頁碼	錦裕行	歐陽芳昌	臺北市永樂町三ノ五三	1	茶、布料
第六十五號	無頁碼	錦裕行	歐陽芳昌	臺北市永樂町三ノ五三	1	茶、布料
第六十五號	53	中國醫藥研究社		山東沂水黃山舖街	1/3	徵稿
第六十五號	53	上海國醫出版社		上海西藏路二馬路口平樂里第九號	2/3	刊物代價券
第六十六號	無頁碼	錦裕行	歐陽芳昌	臺北市永樂町三ノ五三	1	茶、布料
第六十六號	8		李煥卿	河南省愛縣城內	1/2	刊物

期號	頁碼	單位	代表人	地址	版面	備註
第六十六號	無頁碼	蘇州國醫學（書）社		蘇州吳趨坊第一三七號	1	刊物
第六十六號	無頁碼	中國醫藥社		上海梅白格路三德里七十四號	1	刊物
第六十六號	無頁碼	光華醫藥雜誌社		上海北山西路底棣隆里九號	1	刊物
第六十六號	無頁碼	廣州杏林醫學社		廣州大德路蔴行街八十四號	1/4	刊物
第六十六號	無頁碼	嶺南醫林一諤社	李仲守	中國廣州市大德路蔴行街營	1/4	刊物
第六十六號	無頁碼	廣東克明醫刊總發行部		廣州中華中路二百四十九號	1/2	刊物
第六十六號	無頁碼	中醫改進研究會		山西省城新民中正街（精營東二道街北首）	1/2	刊物、醫書
第六十六號	無頁碼	新中醫學社	蕭梓材	廣東梅縣五里亭梓材醫院內	1/2	刊物
第六十六號	無頁碼	中國鍼灸學研究社		江蘇無錫南門外灣頭上五十六號	1	刊物、醫書
第六十六號	無頁碼	捷裕蔘莊		臺北市太平町三丁目一〇八	1	
第六十六號	封底	乾元藥行		臺北市永樂町三丁目十四番地	1	
第六十七號	無頁碼	錦裕行	歐陽芳昌	臺北市永樂町三ノ五三	1	茶、布料
第六十七號	2	日本漢方醫學會		東京市日本橋區通三ノ八春陽ビル內	1/8	刊物
第六十七號	5	嶺南醫林一諤社	李仲守	中國廣州市大德路蔴行街營	1/5	刊物
第六十七號	無頁碼	蘇州國醫學（書）社		蘇州吳趨坊第一三七號	1	刊物
第六十七號	無頁碼	中國醫藥書局		上海白克路西祥康里第七十七號	1	刊物
第六十七號	無頁碼	廣州杏林醫學社		廣州大德路蔴行街八十四號	1/2	刊物
第六十七號	版權頁	廣東克明醫刊總發行部		廣州中華中路二百四十九號	1/2	刊物
第六十八號	無頁碼	錦裕行	歐陽芳昌	臺北市永樂町三ノ五三	1	茶、布料
第六十八號	8	廣州杏林醫學社		廣州大德路蔴行街八十四號	1/2	刊物

期號	頁碼	單位	代表人	地址	版面	備註
第六十八號	版權頁	中醫改進研究會		山西省城新民中正街（精營東二道街北首）	1/2	刊物、醫書
第六十八號	無頁碼	中國鍼灸學研究社		江蘇無錫南門外灣頭上五十六號	1	刊物、醫書
第六十八號	無頁碼	蘇州國醫學（書）社		蘇州吳趨坊第一三七號	1	刊物
第六十八號	無頁碼	捷裕蔘莊		臺北市太平町三丁目一〇八	1	
第六十八號	封底	乾元藥行		臺北市永樂町三丁目十四番地	1	
第六十九號	無頁碼	錦裕行	歐陽芳昌	臺北市永樂町三ノ五三	1	茶、布料
第六十九號	版權頁	中醫改進研究會		山西省城新民中正街（精營東二道街北首）	1/2	刊物、醫書
第六十九號	無頁碼	日本漢方醫學會		東京市日本橋區通三丁目八番地春陽ビル內	1/4	刊物
第六十九號	無頁碼		李煥卿	河南省博愛縣城內	1/2	刊物
第六十九號	無頁碼	中國醫藥社		上海梅白格路三德里七十四號	1	刊物
第六十九號	無頁碼	蘇州國醫書社		蘇州吳趨坊第一三七號	1	刊物
第六十九號	無頁碼	中西匯通醫社		天津法界大安里三十七號	1/4	刊物
第六十九號	無頁碼	嶺南醫林一諤社	李仲守	中國廣州市大德路蔴行街營	1/4	刊物
第六十九號	無頁碼	中醫改進研究會			1/2	刊物、醫書
第六十九號	無頁碼	廣州杏林醫學社		廣州大德路蔴行街八十四號	1/2	刊物
第七十號	無頁碼	錦裕行	歐陽芳昌	臺北市永樂町三ノ五三	1	茶、布料
第七十號	11	廣東克明醫刊總發行部		廣州中華中路二百四十九號	1/2	刊物
第七十號	無頁碼	中國醫藥社		上海梅白格路三德里七十四號	1	刊物
第七十號	版權頁	中醫改進研究會		山西省城新民中正街（精營東二道街北首）	1/2	刊物、醫書
第七十號	無頁碼	廣州杏林醫學社		廣州大德路蔴行街八十四號	1/2	刊物

期號	頁碼	單位	代表人	地址	版面	備註
第七十號	無頁碼	蘇州國醫書社		蘇州吳趨坊第一三七號	1	刊物
第七十一號	無頁碼	錦裕行	歐陽芳昌	臺北市永樂町三ノ五三	1	茶、布料
第七十二號	無頁碼	錦裕行	歐陽芳昌	臺北市永樂町三ノ五三	1	茶、布料
第七十二號	版權頁	中國鍼灸學研究社		江蘇無錫南門	1/2	刊物、醫書
第七十二號	無頁碼	廣州杏林醫學社		廣州大德路蔴行街八十四號	1/4	刊物
第七十二號	無頁碼	中醫改進研究會		山西省城新民中正街（精營東二道街北首）	1/4	刊物、醫書
第七十二號	無頁碼	日本漢方醫學會		東京市日本橋區通三丁目八番地春陽ビル內	1/4	刊物
第七十二號	無頁碼	新中醫學社	蕭梓材	廣東梅縣五里亭梓材醫院內	1/4	刊物
第七十二號	無頁碼		李煥鄉	河南省愛縣城內	1/4	刊物
第七十二號	無頁碼	國醫印書館		上海四馬路二八三號	1	醫書
第七十二號	無頁碼	新中醫學社	蕭梓材	廣東梅縣五里亭梓材醫院內	1/2	刊物
第七十二號	無頁碼	中西滙通醫社		天津法界大安里三十七號	1/4	刊物
第七十二號	無頁碼	嶺南醫林一諤社	李仲守	中國廣州市大德路蔴行街	1/4	刊物
第七十二號	無頁碼	中國醫藥書局		上海白克路西祥康里第七十七號	1/2	刊物
第七十二號	無頁碼	蘇州國醫書社		蘇州吳趨坊第一三七號	1/2	刊物
第七十三號	無頁碼	錦裕行	歐陽芳昌	臺北市永樂町三ノ五三	1	茶、布料
第七十三號	32	中國鍼灸學研究社		江蘇無錫南門	1/2	醫書
第七十三號	無頁碼			廈門廈禾路一五四號	1/4	刊物
第七十三號	無頁碼	新中醫學社	蕭梓材	廣東梅縣五里亭梓材醫院內	1/4	刊物
第七十三號	無頁碼	中西滙通醫社		天津法界大安里三十七號	1/4	醫書

期號	頁碼	單位	代表人	地址	版面	備註
第七十三號	無頁碼	嶺南醫林一諤社	李仲守	中國廣州市大德路蔴行街	1/4	刊物
第七十三號	無頁碼	國醫印書館		上海四馬路二八三號	1	醫書
第七十三號	無頁碼	廣州杏林醫學社		廣州大德路蔴行街八十四號	1/4	醫書
第七十三號	無頁碼	中醫改進研究會		山西省城新民中正街（精營東二道街北首）	1/4	醫書、刊物
第七十三號	無頁碼	日本漢方醫學會		東京市日本橋區通三丁目八番地春陽ビル內	1/4	刊物
第七十三號	無頁碼	新中醫學社	蕭梓材	廣東梅縣五里亭梓材醫院內	1/4	刊物
第七十三號	無頁碼		李煥鄉	河南省愛縣城內	1/4	刊物
第七十三號	無頁碼	中國醫藥書局		上海白克路西祥康里第七十七號	1/2	刊物
第七十三號	無頁碼	蘇州國醫書社		蘇州吳趨坊第一三七號	1/2	刊物
第七十四號	無頁碼	錦裕行	歐陽芳昌	臺北市永樂町三ノ五三	1	茶、布料
第七十四號	無頁碼	中和堂製藥部		臺灣西螺街	1	
第七十四號	8	陳琦生診療室	梁長榮	厦門開元路南猪行街二六號二樓	1/4	刊物
第七十四號	15	中國鍼灸學研究社		江蘇無錫南門	1/2	醫書
第七十四號	無頁碼		王國柱	天津大直沽東下坡劉家胡同門牌第三號	1	醫書
第七十四號	無頁碼		黃天水	曾文郡麻豆街一〇八八	1/4	老醫學家
第七十四號	無頁碼		楊長	宜蘭郡宜蘭街艮門二三〇	1/4	漢醫藥學研究家
第七十四號	無頁碼	捷茂藥行		臺北市永樂町四ノ一四	1/2	
第七十四號	無頁碼	林協興智記		臺北市港町三ノ一一	1/4	
第七十四號	無頁碼	順安堂	黃奇材	臺中州彰化郡和美街五二二（營業所同本居地）	1/4	藥行
第七十四號	無頁碼	杏春池記藥行	溫金池	新竹市（州廳前通リ）（營業所同本居地）	1/4	

期號	頁碼	單位	代表人	地址	版面	備註
第七十四號	無頁碼	壽山堂	蘇照	新營郡安溪寮字下寮四〇〇（營業所同本居地）	1/4	
第七十四號	無頁碼	來安堂藥房	張文旺	宜蘭街坤門九一番地（營業所同本居地）	1/4	
第七十四號	無頁碼	德和堂藥房	吳庚丁	臺南州新豐郡安順庄安順一五〇〇番地（營業所同本居地）	1/4	
第七十四號	無頁碼	濟安堂藥房	林芎	花蓮港廳研海區新城六七番戶（營業所）／花蓮港街舊新港街十九番戶（本居地）	1/4	
第七十四號	無頁碼	德春藥房	施學文	臺中州員林郡埔鹽庄浸水二九番地	1/4	
第七十四號	無頁碼	座安堂藥房	陳坐	高雄市塩埕町二丁目二六（營業所）／澎湖廳西嶼庄二崁七九三（本居地）	1/4	
第七十四號	無頁碼		劉尚榮	新營郡柳營庄一七一（本居地）／新營郡柳營庄二六八（現住所）	1/4	
第七十四號	無頁碼	金元和藥行	陳芝	北港郡北港街五一九（營業所同本居地）	1/4	
第七十四號	無頁碼		謝才興	高雄州潮州郡竹田庄二崙五三四（本居地同現住所）	1/4	藥學家
第七十四號	無頁碼		蔣尚錦	高雄州岡山郡彌陀庄同安厝	1/4	西漢醫學研究家
第七十四號	無頁碼		李承慶	斗六郡斗六街一三五番地（本居地同現住所）	1/4	原動機司機主任、漢醫藥學研究家
第七十四號	無頁碼		陳寄生	高雄州東港郡佳冬庄羌園	1/4	
第七十四號	無頁碼	源安藥行	陳灶	新竹市北門町二八番地（營業所同本居地）	1/4	
第七十四號	無頁碼	吉昌堂大藥房	謝阿呆	宜蘭街巽門市場邊一八三番地	1/6	
第七十四號	無頁碼	道生堂大藥房	陳兩儀	宜蘭街巽門一一八	1/6	醫生

期號	頁碼	單位	代表人	地址	版面	備註
第七十四號	無頁碼	中西藥材部	鄭臥薪	宜蘭郡宜蘭街	1/6	
第七十四號	無頁碼	惠濟堂大藥房	劉木根	宜蘭街艮門一番地	1/6	
第七十四號	無頁碼	正和安老藥房	黃用（店主）、李祖唐（醫生）	宜蘭街艮門二三番地	1/6	
第七十四號	無頁碼	大生堂大藥房		宜蘭街市場邊	1/6	
第七十四號	無頁碼	臺北藥材公司	黃仁根	臺北市太平町五ノ八	1/6	
第七十四號	無頁碼	添籌大藥行	李友寬	臺北市永樂町四ノ三四	1/6	
第七十四號	無頁碼	協記藥舖	林斯瑄	臺北市入船町二ノ四七	1/6	
第七十四號	無頁碼	仁和大藥房	林鏡澤	臺北市龍山寺町二ノ一七一	1/6	
第七十四號	無頁碼	胡成昌藥房	胡初棠	臺北市綠町一ノ一六	1/6	
第七十四號	無頁碼	慶春大藥房	紀俊修	臺北市古亭町八十三、八十四番地	1/6	
第七十四號	無頁碼	天一藥行／診療所	王成渠	臺北市永樂町四ノ一三	1/8	
第七十四號	無頁碼	恒生堂大藥舖／診療所	葉鍊金	臺北市永樂町二ノ九四	1/8	
第七十四號	無頁碼	老益昌藥房／診療所	紀乃潭	臺北市有明町一ノ四一	1/8	
第七十四號	無頁碼	滋生堂藥行／診療所	洪團飛	臺北市永樂町二ノ一一	1/8	
第七十四號	無頁碼	李開章診療所	李開章	苗栗郡銅鑼庄銅鑼二二五	1/8	
第七十四號	無頁碼	養生堂大藥房／診療所	許丁綿	北斗郡北斗街西北斗一六八	1/8	
第七十四號	無頁碼	何聯哲診療所	何聯哲	嘉義郡水上庄水上二九三	1/8	
第七十四號	無頁碼	壽全堂藥房／診療所	黃耀崑	臺北市永樂町二ノ八八	1/8	
第七十四號	無頁碼		李健頤	福建福清城內官塘墘現代醫藥學社／福建平潭縣五廟後里餘慶堂製藥局	1/2	醫書
第七十四號	無頁碼	中國鍼灸學研究社		江蘇無錫南門	1/2	醫書

期號	頁碼	單位	代表人	地址	版面	備註
第七十四號	無頁碼	國醫出版社		上海白克路西祥康里九十號	1/2	醫書
第七十四號	無頁碼	中國醫藥學社		杭州東坡路湖濱七弄第三號	1/2	刊物
第七十四號	無頁碼	現代醫葯學社		福建福清官塘墘	1/4	刊物
第七十四號	無頁碼	杏圃藥房	林永澤	廈門中山公園西門前斗西路六六號	1/4	刊物
第七十四號	無頁碼	蘇州國醫書社		蘇州吳趨坊第一三七號	1/2	刊物
第七十四號	無頁碼	本木商會		臺北市建成町二ノ九	1	印刷、文本製作
第七十四號	無頁碼	吉祥大藥房	胡坤	臺北市太平町一丁目	1	
第七十五號	無頁碼	錦裕行	歐陽芳昌	臺北市永樂町三ノ五三	1	茶、布料
第七十五號	無頁碼		蔣尚錦	臺灣岡山郡彌陀庄同安厝	1/4	醫書
第七十五號	無頁碼	中國鍼灸學研究社		江蘇無錫南門	1/2	醫書
第七十五號	無頁碼	國醫印書館		上海四馬路二八三號	1	
第七十五號	無頁碼	廣州杏林醫學社		廣州大德路蔴行街八十四號	1/4	醫書
第七十五號	無頁碼	鷺聲醫藥雜誌社	孫崧樵	廈門廈禾路二四一號	1/4	刊物
第七十五號	無頁碼	中醫改進研究會		山西省城新民中正街（精營東二道街北首）	1/4	醫書、刊物
第七十五號	無頁碼	日本漢方醫學會		東京市日本橋區通三丁目八番地春陽ビル內	1/4	刊物
第七十五號	無頁碼	蘇州國醫書社		蘇州吳趨坊第一三七號	1/2	刊物
第七十五號	無頁碼	東西老藥房		臺北市永樂町三丁目四十九番地	1	
第七十五號	無頁碼	捷裕蔘莊		臺北市太平町三丁目一〇八	1	
第七十五號	封底	乾元藥行		臺北市永樂町三丁目十四番地	1	
第七十六號	無頁碼	錦裕行	歐陽芳昌	臺北市永樂町三ノ五三	1	茶、布料

期號	頁碼	單位	代表人	地址	版面	備註
第七十六號	31	中國鍼灸學研究社		江蘇無錫南門	1/2	醫書
第七十六號	32	東西老藥房		臺北市永樂町三丁目四十九番地	1	
第七十六號	無頁碼	廣州杏林醫學社		廣州大德路蔴行街八十四號	1/4	醫書
第七十六號	無頁碼	鷺聲醫藥雜誌社	孫崧樵	厦門厦禾路二四一號	1/4	刊物
第七十六號	無頁碼	中醫改進研究會		山西省城新民中正街（精營東二道街北首）	1/4	醫書、刊物
第七十六號	無頁碼	日本漢方醫學會		東京市日本橋區通三丁目八番地春陽ビル內	1/4	刊物
第七十七號	無頁碼	錦裕行	歐陽芳昌	臺北市永樂町三ノ五三	1	茶、布料
第七十七號	無頁碼	東西老藥房		臺北市永樂町三丁目四九	1	
第七十七號	無頁碼	東西藥房		臺北市永樂町三丁目	1	
第七十八號	無頁碼	錦裕行	歐陽芳昌	臺北市永樂町三ノ五三	1	茶、布料
第七十八號	無頁碼	東西老藥房		臺北市永樂町三丁目四十九	1	
第七十八號	無頁碼	東西老藥房		臺北市永樂町三丁目	1	
第七十八號	無頁碼	東西老藥房		臺北市永樂町三丁目四九	1	
第七十八號	無頁碼	東西藥房		臺北市永樂町三丁目	1	
第七十九號	無頁碼	錦裕行	歐陽芳昌	臺北市永樂町三ノ五三	1	茶、布料
第七十九號	39	中國鍼灸學研究社		江蘇無錫南門	3/10	醫書
第七十九號	39	（1）現代醫藥學社／（2）餘慶堂製藥局		（1）福建福清城內官塘墘現代醫藥學社／（2）福建平潭縣五廟後里	1/5	醫書
第七十九號	無頁碼	中醫改進研究會／漢醫改進研究會		山西省城新民中正街（精營東二道街北首）／山西太原市新民中正街	1	醫書、刊物

期號	頁碼	單位	代表人	地址	版面	備註
第七十九號	無頁碼	東西老藥房		臺北市永樂町三丁目	1	
第七十九號	無頁碼	東西老藥房		臺北市永樂町三丁目四十九	1	
第七十九號	無頁碼	東西老藥房		臺北市永樂町三丁目四九	1	
第七十九號	無頁碼	東西藥房		臺北市永樂町三丁目	1	
第八十號	無頁碼	錦裕行	歐陽芳昌	臺北市永樂町三ノ五三	1	茶、布料
第八十號	無頁碼	蘇州國醫書社		蘇州吳趨坊第一三七號	1/6-	刊物；版面< 1/6
第八十號	無頁碼	日本漢方醫學會		東京市日本橋區通三丁目八番地春陽ビル內	1/6-	刊物；版面< 1/6
第八十號	無頁碼	現代醫葯學社	俞慎初	福建福清官塘墘	1/6-	刊物；版面< 1/6
第八十號	無頁碼	嶺南醫林一諤社	李仲守	中國廣州市大德路蔴行街	1/6	刊物
第八十號	無頁碼	新中醫學社	蕭梓材	廣東梅縣五里亭梓材醫院內	1/6	刊物
第八十號	無頁碼	江都國醫	樊天徒	揚州古旗亭三十六號	1/12	刊物
第八十號	無頁碼	國醫專門學校國醫旬刊社	吳錫璜	廈門廈禾路一五四號	1/8	刊物
第八十號	無頁碼	中國鍼灸學研究社		江蘇無錫南門	1/3	醫書、刊物
第八十號	無頁碼	廣州杏林醫學社		廣州大德路蔴行街八十四號	1/3	刊物
第八十號	無頁碼	東西老藥房		臺北市永樂町三丁目	1	
第八十號	無頁碼	東西老藥房		臺北市永樂町三丁目四十九	1	
第八十號	無頁碼	東西老藥房		臺北市永樂町三丁目四九	1	
第八十號	無頁碼	東西藥房		臺北市永樂町三丁目	1	
第八十一號	無頁碼	錦裕行	歐陽芳昌	臺北市永樂町三ノ五三	1	茶、布料
第八十一號	七八（26）	中國鍼灸學研究社		江蘇無錫南門	1/2	醫書、刊物

期號	頁碼	單位	代表人	地址	版面	備註
第八十一號	無頁碼	中醫改進研究會／漢醫改進研究會		山西省城新民中正街（精營東二道街北首）／山西太原市新民中正街	1	醫書、刊物
第八十一號	無頁碼	蘇州國醫書社		蘇州吳趨坊第一三七號	1/6-	刊物；版面＜ 1/6
第八十一號	無頁碼	日本漢方醫學會		東京市日本橋區通三丁目八番地春陽ビル內	1/6-	刊物；版面＜ 1/6
第八十一號	無頁碼	現代醫葯學社	俞愼初	福建福清官塘墘	1/6-	刊物；版面＜ 1/6
第八十一號	無頁碼	嶺南醫林一諤社	李仲守	中國廣州市大德路蔴行街	1/6	刊物
第八十一號	無頁碼	新中醫學社	蕭梓材	廣東梅縣五里亭梓材醫院內	1/6	刊物
第八十一號	無頁碼	江都國醫	樊天徒	揚州古旗亭三十六號	1/12	刊物
第八十一號	無頁碼	國醫專門學校國醫旬刊社	吳錫璜	廈門廈禾路一五四號	1/8	刊物
第八十一號	無頁碼	東西老藥房		臺北市永樂町三丁目四九	1	
第八十一號	無頁碼	東西藥房		臺北市永樂町三丁目	1	
第八十一號	無頁碼	東西老藥房		臺北市永樂町三丁目四十九	1	
第八十一號	無頁碼	東西老藥房		臺北市永樂町三丁目	1	
第八十二號	無頁碼	錦裕行	歐陽芳昌	臺北市永樂町三ノ五三	1	茶、布料
第八十二號	無頁碼	東西老藥房		臺北市永樂町三丁目	1	
第八十二號	無頁碼	東西老藥房		臺北市永樂町三丁目四十九	1	
第八十二號	無頁碼	東西老藥房		臺北市永樂町三丁目四九	1	
第八十二號	無頁碼	東西藥房		臺北市永樂町三丁目	1	
第八十三號	無頁碼	錦裕行	歐陽芳昌	臺北市永樂町三ノ五三	1	茶、布料
第八十三號	目錄頁	中國鍼灸學研究社		江蘇無錫南門	1/3	醫書、刊物
第八十三號	無頁碼	東西老藥房		臺北市永樂町三丁目	1	

期號	頁碼	單位	代表人	地址	版面	備註
第八十三號	無頁碼	東西老藥房		臺北市永樂町三丁目四十九	1	
第八十三號	無頁碼	東西老藥房		臺北市永樂町三丁目四九	1	
第八十三號	無頁碼	東西藥房		臺北市永樂町三丁目	1	
第八十四號	無頁碼	錦裕行	歐陽芳昌	臺北市永樂町三ノ五三	1	茶、布料
第八十四號	目錄頁	中國鍼灸學研究社		江蘇無錫南門	1/3	醫書、刊物
第八十四號	無頁碼	中醫改進研究會		山西省太原市新民中正街	1/10-	刊物；版面＜ 1/10
第八十四號	無頁碼	蘇州國醫書社		蘇州吳趨坊第一三七號	1/8-	刊物；版面＜ 1/8
第八十四號	無頁碼	日本漢方醫學會		東京市日本橋區通三丁目八番地春陽ビル內	1/6-	刊物；版面＜ 1/6
第八十四號	無頁碼	現代醫葯學社	俞愼初	福建福清官塘墘	1/12+	刊物；版面＞ 1/12
第八十四號	無頁碼	杏林醫學		廣州大德路蔴行街八十四號	1/6-	醫書；版面＜ 1/6
第八十四號	無頁碼	嶺南醫林一諤社	李仲守	中國廣州市大德路蔴行街	1/12+	刊物；版面＞ 1/12
第八十四號	無頁碼	新中醫學社	蕭梓材	廣東梅縣五里亭梓材醫院內	1/12+	刊物；版面＞ 1/12
第八十四號	無頁碼	江都國醫		揚州古旗亭三十六號	1/12	刊物
第八十四號	無頁碼	國醫專門學校國醫旬刊社	吳錫璜	廈門廈禾路一五四號	1/8	刊物
第八十四號	無頁碼	東西老藥房		臺北市永樂町三丁目	1	
第八十四號	無頁碼	東西老藥房		臺北市永樂町三丁目四十九	1	
第八十四號	無頁碼	東西老藥房		臺北市永樂町三丁目四九	1	
第八十四號	無頁碼	東西藥房		臺北市永樂町三丁目	1	
第八十五號	無頁碼	錦裕行	歐陽芳昌	臺北市永樂町三ノ五三	1	茶、布料
第八十五號	正誤表四（40）	中國鍼灸學研究社出版部		江蘇無錫西木關堰橋下	1/2	刊物

期號	頁碼	單位	代表人	地址	版面	備註
第八十五號	無頁碼	東西老藥房		臺北市永樂町三丁目	1	
第八十五號	無頁碼	東西老藥房		臺北市永樂町三丁目四十九	1	
第八十五號	無頁碼	東西老藥房		臺北市永樂町三丁目四九	1	
第八十五號	無頁碼	東西藥房		臺北市永樂町三丁目	1	
第八十六號	無頁碼	錦裕行	歐陽芳昌	臺北市永樂町三ノ五三	1	茶、布料
第八十六號	無頁碼	東西老藥房／東西洋行		臺北市永樂町三丁目／廈門鷺江道二二六號	1	
第八十六號	無頁碼	東西老藥房		臺北市永樂町三ノ四九	1	
第八十六號	無頁碼	東西老藥房		臺北市永樂町三丁目	1	
第八十六號	無頁碼	東西老藥房		臺北市永樂町三丁目四十九	1	
第八十六號	無頁碼	東西老藥房		臺北市永樂町三丁目四九	1	
第八十六號	無頁碼	東西藥房		臺北市永樂町三丁目	1	
第八十六號	版權頁	捷裕蔘莊		臺北市太平町三丁目一〇八	3/4	
第八十六號	封底	乾元藥行		臺北市永樂町三丁目十四番地	1	
第八十七號	無頁碼	錦裕行	歐陽芳昌	臺北市永樂町三ノ五三	1	茶、布料
第八十七號	版權頁	捷裕蔘莊		臺北市太平町三丁目一〇八	3/4	
第八十七號	封底	乾元藥行		臺北市永樂町三丁目十四番地	1	
第八十八號	無頁碼	錦裕行	歐陽芳昌	臺北市永樂町三ノ五三	1	茶、布料
第八十八號	目錄頁	現代醫藥月刊	俞慎初		3/10	刊物
第八十八號	8	中醫改進研究會		山西太原市新民中正街	1/4	醫書
第八十八號	版權頁	捷裕蔘莊		臺北市太平町三丁目一〇八	3/4	
第八十八號	封底	乾元藥行		臺北市永樂町三丁目十四番地	1	

期號	頁碼	單位	代表人	地址	版面	備註
第八十九號	無頁碼	錦裕行	歐陽芳昌	臺北市永樂町三ノ五三	1	茶、布料
第八十九號	無頁碼	東西老藥房		臺北市永樂町三丁目	1	
第八十九號	無頁碼	東西藥房		臺北市永樂町三丁目	1	
第八十九號	無頁碼	東西老藥房		臺北市永樂町三ノ四九	1	
第八十九號	無頁碼	東西老藥房／東西洋行		臺北市永樂町三丁目／廈門鷺江道二二六號	1	
第九十號	無頁碼	錦裕行	歐陽芳昌	臺北市永樂町三ノ五三	1	茶、布料
第九十號	無頁碼	東西藥房		臺北市永樂町三丁目	1	
第九十號	無頁碼	東西老藥房		臺北市永樂町三丁目	1	
第九十號	無頁碼	東西老藥房		臺北市永樂町三ノ四九	1	
第九十號	無頁碼	東西老藥房／東西洋行		臺北市永樂町三丁目／廈門鷺江道二二六號	1	
第九十一號	無頁碼	錦裕行	歐陽芳昌	臺北市永樂町三ノ五三	1	茶、布料
第九十一號	無頁碼	東西藥房		臺北市永樂町三丁目	1	
第九十一號	無頁碼	東西老藥房		臺北市永樂町三丁目	1	
第九十一號	無頁碼	東西老藥房		臺北市永樂町三ノ四九	1	
第九十一號	無頁碼	東西老藥房／東西洋行		臺北市永樂町三丁目／廈門鷺江道二二六號	1	
第九十二號	無頁碼	錦裕行	歐陽芳昌	臺北市永樂町三ノ五三	1	茶、布料
第九十二號	無頁碼	東西藥房		臺北市永樂町三丁目	1	
第九十二號	無頁碼	東西老藥房		臺北市永樂町三丁目	1	
第九十二號	無頁碼	東西老藥房		臺北市永樂町三ノ四九	1	

期號	頁碼	單位	代表人	地址	版面	備註
第九十二號	無頁碼	東西老藥房／東西洋行		臺北市永樂町三丁目／廈門鷺江道二二六號	1	
第九十三號	無頁碼	東西藥房		臺北市永樂町三丁目	1	
第九十三號	無頁碼	東西老藥房		臺北市永樂町三丁目	1	
第九十三號	無頁碼	東西老藥房		臺北市永樂町三ノ四九	1	
第九十三號	無頁碼	東西老藥房／東西洋行		臺北市永樂町三丁目／廈門鷺江道二二六號	1	
第九十四號	無頁碼	錦裕行	歐陽芳昌	臺北市永樂町三ノ五三	1	茶、布料
第九十四號	無頁碼	東西藥房		臺北市永樂町三丁目	1	
第九十四號	無頁碼	東西老藥房		臺北市永樂町三丁目	1	
第九十四號	無頁碼	東西老藥房		臺北市永樂町三ノ四九	1	
第九十四號	無頁碼	東西老藥房／東西洋行		臺北市永樂町三丁目／廈門鷺江道二二六號	1	
第九十五號	無頁碼	錦裕行	歐陽芳昌	臺北市永樂町三ノ五三	1	茶、布料
第九十五號	無頁碼	東西藥房		臺北市永樂町三丁目	1	
第九十五號	無頁碼	東西老藥房		臺北市永樂町三丁目	1	
第九十五號	無頁碼	東西老藥房		臺北市永樂町三ノ四九	1	
第九十五號	無頁碼	東西老藥房／東西洋行		臺北市永樂町三丁目／廈門鷺江道二二六號	1	
第九十六號	無頁碼	錦裕行	歐陽芳昌	臺北市永樂町三ノ五三	1	茶、布料
第九十六號	無頁碼	東西老藥房		臺北市永樂町三丁目	1	
第九十六號	無頁碼	東西藥房		臺北市永樂町三丁目	1	
第九十六號	無頁碼	東西老藥房		臺北市永樂町三ノ四九	1	

期號	頁碼	單位	代表人	地址	版面	備註
第九十六號	無頁碼	東西老藥房／東西洋行		臺北市永樂町三丁目／廈門鷺江道二二六號	1	
第九十七號	無頁碼	錦裕行	歐陽芳昌	臺北市永樂町三ノ五三	1	茶、布料
第九十七號	無頁碼	東西藥房		臺北市永樂町三丁目	1	
第九十七號	無頁碼	東西老藥房		臺北市永樂町三丁目	1	
第九十七號	無頁碼	東西老藥房		臺北市永樂町三ノ四九	1	
第九十七號	無頁碼	東西老藥房／東西洋行		臺北市永樂町三丁目／廈門鷺江道二二六號	1	
第九十八號	無頁碼	錦裕行	歐陽芳昌	臺北市永樂町三ノ五三	1	茶、布料
第九十八號	封底	乾元藥行		臺北市永樂町三丁目十四番地	1	
第九十九號	無頁碼	錦裕行	歐陽芳昌	臺北市永樂町三ノ五三	1	茶、布料
第九十九號	封底	乾元藥行		臺北市永樂町三丁目十四番地	1	
第一〇〇號	無頁碼	錦裕行	歐陽芳昌	臺北市永樂町三ノ五三	1	茶、布料
第一〇〇號	封底	乾元藥行		臺北市永樂町三丁目十四番地	1	
第一〇一號	無頁碼	錦裕行	歐陽芳昌	臺北市永樂町三ノ五三	1	茶、布料
第一〇一號	封底	乾元藥行		臺北市永樂町三丁目十四番地	1	
第一〇二號	無頁碼	錦裕行	歐陽芳昌	臺北市永樂町三ノ五三	1	茶、布料
第一〇二號	封底	乾元藥行		臺北市永樂町三丁目十四番地	1	
第一〇三號	無頁碼	錦裕行	歐陽芳昌	臺北市永樂町三ノ五三	1	茶、布料
第一〇三號	封底	乾元藥行		臺北市永樂町三丁目十四番地	1	
第一〇四號	無頁碼	姜佐景醫廬	姜佐景	上海城內果育堂街一四四號	1/4	醫書
第一〇四號	無頁碼	長沙衛生報社		長沙新安巷	1/4	醫書

期號	頁碼	單位	代表人	地址	版面	備註
第一〇四號	封底	乾元藥行		臺北市永樂町三丁目十四番地	1	
第一〇五號	無頁碼	姜佐景醫廬	姜佐景	上海城內果育堂街一四四號	1/4	醫書
第一〇五號	無頁碼	長沙衛生報社		長沙新安巷	1/4	醫書
第一〇五號	封底	乾元藥行		臺北市永樂町三丁目十四番地	1	
第一〇六號	無頁碼	姜佐景醫廬	姜佐景	上海城內果育堂街一四四號	1/4	醫書
第一〇六號	無頁碼	長沙衛生報社		長沙新安巷	1/4	醫書
第一〇六號	封底	乾元藥行		臺北市永樂町三丁目十四番地	1	
第一〇八號	無頁碼	姜佐景醫廬	姜佐景	上海城內果育堂街一四四號	1/4	醫書
第一〇八號	無頁碼	長沙衛生報社		長沙新安巷	1/4	醫書
第一〇八號	封底	乾元藥行		臺北市永樂町三丁目十四番地	1	

資料來源：全《漢文皇漢醫界》、《臺灣皇漢醫界》、《臺灣皇漢醫報》、《東西醫藥報》。

附錄表 4-6 各期號廣告價錢一覽

刊名	期號	版面比例	收費價目
漢文皇漢醫界	第一卷第一號－第四號、第八號、第十三號、第十五號 [I]	一頁	9 圓
		半頁	5 圓
		四分之一頁	3 圓
		八分之一頁	2 圓
	第五號－第七號、第九號－第十一號、第十四號、第十六號－第二十號 [II]	一頁	20 圓
		半頁	12 圓
		四分之一頁	6 圓
臺灣皇漢醫界	第二十一號－第二十四號	一頁	20 圓
		半頁	12 圓
		四分之一頁	6 圓
	第二十五號、第二十七號、第三十七號、第三十九號、第四十九號、第五十一號 [III]	一頁	9 圓
		半頁	5 圓
		四分之一頁	3 圓
		十分之一頁 [IV]	1 圓
	第二十八號－第三十六號、第三十八號、第四十號－第四十八號、第五十號	一頁	18 圓
		半頁	10 圓
		四分之一頁	6 圓
臺灣皇漢醫報	第五十二號－第六十一號、第六十三號－第七十三號、第七十五號－第七十六號	一頁	9 圓
		半頁	5 圓
		四分之一頁	3 圓
	第六十二號	一頁	5 圓
		半頁	3 圓
		四分之一頁	2 圓
		其他 [V]	50 錢
	第七十四號	一頁	5 圓
		半頁	2 圓
		四分之一頁	3 圓 [VI]
		其他	50 錢

刊名	期號	版面比例	收費價目
東西醫藥報	第七十七號－第八十五號 VII	一頁	12 圓
		半頁	7 圓
		四分之一頁	5 圓 50 錢
	第八十六號	一頁	6 圓
		半頁	4 圓
		三分之一頁	3 圓
		四分之一頁	2 圓 50 錢
		其他	50 錢
	第八十七號－第九十七號、第九十九號－第一〇八號 VIII	一頁	12 圓
		半頁	7 圓
		三分之一頁	5 圓
		四分之一頁	4 圓
	第九十八號 IX	一頁	12 圓
		半頁	7 圓
		三分之一頁	5 圓
		四分之一頁	1 圓

註 I：（1）缺第十二、十三號文本，然第十四號載有第十三號之廣告，見註 II（2）之分析。（2）據《漢文皇漢醫界》第十四號之頁南一可得知，第十五號（新年號）「廣告價目特減與前記念號同」，但因缺第十三號文本，故未知明確價錢為何。今查閱第一卷第一號（創刊號）、第三號（新年號）、第二十五號（二週年紀念特輯號）、第三十七號（三週年紀念號）、第三十九號（新年號）的廣告收費價目皆為：一頁 9 圓、半頁 5 圓、四分之一頁 3 圓，推論第十五號亦與之同。

註 II：（1）據第九號目錄可知有廣告，然現存雜誌內容並未存有廣告；類似的情形，請參見「附錄表 4-9　廣告闕漏一覽」，往後不再贅述。（2）刊登於第十四號之廣告乃是「續前號祝週年記念」，當視為第十三號之廣告；因此，則無隸屬第十四號之廣告。（3）現存第十九號文本無版權頁，意即未知廣告收費價目。今查閱前後號的廣告收費價目，且在無慶祝重大節日之情形下，如新年、創刊週年、天長節、始政紀念日等，推論第十九號亦與之同。

註 III：（1）缺第二十六號文本。（2）第二十七號為新年號，查閱上一年與下一年新年號的廣告收費價目，皆於昨月公布有特別減價，且通常價目與週年紀念號同；今雖缺第二十六號文本，無法直接證實，但可以上述規律推論第二十七號廣告價目與第二十五號、第三十九號同。（3）據《臺灣皇漢醫界》第五十號頁 75 所載〈昭和八年新年號投稿廣告歡迎〉一文得知，「年賀特別廣告定金壹圓・貳圓・參圓・五圓・九圓」，然未知各版面大小應屬何價目。今查閱前兩個年度之新年號廣告價目，推論第五十一號（新年號）廣告價目為：一頁 9 圓、半頁 5 圓、四分之一頁 3 圓。又查閱第五十一號內容，發現廣告有闕漏，且現存廣告並無出現小於四分之一頁的版面，因此，「壹圓・貳圓」的廣告係指何版面，暫可存而不論。

註 IV：《臺灣皇漢醫界》第三十八號漢文欄頁 44 所載〈新年號廣告募集〉一文中，提及「特登短行廣告」，經筆者翻閱《臺灣皇漢醫界》第三十九號文本，推論所謂「特登短行廣告」應指十分之一頁的版面，故其收費標準以 1 圓計。

註 V：登載記事只限於住所、氏名、職業，為一種名片交換。以下欄位之「其他」，若無額外說明，則與本註同。

註 VI：《臺灣皇漢醫報》第七十三號頁 7 所載〈消息通訊欄：新年號 優待本報 讀者及醫藥界之廣告〉一文中，並未明確得知四分之一頁的廣告價目；今查閱同號頁 8 所載〈消息通訊欄：贊助員募集公告〉一文得知，「於新年號以實價金參圓而廣告四分之一頁者，敬題為敝室名譽贊助員，並贈呈價值參圓之洋裝之傷寒學講義一冊為酬，但以百名為限」。因此，視第七十四號（新年號）廣告四分之一頁版面的收費價目為 3 圓。

註 VII：《東西醫藥報》自第七十七號起，至第八十五號，未見版權頁，亦未知廣告價目。然查閱《東西醫藥報》第八十五號頁 47，可推測得知：第七十七號至第八十五號廣告一頁與半頁版面的收費價目分別為 12 圓與 7 圓；再由同號頁 48 謂「新年號廣告四分之一頁者，特減收金參圓」、以及第八十六號（新年號）廣告四分之一頁版面的收費價目為 2 圓 50 錢，可推測得知：第七十七號至第八十五號廣告四分之一頁版面的收費價目為 5 圓 50 錢。

註 VIII：缺第一〇七、一〇九、一一〇號文本。

註 IX：據《東西醫藥報》第九十七號目錄所載得知，「凡於來之新年號廣告四分之一者，特減收金參圓」；原四分之一版面的收費價目為 4 圓，故可知第九十八號（新年號）廣告四分之一頁版面的收費價目為 1 圓。其他版面大小的價目並未提及，則視為與前號同。

資料來源：全《漢文皇漢醫界》、《臺灣皇漢醫界》、《臺灣皇漢醫報》、《東西醫藥報》。

附錄表 4-7　各期號廣告收入細目一覽

年	月	刊名	期號	版面比例／價錢（單位：圓）										共計收入
				1	1/2	1/3	1/4	1/5	1/6	1/8	1/10	1/12	1/20	
1928	11	漢文皇漢醫界	1	18	120		171			28				337
	12		2	9	10		12							31
1929	1		3	9	60		93							162
	2		4	18	5		6							29
	3		5	40	24		24							88
	4		6	80	24		24							128
	5		7	20	24		12							56
	6		8	36	80		192							308
	7		9											?
	8		10	60	48		24							132
	9		11	40	24		24							88
	10		12											?
	11		13	36	25		66							127
	12		14											0
1930	1		15		30		60							90
	2		16				12							12
	3		17		12		12							24
	4		18											?
	5		19											?
	6		20	20										20
	7	臺灣皇漢醫界	21	40	12									52
	8		22	60			18							78
	9		23	80			18							98
	10		24	60	24		18							102
	11		25	72	80		165							317
	12		26											?
1931	1		27	45	40		96	X			110		X	291
	2		28	54	60		30							144
	3		29	18	30									48
	4		30	18	60	X	120	X						198
	5		31	54										54
	6		32	90	50			X						140
	7		33	108		X								108
	8		34	108	10									118
	9		35	144	30		30							204
	10		36	72	20									92
	11		37	54	85		51	X						190
	12		38	108										108

年	月	刊名	期號	版面比例／價錢（單位：圓）										共計收入
				1	1/2	1/3	1/4	1/5	1/6	1/8	1/10	1/12	1/20	
1932	1	臺灣皇漢醫界	39	45	70		69	X			71			255
	2		40	36			6							42
	3		41	36	10		6							52
	4		42	54	130		168							352
	5		43	36		X								36
	6		44	36		X								36
	7		45	54	10	X								64
	8		46	36	10				X					46
	9		47	36			6							42
	10		48	54										54
	11		49	72	95		84							251
	12		50	54			18							72
1933	1		51	54	30	X	6							90
	2	停刊												
	3	臺灣皇漢醫報	52	36	5		30							71
	4		53	36	30	X	12							78
	5		54	18	5			X						23
	6		55	9	5									14
	7		56	18										18
	8		57	27	5		12							44
	9		58		10		12	X						22
	10		59		5		12							17
	11		60		25		6							31
	12		61	18	20	X	6							44
1934	1		62	5	3	X	8		X					16
	2		63	27			18							45
	3		64	9										9
	4		65	9		X								9
	5		66	63	20		6							89
	6		67	27	10			X		X				37
	7		68	45	10									55
	8		69	27	20		9							56
	9		70	27	15									42
	10		71	9										9
	11		72	18	20		21							59
	12		73	18	15		27							60
1935	1		74	25	14		63		X	X				102
	2		75	45	10		15							70
	3		76	18	5		12							35

年	月	刊名	期號	版面比例／價錢（單位：圓）										共計收入
				1	1/2	1/3	1/4	1/5	1/6	1/8	1/10	1/12	1/20	
1935（續）	4	東西醫藥報	77	36										36
	5		78	60										60
	6		79	72				X			X			72
	7		80	60		X			X	X		X		60
	8		81	72	7				X	X		X		79
	9		82	60										60
	10		83	60		X								60
	11		84	60		X			X	X	X	X		60
	12		85	60	7									67
1936	1		86	48			7.5							55.5
	2		87	24			12							36
	3		88	24			16				X			40
	4		89	60										60
	5		90	60										60
	6		91	60										60
	7		92	60										60
	8		93	48										48
	9		94	60										60
	10		95	60										60
	11		96	60										60
	12		97	60										60
1937	1		98	24										24
	2		99	24										24
	3		100	24										24
	4		101	24										24
	5		102	24										24
	6		103	24										24
	7		104	12			8							20
	8		105	12			8							20
	9		106	12			8							20
	10		107											?
	11		108	12			8							20
			109											?
			110											?

說明：本表中的「？」意指缺本，或確定有闕漏廣告，因而無法得知其收入；「X」則表示未能得知該版面的廣告價目，亦無法計算其收入。

資料來源：本書作者藉由附錄表 4-5、附錄表 4-6 整理而出。

附錄表 4-8　刊物銷售數量之統計

地區＼年代	1930	1931	1932	1933	1934	1935	1936
臺灣							
臺北	5,166	3,456	3,747	2,182	823	91	85
新竹	3,016	2,014	1,668	915	349	27	21
臺中	3,954	2,273	2,052	1,669	1,156	67	57
臺南	3,846	2,495	1,883	1,125	1,095	69	54
高雄	1,856	897	596	415	524	26	21
臺東	34	56	48	13	12	1	1
花蓮港	146	86	85	30	34	2	1
澎湖	69	34	16	10	12	1	1
小計	18,087	11,311	10,095	6,359	4,005	284	241
日本							
山形	-	-	-	-	12	-	-
東京	85	132	120	102	109	-	-
富山	-	-	-	7	5	-	-
石川	-	-	-	10	-	-	-
愛知	-	-	-	-	19	-	-
京都	-	-	-	5	-	-	-
大阪	-	-	-	12	7	-	-
兵庫	-	-	-	10	14	-	-
奈良	-	-	-	7	1	-	-
福岡	-	-	-	10	12	-	-
小計	85	132	120	163	179	14	14
其他殖民地							
南洋廳	-	-	12	-	-	-	-
朝鮮京畿道	-	-	-	6	-	-	-
小計	0	0	12	6	0	0	0
國外							
滿洲國	-	-	-	-	12	-	-
中華民國	120	656	453	794	1,074	（註）	-
英領香港	-	-	-	6	18	-	-
英領印度	-	-	-	20	-	-	-
英領海峽殖民地	-	-	-	-	12	-	-
北米合眾國	-	-	-	-	12	-	-
小計	120	656	453	820	1,128	92	102
總計	18,292	12,099	10,680	7,348	5,312	390	357

註：臺灣總督官房調查課記錄配付雜誌至中華民國的統計資料止於 1934 年，我們若與之比較 1935 年 3 月發行《臺灣皇漢醫報》第七十六號所表示的：「敝報自續刊以來，叨蒙中國漢醫藥界諸彥之雅顧，來信購讀者有二百名之多」，兩者數目差距甚大，或單位不同，或記錄方式不一，在此無法進一步證實，姑且存而不論。

資料來源：《臺灣皇漢醫報》，第七十六號、《臺灣總督府第三十四統計書》、《臺灣總督府第三十五統計書》、《臺灣總督府第三十六統計書》、《臺灣總督府第三十七統計書》、《臺灣總督府第三十八統計書》、《臺灣總督府第三十九統計書》、《臺灣總督府第四十統計書》。

附錄表 4-9 廣告闕漏一覽

刊名	期號	狀況	說明
漢文皇漢醫界	第九號	闕漏	由目錄可知頁 51 至 54 為廣告頁，然現存雜誌內容並未存有；且與前後期比較，該期月刊無制式底頁。當闕漏無疑。
	第十五號	疑似闕漏	與前後期比較，該期月刊無制式底頁。
	第十六號	闕漏	由目錄可知頁 54 至 58 為廣告頁，然現存雜誌內容僅至頁 54；且該期月刊無制式底頁。當闕漏無疑。
	第十七號	闕漏	由目錄可知頁 49 至 52 為廣告頁，然現存雜誌內容並未存有；且該期月刊無制式底頁。當闕漏無疑。
	第十八號	闕漏	由目錄可知尚有「祝全島醫藥總會開催」數頁祝賀廣告，然現存雜誌內容並未存有。當闕漏無疑。
	第十九號	闕漏	由目錄可知尚有「祝東洋醫道全島大會」數頁祝賀廣告，然現存雜誌內容並未存有。當闕漏無疑。
臺灣皇漢醫界	第二十五號	闕漏	於文本中，「年」字輩的廣告自頁五開始，意即至少缺漏四頁廣告。
	第三十號	疑似闕漏	與前後期比較，該期月刊無制式底頁。
	第五十一號	闕漏	由目錄可知有「謹賀新年」數頁祝賀廣告，然現存雜誌內容並無「新」、「年」字輩；且與前後期比較，該期月刊無制式底頁。當闕漏無疑。
臺灣皇漢醫報	第五十四號	疑似闕漏	與前後期比較，該期月刊無制式底頁。
	第五十五號	疑似闕漏	與前後期比較，該期月刊無制式底頁。
	第五十六號	疑似闕漏	與前後期比較，該期月刊無制式底頁。
	第五十八號	疑似闕漏	與前後期比較，該期月刊無制式底頁。
	第五十九號	疑似闕漏	與前後期比較，該期月刊無制式底頁。
	第六十號	疑似闕漏	與前後期比較，該期月刊無制式底頁。
	第六十一號	闕漏	該期版權頁之裝訂位於右側，理論上，次頁應尚有內容，然現存雜誌內容以該頁為頁末；且與前後期比較，該期月刊無制式底頁。當闕漏無疑。

刊名	期號	狀況	說明
臺灣皇漢醫報（續）	第六十二號	闕漏	該期版權頁之裝訂位於右側，理論上，次頁應尚有內容，然現存雜誌內容以該頁為頁末；且與前後期比較，該期月刊無制式底頁。當闕漏無疑。
	第六十四號	疑似闕漏	與前後期比較，該期月刊無制式底頁。
	第六十五號	疑似闕漏	與前後期比較，該期月刊無制式底頁。
	第六十七號	闕漏	該期版權頁之裝訂在於右側，理論上，次頁應尚有內容，然現存雜誌內容以該頁為頁末；且與前後期比較，該期月刊無制式底頁。當闕漏無疑。
	第六十九號	疑似闕漏	與前後期比較，該期月刊無制式底頁。
	第七十號	疑似闕漏	與前後期比較，該期月刊無制式底頁。
	第七十一號	疑似闕漏	與前後期比較，該期月刊無制式底頁。
	第七十二號	疑似闕漏	與前後期比較，該期月刊無制式底頁。
	第七十三號	疑似闕漏	與前後期比較，該期月刊無制式底頁。
	第七十四號	疑似闕漏	與前後期比較，該期月刊無制式底頁。
	第七十六號	疑似闕漏	與前後期比較，該期月刊無制式底頁。

資料來源：本書作者據全《漢文皇漢醫界》、《臺灣皇漢醫界》、《臺灣皇漢醫報》、《東西醫藥報》整理而出。

附錄表 5-1　刊物中關於漢醫藥學理與知識範疇之文章比例

刊名 卷號	關於漢醫藥學理與 知識範疇之文章篇數	文章總篇數	百分比
漢文皇漢醫界			
第一卷第一號	11	18	61.11%
第二號	10	17	58.82%
第三號	13	21	61.90%
第四號	15	18	83.33%
第五號	13	35	37.14%
第六號	16	19	84.21%
第七號	21	26	80.77%
第八號	23	28	82.14%
第九號	26	27	96.30%
第十號	22	23	95.65%
第十一號	22	25	88.00%
第十二號（缺本）	20	27	74.07%
第十三號（缺本）			
第十四號	14	16	87.50%
第十五號	23	31	74.19%
第十六號	18	24	75.00%
第十七號	16	18	88.89%
第十八號	19	23	82.61%
第十九號	8	14	57.14%
第二十號	24	31	77.42%
小計	334	441	75.74%
臺灣皇漢醫界			
第二十一號	12	27	44.44%
第二十二號	18	29	62.07%
第二十三號	30	43	69.77%
第二十四號	25	33	75.76%
第二十五號	30	41	73.17%
第二十六號（缺本）			
第二十七號	29	37	78.38%
第二十八號	19	33	57.58%
第二十九號	30	41	73.17%

刊名 卷號	關於漢醫藥學理與知識範疇之文章篇數	文章總篇數	百分比
臺灣皇漢醫界（續）			
第三十號	29	42	69.05%
第三十一號	33	43	76.74%
第三十二號	34	43	79.07%
第三十三號	36	43	83.72%
第三十四號	29	38	76.32%
第三十五號	29	40	72.50%
第三十六號	31	40	77.50%
第三十七號	36	45	80.00%
第三十八號	25	33	75.76%
第三十九號	32	34	94.12%
第四十號	33	36	91.67%
第四十一號	29	34	85.29%
第四十二號	35	38	92.11%
第四十三號	35	36	97.22%
第四十四號	31	33	93.94%
第四十五號	37	38	97.37%
第四十六號	36	37	97.30%
第四十七號	33	35	94.29%
第四十八號	37	39	94.87%
第四十九號	33	43	76.74%
第五十號	38	40	95.00%
第五十一號	31	35	88.57%
小計	915	1,129	81.05%
臺灣皇漢醫報			
第五十二號	18	18	100.00%
第五十三號	18	21	85.71%
第五十四號	27	28	96.43%
第五十五號	29	29	100.00%
第五十六號	18	18	100.00%
第五十七號	28	30	93.33%
第五十八號	3	3	100.00%
第五十九號	11	11	100.00%

刊名 卷號	關於漢醫藥學理與知識範疇之文章篇數	文章總篇數	百分比
臺灣皇漢醫報（續）			
第六十號	14	15	93.33%
第六十一號	1	1	100.00%
第六十二號	2	2	100.00%
第六十三號	13	13	100.00%
第六十四號	11	11	100.00%
第六十五號	13	13	100.00%
第六十六號	9	10	90.00%
第六十七號	9	10	90.00%
第六十八號	8	10	80.00%
第六十九號	3	4	75.00%
第七十號	4	5	80.00%
第七十一號	9	9	100.00%
第七十二號	4	4	100.00%
第七十三號	4	4	100.00%
第七十四號	7	7	100.00%
第七十五號	1	1	100.00%
第七十六號	5	14	35.71%
小計	269	291	92.44%
東西醫藥報			
第七十七號	15	15	100.00%
第七十八號	8	10	80.00%
第七十九號	6	7	85.71%
第八十號	9	10	90.00%
第八十一號	4	6	66.67%
第八十二號	7	7	100.00%
第八十三號	7	7	100.00%
第八十四號	8	8	100.00%
第八十五號	9	11	81.82%
第八十六號	24	27	88.89%
第八十七號	5	5	100.00%
第八十八號	4	4	100.00%

刊名 卷號	關於漢醫藥學理與 知識範疇之文章篇數	文章總篇數	百分比
東西醫藥報（續）			
第八十九號	1	1	100.00%
第九十號	3	3	100.00%
第九十一號	2	2	100.00%
第九十二號	2	2	100.00%
第九十三號	2	2	100.00%
第九十四號	8	8	100.00%
第九十五號	1	1	100.00%
第九十六號	2	2	100.00%
第九十七號	2	2	100.00%
第九十八號	2	2	100.00%
第九十九號	2	2	100.00%
第一〇〇號	2	2	100.00%
第一〇一號	2	2	100.00%
第一〇二號	2	2	100.00%
第一〇三號	1	1	100.00%
第一〇四號	1	1	100.00%
第一〇五號	2	2	100.00%
第一〇六號	2	2	100.00%
第一〇七號（缺本）			
第一〇八號	1	1	100.00%
第一〇九號（缺本）			
第一一〇號（缺本）			
小計	146	157	92.99%
總計	1,664	2,018	82.46%

說明：1.「文章總篇數」不包含漢詩、文苑、廣告、雜報、會報、以及消息通訊。

2.《漢文皇漢醫界》第十二號為缺本，然於第十四號附有「漢文皇漢醫界自第一號至第十二號一箇年間重要記事題目錄」，故參之，而有第十二號的統計數字。

資料來源：本書作者據全《漢文皇漢醫界》、《臺灣皇漢醫界》、《臺灣皇漢醫報》、《東西醫藥報》整理而出。

附錄表 5-2 蘇錦全所編纂或刊載的講義

名稱	編者	收入刊物期數
藥物學講義	蘇錦全	《臺灣皇漢醫報》，第五十二號，頁 11-22。 《臺灣皇漢醫報》，第五十三號，頁 9-20。 《臺灣皇漢醫報》，第五十四號，頁 19-22。 《臺灣皇漢醫報》，第五十七號，頁 7-20。 《臺灣皇漢醫報》，第六十五號，頁 9-16。 《臺灣皇漢醫報》，第六十七號，頁 25-32。
雜症學講義	魏子祥（浙江中醫專門學校教授）編述	《臺灣皇漢醫報》，第五十二號，頁 23-43。
	魏汝楨編述	《臺灣皇漢醫報》，第五十三號，頁 21-44。
	馬湯楹（浙江中醫專門學校教授）編述，蘇錦全改纂	《臺灣皇漢醫報》，第五十四號，頁 23-34。 《臺灣皇漢醫報》，第五十五號，頁 29-42。 《臺灣皇漢醫報》，第五十七號，頁 21-33。 《臺灣皇漢醫報》，第六十二號，頁 75-90。 《臺灣皇漢醫報》，第六十三號，頁 25-32。 《臺灣皇漢醫報》，第六十四號，頁 41-48。 《臺灣皇漢醫報》，第六十五號，頁 33-40。 《臺灣皇漢醫報》，第六十七號，頁 33-40。 《東西醫藥報》，第八十二號，頁 9-40。 《東西醫藥報》，第八十三號，頁 9-40。 《東西醫藥報》，第八十七號，頁碼另起。
傷寒五法	陳養晦原著，新溪鈕淵靜瀾氏重訂	《臺灣皇漢醫報》，第五十四號，頁 13-18。 《臺灣皇漢醫報》，第五十五號，頁 15-28。 《臺灣皇漢醫報》，第五十八號，頁 37-46。
痲症學講義	朱丹山輯著，蘇錦全重纂	《臺灣皇漢醫報》，第五十六號，頁 1-42。
臨證診療選粹	山西張文元輯	《臺灣皇漢醫報》，第五十七號，頁 5-6。
脈法學講義（後卷）	蘇錦全	《臺灣皇漢醫報》，第五十八號，頁 1-34。 《臺灣皇漢醫報》，第五十九號，頁 1-38。
虛勞學講義論	綺石先生原著	《臺灣皇漢醫報》，第六十號，頁 1-26。
漢藥學講義	蘇錦全	《臺灣皇漢醫報》，第六十一號，頁 1-48。 《臺灣皇漢醫報》，第六十二號，頁 49-82。
溫熱學講義	安東石壽棠芾南著，浙江中醫專門學校教授王香巖編輯	《臺灣皇漢醫報》，第六十三號，頁 9-24。 《臺灣皇漢醫報》，第六十四號，頁 9-16。 《臺灣皇漢醫報》，第六十五號，頁 25-32。 《臺灣皇漢醫報》，第六十六號，頁 9-24。
	陳平伯	《臺灣皇漢醫報》，第六十七號，頁 17-24。
	薛生白	《臺灣皇漢醫報》，第六十八號，頁 17-48。

名稱	編者	收入刊物期數
傷寒學講義	嬾園傅崇黻編述，蘇錦全校正	《臺灣皇漢醫報》，第六十三號，頁 33-40。 《臺灣皇漢醫報》，第六十四號，頁 17-40。 《臺灣皇漢醫報》，第六十五號，頁 17-24。 《臺灣皇漢醫報》，第六十六號，頁 25-40。 《臺灣皇漢醫報》，第六十七號，頁 41-56。 《臺灣皇漢醫報》，第六十八號，頁 9-16。 《臺灣皇漢醫報》，第六十九號，頁 17-48。 《臺灣皇漢醫報》，第七十號，頁 9-48。 《臺灣皇漢醫報》，第七十一號，頁 9-40。 《臺灣皇漢醫報》，第七十二號，頁 9-48。 《臺灣皇漢醫報》，第七十三號，頁 9-48。 《臺灣皇漢醫報》，第七十四號，頁 9-32。
診腹學講義	丹波元簡類次，松井操子靜譯，慈谿王惕齋原本，古越王慎軒重訂	《臺灣皇漢醫報》，第七十五號，頁 9-48。 《臺灣皇漢醫報》，第七十六號，頁 33-52。
實用漢藥便覽	李健頤編纂	《東西醫藥報》，第七十七號，頁 9-32。
五官病學講義	杭縣孫祖燧編輯，蘇錦全重纂	《東西醫藥報》，第七十八號，頁 9-23。
生理衛生學講義	蘇錦全	《東西醫藥報》，第七十八號，頁 27-38。
醫綱學講義	徐究仁	《東西醫藥報》，第七十九號，頁 9-36。 《東西醫藥報》，第八十號，頁 5-36。 《東西醫藥報》，第八十一號，頁 9-40。 《東西醫藥報》，第八十四號，頁 9-40。 《東西醫藥報》，第八十五號，頁 33-40。
舌苔學講義	杭縣陸冕編述	《東西醫藥報》，第八十五號，頁 9-32。 《東西醫藥報》，第八十六號，頁 25-40。 《東西醫藥報》，第九十八號，頁碼另起。 《東西醫藥報》，第九十九號，頁碼另起。 《東西醫藥報》，第一〇〇號，頁碼另起。 《東西醫藥報》，第一〇一號，頁碼另起。 《東西醫藥報》，第一〇二號，頁碼另起。
萬病外治方	海甯鄒存淦儷笙輯，新安胡增彬謙伯校，蘇錦全重訂刊	《東西醫藥報》，第八十七號，頁碼另起。 《東西醫藥報》，第八十八號，頁碼另起。 《東西醫藥報》，第八十九號，頁碼另起。 《東西醫藥報》，第九十號，頁碼另起。

名稱	編者	收入刊物期數
東洋鍼灸學教科書	蘇錦全	《東西醫藥報》，第九十號，頁碼另起。
		《東西醫藥報》，第九十一號，頁碼另起。
		《東西醫藥報》，第九十二號，頁碼另起。
		《東西醫藥報》，第九十三號，頁碼另起。
		《東西醫藥報》，第九十四號，頁碼另起。
		《東西醫藥報》，第九十六號，頁碼另起。
		《東西醫藥報》，第九十七號，頁碼另起。
		《東西醫藥報》，第九十八號，頁碼另起。
		《東西醫藥報》，第九十九號，頁碼另起。
		《東西醫藥報》，第一〇〇號，頁碼另起。
		《東西醫藥報》，第一〇一號，頁碼另起。
		《東西醫藥報》，第一〇二號，頁碼另起。
		《東西醫藥報》，第一〇三號，頁碼另起。
		《東西醫藥報》，第一〇四號，頁碼另起。
		《東西醫藥報》，第一〇五號，頁碼另起。
		《東西醫藥報》，第一〇六號，頁碼另起。
實驗藥物學	紹興何廉臣原著，蘇錦全校刊	《東西醫藥報》，第九十一號，頁碼另起。
		《東西醫藥報》，第九十二號，頁碼另起。
		《東西醫藥報》，第九十三號，頁碼另起。
		《東西醫藥報》，第九十四號，頁碼另起。
		《東西醫藥報》，第九十五號，頁碼另起。
		《東西醫藥報》，第九十六號，頁碼另起。
		《東西醫藥報》，第九十七號，頁碼另起。
咽喉科秘集	蘇錦全校刊	《東西醫藥報》，第一〇五號，頁碼另起。
		《東西醫藥報》，第一〇六號，頁碼另起。
温熱經解	江蘇沈漢卿原著，蘇錦全校刊	《東西醫藥報》，第一〇八號，頁碼另起。

資料來源：如本表收入刊物期數與頁數所示。

徵引書目

一、史料

（一）雜誌、刊物

《漢文皇漢醫界》
《臺灣皇漢醫界》
《臺灣皇漢醫報》
《東西醫藥報》
《臺灣國醫藥報》
《臺灣民報》
《臺灣新民報》
《臺灣日日新報》
《聯合報》

（二）官方文書、檔案

日本國立公文書館藏，《公文類聚》，第 23 編，明治 32 年，第 8 卷。

臺灣總督府民政部文書課，《臺灣總督府民政事務成績提要　第三篇》，明治三十年度分，臺北：臺灣總督府民政部文書課，1900 年 11 月 21 日發行。

臺灣總督府民政部文書課，《臺灣總督府民政事務成績提要　第四篇》，明治三十一年度分，臺北：臺灣總督府民政部文書課，1901 年 10 月 28 日發行。

臺灣總督府民政部文書課，《臺灣總督府民政事務成績提要　第八篇》，明治三十五年分，臺北：臺灣總督府民政部文書課，1904 年 10 月發行。

臺灣總督官房調查課，《臺灣總督府第三十四統計書》，臺北：臺灣總督官房調查課，1932 年 3 月 31 日發行。

臺灣總督官房調查課，《臺灣總督府第三十五統計書》，臺北：臺灣總督官房調查課，1933 年 3 月 25 日發行。

臺灣總督官房調查課，《臺灣總督府第三十六統計書》，臺北：臺灣總督官房調查課，1934 年 3 月 23 日發行。

臺灣總督官房調查課，《臺灣總督府第三十七統計書》，臺北：臺灣總督官房調查課，1935 年 3 月 31 日發行。

臺灣總督官房調查課，《臺灣總督府第三十八統計書》，臺北：臺灣總督官房調查課，1936 年 3 月 31 日發行。

臺灣總督官房調查課，《臺灣總督府第三十九統計書》，臺北：臺灣總督官房調查課，1937 年 3 月 31 日發行。

臺灣總督官房調查課，《臺灣總督府第四十統計書》，臺北：臺灣總督官房調查課，1938 年 3 月 31 日發行。

（三）人物誌、職員錄

上村健堂，《臺灣事業界と中心人物》，臺北：臺灣案內社，1919 年 3 月 14 日發行。

小山田繼雄，《臺灣總督府職員錄》，大正十一年七月一日，臺北：株式會社臺灣日日新報社，1922 年 9 月 15 日發行。

山本鯱象，《臺灣總督府文官職員錄》，明治四十三年七月，臺北：株式會社臺灣日日新報社，1910 年 7 月 13 日發行。

山本鯱象，《臺灣總督府文官職員錄》，明治四十四年五月現在，臺北：株式會社臺灣日日新報社，1911 年 7 月 13 日發行。

中野顧三郎，《臺灣總督府及所屬官署職員錄》，大正十四年七月一日現在，臺北：臺灣時報發行所，1925 年 9 月 25 日發行。

五味田恕，《新竹州の情勢と人物》，新竹：菅武雄，1938 年 6 月 30 日發行。

內藤素生編纂，《南國之人士　完》，臺北：臺灣人物社，1922 年 10 月 10 日發行。

伊藤憐之助，《臺灣總督府及所屬官署職員錄》，大正十五年，臺北：臺灣時報發行所，1926 年 10 月 10 日發行。

伊藤憐之助，《臺灣總督府及所屬官署職員錄》，昭和二年，臺北：臺灣時報發行所，1927 年 11 月 3 日發行。

伊藤憐之助，《臺灣總督府及所屬官署職員錄》，昭和三年，臺北：臺灣時報發行所，1928 年 12 月 10 日發行。

伊藤憐之助，《臺灣總督府及所屬官署職員錄》，昭和四年，臺北：臺灣時報發行所，1929 年 11 月 10 日發行。

伊藤憐之助，《臺灣總督府及所屬官署職員錄》，昭和五年八月一日現在，臺北：臺灣時報發行所，1930 年 12 月 3 日發行。

吉田寅太郎，《續財界人の横顏》，臺北：經濟春秋社，1933 年 11 月 12 日發行。

作者不詳，《南部臺灣紳士錄》，臺南：株式會社臺南新報社，1907 年 2 月 16 日發行。

岩崎潔治，《台灣實業家名鑑》，臺北：臺灣雜誌社，1912 年 6 月 25 日發行。

林進發，《臺灣人物評》，臺北：赤陽社，1929 年 8 月 29 日發行。

林進發，《臺灣官紳年鑑》，臺北：民眾公論社，1932 年 8 月 1 日發行。

林進發，《臺灣官紳年鑑》，臺北：民眾公論社，1933 年 12 月 20 日第三版發行。

林進發，《臺灣官紳年鑑》，臺北：民眾公論社，1934 年 10 月 8 日第四版發行。

河野道忠，《臺灣總督府職員錄》，大正八年五月一日，臺北：株式會社臺灣日日新報社，1919 年 7 月 25 日發行。

河野道忠，《臺灣總督府職員錄》，大正九年七月一日，臺北：株式會社臺灣日日新報社，1920 年 8 月 25 日發行。

河野道忠，《臺灣總督府職員錄》，大正九年十月十日，臺北：株式會社臺灣日日新報社，1920 年 12 月 15 日發行。

河野道忠，《臺灣總督府職員錄》，大正十年七月一日現在，臺北：株式會社臺灣日日新報社，1921 年 9 月 20 日發行。

柯萬榮，《臺南州名士錄》，臺南：臺南州名士錄編纂局，1931 年 3 月 8 日發行。

原幹洲編輯，《南進日本之第一線に起つ　新臺灣之人物》，臺北：拓務評論社臺灣支社、勤勞と富源社，1937 年 10 月 10 日改訂再印。

唐澤信夫，《臺灣紳士名鑑》，臺北：新高新報社，1937 年 6 月 23 日發行。

柴辻誠太郎，《臺灣總督府文官職員錄》，明治四十五年四月現在，臺北：株式會社臺灣日日新報社，1912 年 5 月 20 日發行。

柴辻誠太郎，《臺灣總督府文官職員錄》，大正二年七月，臺北：株式會社臺灣日日新報社，1913 年 9 月 17 日發行。

柴辻誠太郎，《臺灣總督府文官職員錄》，大正三年五月，臺北：株式會社臺灣日日新報社，1914 年 6 月 30 日發行。

柴辻誠太郎，《臺灣總督府文官職員錄》，大正四年五月，臺北：株式會社臺灣日日新報社，1915 年 7 月 16 日發行。

柴辻誠太郎，《臺灣總督府文官職員錄》，大正五年五月，臺北：株式會社臺灣日日新報社，1916 年 7 月 7 日發行。

柴辻誠太郎，《臺灣總督府文官職員錄》，大正六年五月，臺北：株式會社臺灣日日新報社，1917 年 6 月 30 日發行。

柴辻誠太郎，《臺灣總督府文官職員錄》，大正七年五月，臺北：株式會社臺灣日日新報社，1918 年 7 月 6 日發行。

張子文、郭啓傳、林偉洲撰文，國家圖書館特藏組編輯，《臺灣歷史人物小傳——明清暨日據時期》，臺北：國家圖書館，2003 年 12 月初版。

程育群主編，《臺灣省會中醫師名鑑》，臺北：臺灣中國醫藥社、臺灣出版社，1952 年 1 月初版。

福田廣次，《專賣事業の人物》，臺北：臺灣實業興信社，1937 年 2 月 26 日發行。

臺灣新民報社編，《臺灣人士鑑》，臺灣新民報日刊五週年紀念出版，臺北：株式會社臺灣新民報社，1937 年 9 月 25 日發行。

臺灣新民報社調查部編，《臺灣人士鑑》，臺灣新民報日刊一週年記念出版，臺北：株式會社臺灣新民報社，1934 年 3 月 25 日發行。

臺灣新聞社編，《臺灣實業名鑑（第一輯）》，臺中：臺灣新聞社，1934 年 9 月 15 日發行。

臺灣總督府，《臺灣列紳傳》，臺北：臺灣總督府，1916 年 4 月 20 日發行。

臺灣總督府編纂，《臺灣總督府及所屬官署職員錄》，昭和六年八月一日現在，臺北：臺灣時報發行所，1931 年 10 月 20 日發行。

臺灣總督府編纂，《臺灣總督府及所屬官署職員錄》，昭和七年八月一日現在，臺北：臺灣時報發行所，1932 年 10 月 24 日發行。

臺灣總督府編纂，《臺灣總督府及所屬官署職員錄》，昭和八年八月一日現在，臺北：臺灣時報發行所，1933 年 10 月 18 日發行。

臺灣總督府編纂，《臺灣總督府及所屬官署職員錄》，昭和九年八月一日現在，臺北：臺灣時報發行所，1934 年 10 月 25 日發行。

臺灣總督府編纂，《臺灣總督府及所屬官署職員錄》，昭和十年七月一日現在，臺北：臺灣時報發行所，1935 年 9 月 23 日發行。

臺灣總督府編纂，《臺灣總督府及所屬官署職員錄》，昭和十二年七月一日現在，臺北：臺灣時報發行所，1937 年 10 月 22 日發行。

臺灣總督府編纂，《臺灣總督府及所屬官署職員錄》，昭和十三年七月一日現在，臺北：臺灣時報發行所，1938 年 10 月 20 日發行。

臺灣總督府編纂，《臺灣總督府及所屬官署職員錄》，昭和十四年七月一日現在，臺北：臺灣時報發行所，1939 年 10 月 27 日發行。

臺灣總督府編纂，《臺灣總督府及所屬官署職員錄》，昭和十五年七月一日現在，臺北：臺灣時報發行所，1940 年 11 月 28 日發行。

臺灣總督府編纂，《臺灣總督府及所屬官署職員錄》，昭和十六年七月一日現在，臺北：臺灣時報發行所，1941 年 11 月 26 日發行。

臺灣總督府編纂，《臺灣總督府及所屬官署職員錄》，昭和十七年十一月一日現在，臺北：臺灣時報發行所，1943 年 3 月 31 日發行。

臺灣總督府編纂，《臺灣總督府及所屬官署職員錄》，昭和十九年一月一日現在，臺北：臺灣時報發行所，1944 年 6 月 7 日發行。

臺灣總督府警務局，《臺灣警察遺芳錄》，臺北：臺灣總督府警務局，1940 年 4 月 1 日發行。

橋本白水，《臺灣統治と其功勞者》，臺北：南國出版協會，1930 年 7 月 15 日發行。

興南新聞社編，《臺灣人士鑑》，興南新聞日刊十周年記念出版，臺北：興南新聞社，1943 年 3 月 15 日發行。

顋川首，《臺灣總督府職員錄》，大正十三年七月一日，臺北：株式會社臺灣日日新報社，1924 年 9 月 3 日發行。

（四）日記、回憶錄、訪談紀錄

陳儀深訪問，〈周合源先生訪問紀錄〉，《口述歷史》，第九期，臺北：中央研究院近代史研究所，1999 年出版。

張炎憲、曾秋美訪問，曾秋美紀錄，〈王進益訪問記錄〉，收錄於張炎憲主編，《王添灯紀念輯》，臺北：財團法人吳三連臺灣史料基金會，2005 年 2 月出版。

許伯埏著，《許丙、許伯埏回想錄》，臺北：中央研究院近代史研究所，1996 年 9 月初版。

許雪姬、鍾淑敏編輯，《灌園先生日記（二）一九二九年》，臺北：中央研究院臺灣史研究所籌備處、中央研究院近代史研究所，2001 年 12 月出版。

許雪姬、何義麟編輯，《灌園先生日記（三）一九三〇年》，臺北：中央研究院臺灣史研究所籌備處、中央研究院近代史研究所，2001 年 12 月出版。

（五）時人著作

山川岩吉，《最近の南部臺灣》，臺南：臺灣大觀社，1923 年 4 月 13 日發行。

大園市藏，《現代台灣史》，臺北：日本植民地批判社，1934 年 4 月 2 日第二版發行。

大園市藏，《臺湾人事態勢と事業界》，臺北：新時代社臺灣支社，1942 年 12 月 27 日發行。

大塚敬節，《東洋醫學史》，東京：山雅房，1941 年出版。

太田肥州，《新臺灣を支配する人物と產業史》，臺北：臺灣評論社，1940 年 1 月 1 日發行。

作者不詳，《臺灣漢醫藥提要》，臺北：臺灣漢藥業組合，1937 年 9 月 5 日發行。

李雲雷輯，《省庵集內外各科百症治術驗方》，收錄於陳支平主編，《臺灣文獻匯刊》，第五輯：臺灣輿地資料專輯，北京：九州出版社、廈門：廈門大學出版社，2004 年 12 月第一版第一次印刷。

李騰嶽纂修，《臺灣省通志稿》，卷三，政事志衛生篇，第一冊，臺北：臺灣省文獻委員會，1952 年 3 月出版。

林進發，《臺灣經濟界の動きと人物》，臺北：民眾公論社，1933 年 7 月 27 日第一版發行。

泉風浪，《臺中州大觀》，臺北：南國出版協會、臺中：自治公論社，1922

年 10 月 15 日發行。

柴山愛藏，《御大典記念　昭和之新日本》，臺北：東京時事新報社支局、讀賣新聞臺灣支局，1929 年 1 月 20 日發行。

喬治馬偕著，林耀南譯，《臺灣遙寄》，臺北：臺灣省文獻委員會，1959 年 3 月出版。

椿本義一，《臺灣大觀　全》，東京：大阪屋號書店，1923 年 6 月 1 日再版發行。

（六）工具書、史料彙編

国史大辞典編集委員会編集，《国史大辞典》，第一巻，東京：株式会社吉川弘文館，1998 年 4 月 20 日第一版第九刷発行。

国史大辞典編集委員会編集，《国史大辞典》，第三巻，東京：株式会社吉川弘文館，1997 年 8 月 20 日第一版第六刷発行。

松村明編，《大辞林》，東京：株式会社三省堂，2006 年 10 月 27 日第三版発行。

秋庭隆編集，《日本大百科全書　6》，東京：小学館，1995 年 7 月 10 日二版第二刷発行。

秋庭隆編集，《日本大百科全書　8》，東京：小学館，1995 年 7 月 10 日二版第二刷発行。

宮地正人、佐藤能丸、櫻井良樹編集，《明治時代史大辞典》，第一巻，東京：株式会社吉川弘文館，2011 年 12 月 20 日第一版第一刷発行。

深川晨堂輯著，矢数道明解說，《漢洋医学闘争史　政治闘争篇》，復刻版，東京：医聖社，1981 年 3 月 21 日発行。

張秀蓉編註，邱鈺珊、徐廷瑋等譯，《日治臺灣醫療公衛五十年》，臺北：國立臺灣大學出版中心，2015 年 5 月修訂版。

許錫慶編譯，《臺灣總督府公文類纂衛生史料彙編（明治二十九年四月至明治二十九年十二月）》，總督府檔案專題翻譯（四）衛生系列之一，南投：臺灣省文獻委員會，2000 年 1 月 31 日出版。

許錫慶編譯，《臺灣總督府公文類纂衛生史料彙編（明治三十年一月至明治三十四年十二月）》，總督府檔案專題翻譯（十）衛生系列之二，南投：臺灣省文獻委員會，2001 年 12 月 31 日出版。

臺灣省行政長官公署統計室編製，《臺灣省五十一年來統計提要》，南投：

臺灣省政府主計處，1994 年 11 月重印。

臺灣總督府，《臺日大辭典》，上卷，臺北：臺灣總督府，1931 年 3 月發行。

臺灣總督府，《臺日大辭典》，下卷，臺北：臺灣總督府，1932 年 3 月發行。

賴永祥，《教會史話（三）》，臺南：人光出版社，1995 年 8 月出版。

（七）電子資料庫

日治時期期刊全文影像系統。

日治時期圖書全文影像系統。

台灣日日新報 / 台灣日日新報漢文版（大鐸）。

近現代人物資訊整合系統。

帝国議会会議録検索システム。

線上臺灣歷史辭典。

臺灣人物誌（上中下合集 1895-1945）。

臺灣總督府職員錄系統。

二、近人研究

（一）專書

1. 中文

文庠，《移植與超越——民國中醫醫政》，北京：中國中醫藥出版社，2008 年 12 月第 2 次印刷。

中華綜合發展研究院應用史學研究所總編纂，《蘆洲市志》，臺北：臺北縣蘆洲市公所，2009 年 7 月出版。

皮國立，《臺灣日日新——當中藥碰上西藥》，臺北：台灣書房出版有限公司，2009 年 10 月二版一刷。

石井寬治著，黃紹恆譯，《日本經濟史》，臺北：五南圖書出版股份有限公司，2008 年 9 月初版一刷。

克爾・瓦丁頓（Keir Waddington）著，李尚仁譯，《歐洲醫療五百年　卷二：醫學與分化》，臺北：左岸文化事業有限公司，2014 年 8 月初版。

吳秋儒，《臺灣古早藥包》，臺北：博揚文化事業有限公司，2012 年 5 月初版一刷。

吳學明，《從依賴到自立——終戰前台灣南部基督長老教會研究》，臺南：人光出版社，2003 年 11 月初版。

坂野潤治著，鍾淑敏譯，《近代日本政治史》，臺北：五南圖書出版股份有限公司，2008 年 4 月初版一刷。

李建民，《旅行者的史學——中國醫學史的旅行》，臺北：允晨文化實業股份有限公司，2009 年 3 月初版。

李建民，《華佗隱藏的手術——外科的中國醫學史》，臺北：東大圖書股份有限公司，2011 年 3 月初版一刷。

李昭容，《日治時期彰化地區文化事業之研究》，新北：稻鄉出版社，2011 年 2 月初版。

杜維運，《史學方法論》(增訂新版)，臺北：三民書局股份有限公司，2005 年 3 月十六版。

杜聰明，《中西醫學史略》，臺北：財團法人杜聰明博士獎學基金會，2011 年 4 月 30 日再版。

林明德，《近代中日關係史》，臺北：三民書局股份有限公司，2005 年 1 月修訂二版一刷。

林明德，《日本近代史》，臺北：三民書局股份有限公司，2010 年 6 月修訂三版三刷。

林昭庚主編，《台灣中醫發展史——中華民國中醫師公會全國聯合會沿革暨臺灣中醫發展沿革》，臺北：中華民國中醫師公會全國聯合會，2004 年 3 月出版。

林昭庚、陳光偉、周珮琪，《日治時期（西元 1985-1945）の台灣中醫》，臺北：國立中國醫藥研究所，2012 年 12 月第二版第一刷。

近藤正己著，林詩庭譯，《總力戰與臺灣——日本殖民地的崩潰（上)》，臺北：國立臺灣大學出版中心，2014 年 9 月初版。

洛伊斯・瑪格納（Lois N. Magner）著，劉學禮主譯，《醫學史》(第二版)，上海：上海人民出版社，2009 年 6 月第 1 版第 1 次印刷。

祖述憲編著，《哲人評中醫——中國近現代學者論中醫》，臺北：三民書局股份有限公司，2012 年 9 月初版一刷。

范佐勳總編輯，《臺灣藥學史》，臺北：財團法人鄭氏藥學文教基金會，2001 年 5 月 20 日出版。

海天、易肖煒，《中醫劫——百年中醫存廢之爭》，北京：中國友誼出版公司，2008 年 1 月第 1 版第 1 次印刷。

區結成，《當中醫遇上西醫——歷史與省思》，香港：三聯書店有限公司，2004 年 2 月香港第一版第一次印刷。

張大慶，《醫學史十五講》，北京：北京大學出版社，2007 年 9 月第 1 版第 1 次印刷。

張炎憲主編，《王添灯紀念輯》，臺北：吳三連臺灣史料基金會，2005 年 3 月再版。

張珣，《疾病與文化》，臺北：稻鄉出版社，1989 年 7 月初版。

梁啓超，《中國歷史研究法——正補編・新史學合刊》，臺北：里仁書局，2000 年 8 月 29 日初版五刷。

梁瓈尹，《老藥品的故事》，臺北：台灣書房出版有限公司，2009 年 11 月二版一刷。

莊永明，《台灣醫療史——以台大醫院為主軸》，臺北：遠流出版事業股份有限公司，2006 年 9 月 1 日再版二刷。

陳君愷，《日治時期臺灣醫生社會地位之研究》，國立臺灣師範大學歷史研究所專刊（22），臺北：國立臺灣師範大學歷史研究所，1992 年 10 月初版。

陳君愷，《狂飆的年代——1920 年代台灣的政治、社會與文化運動》，青少年台灣文庫：歷史讀本 3，臺北：日創社文化事業有限公司，2006 年 10 月初版一刷。

陳俐甫，《日治時期台灣政治運動之研究》，臺北：稻鄉出版社，1996 年 7 月初版。

陳勝崑，《中國傳統醫學史》，臺北：時報文化出版事業有限公司，1979 年 10 月 1 日初版。

陳勝崑，《醫學、心理與民俗》，臺北：健康世界雜誌社，1982 年 3 月初版。

陳翠蓮，《台灣人的抵抗與認同（1920-1950）》，臺北：遠流出版事業股份有限公司，2008 年 8 月 1 日一版一刷。

喬治・福斯特（George M. Foster）、芭芭拉・加勒廷・安德森（Barbara Gallatin Anderson）著，陳華、黃新美譯，楊翎校閱，《醫學人類學》，臺北：桂冠圖書股份有限公司，1998 年 4 月初版二刷。

黃昭堂著，黃英哲譯，《台灣總督府》，臺北：前衛出版社，2013 年 7 月二版一刷。
楊倍昌，《科學之美——生物科學史閱讀手記》，高雄：巨流圖書股份有限公司，2012 年 2 月初版一刷。
經典雜誌編著，《臺灣醫療四百年》，臺北：經典雜誌，2006 年 5 月初版。
葉永文，《醫療與文化》，臺北：洪業文化事業有限公司，2009 年 8 月初版一刷。
葉永文，《臺灣中醫發展史——醫政關係》，臺北：五南圖書出版股份有限公司，2013 年 9 月初版一刷。
廖育群，《醫者意也——認識中國傳統醫學》，臺北：東大圖書股份有限公司，2003 年 8 月初版一刷。
廖育群，《遠眺皇漢醫學——認識日本傳統醫學》，臺北：東大圖書股份有限公司，2007 年 1 月初版一刷。
潘桂娟、樊正倫編著，《日本漢方醫學》，北京：中國中醫藥出版社，1994 年 3 月第 1 版第 1 次印刷。
劉士永、王文基主編，張哲嘉、祝平一等著，《東亞醫療史——殖民、性別與現代性》，臺北：聯經出版事業股份有限公司，2017 年 7 月初版。
劉理想，《中醫存廢之爭》，北京：中國中醫藥出版社，2007 年 4 月第 1 版第 1 次印刷。
蔡培火、陳逢源、林柏壽、吳三連、葉榮鐘，《臺灣民族運動史》，臺北：自立晚報，1987 年 4 月五版。
蔡錦堂，《戰爭體制下的台灣》，青少年台灣文庫：歷史讀本 4，臺北：日創社文化事業有限公司，2006 年 10 月初版一刷。
鄭志敏，《杜聰明與臺灣醫療史之研究》，臺北：國立中國醫藥研究所，2005 年 4 月第一版第一刷。
鄭政誠，《臺灣大調查——臨時臺灣舊慣調查會之研究》，臺北：博揚文化事業有限公司，2005 年 6 月初版一刷。
蕭明治，《殖民椿腳——日治時期臺灣煙酒專賣經銷商》，臺北：博揚文化事業有限公司，2014 年 1 月初版一刷。
戴新民發行，《中醫學基礎》，臺北：啓業書局有限公司，1982 年 3 月三版。
謝明俸，《南瀛漢藥店誌》，臺南：台南縣政府，2009 年 11 月初版。
羅伊・波特（Roy Porter）主編，張大慶等人譯，《劍橋插圖醫學史》，臺北：如果出版社、大雁文化事業股份有限公司，2008 年 1 月初版。

2. 日文

川上武，《現代日本医療史—開業医制の変遷—》，東京：株式会社勁草書房，2010 年 11 月 20 日オンデマンド版発行。

小曽戸洋，《漢方の歴史—中国・日本の伝統医学—》，東京：株式会社大修館書店，2002 年 9 月 1 日第 2 刷。

矢数道明，《明治 110 年漢方医学の変遷と将来・漢方略史年表》，東京：株式会社春陽堂書店，1979 年 12 月 5 日増補改訂版第 2 刷。

坂野潤治，《日本近代史》，東京：株式会社筑摩書房，2013 年 2 月 1 日第一〇刷発行。

宗田一，《図説日本医療文化史》，京都：株式会社思文閣，1993 年 11 月 1 日再版。

青柳精一，《近代医療のあけぼの—幕末・明治の医事制度—》，京都：株式会社思文閣，2011 年 6 月 10 日発行。

厚生省五十年史編集委員会，《厚生省五十年史（記述篇）》，東京：財団法人厚生問題研究会，1988 年 5 月 31 日発行。

島崎謙治，《日本の医療　制度と政策》，東京：財団法人東京大学出版会，2011 年 4 月 27 日初版。

菅谷章，《日本醫療制度史》，東京：株式会社原書房，1978 年 11 月 30 日改訂增補第一刷。

菅谷章，《日本の病院》，東京：中央公論社，1981 年 1 月発行。

遠藤次郎、中村輝子、マリア・サキム，《癒す力をさぐる　東の医学と西の医学》，東京：農山漁村文化協会，2006 年 4 月 1 日発行。

（二）論文

1. 中文

（1）期刊論文、專書論文

丁崑健，〈日治時期台灣醫生的困境〉，《環球科技人文學刊》，第十期，雲林：環球技術學院，2009 年 10 月出版。

丁崑健，〈日治時期漢醫政策初探——醫生資格檢定考試〉，《生活科學學報》，第 13 期，新北：國立空中大學生活科學系，2009 年 12 月出版。

山口秀高主講，韓良俊譯，〈台灣總督府醫學校成立之由來以及將來之企望〉，《台灣史料研究》，第 8 號，臺北：財團法人吳三連台灣史料基金會，1996 年 8 月出刊。

卞鳳奎，〈李氏家族醫療對蘆洲地區的貢獻〉，《臺北文獻》，直字第一三九期，臺北：臺北市文獻委員會，2002 年 3 月 25 日出版。

朱德蘭，〈日治時期臺灣的中藥材貿易〉，收錄於黃富三、翁佳音主編，《臺灣商業傳統論文集》，臺北：中央研究院臺灣史研究所籌備處，1999 年 5 月第一版。

吳文星，〈倡風氣之先的中醫——黃玉階（一八五〇－一九一八）〉，收錄於張炎憲、李筱峯、莊永明等著，《臺灣近代名人誌》，第一冊，臺北：自立晚報社文化出版部，1990 年 12 月第一版三刷。

李文旭，〈《走街會心錄》與清初閩臺走街醫學〉，《中華醫史雜誌》，第 25 卷第 1 期，北京：中華醫學會，1995 年 1 月出版。

李世偉，〈身是維摩不著花——黃玉階之宗教活動〉，《臺北文獻》，直字第 117 期，臺北：臺北市文獻委員會，1996 年 9 月出版。

李世偉，〈身是維摩不著花——黃玉階之宗教活動〉，收錄於楊惠南、釋宏印編，《台灣佛教學術研討會論文集》，臺北：財團法人佛教青年文教基金會，1996 年 12 月出版。

肖林榕、張永賢，〈行醫濟世移風易俗——臺灣漢醫第一人黃玉階〉，《北市中醫會刊》，第十五卷第一期，臺北：台北市中醫師公會，2009 年 3 月 31 日出刊。

周珮琪、林昭庚，〈日治時期臺灣中醫師專業證照考試及醫事制度之建立〉，《臺灣中醫醫學雜誌》，第 10 卷第 2 期，臺北：中華民國中醫師公會全國聯合會，2011 年 6 月出版。

林呈蓉，〈國家衛生原理——台灣人醫療菁英的思考源流〉，《台灣史料研究》，第 25 號，臺北：財團法人吳三連台灣史料基金會，2005 年 7 月出版。

林呈蓉，〈國家衛生原理——台灣人醫療菁英的思考源流〉，收錄於林呈蓉，《近代國家的摸索與覺醒——日本與台灣文明開化的進程》，臺北：財團法人吳三連台灣史料基金會，2005 年 12 月出版。

林富士，〈清代臺灣的巫覡與巫俗——以《臺灣文獻叢刊》為主要材料的初步探討〉，《新史學》，第十六卷第三期，臺北：新史學雜誌社，2005 年 9 月出版。

林富士，〈醫者或病人——童乩在臺灣社會中的角色與形象〉，《中央研究院歷史語言研究所集刊》，第七十六本第三分，臺北：中央研究院歷史語言研究所，2005 年 9 月出版。

范燕秋，〈鼠疫與臺灣之公共衛生（1896-1917）〉，《國立中央圖書館臺灣分館館刊》，第一卷第三期，臺北：國立中央圖書館臺灣分館，1995 年 3 月 31 日出版。

范燕秋，〈新醫學在臺灣的實踐（1898-1906）——從後藤新平《國家衛生原理》談起〉，《新史學》，第九卷第三期，臺北：新史學雜誌社，1998 年 9 月出版。

范燕秋，〈疾病、邊緣族群與文明化的身體——以 1895-1945 宜蘭泰雅族為例〉，《臺灣史研究》，第五卷第一期，臺北：中央研究院臺灣史研究所籌備處，1999 年 11 月出版。

范燕秋，〈新醫學在臺灣的實踐（1898-1906）——從後藤新平《國家衛生原理》談起〉，收錄於李尚仁主編，《帝國與現代醫學》，臺北：聯經出版事業股份有限公司，2008 年 10 月初版。

高淑媛，〈漢方改良到專業製藥——近代臺灣製藥史〉，收錄於高淑媛著，《臺灣近代化學工業史（1860-1950）——技術與經驗的社會累積》，臺北：台灣化學工程學會，2012 年 10 月一版一刷。

張加昇、蘇奕彰，〈日治時期前臺灣醫療發展之探討〉，《中醫藥雜誌》，第 25 卷特刊，臺中：中醫藥雜誌社、臺北：國立中國醫藥研究所，2014 年 12 月出版。

張君豪，〈黑雲蔽日——日治時期朴子的鼠疫與公共建設〉，《臺灣風物》，第 51 卷第 3 期，臺北：臺灣風物雜誌社，2001 年 9 月 30 日出版。

張珣，〈臺灣漢人的醫療體系與醫療行為——一個臺灣北部農村的醫學人類學研究〉，《中央研究院民族學研究所集刊》，第 56 期，臺北：中央研究院民族學研究所，1983 年秋季。

張隆志，〈後藤新平——生物學政治與臺灣殖民現代性的構築（1989-1906）〉，收錄於第六屆中華民國史專題討論會秘書處編，《20 世紀臺灣歷史與人物——第六屆中華民國史專題論文集》，臺北：國史館，2002 年 12 月初版。

張嘉鳳，〈中西醫學的接觸與中西結合醫學的發展〉，收錄於徐治平編，《科技與人文的對話初編》，臺北：國立台灣大學共同教育委員會，2004 年 3

月初版。

梁瓈尹，〈日治時期臺灣公共衛生史研究回顧與展望〉，《史耘》，第十一期，臺北：國立臺灣師範大學歷史研究所，2005 年 12 月出版。

莊勝全，〈從「為中醫辯護」到「被西醫凌駕」——介紹三本討論中、西醫交會的新作〉，《新史學》，第十九卷第三期，臺北：新史學雜誌社，2008 年 9 月出版。

許木柱，〈無形與有形——台灣原住民的兩大療法〉，收錄於經典雜誌編著，《臺灣醫療四百年》，臺北：經典雜誌，2006 年 5 月初版。

陳百齡，〈李倬章與新竹醫生會〉，《竹塹文獻雜誌》，第 42 期，新竹：新竹市政府，2008 年 11 月出版。

陳君愷，〈綜評三本有關日治時期臺灣政治社會運動的專著〉，《國立臺灣師範大學歷史學報》，第十八期，1990 年 6 月出版。

陳君愷，〈穿透歷史的迷霧——王添灯的思想、立場及其評價問題〉，收錄於第六屆中華民國史專題討論會秘書處編，《20 世紀臺灣歷史與人物——第六屆中華民國史專題論文集》，臺北：國史館，2002 年 12 月初版。

陳君愷，〈臺灣的近代化蛻變——日治時期的時代特色及其歷史意義〉，收錄於林麗月主編，《近代國家的應變與圖新》，臺北：唐山出版社，2006 年 11 月 3 日第一版第一次印刷。

陳君愷，〈臺灣——人類文明史上的加拉巴哥群島〉，收錄於顧忠華等著，《根扎在地　台灣學的出發　彙編（輯一）》，臺北：社團法人社區大學全國促進會，2010 年 12 月初版。

陳佳欣譯，岡本真希子校訂，〈啓源，杜博士「設立漢醫醫院計畫書」之讀後感〉，收錄於楊倍昌，《科學之美——生物科學史閱讀手記》，高雄：巨流圖書股份有限公司，2012 年 2 月初版一刷。

陳偉智，〈傳染病與吳沙「開蘭」——一個問題的提出〉，《宜蘭文獻雜誌》，第 3 期，宜蘭：宜蘭縣立文化中心，1993 年 5 月 1 日出版。

陳順勝，〈日據前的西方醫療及其對台灣醫學之影響〉，《科技博物》，第六卷第四期，高雄：國立科學工藝博物館，2002 年 7 月出版。

陳順勝，〈日據前的西方醫療及其對台灣醫學之影響〉，收錄於王玉豐主編，《科技、醫療與社會學術研討會論文集》，高雄：國立科學工藝博物館，2002 年 8 月初版。

傅大為，〈馬偕的早期近代化——殖民帝國勢力下的傳道醫療、身體與性別〉，收錄於傅大為，《亞細亞的新身體——性別、醫療與近代台灣》，臺北：群學出版有限公司，2005 年 10 月一版 2 印。

慎蒼健，〈京城帝國大學漢藥研究之成立〉，《科技、醫療與社會》，第十一期，高雄：國立科學工藝博物館，2010 年 10 月出版。

楊倍昌，〈杜聰明對漢醫學的科學想像與中醫體制化〉，收錄於楊倍昌，《科學之美——生物科學史閱讀手記》，高雄：巨流圖書股份有限公司，2012 年 2 月初版一刷。

溫振華，〈天花在台灣土著社會傳播初探〉，收錄於《台灣史研究暨史蹟維護研討會論文集》，臺南：台南市政府，1990 年 6 月出版。

葉永文，〈台灣日治時期的中醫發展與困境〉，《臺灣中醫醫學雜誌》，第五卷第二期，臺北：中華民國中醫師公會全國聯合會，2007 年 3 月出版。

雷祥麟，〈杜聰明的漢醫藥研究之謎——兼論創造價值的整合醫學研究〉，《科技、醫療與社會》，第十一期，高雄：國立科學工藝博物館，2010 年 10 月出版。

鄭惠珠，〈中醫專業的興起與變遷〉，收錄於成令方主編，《醫療與社會共舞》，臺北：群學出版有限公司，2008 年 2 月一版一印。

劉士永，〈日治時期台灣醫藥關係管窺〉，收錄於李建民主編，《從醫療看中國史》，臺北：聯經出版事業股份有限公司，2008 年 10 月初版。

劉士永，〈醫學、商業與社會想像——日治臺灣的漢藥科學化與科學中藥〉，《科技、醫療與社會》，第十一期，高雄：國立科學工藝博物館，2010 年 10 月出版。

蔡素貞，〈鼠疫與臺灣中西醫學的消長〉，《臺北文獻》，直字第 164 期，臺北：臺北市文獻委員會，2008 年 6 月 25 日出版。

蔡淵絜，〈日據時期台灣新文化運動中反傳統思想初探〉，《思與言》，第 26 卷第 1 期，臺北：思與言雜誌社，1988 年 5 月出版。

樸元林、樸今哲，〈韓國 20 世紀 30 年代的洋漢醫學論爭〉，《延邊大學醫學學報》，第 23 卷第 3 期，吉林：延邊大學，2000 年 9 月出版。

戴寶村，〈台灣文化協會年代的生活革新運動〉，《台灣史料研究》，第 19 號，臺北：財團法人吳三連台灣史料基金會，2002 年 6 月出刊。

簡炯仁，〈「臺灣是瘴癘之地」——一個漢人的觀點〉，《臺灣風物》，第 46 卷第 4 期，臺北：臺灣風物雜誌社，1996 年 12 月出版。

（2）學位論文

王妍婷，〈日治時期老源正興班研究（1919-1929）〉，臺北：國立臺灣藝術大學表演藝術研究所碩士論文，2010 年。

吳秋儒，〈藥品宅急便——「寄藥包」之研究〉，臺北：淡江大學歷史學系碩士在職專班碩士論文，2011 年 6 月。

李岳峯，〈台灣近五十年中西醫結合之發展——1958-2008〉，桃園：長庚大學中醫學系傳統中醫學碩士班碩士論文，2011 年 1 月。

李敏忠，〈日治初期殖民現代性研究——以《臺灣日日新報》漢文報衛生論述（1898-1906）為主〉，臺南：國立成功大學臺灣文學研究所碩士論文，2004 年 6 月。

林佳潔，〈西醫與漢藥——台灣第一位醫學博士杜聰明（1893-1986）〉，臺北：國立台灣大學歷史學研究所碩士論文，2003 年 6 月。

林傳勝，〈台灣現代法制對傷科推拿傳統的規範態度〉，臺北：國立臺灣大學法律學院法律學研究所碩士論文，2013 年 7 月。

邱登茂，〈台灣中醫發展過程研究〉，北京：北京中醫藥大學博士論文，2004 年 5 月。

洪鈺彬，〈台灣草藥師及其文化傳承〉，臺北：國立臺灣師範大學台灣文化及語言文學研究所碩士論文，2009 年 7 月。

范燕秋，〈日據前期臺灣之公共衛生——以防疫為中心之研究（1895-1920）〉，臺北：國立臺灣師範大學歷史研究所碩士論文，1994 年 6 月。

孫偉恩，〈日治前期臺灣主要防疫策略之統治意涵〉，臺南：國立臺南大學台灣文化研究所碩士論文，2010 年 6 月。

張大偉，〈馬雅各醫生在台的傳教工作（1865-1871）〉，臺北：國立臺灣大學歷史學系碩士論文，2013 年 6 月。

張天佐，〈古代中醫醫德文獻（言論篇）整理研究〉，北京中醫藥大學中醫醫史文獻碩士論文，2007 年 6 月。

張純芳，〈「內地人的恥辱」——日治時期臺灣傷寒之討論與防治〉，新竹：國立清華大學歷史研究所碩士論文，2010 年 7 月。

許妝莊，〈從偕醫館到馬偕紀念醫院——殖民地近代化中的醫療傳教（1880-1919）〉，臺北：國立臺灣大學文學院歷史所碩士論文，2010 年 7 月。

陳志忠，〈清代臺灣中醫的發展〉，臺中：私立東海大學歷史學研究所碩士論文，1998 年 6 月 22 日。

陳怡伶，〈頡頏、協力與協商——日治初期漢醫傳統性、近代性、合法性的生成與交混〉，臺北：國立臺灣大學臺灣文學研究所碩士論文，2013 年 7 月。

鈴木哲造，〈日治時期臺灣醫療法制之研究——以醫師之培育與結構為中心〉，臺北：國立臺灣師範大學歷史學系博士論文，2014 年 6 月。

劉月琴，〈戰後新竹市商業發展之研究〉，桃園：國立中央大學歷史研究所碩士論文，2012 年 6 月。

劉霽堂，〈明清（1368-1840）醫學道德發展史研究〉，廣州：廣州中醫藥大學中醫醫史文獻博士論文，2005 年 4 月。

蔡友蘭，〈十九世紀末西方醫療體系傳入臺灣遭遇之抵抗與衝突——從馬雅各教案事件談起〉，臺北：臺北醫學大學醫學研究所碩士論文，2001 年 7 月。

歐怡涵，〈日治時期臺灣的藥業網絡——以藥業從業人員與藥品使用者為主的討論〉，南投：國立暨南國際大學歷史研究所碩士論文，2008 年 6 月。

賴郁君，〈日治時期的臺灣漢醫藥〉，臺中：國立中興大學歷史學系博士論文，2013 年。

魏嘉弘，〈國民政府與中醫國醫化（一九二九－一九三七）〉，桃園：國立中央大學歷史研究所碩士論文，1998 年 5 月。

羅任鎗，〈帝國邊陲的救贖？日治時期蕃地醫療政策研究〉，臺北：國立臺灣師範大學臺灣史研究所碩士論文，2010 年 2 月。

蘇芳玉，〈清末洋人在臺醫療史——以長老教會、海關為中心〉，桃園：國立中央大學歷史研究所碩士論文，2002 年 6 月。

2. 日文

山田光胤，〈日本漢方医学の伝承と系譜〉，《日本東洋医学雜誌》，第 46 巻第 4 号，1996 年。

中山清治，〈我国後世派医学の祖「田代三喜」—日本漢方医学の源流—〉，《東京有明医療大学雜誌》，第 2 巻，東京：東京有明医療大学，2010 年出版。

田口和美，〈東京大学医学部の歴史〉，收錄於前田久美江編著，《現代医

療の原点を探る—百年前の雑誌「医談」から—》，京都：株式会社思文閣，2004 年 5 月 15 日発行。

矢数道明，〈明治以降の漢方関係諸雑誌一覧表〉，收錄於矢数道明，《明治 110 年漢方医学の変遷と将来・漢方略史年表》，東京：株式会社春陽堂書店，1979 年 12 月 5 日増補改訂版第 2 刷。

矢数道明，〈明治 110 年漢方略史年表　正誤表〉，收錄於矢数道明，《明治 117 年漢方医学の変遷と将来・漢方略史年表》，東京：株式会社春陽堂書店，1986 年 7 月 30 日第 1 刷。

安井廣迪，〈日本漢方諸学派の流れ〉，《日東医誌》，第 58 巻第 2 号，2007 年。

多紀安叔，〈幕府医学館〉，收錄於前田久美江編著，《現代医療の原点を探る—百年前の雑誌「医談」から—》，京都：株式会社思文閣，2004 年 5 月 15 日発行。

松本武祝，〈植民地朝鮮における衛生・医療制度の改編と朝鮮人社会の反応〉，歴史学研究会編集，《歴史学研究》，第 834 号，東京：青木書店，2007 年 11 月出版。

鈴木哲造，〈日本の台湾統治前期における医師社会の構造的特質〉，收錄於檜山幸夫編著，《帝国日本の展開と台湾》，東京：有限会社創泉堂，2011 年 4 月 23 日発行。

新村拓，〈後藤新平の衛生思想とその周縁〉，收錄於新村拓著，《健康の社会史　養生、衛生から健康増進へ》，東京：財団法人法政大学出版局，2006 年 12 月 15 日初版第 2 刷発行。

愼蒼健，〈覇道に抗する王道としての医学——九三〇年代朝鮮における東西医学論争から—〉，《思想》，第 905 号，東京：岩波書店，1999 年 11 月出版。

三、西文資料

Cheng, Huei-chu. *Medizinischer Pluralismus und Professionalisierung-Entwicklung der Chinesischen Medizin in Taiwan*. Ph. D. Dissertation an der Universitaet Bielefeld, 2003.

Lei, Sean Hsiang-lin. *Neither Donkey nor Horse: Medicine in the Struggle over China's Modernity*. Chicago: The University of Chicago Press, 2014.

Shin, Dongwon. “How Four Different Political Systems Have Shaped the Modernization of Traditional Korean Medicine between 1900 and 1960,” *Historia Scientiarum*, 17:3, 2008.

Yeo, In-sok. “A History of Public Health in Korea,” in Milton J. Lewis and Kerrie L. MacPherson, eds., *Public Health in Asia and the Pacific: Historical and Comparative Perspectives*. London: Routledge, 2008.